주권의 야만

주권의 야만

밀항, 수용소, 재일조선인

Frontiers of Sovereignty

Korean Border-Crossings and
Deportation Camps in Post-Empire Japan

성공회대학교 동아시아연구소 기획
권혁태 · 이정은 · 조경희 엮음

한울
아카데미

이 저서는 2007년 정부(교육과학기술부)의 재원으로 한국연구재단의 지원을 받아서 수행된 연구임
(NRF-2007-361-AM0005).

책머리에

식민지, 분단, 전쟁, 군사독재 정권과 이에 대항하는 독립, 통일, 평화, 민주화의 흐름으로 이어지는 '대한민국'의 현대사를 좀 더 넓은 시공간을 배경으로 거시적 현미경을 통해 다시 보게 되면, 이런 상반되는 두 가지 흐름과는 다르게, 혹은 이런 흐름과 겹쳐서, 철옹성같이 보이는 국경이라는 거대한 차단막에 틈새를 만들어냈던, 혹은 만들어내려 했던, 혹은 만들어낼 수밖에 없었던 일군의 사람들을 만나게 된다. 한 나라를 벗어나, 혹은 냉전의 벽을 넘어서 비합법적으로 다른 나라로 이동하는 사람들, 바로 '밀항자'들이다. 자신이 속해 있는 거대한 국가에 몸뚱어리 하나로 균열을 만들어냈던 밀항자들. 이들은 '배신자'라는 딱지를 단 채 대한민국, 나아가서는 동북아의 이야기에서 완전히 소거되어 있는 존재들이다.

밀항, 즉 밀(출)입국, 불법(출)입국은 그 이유가 경제적이든 정치적이든 자신이 속해 있는 국가를 온전히 적대하는 사고와 행위이다. 즉, 근대국가 체제에서 주권을 위협하는 범법 행위이다. 이들 외부자의 탈출과 침범은 국가의 초법규적 조치 = 폭력을 가장 정당하게 발동시킬 수 있는 계기이자 이유가 된다. 수전 벅모스(Susan Buck-Morss)는 법의 범위 내에 있는 제도적이고 형식적인 대중 민주주의가 발동하는 폭력의 영역을 야만지대(wild zone)라 불렀다.[1] 이 야만지대가 주권의 핵심을 구성한다. 국가에 환영받지 못한 밀항자들은 바로 여기서 포착되고 수용되며, 또 어딘가로 추방된다. 일본의 패전은 과거 식민지 제국의 영토와 국경의 재편을 가져왔다. 조선은 해방되었지만 새로 그어진 국경은 조선인들의 생존과 안전을 보장하지는 않았다. 점령군의 대책 없는 귀환 정책과 고향 한반도의 정치·경제적 혼란은 조선인들의 일본 재도항을 부추겼다. 그런데 제국 시대에 형성된, 한반도와 일본을 오가는 생활권과 가족 네트워크는 제국의 붕괴와 함께 강제로 차단되었다. 과거에 일상화되었던 조선인들의 이동은 한일 양국이 냉전-국민국가로 이행하는 과정에서 주권을 위협하는 행위가 되어, 해방된 조선인들은 그야말로 '주권의 야만' 속에 내던져졌다.

이렇게 해방 후 조선인/한국인들의 위치를 추적하다 보면 구조화된 현상으로서의 밀항, 그리고 '오무라(大村) 수용소'의 존재가 떠오른다. 미군 점령기 나가사키(長崎) 현 오무라 시에 설치된 오무라 입국자 수용소(1950~1993)는 1970년대까지 주로 강제송환이 결정된 한반도 출신자들을 수용하는 시설로 기능했다. 재일조선인들에게 '일본의 아우슈비츠', '감옥 이상의 감옥' 등으로 불린 악명 높은 이곳은 지리적으로는 주변부에 위치하면서도 전후일본의 국민국가 성원들을 걸러내는 데 중심적 역할을 했다. 주권의 안쪽에 있으면서 동시에 바깥에 존재하는 장소, 이른바 '예외 공간'으로서의 오무라 수용소는 냉전 체제하 한일 양 정부가 적대하면서 협조하는 모순이 중첩된 장이기도 했다. 이 책이 다루는 것은 식민지 제국 붕괴 후에 형성된 한일 주권국가의 비정

---

1 수잔 벅모스, 『꿈의 세계와 파국: 대중 유토피아의 소멸』, 윤일성·김주영 옮김(경성대학교출판부, 2008), 22쪽. 또한 테사 모리스 스즈키(Tessa Moris-Suzuki)는 이 폭력의 영역을 국민국가의 변경(frontier)을 관리하는 출입국 시스템의 창출에서 보았다. テッサ·モーリス-スズキ, 「戦後日本の出入国管理と外国人政策」, 有末賢·関根政美, 『戦後日本の社会と市民意識』(東京: 慶應義塾大学出版会, 2005), p.125.

상적 관계이자 역사의 균열 속에 파묻힌 조선인들의 삶이다. 다시 말하면 공식 기록에 남아 있지 않은 20세기 조선인들의 비가시화된 탈국경의 역사적 경험이자 이를 관리하고 외부화하는 주권의 폭력이다. 『주권의 야만: 밀항, 수용소, 재일조선인』이라는 다소 '살벌'하게 다가오는 제목은 이와 같은 문제의식을 반영하고 있다.

이 책에는 서장을 포함해 총 11편의 글을 실었다. 제3부로 구성된 이 책의 내용을 간단하게 소개하면 다음과 같다.

우선 서장 「'밀항자'는 어디에서 와서 어디로 갔을까?」는 이 책의 주제인 밀항-수용소-재일조선인이라는 연결고리를 전후적·냉전적 시대 상황과 함께 섬세하게 추적한다. 권혁태는 밀항자들의 규모, 일반적 경향, 한일 양 정부의 정책, 수용과 송환의 과정들을 통해 해방 후 1980년대까지 조선인/한국인들의 이동의 지도를 그린다. 서장을 통해 드러나는 것은 밀항과 수용소가 일부 재일조선인들의 특수한 경험에 한정되는 것이 아니라 20세기 한반도와 일본 사이 인구 이동의 핵심을 차지한다는 사실이다.

1부 '국경 관리와 밀항'에서는 해방 전후를 통해 구조화된 조선인들의 밀항의 조건과 실태, 이를 단속한 권력의 시선을 다룬다. 1장 「조선인의 일본 '밀항'에 대한 일제 경찰의 대응 양상」은 식민지 시기 조선인들의 일본 밀항과 조선총독부 및 내무성 경찰의 대응 과정을 부산-시모노세키 지역을 중심으로 서술하고 있다. 이승희에 따르면 일본 경찰 당국은 출발지-출발항-연락선-도착항-이동로-경유지-최종 목적지에 이르기까지 전 여정에서 밀항을 저지할 수 있는 복합적 시스템을 구축했다. 그러나 '일시동인(一視同仁)'을 내건 식민지 제국에서 조선인 '신민'들의 이동을 법으로 금지할 수는 없었다. 즉, 밀항은 당시 '불법'이 아니었던 것이다. 더구나 이를 단속하는 총독부와 내무성 경찰 간의 비협조적 관계나 입장 차이로 인해 밀항 단속도 철저하게 이루어지지 않았다고 한다. 2장 「조선인을 식별하다: 점령기 '조선인'과 '불법 입국'의 정의에 관하여」는 점령기 일본에서 '밀항'이라는 이동의 형태가 어떻게 발견되었으며, 실제 조선인들이 스스로를 어떻게 생각했는지에 주목한다. 박사라는 샌프란시스코 강화조약(1952년) 이전까지 일본의 영토도 조선인들의 국적도 확정되지 않았는데 어떻게 한반도에서 일본으로의 이동이 '조선인'들의 '밀항'으로 규정될 수 있었는가, 라는 근본적인 질문을 던진다. 밀항 경험자들에 대한 구술 자료를 통해 박사라는 '수상한 인물', '밀항자', '조선인'이라는 세 범주가 혼동되어 연결고리를 이루면서 조선인 불법 입국자의 식별로 이어진 과정을 밝힌다. 3장 「불안전한 영토 밖의 일상: 해방 이후 1970년대까지 제주인들의 일본 밀항」은 제주 출신자들의 일본 밀항에 초점을 맞추고 밀항을 발생시킨 구조적 조건과 함께 1970년대까지 빈번히 이어지는 밀항의 시기적 성격을 분석하고 있다. 조경희는 제주인들의 밀항을 자신들의 안전=안녕, 다시 말하면 삶의 긍정적 가능성을 추구하는 행위로 보고 그들의 일상 감각을 조명한다. 한일 간의 정치·경제적 격차와 함께 국민국가 내 위계질서로 인한 제주인들의 이중적 주변성은 그들의 강한 유대 관계와 맞물리면서 이동의 연속성을 순환적으로 유지했다. 1부를 통해 우리는 해방 전후에서 1970년대까지의 조선인/한국인들의 밀항의 구체적 실상에 다가갈 수 있다.

2부 '수용소의 지정학'에서는 냉전-국민국가 체제하 한일 양국의 각축장으로서의 오무라 수용소의 위치에 초점을 맞춘다. 4장 「수용소라는 안전장치: 오무라 수용소, 폴리스, 그리고 잉여」에서 차승기는 오무라 수용소가 불법 입국자들로부터 일본 사회를 방어한다는 신화를 만들어냄으로써 일본의 식민지 책임을 면제하는 '안전장치'로 기능했다는 흥미로운 관점을 제시한다. 한편 해방 후 재일조선인들을 일본인이 아니면서 동시에 아직 한반도의 '국민'도 아닌 이중적 탈주체성, 즉 '잉여'적 존재로 특징짓고, 오무라 수용소가 이처럼 통치 불가능한 불온한 '잉여'를 남겨두지 않기 위한 장치로도 기능했다는 점을 밝히고 있다. 4장이 오무라 수용소를 이론적으로 자리매김하는 작업이었다고 한다면, 5장 「오무라 수용소와 재일조선인의 강제 추방 법제화」는 일본 법무성, 외무성 자료와 GHQ의 「밀항 일일 보고서」 등 구체적인 내부 자료를 통해 전후 일본에서 재일조선인들이 폭력적으로 외부화되어가는 과정을 살피고 있다. 전갑생은 재일조선인들의 강제추방 법제화의 시기별 전개 과정을 서술하면서 점령군과 일본 정부의 억압적인 추방 정책이 결과적으로 그들을 경찰소→수용소→형무소→수용소→강제 추방→재입국이라는 악순환의 고리에서 벗어나지 못하게 하였음을 지적하고 있다. 6장 「예외 상태의 규범화된 공간: 한일 국교 수립 이후의 오무라 수용소」는 식민국과 피식민국의 관계에서 벗어나 한일 양국이 '동등'한 국민국가로 국교를 수립한 단계에서의 오무라 수용소의 구조적 위치를 조명하고 있다. 이정은은 다양한 문서와 오무라 수용소 피수용자들의 사례 검토를 통해 그들의 밀항 배경과 수용소 내에서의 처우, 한일 양국에서의 송환자 인수 과정을 검토하고 있다. 그러면서 냉전 체제하에서 외교 관계를 맺은 한일 양국이 '조선인 추방'과 '반공체제 유지'라는 서로 다른 목적 아래 불안한 존재를 격리하기 위해 예외 상태로서의 수용소를 규칙화했다고 결론짓는다. 6장에 이어 7장 「한일 관계 형성기 부산수용소·오무라 수용소를 둘러싼 '경계의 정치'」도 한일 외교 관계가 '정상화'되는 시기를 다루는데, 오무라 수용소와 대조를 이루는 부산수용소를 또 하나의 중요한 경계적 공간으로 부각시킨다. 조선인 밀항자뿐만 아니라 이른바 '내선 결혼'으로 한국에 살다가 일본으로 귀국하려는 일본인 처, 그리고 일본인 어부들 또한 한반도와 일본 사이의 경계를 오갔다. 현무암은 이와 같은 이동하는 사람들이 한일 양국의 '경계의 정치'에 포섭됨과 동시에, 권력의 야만지대에 대항하면서 한일 관계의 교섭 방향을 결정짓는 행위자의 역할을 했다고 결론짓는다. 2부의 글들은 오무라 수용소가 식민지 제국이라는 시간성을 봉인하는 장치로 기능했을 뿐만 아니라, 한일 냉전-국민국가라는 공간적 질서를 유지하기 위한 장치로 기능했음을 구체적으로 밝히고 있다.

3부 '주권의 틈새에서'에서는 한일 양국의 냉전적 질서 바깥에서 자신들의 삶을 영위하고 사상과 운동을 전개한 자들의 흔적을 따라간다. 8장 「해방 이후 재일조선인 한센병 환자의 '삶'」은 '전후' 일본의 출입국관리 체제 강화를 배경으로 재일조선인 한센병 환자들이 걸었던 고단한 역사적 현실의 일단을 보여준다. 1951년에 제정된 출입국관리령은 강제퇴거처분 대상으로 '나병 환자'들을 포함했고, 이 때문에 재일조선인 한센병 환자들은 이중으로 단속 대상이 되었다. 김귀분은 나병예방법, 출입국관리령, 국민연금법 등으로 단속과 배제의 대상이 된 조선인 한센병 환자들의 불안하고 제한된 '삶'의 흔적을 섬세하게 기록하고 있다. 9장 「밀항·민족·젠더: '재일조선인 문학'에 나타나는 '인류'」는 1970년 전후에 나타난 '재일조선인 문학'에서 인류(人流)라는 문제군을 읽어내고 이에 대한 시대적인 맥락화와 내용 분석을 시도한다. 고화정은 김달수, 김학영, 이회성 등의 작품을 통해 강제된 인류가 또 다른 가족 이산과 폭력을 증폭하는 과정을 부각한다. 즉 재일조선인 문학에서 종종 서사화되는 아버지의 폭력과 여성의 희생의 문제를 이산의 동력 속에 자리매김할 것을 제안한다. 10장 「1960년대 일본의 사회운동과 '자기부정'의 사상: 출입국관리 체제 반대 운동을 중심으로」는 1960년대 후반부터 1970년대 중반까지 일본 사회에서 벌어진 오무라 수용소·출입국관리 체제 반대 투쟁을 다룬다. 권혁태는 이 운동의 사상적 기반을 '자기부정'의 논리로 보고 계급적·도덕적 차원에서 시작된 자기부정이 민족적·국가적·정치적 자기부정(국가 해체)으로 관념적으로 전개된 이유를 망명권(権/圏)의 부재(망명자에 대한 보호 장치의 부재이자 그들이 숨 쉴 수 있는 생활공간의 부재)라는 일본 사회의 특징에서 찾는다. 이 책의 끝에서 결국 우리는 애초의 문제의식과 마주치게 된다. 즉 1970년대 일본 사회운동 진영에 나타난 외부자에 대한 상상력의 결여는 식민지 제국이라는 역사성을 수용소에 가두어놓고 출발한 전후 민주주의의 귀착점이었던 셈이다.

이 책은 성공회대학교 동아시아연구소 HK사업의 3단계 연구사업의 결과물이다. 동아시아연구소 일본연구팀은 일본의 '전후'를 한반도를 중심으로 한 주변 아시아 지역과의 접점을 통해 사상적으로 되묻는 작업을 지속해왔다. 2013년에 출판된 『'전후'의 탄생: 일본, 그리고 '조선'이라는 경계』(그린비)는 그 첫 번째 성과물이었다. 이 책에서는 전후일본의 사상과 담론, 제도와 일상에 소거된 흔적으로 존재하는 '조선'을 가시화해서, 제국의 과거를 봉인하고 국민국가를 자연화한 전후일본의 자화상을 적극적으로 드러내고자 했다. 밀항과 오무라 수용소는 이와 같은 공동 작업의 과정에서 도달한 또 하나의 피할 수 없는 문제 영역이었다. 동아시아연구소 일본연구팀은 2013년 이후 밀항과 수용소 관련 문헌을 함께 읽는 세미나를 꾸준히 진행해왔으며 2013년 8월에는 홋카이도대학교에서, 2014년 11월에는 성공회대학교에서 각각 국제학술회의를 개최했다. 많은 시간과 노력을 기울였으나 파고들수록 문제는 더 복잡해져 갈피를 잡지 못하는 상황이 계속되었고, 드디어 연구 성과를 단행본으로 세상에 내놓게 되었지만 부족함과 아쉬움은 아직도 우리 목덜미를 잡고 있다. 부족함은 엮은이를 포함한 필자들의 몫이며 앞으로 지속적인 고민으로 보답해나갈 것이다. 이 책의 원고들은 독립된 논문으로 집필된 것이라 서로 다소 중복되는 부분이 있으나, 주제의 난해함을 해소하기 위한 방법으로 양해해주기를 바란다.

지난 3년 동안 이 책의 엮은이인 권혁태, 이정은, 조경희는 문헌 조사, 인터뷰, 원고 집필, 출판을 위해 힘써왔으며 그 과정에서 서로 토론하면서 연구 방향을 결정해왔다. 또한 학술회의 자리에서 이루어진 차승기, 전갑생, 박사라를 비롯한 필자들과의 토론이 출판에 큰 힘을 실어주었음은 물론이다. 우리의 기획 취지에 공감해 원고 게재를 흔쾌히 허락해준 이승희와 재일조선인 연구자 김귀분과 고화정의 도움도 빼놓을 수 없다. 사정상 필자로 참여하지는 못했지만 세미나에서 김예림, 한혜인과 주고받은 토론이 이 책 곳곳에 녹아있음은 말할 것도 없다. 또한 초기 단계에서부터 협조를 아끼지 않았던 홋카이도 대학의 현무암에게 각별한 감사를 전한다. 그의 자문을 얻어 연구 팀은 2014년에 제주도에서 모두 7명의 구술 조사를 진행할 수 있었으며, 이 구술 내용이 공동 연구에 결정적인 도움을 주었다. 구술 조사에 응해주신 밀항자들의 경험의 무게를 충분히 담아내었다고는 할 수 없겠지만, 이분들의 도움이 없었다면 이 책이 나올 수 없었던 것만큼은 분명하다. 이 자리를 빌려 모든 구술자들에게 감사를 표한다. 또한 성공회대 동아시아연구소의 자유로운 분위기가 없었더라면 밀항과 수용소라는 주제로 공동 연구를 진행하기 쉽지 않았을 것이다. 연구 성과를 인내심 있게 기다려주고 진솔한 조언과 비판을 아끼지 않았던 백원담 소장, 그리고 언제나 곁에서 힘이 되어준 모든 연구원들에게 감사를 전한다. 마지막으로 양선화 편집자를 비롯한 한울엠플러스 출판사의 정성에 진심으로 감사드린다.

2016년 12월

집필진을 대표하여 조경희, 권혁태, 이정은

차례

서장

‘밀항자’는 어디에서 와서 어디로 갔을까?

권혁태

1. 들어가는 말

“너! 오무라에서 나간다니까 그렇게 좋아?”

“예, 정말 기뻐요. 고맙습니다.”

“일본과 한국 중에서 일본이 그렇게도 좋은 거야? 일본에 살고 싶은 거야?”

“예, 일본이 좋습니다. 일본에 살고 싶어요.”

“음. 열심히 살게나. 그리고 오무라에서 있었던 일, 알고 있지?”[1]

이 인용문은 1960년대 후반 오무라(大村) 입국자수용소(이하 오무라 또는 오

1 編集部, 「‘大村’の幽囚者」, ≪朝鮮人: 大村収容所を解体するために≫, No.2(朝鮮人社, 1969), p.2.

무라 수용소)에 갇혀 있던 '조선인'[2] 밀항자가 가방면(仮放免, 가석방)으로 '자유'를 얻어 일본의 영토 범위에 합법적으로 발을 들여놓기 직전, 자신을 가두고 관리했던 오무라 수용소 직원과 주고받은 대화의 한 자락이다. 추측건대 보잘것없는 목선에 몸을 싣고 마음 졸이며 현해탄을 건넜다가 체포되어 오무라에 수용된 후 강제송환의 공포에 떨었을 이 밀항자가 오무라를 나선 후에 어떤 인생을 걷게 되었는지는 알 길이 없다. 한 달에 한 번씩 출입국관리소에 출두해 가방면 수속을 갱신하다가 재류특별허가를 취득해 합법적인 일본 재류에 성공했을 수도 있다. 혹은 타인의 외국인등록증을 입수해 타인 명의로 살다가 나중에 일본 재류에 성공했을 수도 있다. 혹은 가방면 조치가 취소되어 재차 오무라에 수용되었다가 한국으로 강제송환되었을 수도 있다. 혹은 한국 송환을 피하기 위해 북으로 가는 배에 몸을 실었을 수도 있다. 합법과 비합법을 넘나드는 만만치 않은 험난한 여정을 눈앞에 두고 있으면서도 이 조선인 밀항자는 일단은 '기쁘다'. 일본인 직원의 오만한 관대함과 밀항자의 비굴한 교활함이 대비를 이루는 이 대화 속에서, 당시 밀항이라는 행위를 둘러싼 주권자와 비주권자의 엇갈린 시선이 극명하게 드러난다.

오무라의 일본인 입국관리관에게 밀항자는 일본의 국법을 어긴 '범법자'이면서 동시에 자신이 속해 있는 일본이라는 나라에 대해 한없는 안도감과 자부심을 불러일으키는 대상이기도 했다. 그 안도감과 자부심에 손상이 가지 않는다면, 얼마든지 관대함을 드러낼 수 있는 대상이기도 했다. 일본의 한 신문은 1950년대 초반 한국에서 일본으로 밀려드는 밀항자의 모습을 전하는 기사에서, 일본을 "동양의 희망향(郷)",[3] "아시아의 스위스"[4]라고 자랑스럽게 일컬

---

2 이 장에서는 특별한 경우를 제외하고는 한국인·조선인 모두를 총칭하는 개념으로 조선인을 사용한다. 이 장에서 다루는 오무라 피수용자에는 한국에서 밀항해 온 한국 국적자뿐만 아니라, 국적이 없는 조선인이 다수 포함되어 있기 때문이다.

었다. 패전의 충격으로 상실감에 사로잡혀 있었을 일본에게 구식민지 한반도에서 밀려드는 밀항자들은 '제국' 일본의 건재함을 자부하게 만드는 존재였을 것이다.

당시 한국과 일본을 가로지르는 현해탄이 도쿄(東京)의 최대 번화가인 긴자(銀座)에 빗댄 "밀항 긴자"라는 말로 형용되었을 만큼,[5] 한반도를 떠나 일본 열도로 들어오는 밀항자는 수없이 많았다. 재일조선인 소설가 양석일(梁石日)은 오무라 수용소를 다룬 소설 『밤을 걸고』(1994년 첫 발표)에서 다음과 같이 말하고 있다. "이 사회와 오무라 수용소는 이 세상과 저세상에 닮아 있다. 이 세상과 저세상 사이에는 망막(茫漠)한 시간과 공간이 가로질러 있을 뿐이다."[6]

당시 한국은 "저세상"이고 일본은 "이 세상"이었다. 밀항은 "저세상"에서 "이 세상"으로 건너오는 목숨을 건 여정이었다. 그리고 그 사이를 가로지르는 "망막한 시간과 공간"이 바로 오무라 수용소였다. "시간"은 기약 없는, 즉 형기 없는 수용 생활을, "공간"은 형무소도 대합실도 아니고 일본 땅도 조선 땅도 아닌 그야말로 일종의 '예외 상태'를 의미하는 것이었다.

또한 오무라 수용소는 테사 모리스 스즈키가 "국가가 법률제도의 계약 범위에서 누락되는 비(非)시민에 대처하는 장소에서 특히 현재화한다"[7]라고 말한 '야만 지대'였다. 밀항자들은 한나 아렌트(Hannah Arendt)가 말하는 "모든 권리를 가질 권리를 빼앗긴 사람", "지구의 쓰레기"라 불렸던 난민들[8]이고, 최

---

3 ≪読売新聞≫, 1950.4.11.

4 ≪読売新聞≫, 1953.8.11.

5 "今月の問題, '密航銀座'朝鮮海峡", ≪朝日新聞≫(夕刊), 1964.3.3.

6 梁石日, 『夜を賭けて』(幻冬社, 1997), p.451. 한국어판은 양석일, 『밤을 걸고 1·2』, 김성기 옮김(태동출판사, 2001) 참조.

7 テッサ・モーリス-スズキ(Tessa Morris-Suzuki), 『自由を耐え忍ぶ』(岩波書店, 2004), pp.106~107.

8 한나 아렌트, 『전체주의의 기원 1』, 이진우·박미애 옮김(한길사, 2006), 489~490쪽.

인훈이 『광장』(1960)에서 말한 것처럼 "돈과 마음과 몸을 지켜준다는 '법률'의 밖에 있는 어떤 삶"[9]을 살 수밖에 없는 사람들이었다. 즉, 오무라라는 이 시공간은 이미 끝났을 터인 식민주의의 시간이 아직도 이어지고 있으며, 일본의 주권 범위에서 벗어났어야 할 한반도가 여전히 일본열도와 공간적으로 이어져 있음을 보여주는 것이기도 했다.

이들은 "이 세상"에서 "저세상"을 향해 왜 목숨을 걸고 현해탄을 건넜을까? 당시 밀항자들이 한국 송환을 반대하기 위해 불렀다는 「강제송환 반대의 노래」에는 "조국을 버리고 바다를 건너, 오고 싶어 왔을까, 이 나라에"[10]라는 가사가 나온다. 이 노래 가사를 빌려 말하자면, 이들은 과연 "오(가)고 싶어" 일본에 왔(갔)던 것일까? 밀항을 경험한 재일조선인 문학자 김시종(金時鐘)의 말을 빌리면, 이들은 왜 "깎아지른 벼랑과 나락을 가르는 금",[11] 즉 국경을 넘은 것일까? 김석범(金石範)의 대하소설 『화산도』에는 제주 4·3 사건을 전후로 일본으로 밀항하는 사람들이 늘어가는 것을 보면서 주인공이 반복해서 독백하는 "하필이면 왜 일본일까"[12]라는 질문이 등장한다.

이들은 왜 현해탄을 건넜을까? 그리고 어디로 갔을까? 이 질문이 이 장의 과제이다. 때로는 가족을 찾아, 때로는 먹고살기 위해, 때로는 정치적 박해를 피해, 때로는 이북으로 건너가기 위해, 때로는 학업을 위해 고기잡이배에 몸을 의탁한 채 목숨을 걸고 현해탄을 건넌 조선인 밀항자들. 발각되지 않고 그대로 일본 거주에 성공했거나 북을 비롯한 제3국으로 갔을 사람까지 포함하

---

9 최인훈, 『광장·구운몽』(문학과지성사, 1996), 69쪽.

10 가사 원문은 다음과 같다. "祖国を捨て海渡り、来たくて来たのか、この国に." 山之内一郎, 「時評: 強制送還」, ≪朝日新聞≫(夕刊), 1952.8.22.

11 김시종, 「여기보다 멀리」, 유숙자 옮김, 『경계(境界)의 시』(소화, 2008), 163쪽.

12 김석범, 『화산도(전 12권)』, 김환기·김학동 옮김(보고사, 2016).

면 실제의 밀항 경험자는 적지 않은 수일 것이다. 하지만 이들 밀항자의 삶은 현재 한국 사회에 거의 알려져 있지 않다. 밀항-체포-수용-송환으로 이어지는 밀항자의 '인생 유전(流轉)'을 체계적으로 다룬 연구는 아직 많지 않다. 이 책의 서장에 해당하는 이 글에서는 주로 다음과 같은 문제를 다룬다.

첫째, 해방 직후부터 대체로 1980년대 후반까지를 대상으로 밀항-체포-수용-송환으로 이어지는 밀항자의 규모를 공간(公刊) 자료를 동원해 추계하는 일이다.

둘째, 밀항자들은 어떤 사람들이었을까, 즉 '밀항자상'을 제시하는 일이다.

셋째, 이들 밀항자에 대해 일본 정부는 어떤 태도를 취했을까? 즉 일본 정부의 재일조선인에 대한 정책을 포함한 밀항 정책을 남북한의 정세 등과 연동해 다룬다. 일반적으로 밀입국-체포-수용-송환으로 이어지는 일종의 순환 고리는 그 입구에 해당하는 밀입국에서 시작되는 것이지만, 밀입국과 관련 없이 일본에서 '합법적'으로 재류 자격을 가지고 있는 재일조선인들도 이 순환 고리에서 자유로웠던 것은 아니다. 특히 1965년 한일 간에 지위 협정이 맺어지면서 기존의 조선적자들을 한국적으로 바꾸려는 압력이 가중되는 가운데, 수용과 송환의 '공포'를 이용한 일본 정부의 대응이 눈에 띈다.

넷째, 이들 밀항자는 어디로 갔을까? 일본에 남은 사람들도 있지만, 대개는 한국으로 강제송환되었다. 하지만 일부는 북으로 갔고, 일부는 제3국으로 갈 수밖에 없었다는 점에 주목한다.

2. 밀항자는 어떤 사람들이었을까?

'불법' 입국자 등을 수용하는 시설은 현재 일본에 두 군데 존재한다. 하나는 이바라키(茨城) 현에 있는 '동(東)일본 입국관리센터'(1993년 요코하마 수용소가 이전)이고, 또 하나는 나가사키 현 오무라 시에 있는 '오무라 입국관리센터'이다. 1950년 1월에 나가사키 현에 설치되었던 '하리오(針尾) 수용소'가 같은 해 10월에 오무라 시의 옛 해군 항공 공장 터로 이전하면서 오무라 수용소의 역사가 시작된다. 발족 당시에는 법무성 '오무라 입국자 수용소'라는 이름이었으나 1993년에 '오무라 입국관리센터'라는 이름으로 바뀌었다. 초기에는 중국인(대만인 포함) 송환자도 일부 수용했지만, 중국인 수용자와 조선인 수용자 사이에 마찰 등이 발생하자 1955년부터는 한국인·조선인만을 수용하게 되었고, 이후 오무라는 조선인 전용 수용소로 알려지게 되었다.[13] 조선인 불법 입국자 등은 퇴거 명령을 받고 오무라에서 한국 등으로 집단 송환될 때까지 기약 없는 수용 생활을 보냈다. 오무라는 퇴거 영장을 발부받은 송환 대상자가 송환이 이루어지기까지 '대기'하는 시설이다. 그런 의미에서 오무라는 "추방의 기지"[14]이다. 송환은 송환 형태에 따라 국비 송환, 자비 출국, 59조(입국관리령) 송환(운송업자에 의한 송환)으로 나뉜다. 자비 출국은 퇴거 강제 영장을 발부받은 자가 허가를 받고 자비로 출국하는 것이고, 59조 송환은 불법 입국자를 싣고 온 선박 등으로 운송업자의 비용 부담하에 송환하는 것, 국비 송환은 퇴거 강제 영장을 발부받은 자를 일본의 비용 부담하에 본국으로 퇴거시키는 것을 뜻한다.[15] 오무라 수용자의 송환은 주로 국비 송환으로 분류된다.[16]

---

13 오무라 수용소는 1955년 중국인(대만인 포함) 수용자를 요코하마 입국관리소 하마마쓰(浜松) 분실로 이송하고, 하마마쓰 분실에 수용 중이었던 조선인을 모두 오무라로 이송함으로써 조선인 '전용' 수용소가 되었다. 그 후 1963년에 소수의 중국인 수용을 재개했다가 1969년 7월 30일 중국인 수용자 1명을 '가방면'하면서 오무라는 다시 조선인 '전용' 수용 시설이 되었다. 法務省大村入国者収容所, 『大村入国者収容所二十年史』(法務省大村入国者収容所, 1970), pp.55~56.

14 在日韓国青年同盟中央本部 編, 『在日韓国人の歴史と現実』(洋洋社, 1970), p.261.

표 1 밀항(검거자), 송환, 오무라 수용자 수의 연도별 추이(명)

연도	밀입국 검거자	송환		오무라 수용소	
		전체	집단 송환	입소	퇴소
1946(4~12)	17,733	26,032			
1947	6,010	6,222			
1948	7,978	6,964			
1949	8,302	7,709			
1950	2,434	1,058	955	148	0
1951	3,503	2,172	2,170	(2,900)	(2,600)
1952	2,628	2,320	2,298	(3,000)	(2,800)
1953	2,244	2,713	2,587	(2,800)	(2,700)
1954	1,721	1,022	837	(2,100)	1,044
1955	1,395	1,162	707	1,728	1,483
1956	1,117	664	0	552	1,114
1957	2,060	1,074	0	801	702
1958	1,438	1,802	1,003	1,295	1,643
1959	1,033	998	0	841	821
1960	1,852	2,590	1,413	896	(1,800)
1961	1,753	1,516	554	1,011	846
1962	1,418	1,175	630	736	762
1963	1,335	928	462	482	606
1964	1,779	1,116	584	729	735
1965	1,456	1,131	622	758	705
1966	767	1,126	467	454	579
1967	851	1,006	327	514	467
1968	719	870	363	439	493
1969	671	505	232	284	315
1970	745	345	160	271	200
1971	806	547	287	270	339

---

15 法務省入国管理局法令研究改 編, 『国際化時代の中で一出入国管理の周辺』(大蔵省印刷局, 1983), p.106.

16 국비 송환에는 일부 개별 송환의 형태도 포함되어 있지만, 압도적인 비율을 차지하는 것은 집단 송환이다.

1972	793	487	279	384	364
1973	940	632	349	500	463
1974	1,196	778	415	615	516
1975	1,083	357	377	271	200
1976	954	383	533	270	339
1977	846	331	462	384	364
1978	646	338	410	500	463
1979	619	434	346	615	516

주: 밀입국 검거자에는 중국인 일부 포함.

자료: 法務省入国管理局 編, 『出入国管理ー変貌する国際環境の中で』(大蔵省印刷局, 1986), p.104; 法務省入国管理局, 『出入国管理とその実態』(大蔵省印刷局, 1969, 1979), p.78, 156, 160; 「戦後における在日朝鮮人の人口現象」, ≪入国管理月報≫, No.95(1968.10), p.20; 法務省入国管理局, 『出入国管理ーその現況と課題』(大蔵省印刷局, 1975), p.118, 138; 法務省, 『出入国管理統計年報』 각년에 작성.

오무라의 집단 송환은 연합국총사령부(General Headquarters Supreme Commander for Allied Powers, 이하 GHQ)의 관할하에 1950년 12월 11일(제1차, 955명)에 처음 실시되어 1989년 8월 2일 마지막 집단 송환까지 모두 약 40년 동안 118차례 실시되었다.[17] 샌프란시스코 강화조약 체결 이후인 1952년 12월부터 1980년까지는 일본 정부가 차입한 상선을 이용해 한국 부산으로, 1980년 7월부터는 일본 정부가 차입한 민간항공을 이용해 나가사키 공항에서 김해 공항으로 연 3회 집단 송환되었다.[18]

〈표 1〉에 따르면, 대략 1946년에서 1979년까지 약 8만 명 이상의 한국/조선인이 일본에서 출입국관리령 등의 위반으로 검거되었다. 오무라 입소자는 약 2만 6000명, 퇴소자는 약 2만 2000명 정도이다. 그리고 약 7만 명 정도가

17 法務省入国管理局 編, 『出入国管理ー国際化時代への新たな対応』(大蔵省印刷局, 1993), p.121; 法務省大村入国者収容所, 『大村入国者収容所二十年史』, p.5.

18 法務省入国管理局法令研究改 編, 『国際化時代の中でー出入国管理の周辺』, p.107. 1970년대 중반부터 자비 출국이 증가하기 시작해 1979년에는 자비 출국이 오무라 국비 집단 송환자 수를 상회한다.

송환되었고(일부 북한·제3국 포함), 이 가운데 집단 송환된 사람은 1950년에서 1979년까지 1만 9829명이다. 단순히 양적인 규모로만 보아도 오무라는 좁게는 밀항의 역사, 넓게는 한일 관계에서 매우 중요한 위치를 차지하고 있다고 볼 수 있다. 더구나 앞으로 이야기하겠지만, 오무라 문제는 국제 인권의 문제에 그치지 않고, 주권자-비주권자, 남북 갈등, 한일 관계, 심지어 미국 등의 에이전시 문제로까지 확대해볼 수 있는 중요한 문제이기도 하다.

불법 입국자의 전체적인 흐름을 살펴보면 몇 가지 특징을 발견할 수 있다. 하나는 이른바 1946년부터 1950년대까지 한반도가 빈곤과 정정(政情) 불안, 그리고 전쟁에 휩싸였던 시기에 밀항자가 많았다는 사실이다. 특히 1948년 제주도에서 발생한 4·3 항쟁, 남북 분단, 군사 긴장의 고조 등이 크게 영향을 미쳤을 것이다.[19] 또 하나의 특징은 1965년 한일협정 이후, 밀항 검거자 수가 급감했다는 점이다. 한일 국교 정상화로 정규 입국에 대한 기대가 높아지고, 경제원조 및 베트남 특수로 경제 호전과 실업률 하락에 대한 기대가 커진 점, 1965년 6월 19일 부산에 설치된 밀수밀항사범특별합동수사반을 비롯한 한국 관헌의 단속 등이 주된 배경으로 작용했을 것이다.[20] 이렇듯 밀항은 정치적·경제적 동기가 그 배경을 이룬다. 하지만 그 동기의 바탕에 이른바 '연고 네트워크'가 강하게 작동하고 있음을 놓쳐서는 안 된다. 식민지 이전부터 존재했던 이른바 가족 관계와 같은 '연고 네트워크'의 문제이다.

'연고 네트워크'를 간접적으로 확인하기 위해 검거된 사람들을 대상으로 조

---

19 1949년 1월에서 12월까지 일본에서 체포된 밀입국자 8591명을 대상으로 한 조사에 따르면, 안정적 생활에 대한 동경(20%), 정보 연락(10%) 병역기피(20%), 인민항쟁(5%) 등이 높은 비중을 차지한다. 병역기피와 인민항쟁 기피를 합치면 약 4명 중 1명이 전쟁과 관련이 있는 것이다. ≪読売新聞≫, 1950.4.11.

20 ≪入国管理月報≫, No.76(1967.3), p.1; ≪朝日新聞≫, 1965.7.3.

사한 일본 측 자료를 바탕으로 '표준적'인 '밀항자상'을 연령별, 성별, 출신지별로 나누어 살펴보기로 하자. 밀항자의 출신지별, 연령별, 성별에 따라 시계열적으로 추적할 수 있는 자료는 지금으로서는 존재하지 않는다. 따라서 각종 자료에 기록되어 있는 몇 가지 단편적인 조사 결과를 모아서 표준적인 밀항자상을 검출해낼 수밖에 없다.

먼저 〈표 2〉는 밀항자의 시기별·출신지별[21] 분포를 보여주고 있다. 1966~1971년은 집단 불법 입국자, 1970~1974년은 상륙 직후 검거자(개별 불법 입국자 포함), 1980~1986년은 불법 입국자 모두를 포함하고 있는 수치이다. 이렇듯 각각 다른 기준에 따라 작성된 것이어서 이 수치의 추이만으로 전체적인 흐름을 단정적으로 말할 수 없다. 하지만 분명한 것은 1960년대에 비해 1970년대 이후 제주도 출신자의 비율이 압도적으로 높다는 점이다. 같은 기간에 밀항 검거자 수가 줄어들지 않고 있다는 점(〈표 1〉 참조)을 생각해보면, 타 지역 출신 밀항자 수의 감소가 제주도 출신 비율의 상승으로 이어지고 있는 것으로 볼 수 있다. 또 제주도 출신자의 경우, 여성과 미성년자의 비율이 타 지역에 비해 높다는 특징이 있다.[22] 이는 타 지역 출신은 경제적 동기에 따른 단신 밀항이 많았던 것에 비해, 제주도의 경우는 '연고 네트워크'에 따른 '가족 밀항'의 성격이 강했음을 반증해주는 결과로 해석할 수 있다. 게다가 이들 밀항자 중에는 과거 일본에 거주했던 경력이 있는 밀항자가 다수 포함되어 있다.[23] 또 밀항 전 직업

---

21 출신지가 거주지인지 본적지인지는 명확하지 않다. 다만 일부 자료에 "출신지란 본적지가 아니라 거주지"[≪入国管理月報≫, No.93(1968.8), p.6]라는 표현이 나오는 것으로 보아 밀항 직전까지 거주했던 지역으로 추측된다.

22 1979년 불법 입국자 601명 중 여성은 170명으로 28.3%인데, 검거된 여성 170명 중 제주도 출신이 151명에 달한다. 法務省入国管理局, 『出入国管理ーその現況と課題』(大蔵省印刷局, 1980), p.145.

23 1966년 하반기에 검거된 밀항자 97명의 재일(在日) 경력을 보면, 재일 경력이 있는 자가

표 2 밀항자의 출신지별 분포(명, %, 검거자 기준)

연도	검거자 수	제주 출신	제주 비율(%)
1966(하)	51	20	39.2
1967	206	111	53.9
1968	164	131	79.9
1970	112	93	83.0
1971	75	60	80.0
1970	116	93	81.1
1971	77	60	77.9
1972	184	154	83.7
1973	232	189	81.5
1974	131	112	85.5
1979	601	505	84.0
1980	581	471	81.1
1981	556	471	84.7
1982	529	454	85.8
1983	392	337	86.0
1984	412	358	86.9
1985	422	357	84.6

주: 1966~1971은 '집단 불법 입국', 1970~1974는 상륙 직후 검거자, 1980~1986은 개별 불법 입국을 포함.
자료: 「昭和四一年(全期)における集団不法入国の概況」, ≪入国管理月報≫, 第76号(1968); 「昭和四三年上半期における集団不法入国の概況」, ≪入国管理月報≫, 第93号(1968)(部外秘), p.6; 法務省入国管理局, 『出入国管理ーその現況と課題』(1975), p.122; 法務省入国管理局, 『出入国管理ー変貌する国際環境の中で』(1980), p.145, 1986年版, p.104.

이 주로 농업과 무직에 쏠려 있는 것으로 보아,[24] 밀항이라는 행위가 국경을 넘어서는 농민층 분해와 농촌 인구의 도시 유출의 성격을 띠고 있었다고 볼

26명에 달한다. 재일 거주 기간은 3년 이하 9명, 10년 이하 5명, 15년 이하 5명, 20년 2명, 23년 1명, 24년 1명, 25년 1명, 27년 1명, 38년 1명이다. 「昭和四一年(全期)における集団不法入国の概況」, ≪入国管理月報≫, No.76(1968.3).

24 1966(하)~1971년 610명의 밀항 전 직업을 보면, 227명이 농업, 211명이 무직이며, 1970~1974년 740명 중 272명이 농업이고 217명이 무직이다(〈표 2〉와 같음).

수 있다.

왜 제주도 출신자의 일본 밀항이 많았을까? '밀항 = 제주'라는 연결고리에 대해 제주와 일본 사이의 지리적 근접성만을 가지고 논해서는 안 된다. 왜냐하면 제주 출신 밀항자들의 출발지가 대체로 부산이었기 때문이다. 즉 반드시 지리적 근접성이 일본 밀항의 직접적인 이유라 보기는 어렵다. 제주인들은 부산을 거쳐서 일본으로 밀항하는 경로가 일반적이었다.[25] 1974년 당시 재일조선인 인구 63만 명 중에 제주도 출신이 총 10만 명으로 전체의 약 16%를 차지하고 있으니,[26] 재일조선인 출신지의 지역별 비율과 밀항자의 출신지별 비율이 반드시 일치한다고 볼 수는 없다. 따라서 역시 타 지역 출신자들에 비해 제주도와 재일 제주인 사회를 이어주는 농밀한 '연고 네트워크'가 밀항이라는 행위에 반영되어 있다고 봐야 할 것이다. 물론 제주도의 강한 '연고 네트워크'를 단순히 문화적 요인으로만 설명할 수는 없다. 서울 등의 중심과의 관계에서 상대적으로 소외받아온 '변경' 제주도의 역사적·구조적 위치에서 설명되어야 한다. 이는 가지무라 히데키가 "일본 제국주의의 조선 식민지 통치"가 "국경을 넘어선 농민층 분해"를 초래함으로써 재일조선인 사회가 "국경을 가로지르는 생활권을 형성"[27]했다고 말하고 있듯이 식민지 시기에 만들어진 '연

---

25 1951년 2410명 중 1496명, 1952년 1776명, 1953년 1~6월 831명 중 418명이 부산에서 밀항선에 승선한 반면, 제주에서 승선한 밀항자는 1951년 65명, 1952년 98명에 불과하다. 오히려 부산 다음으로 많은 곳은 통영으로 각각 325명, 224명, 63명에 이른다. 이 밖에 여수와 마산에서 출항하는 경우가 제주보다 훨씬 많다. 武野義治, 「密入国の概況」, ≪警察学論集≫, 7(5)(1954), p.30. 1970~1974년 불법 입국으로 검거된 740명 중 제주 출신은 608명으로 82.2%인데, 이들의 출항지는 부산 55.4%, 여수 21.2%인 데 반해, 제주는 겨우 2.2%에 불과하다. 法務省入国管理局, 『出入国管理ーその現況と課題』(1975年版), pp.122~124.

26 法務省入国管理局, 『出入国管理ーその現況と課題』(大蔵省印刷局, 1975), p.103.

27 梶村秀樹, 「定住外国人としての在日朝鮮人」, 『梶村秀樹著作集·在日朝鮮人論(第6巻)』(明

고 네트워크'가 해방 후에도 지속되고 있음을 보여준다.

3. 재일조선인은 어떤 상태에 놓여 있었는가?

그렇다면 이들 밀항자는 일본에 발을 들여놓은 후 어떤 상황에 놓이게 될까? 이를 알기 위해 먼저 재일조선인의 법적 지위에 대한 개괄적인 설명이 필요하다. 〈표 3〉은 이른바 밀항자의 법적 층위를 시기별 변화를 염두에 두고 정리한 간략한 개념도이다. 재류의 안정성이라는 측면에서 보면, 아래로 갈수록 불안정성이 커지고 위로 갈수록 안정성이 커지는 전형적인 층위 구조이다. 재일조선인의 기록 등에 등장하는 이른바 '도로쿠'(등록, 즉 외국인등록) 있는 자와 '도로쿠' 없는 자 간의 층위는 이런 구조에서 발생한다.

일본 땅에 '비합법'으로 상륙한 밀항자는 많은 경우 숨어 살거나 다른 사람의 명의를 빌려 일본에 재류하다가 재류특별허가(재특)를 받아 합법 공간으로 진입하는 것을 꿈꾼다. 재류특별허가는 법무 대신의 재량으로 부여되는 일시적인 재류권이어서 언제든지 다시 송환의 위험에 놓일 수 있다. 하지만 불법입국자가 특별허가를 받아 일시적이나마 재류권을 부여받는 것은 재류의 안정성이라는 측면에서 보면 일종의 신분 '격상'이다. 경우에 따라서는 이른바 일반 영주권으로의 '격상'도 상정해볼 수 있기 때문에 더욱 그러하다. 하지만 그렇다고 해서 층위의 상층에 자리하는 126 해당자의 안정성이 절대적인 것도 아니다. 일종의 '영주권'이라 할 수 있는 126 해당자도 퇴거 영장을 발부받아 상대적으로 안정적인 신분에서 불안정한 신분으로 '격하'될 수 있었기 때

石書店, 1993), pp.15~24.

표 3 **재일조선인의 시기별 '재류 자격'**

제1기(1952~1965)	제2기(1966~1991.11)	제3기(1991.11 이후)
법126	협정영주(한국적)	특별영주자
	(법126)	
(일반영주)	(일반영주)	(일반영주)
↓	↓	↓
재류특별허가	재류특별허가	재류특별허가
↓↑	↓↑	↓↑
불법입국/재류	불법입국/재류	불법입국/재류
↓↑	↓↑	↓↑
송환	송환	송환

문이다.

그렇다면 '126'이란 무엇일까? 샌프란시스코 조약 발효 이후, 재일조선인의 재류 자격이 일단 법적으로 법률 126(정확하게는 법률126-2-6)으로 통일되었다는 사실은 잘 알려져 있다. 법률 126은 1945년 9월 2일 이전부터 1952년 4월 28일까지 계속해서 일본에 재류한 자(이 기간에 태어난 2세 포함)가, 별도로 법률상 재류 자격 및 재류 기간이 정해질 때까지 계속해서 일본에 재류할 수 있는 자격을 의미한다.[28] 쉽게 말하면 일본이 패전하기 전부터 일본에서 거주하기 시작해 1952년까지 일본 '밖'으로 나간 적이 없는 조선인에게 부여되는 재류 자격이 바로 법126인 것이다. 물론 이는 국적 개념이 아니다. 126 해당자의 외국인등록의 국적란 표기가 '조선'이든 '한국'이든 모두 하나의 '기호'나 '부호'에 불과했기 때문이다. 그런 의미에서 이들은 난민이었다.[29]

---

28 1952년 4월 28일 이후 태어난 126 해당자의 2세는 외무성령(14-1-2)의 적용을 받아 재류 자격 제한은 없지만 3년마다 재류 기간을 갱신해야 하는 더욱 불안정한 자격이었다.

29 1946년에 GHQ는 재일조선인을 일본 국적을 가진 것으로 간주했다. 하지만 일본 정부는 1947년 5월 시행된 외국인등록령을 통해 재일조선인의 외국인등록을 의무화하고 등록

일반적으로 영주란 "재류 활동에 제한이 없고, 퇴거 강제 사유에 해당하는 경우를 제외하고는 평생 자신의 의사에 반해 국외로 퇴거되는 일이 없는 것"[30]을 말한다. 126 자격은 재류 자격과 재류 기간이 정해져 있지 않다는 의미에서 일반 외국인과 구별되는 '영주권'이라고도 볼 수 있다. 하지만 의료보험이나 사회복지상의 권리에서 배제되어 있었을 뿐만 아니라, 일본을 나갔다가 다시 입국할 수 있는 재입국 사증 발급에서도 제약 조건이 많았다. 그 가운데에서도 126 해당자의 불안정성의 핵심은, '영주권'이라 해도 여전히 퇴거 강제, 즉 '추방'의 가능성이 남아 있다는 점에 있다.

먼저 1945년부터 1952년 사이에 잠시라도 일본 영토 밖으로 나갔다는 사실이 밝혀지게 되면 126 자격이 취소될 수 있었다. 즉 해방 후 일시적으로 한반도의 고향 땅을 밟았다가 다시 일본에 재입국한 사실이 나중에 발각된 경우에는 출입국관리령 위반으로 퇴거 강제 영장을 발부받고 오무라 등에 수용되었다가 한국으로 강제송환(집단 송환)될 가능성이 있었다. 또 하나는 이른바 일본에서 형벌법을 위반했을 경우이다. 일반 형사사건뿐만 아니라 정치적 사건, 그리고 외국인등록법 위반 등에 이르기까지 이른바 일본의 법률 체계를 위반해 "무기 또는 1년을 넘는 징역 혹은 금고에 처해진 자"는 "본방으로부터 퇴거를 강제할 수 있다"라는 입국관리령 24조에 따라 126 해당자도 퇴거를 당할 수 있었다. 즉 경미한 범죄라도 언제든지 126 자격 박탈로 이어질 가능성이

원표의 국적란에 일괄적으로 '조선'을 기재하게 했다. 1950년 한국 정부의 요청으로 한국으로 변경해 기재하는 것이 가능해졌으나, 여기서 말하는 조선·한국은 국적이 아니라, 일종의 '용어', '기호', '부호'임을 분명히 했다. 외국인등록상의 한국이 국적으로 인정된 것은 1965년 한일협정 이후이다. 즉 1965년 이후 한국은 국적이 되었지만, 조선은 지금까지 여전히 '용어'이다. 内海相子, 「在日朝鮮人と国籍(2)」, ≪朝鮮研究≫, 108(1971.9), p.66 참조.

30 ≪入国管理月報≫, No.74(1967.1), p.35.

상존해 있었던 것이다. 실제로 1960년대 이후 형벌법 위반으로 퇴거 영장을 받고 한국 송환을 위해 오무라에 수용되었던 126 해당자도 적지 않다. 따라서 오무라 문제는 한국에서 일본으로 '비합법적'으로 처음 발을 들여놓은 밀항자뿐만 아니라 당시에 일본에 거주하고 있던 재일조선인들의 일상과도 밀접한 관련이 있었던 것이다.

그렇다면 일본 정부는 왜 이런 정책을 취했을까? 1949년 요시다 시게루(吉田茂) 당시 수상은 맥아더 사령관에게 서한을 보내, 재일조선인을 한국으로 강제송환할 권한을 일본에 달라는 요청을 했다. 한국전쟁이 발발하자 오카자키 가쓰오(岡崎勝男) 관방장관은 1950년 12월, 일본에 "거주하는 조선인 위험분자를 고국으로 강제송환하는 일에 한국 정부와 협의했다"라고 발표해 물의를 빚었다.[31] 또 제4차 요시다 내각이 1952년 11월 21일에 공약으로 발표한 '중요시책요강'에는 "악질 조선인의 강제송환을 강화한다"라는 내용이 담겨 있다.[32] "조선인 위험 분자", "악질 조선인", 즉 사회주의자나 범죄자의 추방, 이른바 '불령선인'을 포함해서 재일조선인을 일본 '밖'으로 추방하는 것이 일본 정부의 가장 '전통적인' 정책 목표였다고 볼 수 있다. 이 같은 일본 정부의 기본 방침을 가장 잘 드러내주는 것이 1953년 8월 7일 중의원 법무위원회에서 당시 출입국관리국 국장 스즈키 하지메(鈴木一)가 발언한 다음과 같은 답변이다.

> 출입국관리령의 취지를 말씀드리면, 일본에서 퇴거, 즉 나가게 하는 것, 일본에 살지 못하게 하는 것이 주안(主眼)입니다. 북선(北鮮)으로 가든 남선(南鮮)으로 가든 혹은 또 제3국으로 가든 우리로서는 상관이 없습니다. 지금까지는 북선

---

31 테사 모리스 스즈키, 『북한행 엑서더스: 그들은 왜 '북송선'을 타야만 했는가?』, 한철호 옮김(책과함께, 2008), 88~89쪽.

32 ≪朝日新聞≫, 1952.11.22.

> 으로 보낼 길이 없었지만…… 만일 장래에 그런 길이 열린다면 우리로서는 크게 연구해야 할 문제라고 생각합니다.[33]

한마디로 말하자면, 재일조선인의 추방·배제에 방점이 있었다고 볼 수 있다. 즉 재일조선인의 '외국인화'를 통해 삶의 불안정성을 높이고 이 불안정성을 통해 일본의 영토 '밖'으로 재일조선인을 밀어내려 했다는 것이다.[34] 물론 주된 추방처는 한국이지만, 또 다른 길은 북한이고, 경우에 따라서는 제3국 추방일 수도 있었다. 일본에서 추방(그것이 자발적이든 비자발적이든 일본에서 거주할 수 있는 권리를 박탈당한다는 점에서는 대동소이하다)의 목적지가 한국인가, 북한인가, 제3국인가 하는 차이점이 있었을 뿐이다. 그런 의미에서 1959년부터 개시된 '귀국 사업(북송 사업)'이 재일조선인에 대한 국외 추방 정책이었다는 테사 스즈키 모리스의 지적[35]은 정확하다. 따라서 밀항자뿐만 아니라 이른바 126 해당자 중에 형벌법 위반자를 오무라 수용소에 가두고 이들을 한국 등으로 송환하려 한 것은 조선인 추방·배제 정책의 기본 성격을 전형적으로 드러내주는 것이었다고 볼 수 있다.

그런데 이 같은 추방·배제에 방점을 둔 제1기(1952~1965년)의 정책에 1965년 한일협정 체결 이후 변화가 생긴다. 1966년부터 도입된 이른바 '협정 영주권'이라는 또 다른 '영주권'이 앞서 말한 층위 구조의 상층부에 자리 잡게 되는 것이다. 잘 알려져 있는 것처럼, 협정 영주권은 한일 양 정부가 '한국적'을 소지한 재일조선인에 대해 일본에서 '영주'할 권리를 부여하기로 약속한 제도이다.[36]

---

33 国会会議録検索システム(http://kokkai.ndl.go.jp), 2016년 7월 25일 검색.

34 테사 모리스 스즈키, 『북한행 엑서더스: 그들은 왜 북송선을 타야만 했는가?』; 테사 모리스 스즈키, 『봉인된 디아스포라』, 박정진 옮김(제이앤씨, 2011) 참조.

35 같은 책들 참조.

왜 이런 제도를 도입했을까? 검사 출신으로 출입국관리소 참사관을 지낸 이케가미 쓰토무의 저서 『법적 지위 200의 질문』은 협정 영주권 도입의 의도를 읽어내는 데 도움이 된다. 이케가미는 이 책에서 "국제법상 원칙으로 보면, (일본 재류 외국인을—인용자) 삶아 먹든 구워 먹든 (일본 정부의—인용자) 자유다"라고 쓰고 있다. 이 발언은 일반적으로 재일조선인에 대한 일본 정부의 인권 탄압과 차별의 속내를 드러내는 발언으로 곧잘 인용된다. 하지만 이 발언은 그리 단순하지 않다. 추방·배제에 방점을 두었던 1950년대 정책적 주안점의 변화를 상징하고 있기 때문이다. 이케가미는 문제 발언에 이어 "북선계의 자(협정에 의거한 영주권을 취득하지 않는 자)는 실제상 송환되지 않기 때문에 영주권을 따는 것보다 득(得)이라는 말이 있는데"라는 질문을 던지고 이에 대한 답변으로 다음과 같이 쓰고 있다.

> 국가 간에 특별한 약속이 없는 외국인에 대해 일국(一國)은 본래 그 입국, 재류에 대해 자유재량권을 가지고 있으며, 어떠한 이유로도 이들을 국외로 추방할 자유를 가지고 있다. …… 따라서 협정에 의거한 영주권을 취득하지 않는 자, 영주 허가를 취득할 수 없는 자에 대해서는 …… 출입국관리령의 원칙에 따라 퇴거 강제 수속이 취해지게 된다.[37]

여기서 말하는 "한일협정에 근거한 영주권을 취득할 수 없거나 취득하지

---

36 1966년 1월부터 신청을 받아 5년 후인 1971월 1월 16일에 마감된 협정 영주권 제도를 통해 약 30만 명에 달하는 재일조선인(주로 126 해당자)이 한국 국적과 협정 영주권을 취득했다.

37 池上努, 『法的地位200の質問』(京文社, 1965), p.167. 野村宏志, 「在日朝鮮人の在留状況と国籍問題」, 佐藤勝巳 編, 『在日朝鮮人の諸問題』(同成社, 1971), pp.233~234 재인용.

않는 자"란 협정 영주권(한국 국적자)을 취득하지 않는 126 해당자('조선적'이 대다수)를 지칭한다. 이는 한국 국적을 가진 협정 영주권자가 아니라면, 일본 정부가 이들을 "삶아 먹든, 구워 먹든" 얼마든지 자유롭게 처리할 수 있다는 뜻이다. 다른 한편으로는 한국 국적을 가지고 협정 영주권을 취득하면, 이들을 '삶아 먹을 수도, 구워 먹을 수도 없다'는 뜻이 된다. 즉 법적 보호를 받으면서 일본에 살고 싶으면 한국적을 취득하라는 일종의 '협박'인 셈이다. 실제로 126 해당자 피수용자들에게 입국관리소 측이 한국 국적과 협정 영주권 취득 신청을 '가방면'의 조건으로 내세우는 경우는 각종 자료에서 쉽게 확인할 수 있다. 쉽게 말하면, 협정 영주권을 신청하면 수용소에서 '가방면'해준다는 것이다. 이 같은 의도는 1966년 1월, 법무성이 입국관리국에 대해 내린 '협정영주사무질의응답(協定永住事務質疑応答)'이라는 사무 지침에서도 확인된다.

> 퇴거 강제에 대해서도, 협정 영주 허가를 받은 자는 일반 외국인에 적용되는 출입국관리령의 …… 사유로는 퇴거되지 않으며, 내란, 외환, 국교에 관한 죄나 마약 관련 범죄로 벌을 받거나 7년 이상의 중형을 받은 경우에 한해, 퇴거 강제의 수속을 취할 수 있다.…… 현실에서 이미 일본 사회에 뿌리를 내리고 있는 이들에 대해서는 퇴거 강제를 상당한 악질적인 것에 한정한다.[38]

126 해당자와 협정 영주권의 '추방' 조건에 차등을 둠으로써 이른바 '불령선인'이 한국적으로 바꾸도록 유도하고 있는 것이다. 즉 밀입국자 → 재류특별허가 → 126 해당자라는 기존 층위의 최상단에 협정 영주권자라는 제도를 둔 것이다. 물론 이 같은 일본 정부의 방침은 한편으로 불법 입국자를 포함한 '한

38 ≪入国管理月報≫, No.74(1967.1), p.36.

국적' 재일조선인에게 안정적인 영주 자격을 부여했다는 점에서 '인도적인' 조치라는 평가를 받을 수 있다. 하지만 재일조선인 사회의 일상에 분단의 냉전 대립 논리를 도입하고, 동시에 재일조선인에 대한 관리를 한국 정부 측에 '양도'(사실은 그 반대이기도 하다)함으로써 재일조선인의 일본 재류에 대한 일본 정부의 책임이 면제되는 결과로 이어졌다고 볼 수 있다.

이는 이른바 한국이라는 국가 체제와의 협력을 통해 재일조선인을 통제 가능한 영역에 가두어놓으려는 이른바 근대국가의 논리에 더해, 한반도의 분단 체제를 일본 열도에 도입해 동북아의 반공 체제를 일본 국내에 구축하려는 시도였다. 재일외국인의 정치 활동에 제한을 두려는 출입국관리법 제정 움직임(네 차례의 법안 제출과 좌절)은 이런 시도의 확대판이었다고 볼 수 있다. 따라서 1966년 협정 영주권의 도입 이후 일본 정부의 정책은 1950년대 이래의 '추방' 일변도에 '관리' 정책을 덧씌운 것이기도 하다. 즉 '추방'이 불가능할 경우에 이른바 관리 가능한 카테고리로 재일조선인을 합법적인 틀에 가두어두는 것, 조선적의 불안정화를 통해 관리 가능한 한국적으로 재일조선인을 유도하는 것, 이것이 바로 협정 영주권자 제도의 본질이었던 셈이다.

4. 수용자들은 어디로 갔을까?: 남은 자와 쫓겨난 자

밀항 → 체포 → 수용 → 송환에 이르는 과정에서 일본에 '남은 자'는 누구이고 '쫓겨난 자'는 누구일까? 이것을 확인하기 위해 밀항과 송환 사이에 있는 수용소를 중심으로 피수용자가 어떤 조건에 놓여 있었는지를 살펴보자. 이들 피수용자 모두 조선인으로 분류된다고 해도 사실은 서로 다른 조건 속에 놓여 있었기 때문이다.

피수용자는 다음과 같이 네 가지로 나눌 수 있다. ① 비합법적인 수단, 즉 밀항을 통해 일본에 입국했다가 체포되어 한국 송환이 결정되었거나, 입국에 성공해 일정 기간 일본에서 생활하다가 발각되어(자수 포함) 퇴거 강제 영서를 받고 송환이 결정된 사람들로, 소위 불법 입국자들이다. ② 합법적으로 입국했지만, 허가된 기간을 넘겨 재류하다가 검거되거나 자수해 한국 송환이 결정된 사람들로, 소위 불법 재류자들이다. 이들 중에는 대체로 선원 출신이 많다. ③ 일종의 영주권인 126 해당자였으나 1945년부터 1952년까지 한국 등을 방문한 사실이 사후에 발각되어 이른바 영주 자격인 126 자격이 취소되고 퇴거 영장이 발부되어 송환이 결정된 사람들이다. ④ 합법적 재류 신분인 126 자격을 지녔으나 형벌법 위반으로 재판에 넘겨져 소정의 형기를 마친 후, 퇴거 강제 명령을 받고 한국 송환을 위해 수용소에 수용된 사람들이다. 앞으로 이야기하겠지만 이들은 1965년까지 주로 '조선적자'였고, 한일협정 이후인 1966년부터는 '협정 영주권'을 소지한 '한국적자'도 포함하고 있다.

앞으로 특별한 언급이 없는 한 ①과 ②를 불법 입국자로, ③과 ④를 형벌법 위반자로 부른다. 이 두 부류의 피수용자들의 규모가 각각 어느 정도였는지를 계통적으로 추적할 수 있는 자료는 현재로서는 없다.[39] 이들에게는 최종적으로 다음의 두 가지 길밖에 없다. 법무 대신의 재량에 의거해 재특을 취득해 불안정하나마 일본에 합법적으로 거주하는 길,[40] 아니면 송환을 받아들이고

39 1957년 12월 31일 시점에서 오무라에 수용되어 있던 조선인 피수용자 총 1696명 중 474명이 형벌법 위반자였다는 기록이 있는 것으로 보아, 이 시기에 약 1/3이 형벌법 위반자였음을 간접적으로 알 수 있다(法務省大村入国者収容所, 『大村入国者収容所二十年史』, p.5, 55). 퇴거 강제 대상자 중 형벌법 위반자 수는 1951년 339명, 1952년 388명, 1953년 315명, 1954년 331명, 1935년 327명에 달하고 있는 것으로 보아[法務省入国管理局編, 『出入国管理とその実態』(大蔵省印刷局, 1971), p.86], 대체로 1950년대에는 퇴거 대상자 중에 형벌법 위반자가 적지 않은 비율을 차지하고 있었음을 알 수 있다.

한국 등으로 가는 길이다. 물론 '가방면'(혹은 '특별 방면')을 허가받아 일시적으로 수용소 밖으로 나갈 수는 있어도, 최종적으로는 재특을 받아 일본에 합법적으로 거주하거나, 재차 수용되어 한국으로 강제송환되어야 하기 때문에 두 가지 길에 변화가 있는 것은 아니다. 이 밖에도 후술하는 바와 같이 한국 송환을 거부하고 북행을 선택하거나 제3국행을 선택하는(실질적으로는 추방당하는) 사람들도 존재한다. 그렇다면 어떤 사람들이 재특을 받고 일본에 재류하고 또 어떤 사람들이 한국으로 송환되었는지, 그리고 북행을 선택한 사람들은 누구인지 그 존재를 밝혀내야 한다.

1950년 12월부터 1969년까지 오무라 수용소에서는 소요 사건, 단식 항의 사건, 폭행 사건, 자해 사건 등이 연이어 일어났다. 소요 발생 건수 총 34건 중, 수용소 당국에 대한 요구를 둘러싸고 발생한 소요가 17건으로 가장 많고, 수용소 내 남북한 갈등으로 일어난 소요가 7건, 불법 입국자와 형벌법 위반자 간 대립으로 일어난 소요가 6건이다.[41] 즉 수용소 당국 대 피수용자라는 대립 구도에, 남북 대립과 피수용 조선인 간 대립이라는 또 다른 요인이 있는 것이다. 그렇다면 이른바 형벌법 위반자와 불법 입국자, 그리고 남북 갈등이라는 요인을 살펴보아야 한다. 오무라 수용소 측은 "형벌법 위반자의 대부분은 전과를 거듭한 강력범으로 단순 불법 입국자와는 이질의 자"이며, 이들은 한국 측의 인수 거부로 인한 장기 수용 때문에 "동 내 주도권을 잡고 그 압박에 반항하는 불법 입국자와의 사이에 일이 있을 때마다 분쟁"을 일으켰고, 이 때문에 수용소 운영상의 "암(癌)"적 존재가 되었다고 쓰고 있다.[42]

---

40 특별재류자격은 대체로 3년마다 갱신해야 할 뿐만 아니라 권리상 여러 제약이 뒤따랐기 때문에, 126 자격과 비교해 매우 불안정하다.

41 法務省大村入国者収容所, 『大村入国者収容所二十年史』, p.77.

42 같은 책, p.78.

형벌법 위반자는 원래 126 자격(1966년 이후는 협정 영주권)을 가진 일종의 영주권자이기 때문에 전전부터 계속해서 일본에 거주하고 있던 재일조선인이다. 따라서 가족도 생활 근거도 일본에 있을 뿐만 아니라, 대개의 경우 모국어나 모국 문화에 익숙하지 못하다. 이들을 한국 등으로 송환하는 것은 이들의 생활 근거를 강제로 빼앗고 가족과 생이별을 강요하는 비인도적 처사임이 분명하다. 따라서 이들은 계속해서 한국 송환을 거부했고, 한국 정부는 인수를 거부했기 때문에 이들은 장기간 오무라에 갇혀 있는 경우가 많았다. 또 경우에 따라서는 한국 송환을 피하기 위해 북행을 요구하는 사례도 많았다. 그렇다면 이들은 어디로 갔을까?

먼저 확인해야 할 것은 한국 송환자 중에 126 해당자나 협정 영주권자가 거의 포함되지 않았다는 점이다. 다시 말하면 오무라 등에 수용되어 있던 형벌법 위반자 중에서 한국으로 송환된 사례는 거의 없다는 것이다. 협정 영주권 제도 도입 이후, 협정 영주권자의 경우는 중형 이상이 아니라면 "사실로서 일본 사회에 뿌리를 내리고 있다"라는 점을 고려해, 퇴거를 "상당 악질적인 자에 한정"[43]했다는 입국관리소 측의 주장에서 이를 확인해볼 수 있다.

물론 1966년 이전부터 일본 측은 형벌법 위반자의 한국 송환을 줄곧 고집했었다. 샌프란시스코 강화조약 발효 전이었던 1950년 12월 21일(제1차 송환)부터 1952년 3월 31일(제7차 송환)까지는 GHQ 관할하에 집단 송환된 3705명 중에 "종전 전(前)부터의 재류자로 퇴거 강제 처분을 받은 자 445명"이 포함되어 있었고 한국 측도 이들을 인수했던 적이 있다.[44] 그러나 조약 발효 후인 제8차 송환(1952년 5월 12일)부터는 한국 측이 "불법 입국자"는 인수하되 "불법

43 ≪入国管理月報≫, No.74,(1967.1), p.36.

44 法務省大村入国者収容所, 『大村入国者収容所二十年史』, p.95.

입국자 이외"는 "종전 전부터 일본에 거주하고 있는 자이고 그 법적인 지위는 한일회담에서 결정하게 되어 있다"라는 이유를 들어 이른바 형벌법 위반자의 인수를 거부해 이들을 일본으로 역(逆)송환했다.[45] 이후 "종전 전부터 일본에 거주하고 있던" 126 해당자는 형벌법 위반으로 영주 자격이 취소되어 퇴거 강제 명령을 받아도 한국 측이 이들의 인수를 거부함으로써 결과적으로 오무라에 장기 수용되게 되었다.[46] 영주권 소지자(126 해당자 포함)의 인수를 거부하는 한국 측의 입장은 1966년 협정 영주권 제도 도입 이후에도 변함이 없었다. 협정 영주권자라도 일본 측은 출입국관리령의 퇴거 조항에 있는 '무기 또는 징역 7년 이상 또는 금고형'을 저지른 자의 강제송환을 고집했지만, 한국 정부는 이들 범죄자도 생활 근거와 가족이 일본에 있다는 이유를 들어 이들의 인수를 거부한 것이다.

그렇다고 해서 협정 영주권이나 126 자격 같은 영주 자격을 가진 조선인의 한국 송환이 전혀 없었던 것은 아니다. 협정 영주권자의 한국 송환은 1978년 7월 17일(제85차)의 집단 송환에서 처음으로 이루어져 이후 1980년 7월 31일(제91차 집단 송환)까지 모두 8명이 한국에 집단 송환되었다. 126 해당자도 같은 기간 동안 총 4명이 송환되었다.[47] 후지오카 신(藤岡晋) 전 입국관리소 심

45 같은 책, p.95. 총 410명(불법 입국자 285명, 형벌법 위반자 125명)이 1952년 5월 12일 부산으로 송환되었다. 한국 측은 불법 입국자는 인수했으나, 형벌법 위반자는 인수를 거부했는데, "불법 입국자 이외의 125명은 종전 전부터 일본에 거주하고 있는 자이고 그 법적인 지위는 일한회담에서 결정하게 되어 있다"라는 이유였다. 형벌법 위반자는 5월 14일에 역송환되었다.

46 물론 형벌법 위반자 중에 장기 수용에서 오는 피로 때문에 조기 송환을 요구하는 자가 나타나, 주일대표부의 호위하에 7명이 1952년 7월 31일 송환(제10차)되었다. 이후 불법 입국자 송환만을 인수했고, 이는 1954년 6월 8일(제32차)까지 계속되었다.

47 法務省入国管理局 編, 『出入国管理の回顧と展望ー入管発足30周年を記念して』(大蔵省印刷局, 1980年版), p.161.

사과장이 1981년에 "협정 영주권자와 법126 해당자 및 그 자제로 퇴령 발부를 받은 자 중, 한국 정부가 약간의 수를 수령하게 된 것은 1977년, 1978년 무렵이다"라고 한 발언과 대체로 부합한다.[48] 126 해당자와 협정 영주권자의 인수를 일관되게 거부했던 한국 정부가 왜 이 시기에 소수일지언정 이들의 인수에 응했는지, 또 이들이 송환 후 한국에서 어떤 생활을 보내게 되었는지는 확인할 수 없다. 다만 모국어도 잘하지 못하고 한국 생활에도 익숙지 않은 이들의 한국 생활이 만만치 않았을 것임은 상상하기 어렵지 않다. 많은 경우 행방불명이 되거나, 다시 일본으로 밀항했다가 검거되어 오무라 수용소에 갇혔다가 한국으로 '재송환'되었다고도 한다.[49] 그렇다면 소수의 이들을 제외하면 한국으로 송환된 사람들은 불법 입국자, 즉 '영주권'을 가진 적이 없었던 사람들이 주류였다고 볼 수 있다. 그렇다면 다른 길은 없었을까?

1) 남은 자: 특별재류자격이란?

재일조선인 문학자로 유명한 윤학준(尹學準)은 한국전쟁기의 '부역' 때문에 밀항을 결의했다. 1953년 4월 28일 부산의 다대포에서 출발해 일본으로 밀항했다가 사가(佐賀) 현 앞바다에서 발각되어 가라쓰(唐津) 해상보안서에서 취조를 받았다. 윤은 조사를 받던 중 탈출해 이후 타인 명의의 외국인등록증을 입수해 생활하다가 23년 후인 1976년 도쿄입관에 자수한다. 그리고 보석금을 납부하고 석방되었다가 벌금형이 확정된 다음, 재류특별허가(4-1-16-3)를 받았다.[50] 윤학준의 사례에서 알 수 있는 것처럼 밀항자 중에 재류특별허가를

---

48 松井清志·寺沢達夫, 「藤岡晋·元入管審査課長の証言~在留権闘争の現状と課題」, ≪朝鮮研究≫, No.212(1981.7), p.22.

49 金敬得, 『新版·在日コリアンのアイデンティティと法的地位』(東京: 明石書店, 1995), p.132.

받고 불안정하나마 일본에 재류할 수 있는 경우가 다수 있었다. 하지만 밀항자 중에서 어느 정도의 인원이 합법 재류, 즉 특별재류자격을 얻어 일본 재류에 성공했는지는 알 길이 없다. 몇 가지 단편적인 자료를 통해 그 실태를 확인해보자.

재류특별허가 자격은 퇴거 강제 영장이 발부된 자에 대해 법무 대신의 재량으로 특별히 일본에 재류할 수 있도록 허가(입관령 제50조)하는 제도이다. 물론 재특은 윤학준의 경우처럼 밀항자라는 불안정한 신분에서 벗어나 신분 상승하는 경우만 있는 것은 아니다. 재특을 취득한 사람은 나중에 일반 영주권 취득이 가능해지기도 하지만, 오히려 반대로 126이나 협정 영주권 같은 일종의 '영주' 자격에서 재특으로 '격하'되는 경우도 있기 때문이다. 즉 형벌법 위반 등으로 퇴거 강제 영장을 발부받거나 발부받을 가능성이 있을 때, 바로 재특으로 격하되는 경우이다.

1952년부터 1970년 6월까지 조선인 재류특별허가를 받은 사람은 모두 2만 8000명이다. 이 중 법률 126에서 재특으로 그 재류 자격이 불안정하게 바뀐 사람은 약 1만 7500명이다. 이들의 재류 자격이 126 자격에서 특별재류자격으로 '격하'된 것은 논리적으로는 다음 두 가지 이유 때문이다. 하나는 1945~1952년에 한반도에 일시 귀국했던 사실이 사후에 발각되어 126 자격이 취소되고 퇴거 강제 영장이 발부된 경우이다. 또 하나는 형벌법 위반으로 체포되어 송환의 위험에 놓여 있다가 특별재류자격을 얻었을 경우이다. 즉 신분이 더 불안정해진 셈이다. 하지만 2만 8000명에서 1만 7500명을 제외한 1만 500명이 밀입국자 신분에서 재류특별허가를 받았다고 볼 수 있다.[51] 즉 불법으로

---

50 金達洙, 「日本に残す登録証」, 『金達洙小説全集(第5巻)』(筑摩書房, 1980); 尹学準, 「わが密航記」, ≪朝鮮研究≫, No.190(1979.6).

51 佐藤勝巳, 「出入国管理令と在日朝鮮人ー入管法を理解するにあたって」, ≪朝鮮研究≫, No.97(1970.8).

일본에 밀입국한 사람들이 특별재류자격을 얻은 셈이다.

다른 기록에 따르면, 1952~1972년에 재류특별허가를 받은 조선인은 3만 6061명[52]이고, 1957~1966년에 불법 입국자(불법 상륙자) 1만 4957명에 대해 재류특별허가가 내려졌다.[53] 단순 비교는 어렵지만 같은 시기(1957~1966년)의 불법 입국 검거자 수가 모두 1만 4891명이고, 퇴거 영장이 발부된 조선인이 1만 5087명이며, 그리고 한국으로 송환된 총수(집단 송환 포함)가 1만 3456명이라는 점을 감안하면, 적지 않은 수이다. 재류특별허가와 추방 사이의 기준이 무엇이었는지를 보여주는 객관적인 자료는 존재하지 않는다. 더구나 재특이 완전히 법무 대신의 재량에 따른 일종의 '시혜'적 성격을 가진 것이어서 일관된 방침이 있었다고도 볼 수 없다.

다만 한편에서는 불법 입국자에게 재류특별허가를 부여함으로써 불안정하게나마 일본에 살 수 있는 권리를 제한적으로 부여하면서도, 다른 한편에서는 기존의 영주권(126 혹은 협정 영주권)을 빼앗고 재류특별허가를 부여함으로써 기존 영주권의 상대적인 안정성을 상대적인 불안정성으로 바꿔버렸다고 볼 수 있다. 즉 불법 입국자의 특별재류자격으로의 신분 '격상'과 기존 영주권자의 특별재류자격으로의 신분 '격하'가 동시에, 그리고 선별적으로 진행된 셈이다. 126 자격이나 협정 영주권 제도가 일본의 식민지 지배 결과로 일본에 살 수밖에 없게 된 재일조선인의 특수성을 고려한 제한적인 조치였다고 한다면, 재류특별허가 제도는 이러한 특수성을 말살하고 재일조선인을 '일반 외국인화'함으로써 식민지와의 연결 고리를 끊어버리는 역할을 했다고 볼 수 있다.

---

52 재특 총수는 3만 9576명이고 이 중 조선인은 3만 6061명이다. 佐藤勝巳, 「在日朝鮮人と出入国管理令」, 佐藤勝巳 編, 『在日朝鮮人: その差別と処遇の実態』(同成社, 1974), p.106.

53 ≪入国管理月報≫, No.95(1968.10), p.19.

2) 북으로 간 사람들

오무라 수용자 중에서 북으로 간 사람들은 어느 정도의 규모였고 또 어떤 사람들이었을까? 오무라 등의 수용자에서 한국 송환을 거부하고 '북행'을 요구하는 피수용자들의 존재는 일본 정부에게 '골치 아픈' 문제였다. 1972년에 이들 장기 수용자를 "고게쓰키(焦げ付き, '눌어붙은 누룽지'라는 뜻으로 오래되어 닦아낼 수 없다는 뜻—인용자) 사안"[54]으로 불렀을 정도이다. 이들을 한국으로 강제송환하는 것도, 혹은 이들의 희망에 따라 북으로 송환하는 것도 외교적 마찰을 불러일으키는 사안이어서 이들을 장기간에 걸쳐 수용소에 가두어둘 수밖에 없다는 의미였다. 피수용자들은 재류특별허가를 받기 위해 행정소송 제기 등의 방법을 동원해 송환을 거부하지만, 이 길이 불가능해지고 장기 수용이 이어지게 되면 한국 송환을 피하기 위해 북행을 요구하는 경우가 많았다.

실제로 1950년대부터 오무라 수용소에서는 수용자의 '북행' 요구를 둘러싼 사건이 일상다반사로 일어났다. 1951년부터 탈주, 폭력, 중국인 수용자와의 대립, 인권침해 등의 사례가 빈발하던 수용소에서 '북행'을 요구하는 수용자들의 움직임이 본격화되기 시작한 것은 1955년 11월 29일 "북선 귀국 희망자 42명 연서로 김일성 및 입관 국장 앞으로 혈서 탄원서 발송" 때인 것으로 확인되며, 이후 수용소 내에서 이른바 '북파'와 '남파'의 대립이 격화된다.[55] 이 대립은 이후 점차 상승해 '북행'을 둘러싼 사건이 비일비재하게 발생했으나, 이들의 한국 송환에 대해서 일본 측은 반드시 적극적이지는 않았다. 법무 대신이 1958년 국회에서 오무라의 '북행' 요구자를 한국으로 강제송환할 의사가

---

54 ≪入国管理月報≫, No.140(1972.9), p.16.

55 法務省大村入国者収容所, 『大村入国者収容所二十年史』, p.85.

없음을 밝혔던 것에서 이를 확인해볼 수 있다.[56] 이는 1950년대부터 한국과 일본 정부 사이에 오무라 수용소의 한국인의 강제송환과 일본인 어부의 상호 교환을 둘러싼 협의가 이루어지면서 일본 측이 오무라 조선인들의 '북행' 요구를 외교교섭의 수단으로 삼았다는 점에 기인한다. 수용소 내에서 벌어진 남북 갈등으로 인해 대체로 1970년 전후부터 '북행' 요구자를 요코하마 수용소에 수용하는 조치를 취한 듯하다.[57]

오무라 수용소 등에 수용되어 있던 사람들 중에 실제로 어느 정도가 '북행'을 선택했는지 정확히 알 길은 없다. 몇 가지 단편적인 자료를 통해 '북행'의 실태를 살펴보자.

법무성 오무라 입국자 수용소가 발행한 『오무라 입국자 수용소 20년사』(1970)의 '중요 연표'에는 "〈북〉 희망자의 니가타(新潟) 이송과 가방면 개시"(1960.5.8)와 "북선(北鮮) 귀환 희망자의 니가타 이송 완료(연 133명)"(1960.6.20)[58]라는 표현이 등장한다. 이 구절은 오무라에 수용되어 있던 '북행' 요구자에 대해 '북행'을 조건으로 5월 8일부터 6월 20일까지 수차례에 걸쳐 총 133명을 니가타로 이송했다는 뜻으로 읽힌다. 이 인원 모두가 실제로 니가타에서 '북행'을 위한 선박에 탑승했는지는 확인하기 어렵다. 승선 직전에 모종의 이유로 승선을 거부하거나 거부당한 사례가 있을 수 있기 때문이다. 하지만 이 시기가 '귀국 사업'이 본격화되고 있었던 시기였다는 점을 고려하면 특별한 경우를 제외하고 오무라 수용자 중에서 '북행'을 희망하는 사람들을 대상

---

56 ≪朝日新聞≫, 1958.2.4.

57 즉 "입관 사무소 단계에서 귀국 희망처를 물어 '북조선' 희망자는 요코하마 수용소에 수용하는"[横田耕一,「大村収容所の現況と問題点」, ≪法律時報≫, No.599(1977.10), p.142]. 방침이 취해진 것이다.

58 法務省大村入国者収容所,『大村入国者収容所二十年史』, p.3.

으로 북한 '송환'이 이루어진 것만큼은 분명하다. 어찌 되었든 1960년 5월부터 6월까지 오무라 수용소에 있던 피수용자 중에 최대 133명이 집단으로 '북행'을 선택한 셈이다. 1960년 3월 한일 정부 간 '합의'로 한국으로 35차 집단 송환(3월 31일과 4월 7일, 총 652명)이 이루어진 직후이다. 또 "1967년까지 각 입국관리사무소를 통해 귀환선으로 70명을 송환했다. 귀국선에 의한 송환 이외에 1954년 11일부터 1968년 1월까지 북선(北鮮)행 자비 출국 희망자 16명을 시모노세키, 고베, 도쿄, 오사카, 요코하마 각 항구에서 출국시켰다. 니가타에서 귀환한 자와 자비 출국한 자를 포함하면 남 184명, 여 35명, 계 219명에 달한다"[59]라는 기술이 있으니 집단 송환과 동시에 자비 출국도 이루어졌음이 분명하다. 또 오무라 수용자 중에서 북한으로 '자비 귀환'한 사람이 1968년에 1명, 1969년에 3명, 1970년에 1명, 1971년에 24명이라는 기록도 존재한다.[60] 이렇게 보면, 1954년부터 1968년까지 북한으로 자비 출국한 자는 16명이고 1968년부터 1971년까지 29명이므로, 1954년부터 1971년까지는 모두 45명이다. 귀환선에 의한 집단 송환은 1960년부터 1968년까지 203명이다. 이 밖에 법무성 자료에 따르면, 퇴거 강제 영장을 받고 북으로의 집단 귀환에 합류한 사람은 1959년 55명, 1960년 510명, 1961년 259명, 1962년 170명, 1963년 155명, 1964년 127명, 1965년 87명, 1966년 140명으로, 1959년부터 1966년까지 총 1503명에 이른다.[61] 물론 1503명 모두가 오무라 수용자였다는 증거는 존재하지 않지만, 같은 시기에 오무라 수용소에서 한국으로 집단 송환된 총인원이 1만 5307명이니 한국 집단 송환 인원의 약 10% 정도가 '북행'을 선택한

59 法務省大村入国者収容所, 『大村入国者収容所二十年史』, p.97.

60 1972년 3월 8일, 참의원 결산위원회에서 있었던 법무성 입국관리국장 요시오카 아키라(吉岡章)의 발언. 国会会議録検索システム(http://kokkai.ndl.go.jp), 2016년 7월 25일 검색.

61 ≪入国管理月報≫, No.95(1968.10), p.20.

셈이 된다. 또 다른 자료도 있다. 1959년부터 1965년까지의 북한 귀국자 수 총 8만 4920명에서, 자격별 출국 인원 중 이른바 '가방면'이 모두 2271명이고 '미취득'이 797명이다.[62] 여기서 '미취득'은 재류 자격이 없다는 의미이니, 수용소에서 바로 송환에 합류한 사람, 즉 불법 입국자일 가능성이 크다. 그리고 '가방면'은 물론 일부 불법 입국자가 포함되어 있을 가능성이 있으나 대체로는 형벌법 위반자였을 가능성이 더 크다.

1960년대 후반 이후의 상황에 대해서는 계통적인 자료가 존재하지 않는다. 다만 1971년 5월부터 1972년 8월까지 총 34명 중에서, 10월까지 취항했던 '잠정 귀환선'으로 19명, 1971년 12월부터 1972년 8월까지의 '사후 조치 귀환선'으로 15명이 북으로 '송환'되었다는 기록으로 유추해보면, 출입국관리령 위반 혐의로 퇴거 강제 영서를 받은 사람 중 '북행'을 선택한 사람이 적어도 1970년대 초반까지 존재했던 것만큼은 분명해 보인다.[63] 또 불법 입국으로 퇴거 강제 영장을 발부받고 조선민주주의인민공화국으로 송환된 인원이 1969년 193명, 1971년 248명, 1972년 256명이었다는 자료도 존재한다.[64] 한국군에서 탈영해 일본으로 밀입국했던 김동희(오무라 피수용자)와 정훈상(오무라를 거치지 않았음)이 1960년대 후반에 북행을 선택했지만, 이들은 소련 경유였기 때문에 이 수에는 포함되어 있지 않았을 가능성이 크다(아마 이들은 제3국 추방의 형식을 빌렸을 것이다).[65]

---

62 金英達·高柳俊男 編, 『北朝鮮帰国事業関係資料集』(新幹社, 1995), p.62.

63 1971년 5월부터 1972년 10월까지 '잠정 귀환선'으로 19명, 1971년 12월부터 1972년 8월까지 '사후 조치 귀환선'으로 15명, 총 34명이 북으로 '송환'되었다고 한다. ≪入国管理月報≫, No.140(1972.9), p.16.

64 佐藤勝巳, 「在日朝鮮人と出入国管理令」, 佐藤勝巳 編, 『在日朝鮮人: その差別と処遇の実態』(同成社, 1974), p.140.

65 하지만 '북행'을 희망하는 수용자를 한국으로 강제송환한 사례도 적지 않게 발견된다. 예

그렇다면 '북행'을 선택한 사람은 어떤 사람들이었을까? 한국에서 건너온 밀항자였을까? 아니면 일본에 거주하던 형벌법 위반자였을까? 그런데 이들 '북행' 선택자들이 모두 한국에서 온 밀입국자였는지, 아니면 126 해당자 중에서 형벌법 위반으로 퇴거 명령을 받은 자였는지는 확인할 방법이 없다. 또 귀국 사업을 통해 북행 선박에 탑승한 사람들의 국적이나 재류 자격에 대해서도 알려진 바가 없다.

앞서 말한 출입국관리국 참사관 이케가미 쓰토무는 1964년 3월 31일 참의원 사회노동위원회에 출석해 "(귀국 사업) 출국 조선인의 국적을 어떻게 확인하는가에 대해 말씀을 올리면, 본인이 가지고 있는 등록증명서가 현재 유일한 증명 문서이기 때문에 등록증명서를 보고 조선인이라는 것을 확인하고 있을 뿐, 나아가서는 한국적인지 조선적인지, 출신지가 삼팔선 이북인지 이남인지에 대한 조사는 전혀 하고 있지 않습니다"[66]라고 답변하고 있다. 물론 이 발언을 액면 그대로 받아들이기는 어렵다. 일본 정부로서는 재일조선인 사회와 한국 정부와의 외교적 관계를 고려해 '북행'을 선택한 사람들에 대한 국적, 출신 배경 등을 공개할 수 없었을 것이다. 제도적으로는 1959년부터 시작된 귀국 사업에서 북행을 선택할 수 있는 사람은 '재일조선인'으로 되어 있다. 즉

를 들면 '한국인' 경남 남해 출신 선원 유인권(柳仁權)의 사례이다. 유인권은 1965년 일본으로 밀입국해 체포되었으나 1968년 5월 10일 요코하마 입국관리사무소에서 퇴거 강제영서를 집행하는 과정에서 조총련에 의해 탈취되었다가 그 후 재차 검거되었다. 그 후에 오무라에 수용되었다가 같은 해 8월 9일 이타쓰키(板付) 공항에서 한국 부산으로 강제송환되었다. 유는 줄곧 북행을 요구했고 공항에서도 한국 영사의 설득에도 "(한국행을) 희망하지 않는다. 한국에는 절대로 돌아가지 않는다"라며 저항을 굽히지 않았고 결국 대한항공편으로 부산으로 강제송환되었다. ≪入国管理月報≫, No.94(1968.9); ≪경향신문≫, 1968.5.11. 경향신문에서는 '납치'라는 표현을, 일본의 출입국관리소는 '탈취'라는 표현을 쓰고 있다.

66 国会会議録検索システム(http://kokkai.ndl.go.jp), 2016년 7월 25일 검색.

'재일조선인의 귀환을 위한 출국 수속'에는 외국인등록증명서의 제시가 의무화되어 있었다.[67] 따라서 등록증을 가지고 있지 못한 오무라 수용 조선인, 특히 밀항자들은 '귀국 사업'을 통해 북한으로 가는 선박에 탑승할 수 없다는 뜻이 된다.

그런데 테사 모리스 스즈키의 연구에는 한국에서 밀입국했다가 북행을 선택한 사례가 등장한다.[68] 정치적인 이유로 한국에서 일본으로 밀항해 온 10대 청소년 '허 모 씨(가명)'는 밀입국에 성공했다가 자수했으나 오무라 수용소에 갇혔다. 일본 재류 혹은 제3국 출국을 바랐던 허 모 씨는 제3국 출국의 길이 어려워지자, 한국 송환을 피하기 위해 북행을 선택했다고 한다. 그렇다고 한다면, 이른바 외국인등록증을 소지한 적이 없는 한국으로부터의 밀항자가 북행 선박에 탑승했다는 뜻이다.[69]

하지만 북측이 이들 '북행' 요구자 모두를 받아들이지는 않았던 듯하다. 1970년 9월에 열린 오무라 수용소 경비 부장을 비롯한 각 입국관리소 경비 과장 회동에 보고된 「퇴거 강제 영장의 집행 방책에 대하여」(이하 '퇴거 방책')를 보면, "퇴거 강제 영장의 신속·확실한 집행 방책의 확립이 요망되지만, 현실에서는 종종 애로가 있어 그 집행이 반드시 순조롭게 이루어지지는 않고 있다"라면서 그 애로를 다음과 같이 말하고 있다.

북선(北鮮) 쪽으로 출국을 희망하는 조선인 피퇴거 강제자에 대한 북선 측의

---

67 金英達·高柳俊男 編, 『北朝鮮帰国事業関係資料集』(新幹社, 1995), p.66.

68 테사 모리스 스즈키, 『봉인된 디아스포라』, 12~13쪽.

69 '북선 귀환자에 관련된 외국인등록사무처리요강'(1958.9.17)에 "퇴거 강제 해당 용의가 있는 자"에 대해서는 통보서 상부 바깥에 "귀환 신청 예정자로 주서(朱書)"할 것이라는 문장이 있는 것으로 보아, 외국인등록증이 없는 불법 입국자도 '귀환선' 탑승이 가능했던 것으로 보인다(金英達·高柳俊男 編, 『北朝鮮帰国事業関係資料集』, p.239).

인수[受入] 거부, (永) 유자격자 또는 (永) 가족이 있는 한국인 피퇴거 강제자에 대한 한국 정부 측의 소극적인 인수 태도[70]

즉 일본 측은 일단 발부된 퇴거 강제 영장에 따라 이들을 북 혹은 남으로 송환시키려 하나, '북행' 희망자에 대해서는 북한 측이 인수를 거부하고 있고, 또 협정 영주권을 가지고 있는 수용자에 대해서는 한국 측이 인수를 거부하고 있어 퇴거 집행이 순조롭지 못하다는 것이다. 한국 측이 협정 영주권자의 송환에 대해서 소극적인 태도를 견지하고 있었다는 것은 비교적 잘 알려져 있는 사실이지만, 북측이 북행 희망자에 대해서 인수를 거부했다는 기록은 현재로서는 이 기록이 유일하다. 즉 북측도 형벌법 위반자의 인수에 대해서 반드시 적극적이지는 않았다는 것이다.[71] 그렇다고 본다면, 오무라 수용소의 조선인 중에 북으로 간 사람은 126이나 협정 영주권자가 아니라, 한국에서 일본으로 밀입국한 밀항자였을 가능성이 상대적으로 크다고 볼 수 있다.

5. 나가는 말

1945년 8월 15일 이후(일본에서는 이를 '전후'라 한다), 거대한 인구 이동의 역사가 보인다. 조선, 만주, 중국, 러시아, 동남아시아에 '침략자'로서 가 있던 일

70 ≪入国管理月報≫, No.117(1970.9), p.25.

71 퇴거 강제 영장을 발부받고 자비 출국 형태로 북으로 간 사람 중에 북한 측이 인수를 거부한 경우도 있다. 예를 들면 제주도 출신으로 도쿄에 거주하던 변창실(邊昌實, 1946년생)은 1967년 11월 19일 북행 선박에 탑승해 28일 남포항에 도착했으나 "중앙의 지령"에 따라 북측이 인수를 거부해 오사카 항으로 역송되어 다시 오무라 수용소에 수용되었다. ≪入国管理月報≫ No.75(1967.2), p.79.

본인들이 대거 일본으로 되돌아오는 귀환, 즉 '히키아게(引揚)'와, 이에 대응하듯이 일본 제국주의의 지배로 해외에 나가 있던 조선인들이 대거 한반도로 돌아가는 귀환의 흐름이다. 한일 병합 이전의 해외 조선인 인구와 해외 거주 일본인 인구가 거의 없었다는 점을 고려하면, 1945년 이전의 해외 조선인과 해외 일본인은 일본 제국주의와 식민지 지배의 결과였음이 1945년 이후의 인구 이동을 통해 재삼 확인되는 것이다. 20세기 전반기의 인구 이동이 일본 제국주의 지배의 결과라면, 이 지배가 끝났다는 1945년 8월 15일이 기점이 되어 인구 배치는 형식논리로는 19세기 말의 상태로 '원위치'되었어야 옳다. 하지만 잘 알려져 있는 것처럼, 현실은 달랐다. 일본인 '히키아게'에 비해 조선인의 귀환 대책이 체계적으로 이루어지지 못한 점이 크게 작용해 일본 열도에는 다수의 조선인이 남았고, 또 사할린에도 다수의 조선인들이 강제로 남았다. 한국전쟁기에도 남북 간에 다수의 이동이 있었다. 게다가 1959년부터는 귀국사업(북송)으로 약 10만 명의 조선인이 고향이 아닌 조선민주주의인민공화국으로 '귀환'했다. 이렇듯 불완전한 8·15와 그 이후에 진행된 전쟁과 빈곤으로, 국경이 재획정(再劃定)되어가던 20세기 후반기에도 인구는 계속해서 이동한 것이다. 하지만 이 같은 이동에 더해 한국에서 일본으로 이동하는 거대한 밀항 현상이 동시에 진행되었다는 사실을 아는 사람은 그다지 많지 않다. 물론 밀항은 합법적인 국경 이동의 길이 막혀 있는 상태에서 못사는 지역 사람들이 일자리를 찾아 잘사는 지역으로 이동하는 국제적 경제 격차의 산물이다. 한반도의 남쪽에서 일본으로 '비합법적'으로 이동했던 사람들도 현재 유럽 등에서 문제가 되고 있는 난민 문제를 연상시킨다. 하지만 동시에 불완전한 8·15가 20세기 후반기의 거대한 밀항 현상을 낳았다는 점을 생각하지 않으면 안 된다.

이상 살펴본 바와 같이, 주로 1946년 무렵부터 시작된 한반도에서 일본으로 흘러들어가는 밀항의 역사는 재일조선인의 역사뿐만 아니라, 한국과 일본 그리고 북한까지를 포함해 한반도와 일본 열도를 횡단하면서 이루어진 이른바 탈(脫)국경의 역사였다. 즉 밀항의 역사에 한국과 북한 그리고 일본이라는 동북아의 또 다른 현대사가 각인되어 있는 것이다. 서장에 해당되는 이 글에서는 밀항에서 시작되는 불법 입국자를 개괄하고, 이들 중 일부는 일본 정주에 성공했고 일부는 한국으로 되돌아왔으며 일부는 북으로 갔다는 사실을 밝혔다. 각각의 구체적인 과정에 대해서는 이 책의 다른 장들을 참조하기 바란다.

|1부|

국경 관리와 밀항

01

조선인의 일본 '밀항'에 대한 일제 경찰의 대응 양상 *

이승희

1. 들어가며

1910년 일제의 한국병합 이래 계속된 수탈로 국내에서 터전을 잃은 수많은 조선인들이 일본으로 도항했다. 일본 국내의 사회·경제 상황에 따라 일제의 조선인 도항 정책은 완화와 규제를 반복했지만, 기본적으로 통제되지 않는 과도한 도일(渡日)은 제한한다는 입장을 강제 동원이 실시되던 시기까지 유지했다. 그렇기 때문에 생계를 위해 도일이라는 수단밖에 남아 있지 않던 사람들은 관헌의 눈을 피해 정규 루트가 아닌 방법으로 도항을 감행할 수밖에 없었고, 이러한 '비정규 형태 도일자'는 '부정 도항' 혹은 '밀항'이라 불리며 조선총독부 경찰 및 일본 내무성 경찰의 감시와 단속의 대상이 되었다. 사실 법리상

---

* 이 장은 2012년 ≪다문화 콘텐츠 연구≫ 제13집에 발표한 원고를 수정·보완한 글이다.

당시 조선과 일본은 서로 외국이 아니었고 제국 내 신민(臣民)의 이동을 법으로 금지할 수는 없었기 때문에, '부정 도항'이라고 할 수는 있어도 '불법 도항'이라고 규정할 수는 없었다. 조선인의 일본 '밀항'은 형태는 바뀌었지만 해방 후에도 한국 내 정치 상황의 혼란, 경제적 여건의 악화 등을 이유로 최근까지 지속되었다. '밀항'은 한일 양국 간에 잔존하는 현재적 문제 중 하나라고 할 수 있다.

지금까지 조선인의 도일에 관한 연구는 주로 그 역사적 배경과 도항 및 정착 과정을 분석하고,[1] 한편으로 일제의 도항 관리 제도의 실체를 밝히는 데 중점을 두어왔다. 이 장의 내용과 직접적인 관련이 있는 후자에 관해서는 히구치 유이치, 야마와키 게이조, 김광렬의 연구가 대표적으로,[2] 일본으로의 조선인 노동자 이입 문제와 이에 대한 도항 규제를 다루면서 부분적으로 '밀항'의 실태에 대해서도 언급하고 있다. 특히 최근 조선인의 '밀항'에 대해 본격적으로 그 실태를 분석한 도노무라 마사루의 연구[3]는 주목할 필요가 있다. 도노무라의 연구는 경찰 관계 통계자료를 비롯한 공문서 및 신문 기사를 분석해 '밀

---

1 김광렬, 『한인의 일본이주사 연구: 1910~1940년대』(논형, 2010); 姜在彦, 『在日朝鮮人渡航史』(東京: 朝鮮研究所, 1957); 朴在一, 『在日朝鮮人に關する綜合調査研究』(東京: 新紀元社, 1957); 河明生, 『韓人日本移民社會經濟史戰前編』(東京: 明石書店, 1997); 外村大, 『在日朝鮮人社会の歴史學的研究: 形成·構造·變容』(東京: 綠蔭書房, 2004) 등이 대표적이라 할 수 있다. 그 외 조선인 이주 관련 일본 정부 통계자료를 체계적으로 정리해 설명한 연구 보고서인 森田芳夫, 「在日朝鮮人處遇の推移と現狀」, ≪法務研究報告書≫, 第43集 第3號(東京: 法務研修所, 1955)가 있다.

2 김광렬, 『한인의 일본이주사 연구: 1910~1940년대』; 樋口雄一, 「(補章의 4) 日本政府の朝鮮人渡航管理」, 『協和會: 戰時下朝鮮人統制組織の硏究』(東京: 社會評論社, 1986); 山脇啓造, 「(第3章) 1920年代前半における朝鮮人勞動者の移入規制」, 『近代日本と外國人勞動者: 1890年代後半と1920年代前半における中国人·朝鮮人勞動者問題』(東京: 明石書店, 1994); 金廣烈, 「戰前間における日本の朝鮮人渡日規制定策」, ≪朝鮮史研究會論文集≫, 35(1997).

3 外村大, 「日本帝國の渡航管理と朝鮮人の密航」, 蘭信三 編著, 『日本帝國をめぐる人口移動の國際社會學』(東京: 不二出版, 2008).

항'의 배경과 방법 등의 실태를 상세히 규명했다는 점에서 그 의의가 크다. 하지만 '밀항'에 대한 경찰의 대응 양상과 그 시스템에 대해서는 체계적인 분석이 이루어지지 않았다는 한계를 지니고 있다.

이 장에서는 이상의 선행 연구를 바탕으로 해서 그동안 구체적인 연구가 이루어지지 않았던 식민지 조선과 일본 본국 경찰의 조선인 '밀항' 대응 양상을 분석하는 것을 목적으로 한다. 특히 당시 도항의 창구는 '관부연락선(關釜連絡船)'을 이용하는 지리적인 이유로 조선 측에서는 주로 부산, 일본 측에서는 시모노세키(下關)인 경우가 많았다. 이는 '밀항'의 경우도 마찬가지였다. 그 때문에 이 장에서는 이 두 지방의 경찰, 특히 수상경찰서의 활동에 주목했다.

2. 조선인의 일본 '밀항' 실태

1925년 10월 일제는 1924년에 폐지된 여행증명서제도를 대신해 새로운 도항 제한 제도를 시작한다.[4] 1928년 7월부터는 거주지 관할 경찰서의 사전 심사를 통해 도항 소개장을 발부받아야 하는 방식으로 조건을 강화했다.[5] 1925년 이래 일제의 토지 수탈에 의해 조선 농촌 사회가 피폐해지면서 일자리를 찾는 도일자가 격증했기 때문에,[6] 엄격한 도일 규제 정책은 오히려 풍선 효과를 유

---

4 여행증명서제도는 3·1 운동을 계기로 1919년 4월 조선총독부 경무총감령 제3호로 시행되어, 여행자의 출발지 관할 경찰관서에서 발행하는 증명서를 출항지의 경찰에게 제시할 것을 의무화했다. 이는 1922년 12월 일시적으로 폐지되지만 관동대지진을 계기로 1923년 9월 다시 부활하며, 1924년 다시 폐지된다(樋口雄一, 『協和會: 戰時下朝鮮人統制組織の研究』, pp.242~243). 한편 일본 국내 경찰의 일본인의 해외 도항 및 밀항 관리에 대해서는 小日方純夫, 『警察の社會史』(東京: 岩波書店, 1993), pp.68~76 참조.

5 慶尙北道警察部, 『高等警察要史』(1934), p.147.

발해 '비정규 형태의 도일자', 즉 '밀항자'를 양산하는 결과로 이어졌다. 이러한 모습은 도항자의 주된 상륙지인 시모노세키 항이 위치한 야마구치 현(山口縣) 경찰이 작성한 다음의 보고서에 잘 드러나 있다.

> 1925년 9월 조선인 노동자의 내지 도항 제한을 개시한 이래 이 부산물로서 조선인 노동자가 내지에 밀항 도래하는 자가 매년 상당수에 이르고 있다. 특히 최근 조선 내의 일반 경제계 불황에 의해 내지 도항을 지망하는 자가 많지만, 도항 소개서의 입수가 곤란하여 밀항에 의해 그 목적을 달성하려고 하는 상황이다. 또한 한편으로 해운계의 부진에 의해 화물운반선 등이 밀항자를 모집하고 이를 도항시켜 이익을 꾀하는 자도 있는 등으로 인해 최근 그 수가 매우 증가하기에 이르렀다.[7]

이와 같이 증가한 '밀항자' 수는 1925년 도항 제한 실시부터 1931년 3월까지 일본 관헌이 파악한 것만 하더라도 556건 3839명이었다고 한다.[8] 이는 어디까지나 밖으로 드러난 극히 일부분의 사례로, 실제로는 발각되지 않은 훨씬 많은 수의 밀항자가 존재했을 것으로 추측된다.

---

6 朴慶植, 『日本帝國主義の朝鮮支配(下卷)』(東京: 青木書店, 1973), p.30.

7 「山口縣における在日朝鮮人」(縣知事事務引繼書), 在日朝鮮人運動史硏究會 編, 『在日朝鮮人史資料集(1)』(東京: 綠蔭書房, 2011), p.230.

8 司法省, 『思想硏究資料特輯71號』, p.10. 樋口雄一, 『協和會: 戰時下朝鮮人統制組織の硏究』, p.245 재인용.

표 1-1 조선인의 일본 밀항 상황(내무성 경보국)

연도	총 인원	목적		방법					
		노동	기타	브로커 발동기선	증명서 부정 사용	선박 잠입	탈선(脫船)	일본인 사칭	기타
1930	418	401	7	379	8				31
1931	783	762	21	708	1				74
1932	1,974	1,254	23	1,007	97				173
1933	1,808	1,737	71	1,210	300	61	49	98	90
1934	3,350	2,204	93	1,596	289	60	42	86	224
1935	1,781	1,585	196	1,035	170	42	117	59	358
1936	1,887	1,638	249	918	233	94	146	97	399
1937	2,322	2,103	219	1,382	284	106	185	70	295
1938	4,357	4,103	254	3,469	288	101	112	97	290
1939	7,400	7,079	321	5,432	897	174	295	126	476
1940	5,885	5,210	675	1,264	2,585	347	383	241	1,065
1941	4,705	3,986	719	858	1,732	277	354	293	1,191
1942	4,810	4,186	624	1,186	1,428	311	411	302	1,172

자료: '第24表 朝鮮人の不正渡航', 森田芳夫, 「在日朝鮮人處遇の推移と現狀」, ≪法務研究報告書≫, 第43集 第3號(東京: 法務研修所, 1955), pp.40~41을 참조해 작성.

1930~1940년대의 조선인의 일본 '밀항' 상황을 경찰이 망라한 〈표 1-1〉을 보더라도, 1930년 이후 계속해서 도항 규제 정책이 강화되어가고 있음에도 파악된 밀항자의 수는 나날이 증가하는 경향이 나타난다. 경찰 당국이 "내지 도항 취체(取締)의 강화는 그 필연적 소산으로서 소위 밀항 브로커 및 부정 도항자의 속출로 나타나기에 이른다"[9]라고 분석하고 있듯이 양자의 상관관계는 분명했다.

9 '朝鮮人勞動者內地渡航取締の狀況', 內務省警保局, 「特高警察通牒」, 朴慶植 編, 『在日朝鮮人關係資料集成(3)』(東京: 三一書房, 1976), p.23.

표 1-2 **조선인 밀항자의 검거(내무성 경보국)**

	1930	1931	1932	1933	1934	1935	1936	1937	1938	1939	1940	1941
北海道										102	262	155
東京						93	132	154	79	102	323	509
神奈川												114
愛知										145	342	176
京都										63	126	116
大阪			69	69	393	117	254	316	378	591	1,294	1,165
兵庫										133	189	61
島根						56		52		61		
岡山											104	
廣島					112						60	76
山口		283	481	708	684	651	715	535	1,073	1,685	1,817	1,455
福岡	291	220	268	186	308	315	343	565	1,708	2,000	315	403
佐賀		85	66	200	228	145	117	95	552	488	215	97
長崎		162	282	370	406	247	111	412	359	1,795	359	196

주: 50명 이상의 경우만 기재.
자료: '第25表 朝鮮人不正渡航者の検擧', 森田芳夫, 「在日朝鮮人處遇の推移と現狀」, pp.40~41을 참조해 작성.

한편 밀항자가 검거된 지역을 살펴보면 〈표 1-2〉에 나타난 바와 같이 조선과 지리적으로 가까워 '밀항'이 용이했던 규슈(九州)의 상륙항 주변, 즉 야마구치 현, 후쿠오카 현(福岡縣), 나가사키 현(長崎縣)이 가장 많았다는 것을 알 수 있다. 오사카(大阪)의 경우 1923년 2월에 취항한 제주-오사카 간의 연락선 기미가요마루(君が代丸)를 통해 도일자가 점차 증가했고,[10] 이와 함께 발각된 '밀항' 건수도 증가하게 되었다.

'밀항'의 수단은 〈표 1-1〉의 분류에도 나타나 있듯이 밀항 브로커의 선박을

10 杉原達, 「在阪朝鮮人の渡航過程: 朝鮮·濟州道との関連で」, 杉原薫·玉井金五 編, 『大正·大阪·スラム: もうひとつの日本近代史』(東京: 新評論, 1986), p.232.

이용하거나, 증명서의 부정 사용, 선박 잠입, 탈선(脫船), 신분 사칭 등을 통해 기존의 연락선 등을 이용하는 방법으로 나뉜다.[11] 먼저 밀항 브로커를 활용하는 경우를 살펴보면, 이들은 정규 절차를 거쳐 경찰관서에서 소개장이나 도항 증명서를 발급받지 못한 채 부산 등지에서 일본 도항의 기회를 기다리는 사람들을 대상으로 수수료를 받고 이를 알선해주는 역할을 담당했다. 수수료는 대체로 6~20엔으로 당시 정규 연락선 운임이 3~10엔이었던 것과 비교하면 약 2배로 결코 적지 않은 액수였지만,[12] 일본에서의 고수입을 기대하며 많은 이들이 밀항 브로커를 이용할 수밖에 없었다.

밀항을 위해 준비된 배는 주로 20톤 내외의 소형 발동선으로, 일반적으로 쓰시마(對馬島), 후쿠오카, 야마구치, 나가사키 현 등 비교적 거리가 가까운 곳에 야음을 틈타 상륙시키는 방법을 취했다.[13] 하지만 밀항자의 절박한 사정을 이용해 수수료만 갈취하거나 전혀 엉뚱한 지역에 내려놓고 가버리는 사기가 횡행했다. 그뿐만 아니라 실제로 문제없이 '밀항'에 나서더라도 안심할 수는 없었다. "섬 동남단에 있는 서귀포의 동쪽 후미에서 노가 2개 달린 돛단배에 노약남녀 15명 정도가 타고, 섬의 동방에 있는 우도(牛島)에서 다도해의 작은 섬들을 따라 쓰시마를 거쳐 한 달 정도 걸려 간신히 나가사키 현의 모소(某所)에 도착했다"[14]라는 도일자의 회고를 통해 알 수 있듯이, 작은 배에 목숨을 걸

11 도노무라도 밀항의 방법을 크게 "체크를 받을 필요가 없는 루트로 이동할 것인지, 정규 도항자와 같은 루트를 이용하지만 무언가의 방법으로 체크하는 자를 속일 것인지", 이렇게 두 가지로 분류했다(外村大, 「日本帝國の渡航管理と朝鮮人の密航」, p.36).

12 旅行案內社 編, 『公認汽車汽船旅行案內』(1927); 鐵道省 編, 『時刻表』(1942).

13 森田芳夫, 「在日朝鮮人處遇の推移と現狀」, pp.37~39; 慶尙北道警察部, 『高等警察要史』, pp.149~150. 밀항 브로커에 대한 상세한 내용은 外村大, 「日本帝國の渡航管理と朝鮮人の密航」, pp.37~42 참조.

14 金泰生, 「ある女の生涯」, 金達壽·姜在彦 共編, 『手記=在日朝鮮人』(東京: 龍溪書舍, 1981), p.60.

고 감행한 '밀항' 여정은 길고 위험했다.

다음으로 기존의 연락선 등을 이용하는 방법 중 선박 잠입이나 탈선에 비해 비교적 '안전'한 수단이, 소개장이나 각종 증명서 등을 대여해 사용하거나 신분·자격을 사칭하는 경우였다. 조선총독부의 경찰 측에서도 그 주요 사례를 다음과 같이 분류하고 있었다.

1. 타인의 호적등본, 성명을 부당하게 이용해 지원하는 자
2. 내지(일본)에 거주하는 지인이 사망 또는 위독하다는 전보를 보내게 해서 이를 제시하는 자
3. 위와 같이 내지에 거주하는 자를 통해 내지 공장주 등의 고용증명서를 우송시켜 이를 제시하며 소개장을 부탁하는 자
4. 유학생의 재학증명서를 부당하게 이용하는 자
5. 내지 거주 지인의 저금통장을 우편으로 빌려 재도항(再渡航)을 가장해 소개장을 받고자 하는 자
6. 내지 지인과 공모해 고향의 가족을 데려가기 위한 일시 도항이라고 사칭하는 자[15]

호적등본, 전보, 재학증명서, 저금통장 등 실로 다양한 서류를 활용해 도일의 목적을 달성하려고 했음을 알 수 있다. 특히 젊은 도항자 중에는 재학증명서를 빌리거나 위조해서 '유학생'으로 가장하는 경우가 많았다. 노동자에 비해 학생에 대한 경계가 느슨한 것을 노린 방법이기도 했다. 이에 대해 일본 관계 당국은 1934년 8월부터 재학증명서에 본인의 사진을 붙이고 인각기 등으

15 慶尙北道警察部, 『高等警察要史』, p.149.

로 계인(契印)을 넣도록 해서, 재학증명서를 대여하거나 위조하지 못하도록 조치했다.[16] 이와 같이 증명서 등을 변조하거나 위조하는 행위는 재학증명서뿐만 아니라 대담하게도 주재소 수석 순사의 사인(私印)은 물론 경찰서장 인까지 위조해 소개장을 작성하는 경우도 많았다.[17] 도일 희망자가 개인적으로는 위조하기 힘든 전문 기술을 요하는 경우가 많았고, 공문서 관인의 위조라는 형사법에 저촉되어 위험부담이 컸기 때문에 위조 소개장을 판매하는 밀항 브로커도 존재했다. 조선인들이 목숨을 걸고, 또는 사기나 구속을 당할 위험을 감수하면서까지 수단과 방법을 가리지 않고 도일을 지향했던 사실은 그만큼 조선 국내 경제 사정이 절박했음을 반증해준다고 하겠다.

3. '밀항'에 대한 경찰의 대응 양상

1) 조선총독부 경찰의 '밀항' 대응책

1925년 10월 새로운 도항 제한 실시 이전의 상황은 같은 해 2월 고향 창원을 떠나 일본의 공장에서 일하기 위해 도항하려던 당시 13세 소년 양명진(梁命珍)의 회고를 통해 엿볼 수 있다.[18] 회고에 따르면 그는 여행증명서와 여비를 준비해 부산항에서 연락선에 오르기 직전, 큰소리를 지르며 위압적인 태도를 취하는 수상서 경찰에 의해 일본어로 도항 목적과 나이에 관한 질문, 그리고 여행증명서 검사 등의 심사를 거쳤다고 한다. 일본어 및 서류 등에 문제가

16 森田芳夫, 『在日朝鮮人處遇の推移と現狀』, p.35.

17 慶尙北道警察部, 『高等警察要史』, p.149.

18 金贊汀, 『韓國併合百年と「在日」』(東京: 新潮社, 2010), pp.64~65.

있다고 판단된 사람은 그 자리에서 퇴짜를 맞아 돌아갔으며, 경찰에 의해 어디론가 연행되어 간 사람도 있다고 한다. 이는 승선을 앞둔 최종 단계에서 일본어 이해 능력의 정도와 여행증명서 등 구비 서류에 대한 철저한 적합성 확인 작업을 통해 막연한 도항이나 '밀항' 등을 저지하려는 목적이었음을 알 수 있다. 하지만 조선총독부 경찰이 본격적으로 '밀항'에 대처하기 위해 감시 및 단속을 시작한 것은 1925년 10월 새로운 도항 제한 이후라고 봐야 할 것이다.[19] 실제로 그때부터 총독부는 부산에 신규로 경찰관 10명을 배치해 도항 저지 체제를 구축했다.[20]

하지만 최종 출항지인 부산에 수많은 도일 희망자가 몰려 부산 경찰의 업무가 과중해지자 1928년 7월 이후부터는 도일 희망자가 가급적 고향을 떠나기 전에 저지하는 방법을 강구했다. ① 취직이 확실한 자, ② 필요 여비를 제외하고도 10엔 이상의 여윳돈이 있는 자, ③ 모르핀 중독자가 아닐 것, ④ 브로커 모집에 응한 자가 아닐 것이라는 4개 조항을 충족시키고 도항이 꼭 필요한 자에 한해 관할서에서 부산서 앞으로 도항 소개장(가급적 호적등본도 첨부)을 교부하도록 조치했던 것이다.[21] 이로써 최초 출발지와 출항지 경찰의 업무 분담을 꾀하는 한편, 1929년 8월부터는 '일시귀선증명서(一時歸鮮證明書)' 제도를 실시해 출발항에서 도일자 본인 확인 절차를 더욱 엄격하게 시행했다.[22] 이와 같은 조치들을 통해 출발 전 조선 내에서 도일을 저지당한 건수는 1925년 10월부터 1938년까지 확인된 바만 약 89만 건에 이른다. 1차적으로 도항

---

19 慶尙北道警察部, 『高等警察要史』, pp.147~148.

20 樋口雄一, 『協和會: 戰時下朝鮮人統制組織の硏究』, p.243.

21 慶尙北道警察部, 『高等警察要史』, p.147.

22 '일시귀선' 제도의 상세한 내용은 김광렬, 『한인의 일본이주사 연구: 1910~1940년대』, 89~95쪽 참조.

희망자의 본적지에서 저지하며, 이어 부산 등 출발항에서 저지했다.[23] 이러한 이중, 삼중의 조치들은 도일을 저지하면서 동시에 자격·신분 사칭, 증명서 부정 사용 등을 통한 '밀항'을 단속하기 위한 조치였다고 할 수 있다. 구체적으로는 매일 오전과 오후 관부연락선이 출항하기 두 시간 전부터 부산수상경찰서 잔교(棧橋)의 출장소 조사실에서 조선인 노무자는 호적등본과 재도항증명서, 학생은 일본 학교의 재학증명서에 대해 하나하나 본인과 대조해 검사하고, 목적지 등에 대해 구두로 심사한 다음, 문제가 없는 자에게만 인상착의와 소지품을 기재한 도항 전표를 교부하고, 승선할 때에도 입구에서 수상 서원이 다시 전표와 본인을 대조하는 방법을 취했다.[24]

이와 같이 도일의 최전선인 출발항에서 도항 심사와 저지, 그리고 밀항 단속의 역할을 담당했던 기관이 수상경찰이다.[25] 특히 조선에서 유일하게 수상경찰서가 설치된 부산항의 업무는 중요했다.[26] 부산수상경찰서 밑에는 제1잔교 수상파출소, 좌등영(佐藤瀛)수상소, 목도(牧島)수상소가 설치되어 부산 지역 해상 치안 및 도항과 관련된 행정 업무를 담당했다. 자료가 확인된 1924년 당시 직원 현황은 항무의관 1명, 경부 1명, 경부보 4명, 기수 1명, 순사 38명, 경찰촉탁의 1명, 고원 7명으로 총 53명 규모였다.[27] 앞서 말한 1925년 조치 이후 추가적인 증원이 있었지만, 광범위한 업무와 폭증하는 도항 관련 임무의

---

23 朝鮮總督府警務局, 『最近における朝鮮治安状況』(1934·1939年版).

24 內務省警保局, 『社會運動の狀況』(1929年版), p.1195; 森田芳夫, 「在日朝鮮人處遇の推移と現狀」, p.34.

25 일본의 수상경찰의 연혁 및 역할에 대해서는 內務省警保局, 「我國水上警察の沿革」, ≪種村氏警察參考資料≫, 第77集(1936, 日本國立公文書館 所藏) 참조.

26 원래는 부산경찰서가 육상 및 해상의 경찰 업무를 모두 관장하고 있었지만, 1920년 1월 부산수상경찰서가 분리·독립했다[釜山地方警察廳 編, 『釜山警察史』(2000), p.31에서는 부산수상경찰서 신설을 1924년 3월로 기재].

27 「釜山府內警察官署現況(1924)」, 慶尙南道廳, 『朝鮮總督府慶尙南道統計年報』.

성격상 만성적인 인원 부족 상태가 지속되었을 것으로 추측된다. 당시의 신문 기사에서도 "오늘날까지 조선인의 내지 도항과 관련해 가장 힘든 입장에 놓여 있던 것이 부산수상경찰서로, 취체상 각 방면으로부터 여러 가지 비난"[28]이 집중되었던 곳으로 묘사되고 있다.

일선 경찰관서의 '노력'에도 〈표 1-1〉에 나타난 바와 같이 '밀항자' 수는 부침을 거듭하며 상승하고 있었다. 당시 도일자 전체 수가 급증하고 있었기 때문에 이는 필연적인 결과라 할 수 있다. 이에 따라 조선인의 도일 문제에 대한 근본적인 대책을 마련하기 위해 1934년 4월 내무성 사회국의 국장, 사회부장, 직업과장, 경보국 도서과장, 사무관, 탁무성의 차관과 관리국장, 조선총독부의 정무총감과 학무국장, 경무국 외사과장 등이 한자리에 모여 협의했다. 이 결과를 반영해 같은 해 10월 일본 정부는 조선인의 내지 도항을 한층 감소시키기 위해 ① 조선 내에서 내지 도항 열기를 억제할 것, ② 조선 내 고향에서의 저지를 한층 강화할 것, ③ 밀항의 단속을 한층 엄중히 할 것, ④ 내지의 고용주를 설득해 조선으로부터 신규 노동자 모집을 그만두고 내지 주재 한인 또는 내지인을 고용하도록 권유할 것을 각의에서 결정하게 된다.[29] 이로 인해 1935년의 '밀항자' 수는 일시적이지만 절반 수준으로 감소하게 되었다.

이어 1936년 5월에는 도항 소개장 발급의 규정이 변경되었는데, "도항 소개장은 내지에 도항해 노동에 종사하고자 하는 자로서 어쩔 수 없는 사정이라는 것이 인정되고, 또한 이하의 조건에 적합한 자에 대해 신분 증명용으로 발급할 것"이라고 해서 ① 신분이 확실하다고 인정되는 자, ② 취직처가 확실하

28 "內地渡航, 一日に九百名", ≪朝鮮朝日≫, 1924年 6月 8日.

29 國策硏究會, 「內地在住半島人問題と協和事業」, 『硏究資料(8)』(東京: 國策硏究會, 1938), p.20; 「朝鮮人移住對策ノ件」, 內務省警保局, 『特高警察通牒』, 朴慶植 編, 『在日朝鮮人關係資料集成』, p.3, 12.

다고 인정되는 자, ③ 필요한 여비를 제외하고도 10엔 이상의 여유를 갖고 있는 자, 이렇게 세 가지 조건이었다.[30] 1928년 7월의 조건과 비교하자면, 모르핀 중독자와 브로커 관련 조항이 빠지고 현장에서의 신분 확인 중심으로 변경되었다고 할 수 있다. 또한 단순한 감시·단속 활동에 그치지 않고 "밀항(부정도항자를 포함)의 부당·불리함에 대해 경찰 좌담회나 기타 집회 등을 이용해 선전에 힘쓸 것"[31]이라는 지시가 하달되어 경찰이 근본적인 '계도'에 나서게 되었다.

특히 '밀항'에 큰 역할을 담당하고 있던 브로커에 대한 단속이 중요한 과제로 여겨져, 다음과 같은 규정에 따라 엄중한 감시 및 단속이 실시되었다.

1. 밀항 브로커의 발견·검거를 신속·정확하게 할 것
2. 피검거자에 대해서는 엄벌 방침을 취할 것
3. 밀항 선박에 관해서는 내지 조선 간 및 조선 내 상호 간 연락을 긴밀히 해서 운항 상황을 엄중히 감시할 것
4. 밀항 알선자, 불량 유객꾼(소위 밀항 브로커 밑에서 일하는 자)에 대해서는 밀항 브로커에 준해 취체에 힘쓸 것
5. 밀항 브로커 명부를 작성해서 관계 각도 상호 간 및 내지 관계 부현(府縣)에 통보 연락할 것[32]

---

30 「朝鮮人勞動者內地渡航取締ニ關スル件」, 朴慶植 編, 『在日朝鮮人關係資料集成』, p.21. 한편 이때 규정 변경이 아니라 도항 소개장 발급이 최초로 실시되었다고 주장하는 연구(김광렬, 『한인의 일본이주사 연구: 1910~1940년대』, 102~103쪽)도 존재한다.

31 「朝鮮人勞動者內地渡航取締ニ關スル件」, p.3, 21.

32 같은 글, p.22.

하지만 이미 확대된 도일과 함께 음성적 '사업'으로 성장해 '권유책', '연락책', '운송책', '본판' 등 전담하는 역할을 분리해 활동하고 있던 '밀항' 브로커들은 쉽게 검거되지 않았다.[33] '엄벌 방침'이라고 하면서도 검거된 브로커들에게는 징역형이 아닌 벌금형을 부과하는 정도였다는 점도 큰 영향을 미쳤다.[34] 이 때문에 1940년 1월 경찰은 본격적으로 '밀항' 단속 강화에 나서지 않을 수가 없게 되었다. ① 전담 경찰관의 배치, ② 브로커에 대한 상시 시찰 내사의 여행(勵行), ③ 연안 주요 부락에 감시를 위한 경찰 연락원 배치, ④ 밀고자에게 상여금 지급, ⑤ 주민에 대한 계발 실시 등을 골자로 하는 적극적이고 강력한 대책이었다.[35] 이에 따라 같은 해 8월부터 경상남도 경찰은 대대적인 밀항 방지 선전 활동과 함께 밀항 브로커 용의자에 대한 일제 검색을 실시했다.[36] 그러나 그 효과는 일시적이었고 '밀항'의 근본적인 문제 해결에는 이르지 못했다.

2) 일본 내무성 경찰의 '밀항' 대응 체제

일본 국내의 경우는 '밀항' 감시·단속의 이유가 식민지인 조선과 약간 달랐다. 경찰 측이 스스로 "부정 수단에 의해 도래하는 조선인에 대해 특히 엄중한 취체를 가하고 있는 것은, 단순히 조선인 노동자의 도항이 만연하는 것을 가급적 저지하는 데 그치지 않고, 해외 불령선인(不逞鮮人)이 이러한 수단에 의해 내지로 잠입하는 것을 방지하기 위해서이다"[37]라고 밝히고 있듯이, 치안

---

33 外村大, 「日本帝國の渡航管理と朝鮮人の密航」, pp.38~39.

34 같은 글, p.42.

35 「朝鮮人勞動者內地密航取締强化對策」, ≪高等外事月報≫, 6(1940.1).

36 「慶尙南道に於ける密航根絶週間實施狀況」, ≪高等外事月報≫, 13(1940.8).

37 內務省警保局, 『社會運動の狀況』(1939年版).

유지를 위해 일본 국내로 민족주의·사회주의 사상을 지닌 조선인의 입국을 막기 위해서이기도 했던 것이다. 이 때문에 도착항에서의 단속만이 아니라, ① 상륙하기 전 해상로, ② 상륙 후 각지로 향하는 육로, 특히 철도를 이용한 이동 경로, ③ 상륙이 예상되는 해안, ④ 이동 목적지인 각 주요 도시의 재일 조선인 사회에 대해서도 철저한 감시 체제를 구축했다.

먼저 ①에 대해서는 주요 상륙지인 시모노세키 항의 사례를 검토해보도록 하겠다. 항해에 약 열한 시간이 걸리는 관부연락선을 통해 많은 조선인이 상륙하는 항구인 시모노세키의 당국은 일찍부터 "이(조선인 도항자)의 시찰 취체의 여하는 즉시 전국에 파급되고 나아가 조선 통치상 심대한 영향을 미치게 된다"[38]라고 자각하고 있었다. 따라서 야마구치 현 경찰부는 1921년 단계에서 이미 "시모노세키 수상경찰서 순사 5명을 특히 시모노세키 역 주재 특종근무 경부의 지휘하에 두고 교대로 1명씩 매번 연락선에 올라타 부산수상서에서 승선한 순사와 협동하고, 또한 연락선에 승선한 세관 관리, 선원 등과도 연락을 유지하면서 선내를 철저하게 시찰"[39]하고 있었다. 조선과 일본의 중간 지대라 할 수 있는 선상에서 부산과 시모노세키의 수상경찰서원들이 공동으로 감시·단속 활동을 실시하고 있었던 것이다. 특히 조선어를 모르는 시모노세키 경찰 측을 위해 조선총독부는 조선인 순사 1명을 파견해 업무를 보조하는 등 일정 부분 공조 체제가 이루어지고 있었다.[40] 이러한 모습은 조선과 일본을 잇는 다른 지역의 연락선에서도 공통적으로 나타나, 예를 들어 제주도와 오사카를 잇는 기미가요마루의 경우도 "그 외 이동경찰관으로서 오사카 경찰

---

38 「下關ニ於ケル渡来歸鮮々人狀況」, 在日朝鮮人運動史硏究會 編, 『在日朝鮮人史資料集(1)』(1921), pp.214~215.

39 「朝鮮人ノ視察取締狀況」, 『在日朝鮮人史資料集(1)』, p.204.

40 「下關特種勤務警察官配置表」, 『在日朝鮮人史資料集(1)』, p.207.

서의 사상계 O씨, 오사카축항수상서(大阪築港水上署)의 W씨와 섬(제주도)의 순사 등이 모두 사복으로 탑승해 근무"[41]하고 있었다.

앞서 말했듯이 연락선에는 수상경찰서의 경찰관만이 아니라 특별고등경찰(이하 특고)도 동승하고 있었는데, 시모노세키 항이 위치한 야마구치 현 경찰부 특별고등과의 임무에 대해 살펴보면 '밀항' 관련 항목이 눈에 띈다. 1929년 당시 야마구치 현 특별고등과의 사무분장표를 살펴보면 여기에는 과장인 경시 이하 44명이 소속되어 있었는데, 시찰계 주임인 경부와 부주임인 경부보 밑에 "시모노세키 역 구내에서 시찰 취체에 관한 사항"을 담당하는 순사 8명, "관부연락선 내에서의 시찰 취체에 관한 사항"을 담당하는 순사 4명이 배치되어 있었다.[42] 특고의 성격상 이들의 감시·단속 대상은 구직을 목적으로 한 조선인 노동자의 '밀항'이라기보다, 치안 유지를 위한 국외 '사상범'이었다고 할 수 있다.

다음으로 ②에 관해서 살펴보도록 하자. 앞에서 특고도 시모노세키 역 구내를 감시하고 있었다고 했는데, 이와 같이 경찰은 주요 상륙지 주변의 역은

---

41 枡田一二地理學論文集刊行會 編, 『枡田一二地理学論文集』(東京: 弘詢社, 1976), p.28. 杉原達, 『越境する民: 近代大阪の朝鮮人史研究』(東京: 新幹社, 1998), p.113 재인용. 이러한 제주도와 오사카의 경찰관에 대해, 기미가요마루 연락선의 운영 회사 아마가사키기선부(尼崎汽船部)는 오사카 시내의 여관 이즈모야(出雲屋) 등에서 숙박 및 음식 접대를 통해 향응을 베풀고 있었다고 한다. 또한 조선인 퇴직 경찰을 기미가요마루의 사무원으로 채용하기까지 하면서 경찰과 밀접한 연계를 취하고 있었다(같은 책, p.245).

42 「特別高等事務分掌表」, 在日朝鮮人運動史研究會 編, 『在日朝鮮人史資料集(1)』, pp.217~218. 중앙의 내무성 경보국 보안과 '내선경찰'의 사무분장표에도 "해항 경비 사무(불령 조선인의 정보 수집을 포함)", "도항 사무(소위 부정 도항자 취체를 포함)"가 중요 담당 업무로 규정되어 있었다. 「內鮮警察事務分掌」, ≪種村氏警察參考資料≫, 第68集(日本國立公文書館 所藏); 荻野富士夫, 『特高警察體制史: 社會運動抑壓取締の構造と實體』(東京: せきた書房, 1984), p.338에도 거의 동일한 내용의 『公文類聚』의 사료가 인용되어 있으며, 이에 따르면 1940년 12월경에 작성된 문서로 추측된다.

표 1-3 **일본 이동경찰관 활동 상황(1934년)**

지역 구분	승차 횟수	지역 구분	승차 횟수
北海道	1,156	三重	1,940
青森	922	滋賀	1,536
岩手	815	京都	5,635
宮城	1,186	大阪	16,385
秋田	800	兵庫	12,214
山県	774	奈良	958
福島	1,996	和歌山	562
茨城	742	鳥取	1,037
枥木	2,726	島根	670
群馬	3,633	岡山	1,743
埼玉	4,957	廣島	2,066
千葉	3,099	山口	16,760
警視廳	5,702	德島	291
神奈川	4,780	香川	1,482
新潟	1,341	愛媛	405
富山	1,995	福岡	2,232
石川	926	佐賀	1,001
福井	1,618	長崎	11,718
山梨	1,338	熊本	1,127
長野	4,969	大分	1,015
岐阜	2,175	宮城	1,738
静岡	2,411	鹿兒島	1,076
愛知	2,767		

주: 이동경찰관이 1만 회 이상 승차하고 있는 4개 지역에 음영을 넣어 강조했음.
자료: 「移動警察官活動狀況(昭和9年中)」(刑事課長事務打合會參考諸調, 1935), ≪種村氏警察參考資料≫, 第41集(日本國立公文書館 所藏)을 참조해 작성.

물론 열차에도 탑승해 차내 순찰을 지속적으로 실시했다. 이러한 경찰을 '이동경찰'이라고 하며 주로 "열차 내 및 정차장에서의 범죄를 예방하고 여객과 화물을 보호해 측면에서 철도 운송의 기능을 온전토록 하는 것"[43]을 목적으로 했고, 조선인 '밀항자'의 단속은 그 일환으로 실시되었다.

〈표 1-3〉을 통해서 알 수 있듯이, 이동경찰관이 타 지역에 비해 압도적으로 빈번하게(1만 회 이상) 열차에 탑승해 활동하고 있는 지역은 시모노세키 부근의 야마구치 현, 나가사키 현, 그리고 관서 지방의 오사카, 효고 현(兵庫縣)이다. 즉, 조선-일본 간 연락선이 취항하거나 재일조선인이 밀집해 있는 지역인 것이다. 일본의 경찰도 지리적으로 가깝고 재일조선인 사회로 연결이 쉬운 곳의 '밀항'에 우선적으로 대비하고 있었다는 점이 잘 나타나 있다.

③의 경우는 연락선 등을 통한 정규 루트가 아닌 밀항 브로커 등을 활용한 비정규 루트에 대응하기 위한 것이었다. 하지만 "본 현(야마구치 현)은 지형상 해안선이 장거리에 걸쳐 있으며 해안은 거의 모든 지점에서 상륙이 용이하다. 특히 이들 밀항자는 야간에 상륙하므로 이를 발견하는 것은 쉬운 일이 아니다"라고 경찰 스스로 토로할 정도였다. 결국 "소수의 경찰관만으로는 도저히 완벽을 기할 수 없는 상황인바 1932년 4월 10일 현하 125의 모든 어업조합장에게 위촉하고, 또한 올해(1933년) 7월 25일 관하 29의 수난구제회 구제소장 및 구난조합장에게 위촉해 해상 시찰 사무를 실시했다. 또한 종래의 예를 고려해 밀항자가 가장 많이 상륙한다고 여겨지는 시모노세키 및 도요우라 군(豊浦郡) 지방 14개소에 밀항선 감시소를 설치해서 발견을 보조하도록 하고 있는 상황이다"[44]라고 보고하고 있듯이 현지 민간인의 협력을 얻어 '밀항선' 및 '밀항자' 색출을 강화해나갔다.

마지막으로 ④를 살펴보면, 이미 '밀항'으로 상륙에 성공해 일본에 체재하

43 「移動警察實施ニ關スル件」(指示事項, 1935), ≪種村氏警察參考資料≫, 第41集(日本國立公文書館 所藏). 엄밀히 구분하면 이동경찰은 열차만이 아니라 선박에서의 수상경찰관 활동도 포함하고 있지만, 여기서는 열차를 대상으로 한정해 이동경찰이라는 용어를 사용하고 있다.

44 「山口縣における在日朝鮮人」(縣知事事務引繼書), 在日朝鮮人運動史硏究會 編, 『在日朝鮮人史資料集(1)』, p.231.

고 있는 조선인에 대해 이루어졌는데, 1937년 돗토리 현(鳥取縣)의 사례에서 알 수 있듯이 지방별로 가택수색을 동반한 조선인 '일제 검거'를 통해 적발해서 강제송환 조치를 취했다.[45] 이러한 '밀항자' 수색은 직업 취득 유무에 관계없이 실시되었고, '일제 검거' 외에도 '밀고' 등으로 밀항이 의심되는 조선인이 있으면 영장도 없이 호출해서 심문한 후 강제송환했다.[46]

특고가 작성한 '소위 밀항 조선인 조사표'에는 1929년 1월에서 6월 사이에 야마구치 현 지역으로 '밀항'을 시도하다 검거된 총 7건 98명의 상황과 당국의 조치가 적시되어 있다.[47] 특기할 만한 사항은 '밀항자'에 대한 처분이 비교적 엄중하지는 않았다는 점이다. 즉 98명 중 취직을 알선한 예가 39명, 특별한 용의가 없다고 판단되어 목적지로 보내준 예가 49명이며, 최종적으로 조선으로 송환된 예는 10명에 불과했다. "부정 도항한 조선인을 발견했을 때에는 필요 사항을 조사하고, 잘 설명해 조선으로 돌려보내도록 적절한 조치를 취하고, 본성(내무성), 관계청, 부현(府縣) 및 조선 관계청에 통보해야 한다. 상기의 사안을 취급할 시에는 불령 인물의 용의가 있는지 특히 엄밀하게 취조해야 함은 물론이지만, 용의가 없는 한 단순한 부정 도항자임으로 부당 가혹한 취급을 행하지 않도록 주의해야 한다"[48]라는 특고의 집무 지침을 고려하더라도, "가급적 본적지에 귀환시키는 방침"인데도 일부 지역에서 송환률이 10% 내외에 그친 것이 '밀항자'의 증가로 이어지기도 했을 것으로 여겨진다. '밀항자'에게 당국이 일자리까지 알선해줬다는 것이 사실이라면 더욱 그럴 것이다.

---

45 「海港及沿岸警備」, 『鳥取縣史近代(5)』 資料編. 樋口雄一, 『協和會: 戰時下朝鮮人統制組織の研究』, pp.246~247 재인용.

46 外村大, 「日本帝國の渡航管理と朝鮮人の密航」, p.316.

47 「所謂密航鮮人調」, 在日朝鮮人運動史研究會 編, 『在日朝鮮人史資料集(1)』, p.223.

48 「特別高等警察執務心得(『特高警察例規集』 所收)」, 朴慶植 編, 『在日朝鮮人關係資料集成(3)』, p.28.

하지만 '밀항'에 대한 감시·단속 자체는 앞 절에서 다룬 각의 결정 이후 강화되어 일본 국내 경찰 측에서도 "언제 경계의 틈새를 노려 내지에 잠입할지 모르는 불령선인 등의 경계를 위해 1936년 3월 당부(교토부)에 해항 경비 특별순사 7명을 증원하고, 같은 달 14일 해항 소할경찰서인 마이즈루(舞鶴), 히가시마이즈루(東舞鶴), 미야즈(宮津)의 각서에 마이즈루서 순사부장 1명, 순사 2명, 히가시마이즈루서 순사부장 2명, 미야즈서 순사부장 1명, 순사 1명의 해항 경비 특별순사를 배치하고, 해당 특고 계원에게 소속시켜 해항에서의 감시검색을 담당"시켰으며, 또한 "회사의 조선, 대련에서 내항(월 3회)하는 각선에 대해 상기한 3서 또는 특별고등과원 1명을 승선시켜 부산-미야즈 간의 선내검색에 종사"시키는 한편, "동해도선(교토-오사카 간)에는 상시 열차 이동경찰을 실시하고, 이를 3조로 나누어 2인 1조로 해서 선박 이동경찰과 마찬가지로 재외 불온분자의 잠입 경계에 만전을 기하고 있다"[49]라는 전방위적 대응에 나섰다.

조선총독부가 1938년 "밀항자(부정 도항자, 이하 동문)라고 할지라도 발견 당시 상당한 기일이 경과해 업무에 취직(취로)하고 있는 자에 대해서는 조선 송환을 삼갈 것. 또한 이러한 송환을 취급할 때 일반 범죄자와 동일시해서 가혹하게 다루는 일이 없도록 조처할 것"[50]이라고 요청하기도 했지만, 결국 일본 당국은 강제송환률을 꾸준히 높여 1939년에는 90%대로 끌어올렸다.[51] 그렇다고 해서 검거된 '밀항자'에 대한 조치가 원칙대로 엄격히 이루어진 것만은

---

49 「海港警備、列車移動警察の狀況」, 編集部 編, 『京都における在日朝鮮人』. 在日朝鮮人運動史硏究會 編, 『在日朝鮮人史資料集(1)』, pp.188~189 재인용.

50 「朝鮮人ノ内地渡航制限ニ關スル件通牒」, 朴慶植 編, 『在日朝鮮人關係資料集成(3)』, p.18.

51 內務省警保局, 『社會運動の狀況』(1939年版).

아니라는 사실은 다음의 사례에도 잘 나타나 있다.

만주에 가서 이렇게 저렇게 1년 정도 고생한 다음, 경찰에 근무하고 있는 조선인에게 부탁해서 일본에 가는 비합법적인 도항증명서를 써달라고 한 것을 받았다고 합니다. …… 다롄(大連)에서 고베(神戶)로 가는 호화 여객선에 탔다고 합니다. 그런데 배 안에서 해상경찰의 형사에게 들켰어요. …… 고베에 도착했을 때 어머니가 한바탕 연기를 하셔서 죽는다 하고 움직이지 않았던 거예요. 형사도 불쌍한 가족이라고 생각했겠죠. 이야기를 들어보니 아들이 일본에 있다고 하고, 숙부도 오사카에 있다고 하기에 그냥 놔줬다고 합니다. 정식으로는 규칙에 위반되기 때문에 돌려보내야 합니다만. 어머니는 좋은 형사에게 걸렸다고 항상 감사해 하셨어요.[52]

민족주의와 사회주의 사상의 유입 문제로 조선보다 더욱 위협이 되는 지역인 만주로부터의 '밀항'에 대한 경찰의 실제 대응에서도, 불법적 수단으로 증명서를 취득·제시한 '밀항자'를 선상에서 검거한 수상경찰이 인정에 호소하는 '밀항자'의 처지를 동정해 상륙지에서 그냥 목적지로 향하도록 눈감아주는 일이 존재했던 것이다.

이와 같이 일본 경찰의 조선인 '밀항'에 대한 단계적 대응 체제는 기능을 강화해나갔지만 당국의 방침과 현장의 단속 상황 사이에 괴리가 존재했고, 결국 '밀항자'의 수는 감소하지 않았다.

---

52 吉見義明·川田文子, 「崔碩義氏からの聞き取り 第1回: ある在日朝鮮人の戰前·戰中體驗と戰後體驗」, ≪商學論纂≫, 52-1·2(中央大學商學硏究會, 2011), p.247.

4. 나가며

지금까지 살펴본 바와 같이 제국 내 식민 통치의 모순 분출과 경제 상황 악화로 인해 일제가 도항 제한 제도를 정비해 조선인의 도일 규제에 나선 이후, 이른바 풍선 효과에 의해 어떻게 해서든 도일 기회를 얻고자 하는 조선인의 일본 '밀항'은 지속적으로 증가했다. 일제는 이를 효과적으로 감시·단속하기 위해 조선에서의 경우 도일자의 출발지에서는 관할 경찰관서, 출발항에서는 관할 경찰 및 수상경찰서, 연락선 선상에서는 수상경찰서 등을 주축으로 해서 철저하게 도일 목적과 본인 확인을 실시해 이중, 삼중으로 '밀항'을 통제했다. 일본에서는 연락선 선상에서는 수상경찰서 및 도착항 관할 경찰서, 도착항에서는 역시 수상경찰서 및 관할 경찰서, 해안 상륙지에서는 관할 경찰서와 민간 조직, 열차 등 이동선상에서는 이동경찰, 경유지와 거주지에서는 관할 경찰서를 주축으로 해서 조선인 '밀항자'를 검거하는 그물망을 구축했다. 즉, 일제의 경찰 당국은 출발지-출발항-연락선-도착항·해안-이동로-경유지-최종 목적지에 이르기까지 조선인 '밀항자'의 전 여정에 걸쳐 단계별로 이를 저지할 수 있는 복합적인 시스템을 구축·강화했던 것이다.

'밀항'에 대한 이러한 경찰 당국의 감시·단속의 강화는 증명서 변조·위조, 밀항 브로커의 양성 등 '밀항' 수단의 다양화·전문화를 초래했다. 경찰의 규제와 '밀항' 수법의 '발전' 간의 악순환은 계속 이어져서, 결국 일견 철저해 보이는 시스템의 구축도 효과적으로 '밀항자' 감소로 이어지지는 못했다. 이는 조선총독부 경찰과 내무성 경찰 간에 원활하게 공조가 이루어지고 있었던 것은 아니며, 조선인 도일 및 강제송환을 둘러싸고 양자 간에 미묘한 입장의 차이가 존재했기 때문이기도 하다. 당국의 정책과 일선 경찰의 태도에도 약간의 온도 차가 있어서 전시체제 수립 이전에는 '밀항' 단속이 철저하지 않은 경우도 눈에 띄었다.

이러한 조선인의 일본 '밀항'은 전후에도 계속되어 1946년만 하더라도 일본 당국에 검거된 한국 및 조선 국적자 수만 1만 9107명에 달해 정식으로 일본에 입국한 수를 뛰어넘었다.[53] 특히 1948년 이후는 제주 4·3 사건을 계기로 제주도 출신자의 일본 도항 및 '밀항'이 급증하게 된다.

---

53 森田芳夫, 『數字が語る在日韓國·朝鮮人の歷史』(明石書店, 1996), pp.111~112.

02

조선인을 식별하다

점령기 '조선인'과 '불법 입국'의 정의에 관하여

박사라(장윤희 옮김)

1. 서론: 점령기 일본으로의 '밀항' 및 관련 연구

2000년대 이후 일본 제국의 패망에 따른 인구 이동이 역사학적·사회학적으로 관심을 모으고 있다. 과거 일본은 대청 제국에게서 대만을 할양받고(1895년), 관둥저우(關東州, 지금의 다롄 일대)를 조차하고(1905년), 대한제국을 병합하고(1910년), 독일령 남양 제도를 위임통치하며(1922년) 광대한 영토를 차지했다. 그리고 만주사변(1931년) 이후 중국 동북지방을 침략했으며, 중일전쟁 이후에는 중국 전역을 침략하기 시작했다. 1941년 태평양 전쟁 발발 이후에는 '대동아공영권'이라는 미명 아래 동남아시아를 침략했다.

일본이 패전하기까지 50년 동안 식민지·점령지와 종주국 사이, 혹은 식민지와 점령지 사이에서 전쟁 혹은 노동을 위해 많은 사람들이 이동하고 거주지를 옮겼다. 식민지 시대에 생겨난 일종의 '국제적인' 거주 형태는 일본의 항복과 뒤이은 연합국의 군사점령에 의해 와해되었다. 일본 제국의 포츠담 선언 수락(1945년 8월)부터 일본의 독립 회복(1952년 4월, 정식 명칭은 대일강화조약, Peace Treaty with Japan)까지 약 7년(이하 '점령기') 동안 각지의 일본인들은 철수하거나 제대하고, 종주국에 있던 사람들은 고향으로 돌아갔으며, 점령 지역은 독립하거나 새로운 점령자인 연합군을 맞이했다. 패전·해방에 따른 귀환 또는 송환의 실태는 식민지 제국의 지배가 그 지배하에 놓인 사람들이 국경을 어떻게 인식하도록 만들었는지 설명해준다.

이 장은 점령기 한국에서 일본으로의 '밀항'을 대상으로, 이 이동이 실제로 어떻게 이루어졌고 어떻게 발견되었으며, 이동한 사람들은 스스로를 어떻게 생각했는지에 주목하고자 한다.

1) 조선인 '밀항' 연구

이 장에서 다루고자 하는 것은 점령기 한반도에서 일본으로의 이동·이주(immigration)이다. 이 이동은 당사자도, 그리고 그들을 발견해 송환한 사람들도 '밀항'이라고 일컬었다. 이제까지 다양한 연구자가 각자의 관심에 따라 이 이주에 관해 조사하고 논의해왔다. 후지나가 다케시와 이지치 노리코[1] 등은 '밀항'을 체험한 사람들의 생활사를 꼼꼼히 수집하고 제주 4·3 사건과 연관시키는 작업을 10년 넘게 해오고 있다. 이지치와 무라카미 나오코, 문경수, 무라카미는 한국 현대사 속에 '밀항'과 '밀항자'의 이야기를 집어넣고, 제주도와 일본, 특히 오사카와의 지역 네트워크가 국가를 초월한 이동을 가능하게 했음을

---

1 藤永壯·伊地知紀子, 「解放直後·在日済州島出身者の生活史調査」, ≪大阪産業大学論集 人文·社会科学編≫(2000~2006).

밝혔다.[2] 테사 모리스 스즈키[3]는 일제강점기 한국인의 이주와 1960년대 말부터 시작된 일본에서 북한으로의 '밀항'을 조사해 한국, 일본, 북한 3개국에 걸친 역사를 기술했다.

한편, 오누마 야스아키와 에린 정은 일본의 입국관리 제도와 관련된 '밀항'을 논했다.[4] 오누마는 '밀항' 그 자체의 영향에 대해서는 아주 잠깐 언급했으나, 일본의 입국관리 제도가 그 당시 일본 국적을 가진(즉 1948년 이후 한국과 이중국적 상태였던) 사람들을 왜 외국인으로 간주해 관리하고 퇴거를 강제할 수 있는 법적 지위에 둔 것인지와 같은 근본적인 문제를 제기했다. 에린 정은 이 문제의식을 계승하면서 일본의 입국관리 제도가 성립된 배경 중 하나에 한국으로부터의 '밀항'이 있었음을 언급하고 있다. 매튜 어거스틴[5]은 영연방 점령군(British Commonwealth Occupation Forces: BCOF)의 자료를 풍부하게 활용해 일본의 입국관리 제도의 원형이 된 외국인등록령이 '밀항'에 대한 대책이었다고 명언하고 있다.

그러나 이러한 연구가 공통적으로 간과하고 있는 논점이 하나 있다. 지금까지 이루어진 주요 연구는 모두 왜 한반도에서 일본으로의 이주가 위법으로

---

2 伊地知紀子·村上尚子, 「解放直後·済州島の人びとの移動と生活史: 在日済州島出身者の語りから」, 蘭信三 編, 『日本帝国をめぐる人口移動の国際社会学』(不二出版, 2008), pp.87~146; 文京洙, 『済州島四·三事件: 公共圏の死滅と再生』(平凡社, 2008); 村上尚子, 「四·三時期の'在日済州人': 済州島民の渡日と在日朝鮮人社会(1945-1950)」, 『在日제주도인의 삶과 제주도』(제주발전연구원, 2005), 24~44쪽.

3 Tessa Morris-Suzuki, *Borderline Japan: Foreigners and Frontier Controls in the Postwar Era* (Cambridge University Press, 2010).

4 大沼保昭, 『在日韓国·朝鮮人国籍と人権』(東信堂, 2004); Erin Aeran Chung, *Immigration and Citizenship in Japan*(Cambridge University Press, 2010).

5 マシュー オーガスティン, 「越境者と占領下日本の境界変貌: 英連邦進駐軍(BCOF)資料を中心に」, ≪在日朝鮮人史研究≫, 36(2006), pp.185~206.

간주되었으며 실제로 그러한 이주가 적발되었는지와 같은 문제에는 답을 내놓지 않고 있다. 1945년부터 1952년까지 재일한국인이 놓인 법적 지위와 일본 영토를 고려하면 이 문제가 방치되어 있는 것은 자연스럽지 않다. '밀항'이 행해진 시기에 일본 내에서 식민지 출신자, 특히 한국인의 국적은 명확하지 않았다. 일본의 영토조차 강화조약 이전에는 명확하게 정해져 있지 않았다. 한국인이 어느 국가에 속(해야)하는지조차 일본 내에서는 정해져 있지 않았다. 그런 시기에 왜 조선을 외국으로 간주하고, 한국인을 외국인으로 간주했던 것일까? 이러한 의문은 재일한국인의 일본 국적을 확인하는 여러 소송에 의해 제기되었으며 오누마가 학술적으로 논박했으나,[6] 일본에서 재일한국인의 역사·점령기·이민 연구를 하는 사람들이 여전히 간과하고 있는 문제가 아닐까 싶다.

또한 이 시기에 일본으로 이동한 사람들은 한국인만이 아니었다. 오키나와(沖縄), 아마미 제도(奄美諸島), 대만을 오가며 무역을 하던 사람들이 있었다는 것은 이미 이시하라 마사이에,[7] 사타케 쿄코[8] 등이 밝힌 바 있다. 이 장의 마지막 부분에서 거론될 것이지만, 일본인도 한반도에서 일본으로 비밀리에 이동했다. 그럼 왜 유독 한반도로부터의 이동만 '밀항'이라고 불리며 범죄로서 문제시되고, 이동한 사람들은 일본에 도착한 뒤에도 '밀항자'라고 낙인찍혔던 것일까?

이 장에서는 왜 한국인의 '밀항'이 위법이었으며, 실제로 '밀항' 현장에서 위법행위로 적발할 수 있었는지에 대해 살펴보고자 한다. 그에 따라 이러한 이동을 위법행위로 규정할 수 있었던 논리를 밝히고, 한국인은 왜 일본에서 외

6 大沼保昭, 『在日韓国·朝鮮人国籍と人権』.

7 石原昌家, 『空白の沖縄戦後史: 戦果と密貿易の時代』(晩聲社, 2005).

8 佐竹京子, 『軍政下奄美の密航·密貿易』(南方新社, 2003).

국인이 되었는지를 밝히겠다.

2) 조사 방법

이 장에서는 문헌 및 인터뷰 자료를 이용했다. 문헌은 『재일조선인 처우의 추이와 현황』,[9] 『재일조선인 관리 중요 문서집』[10]과 같은 일본어 문헌 외에 연합국총사령부(GHQ), 그리고 GHQ와 함께 점령했던 BCOF의 작성 자료를 이용했다. GHQ 문헌은 미국 국립문서보관기록청(National Archives and Records Administration), 국회도서관 헌정 자료실, 호주 국립대학도서관에서 입수했다. BCOF 자료는 호주 전쟁기념관 및 호주 국립문서관에서 입수했다.

인터뷰 자료는 오사카 부 오사카 시와 히가시오사카 시(東大阪)에서 '밀항' 경험자 12명을 대상으로 반(半)구조화 인터뷰를 해서 수집했다. 2007년부터 2011년까지, 1회에 한 시간에서 세 시간, 한 사람당 1~3회 실시했다. 조사 대상자 선정은 먼저 필자의 친척을 인터뷰한 후 지인을 소개받는 눈덩이표집(snowball sampling) 방식으로 이루어졌다. 이러한 방식은 조사 대상자의 연령, 성별, 출신 지역, 소득 계층이 어느 한쪽으로 치우치게 마련이다. 그러나 실제로 '밀항' 경험자를 만날 수 있는 방법이 매우 제한적이기 때문에 이 방식을 채용했다. 이 장은 인터뷰 내용만으로 전체 상을 제시하려는 것이 아니라, 인터뷰 대상자가 당시 상황을 어떻게 이해하고 있었는지에 관심을 두고 분석했기 때문에 조사 대상자의 편향이 전체 논지에 큰 영향을 미치지 않았다고 생각한다. 질문 내용은 '밀항'하기까지의 생활사, '밀항'을 결심하게 된 (본인이

---

9 森田芳夫, 『在日朝鮮人処遇の推移と現状』(法務研究所, 1955).

10 湖北社 編, 『在日朝鮮人管理重要文書集』(1978).

생각하는) 사건 또는 생활상, '밀항'의 구체적인 절차와 '밀항' 시 주의한 점, '밀항' 후의 생활상과 외국인등록증을 구하는 과정 등과 같은 항목이었다.

그리고 2010년에는 연합군 병사로 '밀항자' 심문을 통역한 머리 씨(Murray, 호주 육군 소속, 남성, 1922년생)도 인터뷰했다. 질문 내용은 구체적인 심문 과정, 심문 시 중시한 정보, '밀항'의 문제점 등의 항목이다.

또한 여기에서 인용되는 인물의 이름은 모두 가명이다.

3) 조사의 전제: '밀항'의 실태

구체적인 논의에 앞서 점령기 일본으로의 '불법 입국' 규모와 경로를 확인해두자. 일본 출입국관리국에 따르면 '불법 입국'으로 검거된 인원은 1946년 1만 7733명으로 가장 많았고, 1947년에는 절반 이하로 감소하지만 그 후 1949년까지 꾸준히 증가했으며, 1950년을 기점으로 감소세로 돌아섰다.[11] 검거 인원은 총 4만 5960명이었다.

검거자 수와 '밀항'자 수가 연동된다면 '밀항'은 1946년부터 1949년까지 활발했으며 1950년을 기점으로 감소한 것으로 보인다. 그러나 GHQ 보고에 따르면 1946년부터 1950년까지 발견된 '불법 입국자' 중 "대략 50%는 검거되지 않았으며, 밀항 관련 선박 중 25%만이 나포되었다".[12] 이 진술이 맞다면 '밀항'자의 절반은 검거되지 않고 도주한 셈이다.

또한 검거된 '불법 입국자' 대부분은 부산, 마산, 울산 등 한반도 동남쪽 혹

---

11 森田芳夫, 『在日朝鮮人処遇の推移と現状』, p.87, 표 29 참조.

12 GHQ/SCAP, 8th Army, G-3, Korean Illegal Entrants, 15/5/1949, Memorandum for: chief of stuff8th army, suppression of Korean Illegal Entrants, 미국 국립문서보관기록청 소장, NAIL Control Number: NWCTM-331-UD1387-2190(2).

은 제주도에서 규슈 전역, 시코쿠(四國) 북서쪽으로 건너갔다. 세토나이카이(瀨戶內海)나 태평양을 통해서 직접 긴키(近畿), 간토(關東) 지역으로 건너간 경우도 있다. 겐카이나다(玄海灘)를 중심으로 한반도 동남쪽과 쓰시마, 규슈 북부, 시모노세키 방면이 '밀항'의 중심지였다고 볼 수 있다.[13]

2. '불법 입국'의 억제

이 절에서는 공문서를 통해 구체적으로 누가 어떻게 '불법 입국'을 저지하려 했는지 밝히고자 한다. '불법 입국'을 저지하려고 한 것은 점령군만이 아니었다. 일본인 경찰과 지역 주민도 마찬가지로 이러한 이동을 발견해서 저지하려 했다. 중요한 것은 이 시기에 발견된 것은 어디까지나 이동이며 조선인이라는 인간 집단은 아니었다는 점이다.

1) 점령군의 활동

점령기에 비행기나 선박을 이용해 '밀항'을 단속한 것은 점령군이었다. 일본 경찰이 선박을 운항하는 경우도 있었지만 지방 군정부의 허가 없이는 점령군에게 선박을 받지 못해서 운항할 수 없었다.

구체적인 활동의 일례로 주고쿠(中國), 시코쿠 지방에서의 BCOF 활동과 해당 지역의 경찰과 민간단체 활동을 검토해보자. 1절 서론에서 정리한 바와 같

---

13 GHQ/SCAP, CIS G-2, Military Intelligence Section, General Staff, Civil Intelligence Section Special Report, 1947 Dec 15th, Korean Smuggling Activities, 미국 국립문서보관기록청 소장, Box 3039, Loc: 290/14/20/2.

이, '밀항' 검거 수는 규슈, 주고쿠, 시코쿠, 호쿠리쿠(北陸) 지방이 높았기 때문에 주고쿠, 시코쿠 지방을 점령했던 BCOF의 자료는 중요한 가치가 있다. 또한 BCOF는 1개월, 3개월마다 보고서를 작성해 단속 상황을 구체적으로 보고했기 때문에, 이 장의 분석에 필요한 데이터를 많이 제공했다.

다음에 인용하는 것은 1947년 3월 말의 '불법 입국' 단속에 관한 BCOF의 분기별 보고서의 한 대목이다. 야마구치 현 하기 시(萩市)에 있던 기지를 중심으로 육상, 해상, 상공의 통신 상황을 보고하고 있다.

> 현재 공군, 해군이 일본과 조선 사이를 순항하며 조선 선박의 보고 및 통신을 실시하고 있다. 공군기는 하기 기지에 접촉해 선박의 운항 정보를 육군에 전달할 수 있다. 육군은 상륙에 대비해 경계를 강화할 수 있다. 하기 기지의 무선 송수신 범위가 40마일밖에 되지 않는 점, 선박이 관측된 후 공군과 육군 간에 연락을 취해서 전술 부대에 정보가 전달되기까지 시간이 너무 오래 걸리는 점을 감안하면 현 시설은 만족스럽지 못하다. 고속 론치[14] 2척과 2~3개의 무선 기지를 해안을 따라 비치하고, VHF[15]를 이용해 공군 순항 부대와 연락을 취하기 위한 새로운 방안을 현재 검토 중이다. 이러한 론치는 ○(판독 불가능—옮긴이)세트도 운반하는데, 그로 인해 상공에서 지상으로, 지상에서 론치로, 그리고 론치에서 지상으로 세 방향의 교신이 가능해진다. 이는 현재 문제가 되고 있는 시간 손실을 줄여줄 것이다.[16]

---

14 항구 안팎에 있는 선박으로 선원이나 방문자 등을 태우고 항구를 오가는 소형선을 말한다.

15 국제VHF라고도 하며 해안 주변에서는 입·출항 연락, 선위 통보, 항해 안전, 조난 통신에 사용되며, 외양에서는 선박 간 통신에 사용되는 무선을 말한다. 마린 밴드라고도 불린다.

16 BCOF 1947, Quarterly Report, 31 March 1947, 호주 전쟁기념관 소장, 청구기호: AWM114, 423/11/11.

이 부분에서 영연방 점령군이 일본과 조선 반도 사이 해역에서는 순항함을, 상공에서는 공군기를 운항하고 있었으며, '불법 입국선'의 상륙에 대비해 해안을 따라 소형선(다른 배 혹은 항구 사이를 왕래하기 위한 통선)과 무선 기지를 설치하고 있었다는 것을 알 수 있다. 순항함과 공군기가 '밀항선'을 발견하면 연안부의 소형선이나 무선 기지를 통해 하시 기지에 무선을 보내고, 그 후 육군 전술 부대가 출동했음을 추측할 수 있다.

점령군만 '불법 입국'을 단속한 것은 아니었다. 시간적으로 다소 앞서기도 뒤서기도 하지만 BCOF의 1946년 9월 보고서를 보면, 점령군과 일본 경찰의 활동이 자세하게 소개되어 있다.

> 현재 발견된 바에 따르면 불법 이민자의 입국은 1000명 이하로 감소하고 있다. 이는 부분적으로는 조선 해협의 악천후에 따른 것이지만, 입국을 시도하는 사람들에 대한 효과적인 대책 덕분이기도 하다. 해상에서는 연합군 구축함과 소형 경비함이 일본-조선 사이를 순항하고 있으며, 비무장 경찰(civil police)의 소형선이 현지에서 공격 경비를 하고 있다. 지상에서는 일본의 일반 경찰이 군사 순찰대의 지원을 받아 활발히 활동하고 있다. 상공에서 매일 일출과 일몰 때 순찰을 하고 있으며, 괴선박이 관측된 경우에는 조사를 위해 적절한 군사 부대에 보고하고 있다.
>
> 불법 입국자는 일반적으로는 매우 눈에 띈다. 일본인은 그들이 오는 것을 반기지 않기 때문에 발견할 경우 대부분 신속하게 신고한다. 결과적으로 입국한 사람들의 거처를 알아내서 잡는 것이 어렵지는 않다. 최근 입국한 사람 중 97퍼센트가 구류된 것으로 보고 있다.
>
> 불법 입국자는 검거되면 군사 심문을 받게 되고 경찰에 의해 처리된다. 물품을 압수당한 후 경찰이나 무장 경비대에 의해 가장 가까운 송환소로 이송되고, 그곳

에서 조선으로 송환된다. 불법 이민자를 이송한 모든 선박의 선장, 선원도 민사재판을 받게 되며 선박을 몰수당한다.[17]

이 부분에서는 다양한 내용이 언급되었는데, 해상에서는 구축함과 소형 경비함이 순항하고, 상공에서는 일출과 일몰 시에 경비하고, 지상에서는 주로 일본 헌병과 경찰 그리고 일반인이 활동했다는 것이다. '불법 입국자'를 검거할 수 있었던 것은 '불법 입국자'가 상륙 시 눈에 띄어서 일본인이 신속하게 신고하기 때문이라고 했다. 실제로 일본 경찰 혹은 점령군 요원이 검거했으며, '불법 입국자'를 검거해서 송환하기까지의 절차는 점령군 지도하에 경찰이 담당했다.

1947년 3월 보고서에는 수용소로 보내진 뒤 송환될 때까지의 처우가 언급되어 있다.

조선인은 비무장 경찰 혹은 일반적으로는 점령군 요원에게 검거되어, 센자키 또는 시모노세키에 있는 조선인 수용소로 보내진다. 그들은 거기에서 몸에 DDT를 살포당하고 철저하게 취조받는다. 교육을 받은 것처럼 보이는 자 혹은 신원이 확인된 자는 모두 심문을 받으며, 조선의 어느 지역에서 왔으며 누가 도항을 도왔는지, 도항 비용 및 조선의 브로커 이름 등 점령군에게 유익한 정보를 수집했다. 이 절차는 그들이 규슈의 사세보로 이송되어 조선으로 송환되면 종료되었다.[18]

---

17 BCOF 1946, Quarterly Report, 20 Sept 1946, 호주 국립문서관 소장, 소장번호: AWM114, 423/11/5.

18 BCOF 1947, Quarterly Report, 31 March 1947, 호주 전쟁기념관 소장, 소장번호: AWM114, 423/11/11.

여기에서 출항 장소, 도항을 도운 사람, 도항 비용, 브로커 이름을 '점령군에게 유익하다고 생각되는 정보'의 예로 들고 있다. 이 밖의 심문 항목에 대해 호주 육군 통역사로서 '밀항자' 심문을 했던 머리 씨는 다음과 같이 말했다.

박사라: 그래서 심문관은 어떠한 질문을 했나요?

머리: 그는…… 그는 "이름은?", "어디에서 왔나?"라고 물었지. 그리고 "하는 일은 무엇인지?"도. 하는 일이 무엇이냐라는 건 군대에 속해 있는지 여부가 아니라, 일반인으로서 가게 주인인지 등을 묻는 거예요. 이 심문을 '초기 심문' 혹은 '첫 번째 심문'이라고 해요. 심문관은 그 사람이 얼마나 선량한지, 조선인으로서 현명한지, 산업에 대한 정보를 가지고 있는지, 정치라든가 농업이라든가 무엇이든지, 그런 것들을 묻습니다.[19]

머리 씨에 따르면 '밀항자'는 이름, 출신지, 직업을 통해 어떤 정보를 가진 인물인지 밝혀지게 된다. 또한 머리 씨는 조선인이 체포된 후 석방되는 경우도 있었다며 다음과 같이 말을 이어갔다.

박사라: 만약 조선인이 체포되면,

머리: 네.

박사라: 그들은 석방되는 건가요?

머리: 그들은 조선으로 돌려보내졌어요.

박사라: 네.

머리: 혹은 일본에서의 체류가 인정되기도 했어요.

---

19 2010년 8월 13일 멜버른 시의 머리 씨 자택에서 진행된 인터뷰.

박사라: 그럼 예를 들어 어떤 상황이면 일본 체류가 허락되었나요?

머리: 음, 예를 들어 그들이 정직하고 정말로 일본에 일을 찾으러 왔다든가,

박사라: 네.

머리: 혹은 이미 일본에 친척이 있다든가.

박사라: 흠, 흠, 흠.

머리: 그 정도였지요. 만약 그들에게…… 아버지나 어머니, 즉 부모가 여기에 있고 우리가 그 사람의 인격에 대해 "이 사람은 조선에 살고 있는 선량한 사람입니다"라고 추천서를 쓰고 그 후 일본인이 오케이를 하면. 우리가 그 사람은 오케이라고 말하면, 그들 '일본인'이 그 사람이 오케이인지 아닌지를 결정했지요.[20]

머리 씨 설명에 따르면 부모가 있는 아이나 "정직하고 정말로 일을 찾아서 일본에 온" 사람이라면 연합군은 그 사람이 '오케이'라는 뜻을 일본인에게 전달했다는 것이다. 물론, 머리 씨의 말만 듣고 연합군이 '밀항자'를 어떻게 취급했는지 단정할 수 없다. 하지만 그가 말한 이름, 고향, 직업 등의 질문 항목은 BCOF가 작성한 '선박 및 불법 입국자'에 관한 '즉시 보고(Immediate report)'[21]에 명시된 항목과 일치하며, 또한 GHQ는 '밀항자'의 체류를 허용해야 한다고 여러 번 지시를 내렸다.[22]

한편, 1948년 시점에서 '밀항'은 재일조선인의 공산주의적 활동과도 관련지

---

20 같은 인터뷰.

21 BCOF, Illegal Entry into Japan 1948, issued on 25th, Oct 1948, 호주 전쟁기념관 소장, 청구기호: AWM114, 423/10/42.

22 GHQ/SCAP, G2, Public Safety Division, General Correspondence 1949~1951 "Smuggling Reports 1949", 오키나와 현 공문서관 소장, Entry 164B (A1), 자료 코드: 0000008146.

어졌다. 1948년 9월에 POLAD가 SCAP 앞으로 보낸 「재일조선인의 지위에 관한 재경(在京) 미국 정치고문 문서 제 580호」 제3부에서 다음과 같은 논의가 이루어졌다.

> 분명 북조선과 남조선의 분단으로 인해 조선인의 파괴 활동 문제가 발생하고 있다. 이 점에 관한 SCAP의 정책은 가능한 한 많은 조선인 공산주의자를 일본에서 추방하고, 그들의 일본 재입국을 방지하는 것이다. 적절하다고 생각되는 경우, 조선으로 귀환하는 조선인 공산주의자에 대해 일정한 조치를 취하기 위해 한국 정부 담당 부서에 기록 및 활동을 통보해야 할 것이다.
>
> …… 일본으로 불법 입국하는 조선인을 줄이기 위해서는 조선과 일본 사이의 조선 해협에서 더 효과적으로 순찰을 해야 한다. 이와 같은 불법 입국은 결과적으로 밀수의 만연으로 이어지며 또한 공산주의 분자가 일본에 입국하는 수단이 된다. 사람과 물건의 대규모적인 불법 왕래로 인해 일본과 조선에서의 법 집행이 어려움을 겪고 있다.
>
> 일본의 순찰선은 일본 영해 내로 운항이 제한되기 때문에, 한국 정부에게 외교 차원에서 조선 연안 순찰을 개선하고, 불법 왕래를 줄이는 데 협력하도록 제의해야 한다.[23]

이 부분에서는 재일조선인의 공산주의적 경향과 재일본조선인련맹이 다른 공산주의자와 연락을 취하고 있었던 점, SCAP는 조선인 공산주의자를 일본에서 추방해야 한다고 한 점, '밀항'이 "공산주의 분자가 일본으로 입국하는

---

23 大沼保昭 編, 「≪資料と解説≫ 出入国管理法制の成立過程」, ≪法律時報≫, Vol.51-2(1978), pp.74~79.

수단이 되고 있기" 때문에 한일 양국이 '밀항'을 줄여야 한다는 점을 언급하고 있다. 당시 '밀항'은 "밀수의 만연"으로 이어지고 "공산주의 분자가 일본으로 입국하는 수단"이며, "일본과 조선에서의 법 집행"을 방해하는 행위로 간주되었다.

2) 경찰 및 지역 주민의 활동

다음으로 점령군 글 속에 나오는 '비무장 경찰(civil police)'과 민간인의 활동을 살펴보자. 각 지방 경찰 역사를 보면, 경찰이 도도부현(都道府県, 광역자치단체) 군정부나 일반 주민들과 협력해 '밀항자'를 적발하고 송환한 사실을 알 수 있다.

1946년 6월에 SCAPIN(연합국 최고사령관 각서)1015가 내려지자, 지방자치단체에서는 점령군과 경찰이 협력해 '밀항자'의 적발과 송환에 나섰다. 예를 들어 나가사키 현 경찰은 1946년 6월 24일 사세보(佐世保)에 주둔했던 미군 제34연대로부터 '불법 입국자 단속'을 위한 연안 경비 조치를 강구하라는 명령을 받았으며, 내무성 경보국으로부터 연안 감시대와 '밀항자' 수용 시설을 설치하라는 명령을 받았다.[24] 또한 야마구치 현에서 검거된 '부정(不正) 조선인'은 경찰에서 취조를 받은 후 나가사키 현 하리오(針尾)의 사세보 수용소로 이송되었다.[25]

1947년 2월 5일 내무성에서 경시청 형무부장, 경시청 형사부장, 각 광역자치단체 경찰부장 앞으로 보낸 「해방민족 등의 강제송환에 관한 내무성 공안

---

24 長崎県警察史編纂委員会 編, 『長崎県警察史(下巻)』(長崎県警察本部, 1979), pp.1032~1033.

25 山口県警察史編さん委員会 編, 『山口県警察史(下巻)』(山口県警察本部, 1982), pp.698~699.

제1과장 통첩(공안1발제31호)」을 보면 '밀입국자'에 대한 구체적인 심문 내용과 그 후의 처리를 알 수 있다. 즉, 적발되어 검거된 조선인은 먼저 경찰에 의해 검거지(주소), 직업, 이름, 나이, 조선 내 주소, 직업, 상륙 일자, 상륙지 및 검거지에 이르기까지의 경위, 검거 상황, 송환 이유에 대해 심문을 받는다. 그것을 '송환 이유서'로 정리해서 지방 군정부에 제출하고, 석방될 가능성이 있는 자에 대해서는 수용소에서 상세한 서면을 작성해야 했다.[26] 규슈 구마모토 현(熊本縣) 경찰은 "'일본으로의 불법 입국 억제에 관한 잠정적 긴급 단속 요강'에 따라 본 현에서는 현 내 7곳에 밀항 감시초소를 설치하고 용선 등을 이용해 엄중하게 해상을 감시하고 있다"[27]라고 말했다. 구마모토 현 경찰은 해상 감시를 통해 1946년부터 1952년까지 103명의 '불법 입국자'를 적발했다.

---

26 본문은 다음과 같다. "조선인, 대만인, 류큐(오키나와)인, 중국인, 기타 밀입국자, 연합군 지령 또는 군사재판에 의한 추방자 등의 강제송환은 그동안 관계 기관의 협의에 따라 적절히 실시해왔지만, 이번에 연합군이 일본 정부에 보낸 12월 10일 자 각서(2월 5일 참고 자료 송부에 관한 건 통첩 참조)에 따라 밀입국 조선인의 호송은 일본 경찰이 담당하게 되었으며, 연합군 군사재판에 의한 추방자는 사법·내무 양 부처에서 협의한 결과, 잠정적 조치로서 내무성에서 담당하기로(별첨 1) 되었으니, 금후 강제송환을 실시하고 취급상 유감없도록 하기 바라오.…… 4. 송환 절차 (1) 밀입국자 송환 중, 철도사령부 등에 협력을 요청할 경우 편의상 그리고 강제송환을 정확하게 수행하기 위해 다음의 사항을 내용으로 하는 송환 이유서를 작성해 신병과 함께 현지 미군에 제출해야 하며, 기존에 나가사키 현 하리오 수용소에서 현지 군에 의해 석방된 사례가 종종 있었는데 밀입국 단속에 지장을 초래하기 때문에 이를 방지하기 위해서는, 현지에서 석방될 우려가 있는 자에 대해서는 특별히 자세하게 서면을 작성해, 필요하다면 현지군 사령관의 서명, 지령 등을 받아서 첨부할 것. 1. 검거지(주소), 직업, 이름, 나이/ 2. 조선에서의 주소, 직업/ 3. 상륙 일자, 상륙지 및 검거지(주소)에 이른 경위/ 4. 검거 상황/ 5. 송환 이유. 또한 나가사키 현은 (1) 조선인 등 수용 중인 송환해야 하는 자에 관해 현지 군에 석방 요청 탄원이 있을 경우, 또는 현지 군의 석방 지령이 있을 경우에는 석방 유예를 요청하고 신속하게 송환 광역자치단체에 조회할 것. (2) '석방'이 결정되면, 그 취지를 송환 광역자치단체에 통보할 것." 大沼保昭 編, 「≪資料と解說≫ 出入国管理法制の成立過程」, Vol.50-9(1978), pp.96~105.

27 熊本県警察史編さん委員会 編, 『熊本県警察史』(熊本県警察本部, 1986), p.1152.

1946년 9월 시마네 현(島根縣) 경찰 본부장은 현 의회에서 '밀항 조선인 단속에 대해'라는 제목으로 연설을 했다. 그는 조선인이 "새벽녘 전, 아침 4~5시에 인가가 드문 지점에 20톤 미만의 배로 와서 상륙하자마자 육지로 도망가고 있기 때문에 실제로 체포하기가 대단히 어렵다", 하지만 "다행히 진주군으로부터 큰 협력을 얻어 비행기, 감시선도 어느 정도 비치하고 있으며, 병력도 어느 정도 도움을 받고 있다"[28]라고 말했다.

돗토리 현도 마찬가지로 내무성의 지시에 따라 연안에 밀항 감시초소를 설치하고, 지역에 따라서는 인근 주민에게 위탁해 연안 경비 체제를 강화했다. '불법 입국' 조선인을 검거한 경우 경찰은 지령에 근거해 당초에는 체포한 지방경찰이 센자키(仙崎), 마이즈루, 사세보 세 곳의 수용소로 보냈고, 나중에는 오무라 수용소로 보내 그곳에서 수송선에 태워 부산으로 송환했다.[29] 이러한 경비 체제에 대해 1946년 8월 5일 돗토리 현 도하쿠 군(東伯郡) 야바세(八橋)의 경찰서장은 관내 읍장, 면장에게 협조 요청문을 보내 조선인의 '밀항'뿐 아니라 '밀무역'도 적발 대상이며, '대륙' 혹은 '조선 방면'과 '일본'을 왕래하는 사람들이 "건전한 경제정책의 실시를 저해(경제 통제 정책에 위배되는 암시장을 형성)할 뿐 아니라 사회 치안을 교란"할 위험이 있다고 했다. 따라서 이런 '대륙' 혹은 '조선 방면'에서 오는 선박을 발견할 시에는 읍·면 주민들에게 신고할 것을 요청했다.[30]

점령기가 끝난 1953년의 기록이긴 하지만 사가 현(佐賀縣)에서도 가라쓰(唐津), 요부코(呼子), 이마리(伊萬里) 세 곳의 연안에 감시초소를 설치하고 감시초소원으로 민간인을 채용한 기록이 있다.[31] 또한 시마네 현에서는 지역 주민

---

28 島根県警察史編さん委員会 編, 『島根県警察史(昭和編)』(島根県警察本部, 1986), pp.705~706.

29 鳥取県警察史編さん委員会 編, 『鳥取県警察史(第2巻)』(鳥取県警察本部, 1984), pp.270~271.

30 같은 책, p.270.

들이 '밀항 방지 조합'을 만들었다. 이 조합의 활동 목적은 '밀항자'와 '밀항선'을 신고·추적하는 것이었으며, 일반 조합원은 '밀항선' 혹은 '밀항자'를 발견하면 조합 사무실 또는 감시선을 통해 경찰서에 신고했다. 추적하는 경우, 추적 중임을 알 수 있도록 조합원 어선에 표시(가로세로 각각 90cm 정도의 판자와 깃발)를 해서 상공에서 지원하기 용이하도록 했다. 시마네 현 경찰에 따르면 1953년 1월까지 41개의 조합이 결성되었으며 "조합원의 협력에 의해 검거된 밀항 건수도 많았다".[32]

1947년 5월에 외국인등록령이 공포·시행되면서 도도부현 지사가 불법 입국자의 강제퇴거 고지서를 발송하고 경찰이 그 실무를 담당하게 되었다. 그러나 각지의 경찰 역사를 보면, 실제로는 지방 군정부가 강제퇴거를 지도·감독했음을 엿볼 수 있다. 야마구치 현에서는 "불법 입국자의 강제퇴거 조치"는 "당분간 총사령부의 각서에 따라 현지 군정부의 지시에 의해 처리"되었다고 쓰여 있으며,[33] 나가사키 현에서는 "처음에는 총사령부 각서에 따라 현지 군정부의 지시에 의해 처리"되었다. 나가사키 현에서 경찰에 의해 조선인의 강제퇴거가 집행된 것은 1949년 9월 외국인등록령이 개정된 이후이다.[34]

여기까지 '밀항'이 점령군, 경찰, 민간인에 의해 어떻게 단속되어왔는지 검토해봤다. 일본 정부는 SCAPIN에 근거해, 경찰이 내무성 명령에 따라 점령군의 허가·감독 하에 '밀항' 단속을 실시하도록 했다. 경찰의 요청에 의해 민간인의 '밀항' 감시 단체도 결성되었고, 단속 시 어업조합이나 소방단원과 읍·면 지역의 경찰이 협조했다. 단속은 육지, 하늘, 바다에서 이루어졌는데 '밀항선'

---

31 佐賀県警察史編さん委員会 編, 『佐賀県警察史』(佐賀県警察本部, 1977), p.893.

32 島根県警察史編さん委員会 編, 『鳥取県警察史(第2巻)』, pp.706~707.

33 山口県警察史編さん委員会 編, 『山口県警察史(下巻)』, p.700.

34 長崎県警察史編纂委員会 編, 『長崎県警察史(下巻)』, pp.1033~1034.

의 상륙 지점 접근 후부터 '밀항자'의 상륙 직후까지 중점적으로 이루어졌다. 지방경찰, 도도부현 군정부, 지역 주민이 협력하는 '밀항' 감시 체제는 1946년 6월 SCAPIN1015이 내려질 무렵부터 만들어졌으며, 1947년 5월에 외국인등록령이 공포·시행된 후에도 기본적으로는 변화가 없었고 1949년 9월 외국인등록령 개정 이후 경찰이 심문부터 송환까지의 절차를 전면적으로 담당하게 되었을 가능성이 높다.

3. '조선인 불법 입국자'의 행동거지

그럼 '밀항자'들은 도항 시, 상륙 시, 상륙 후 각각의 상황에서 어떠한 행동을 취했을까?

1) '일본인인 척'하기

필자는 '밀항'에 대해 인터뷰를 하면서 다음과 같은 의문을 품었다. 왜 '밀항자'들은 스스로를 명백히 '조선인'이라고 생각했던 것일까? 인터뷰한 사람들 중에는 점령기에(점령기만 해당하는 것은 아니지만) '조선인' 국적과 호적에 대한 지식이 없었던 것으로 보이는 경우가 많았다. 그런 그들에게 어떤 사람이 일본인이며, 어떤 사람이 조선인인 것일까? 그와 관련한 이해가 그들이 '밀항'할 때 어떠한 영향을 미친 것일까?

이런 의문이 생긴 것은 '밀항'에 대해 관심을 갖기 시작한 무렵, 조사를 위해 재일조선인 1세에게서 생활사를 듣고 있던 때였다. 박명자(朴明子) 씨의 생활사를 듣던 중 우연히 그녀의 '밀항' 경험을 듣게 되었다. 박명자 씨는 1934년에 제주도 조천면에서 태어나 1939년 가족과 함께 고베로 이주한 후 오사카로 이동했다. 1945년 6월에 부모님과 함께 조천면으로 돌아왔지만 부모님은 1949년에 다시 오사카로 건너갔다. 그녀는 큰어머니 집에 맡겨졌는데 1951년 겨울부터 1952년 초봄 사이에 제주도에서 부산을 거쳐 쓰시마로 '밀항'했고, 두 번 검거되어 오무라 수용소에 수용된 후 제주도로 송환되었다. 세 번째 도항에 대해 박명자 씨는 다음과 같이 말했다.

> 박명자: 그렇다면 이번에는 일본인인 척하자고 생각했지, 나막신이라든지 옷이라든지 딱 보았을 때 일본 아이처럼 보이자고. 그런데 역시나 저쪽에서 오면 왠지 아는 거야. 그래서 이번에는 오빠가 쓰시마까지 오라고. 큰오빠가 그 아줌마(브로커)가 어디어디에 있으니까 집 안에서 기다리라고 하더니 큰오빠가 데리러 왔어.[35]

박명자 씨는 세 번째 상륙했을 때 먼저 나막신을 신고 일본 옷으로 갈아입었다. 그리고 그녀의 큰오빠가 쓰시마에 그녀를 (아마 배를 타고) 데리러 올 때까지 지정한 집 안에서 기다리고 있었기 때문에 큰오빠와 무사히 재회할 수 있었다. 국적으로 따지자면 박명자 씨는 당시 아직 '일본인'이었을 것이다. 그러나 아마도 박명자 씨로서는 일본 제국 시대에도, 점령기에도, 강화조약 체결 후에도 자신이 '조선인'임에 아무런 변화가 없었다.

박명자 씨를 인터뷰하고 3년이 지난 후, 필자는 김정수(金正秀) 씨의 '밀항' 경험을 들었다. 김정수 씨는 1940년 전남 구례군에서 태어나 돌 무렵 아버지를 따라 어머니와 함께 오사카로 이주했다. 1945년 3월 공습을 피하기 위해

---

35 2008년 11월 30일 히가시오사카 시의 박명자 씨 자택에서 진행된 인터뷰.

어머니, 남동생, 삼촌과 함께 구례군으로 돌아왔으며, 해방을 맞이했다. 열 살 때 한국전쟁이 발발하자, 장남인 김정수 씨는 어머니와 남동생을 데리고 대구를 거쳐 부산으로 이동했으며 거기에서 어머니, 남동생 둘, 삼촌과 함께 '밀항'했다. 그때의 상황을 김정수 씨는 다음과 같이 말했다.

김정수: 그러니까 그 연락선[36]에서 이렇게 감시하고 있던 것이지. 하하. 요컨대 밀항하러 왔는지 아닌지가 중요한 거니까.

박사라: 그렇네요.

김정수: 쉽게 알 수 있으니까요.

박사라: 아, 알 수 있나요?.

김정수: 아무렴 알지요, 절대로.

박사라: 어떤 식으로 아는 걸까요?

김정수: 복장이라든지, 딱 보면 알지요. 대개는.

박사라: 그렇군요.

김정수: 네.

박사라: 그럼 옷을 바꿔 입거나……

김정수: 복장을 바꿔도, 아이라면 몰라도 어른은 알 수 있어요. 얼굴만 봐도 대개는 한국인인지 알아요.

박사라: 아, 그런가요?

김정수: 네.[37]

---

36 여기에서는 쓰시마-시모노세키 사이를 운행하는 정기선을 가리킨다.

37 2011년 6월 27일 오사카 부 가타노 시의 김정수 씨 직장에서 진행된 인터뷰.

김정수 씨 일행은 쓰시마에서 출항하는 배에 승선할 때 '밀항'하는 사람이 있는지 여부를 감시하는 인물을 여러 차례 보았다. 그리고 김정수 씨는 '밀항으로 왔는지 여부'를 '바로 알 수 있다'고 말했다.

그런데 잘 생각해보면 김정수 씨의 발언과 박명자 씨의 발언은 모순된다. 김정수 씨는 얼굴만 봐도 '조선인(한국인)'이라는 것을 대개는 알 수 있었다고 했다. 그러나 박명자 씨는 '딱 봤을 때 일본 아이처럼 보이려고' 도착 직후에 옷을 바꿔 입었다. 정말 '얼굴'만 보고 '조선인(한국인)'인 것을 알 수 있었다면 아무리 옷을 바꿔 입어도 의미가 없었을 것이다.

필자는 조사 시점에서 대략 60년 전의 일에 대해 기억해낼 것을 요청했고, 조사 대상자는 그에 대한 답변으로서 당시의 상황이나 행동을 이야기한 것이니 실제로 '밀항'이 이루어진 당시에 그들이 '조선인', '일본인'이라는 카테고리를 어떻게 이해하고 있었는지는 알 수 없다. 그러나 실제로 그들이 '밀항' 때 취한 행동을 통해 '조선인'은 어떠하며 '일본인'과 어떻게 다르다고 생각했는지 알 수 있지 않을까? 이는 경찰이나 점령군이 이해했던 '조선인'과 '일본인'의 차이 혹은 '조선인'의 정의와 관련 있는 것은 아닐까?

그렇다면 '밀항' 시(상륙 시와 이동 시) '밀항자'의 행동을 검토하고 그 행동이 어떠한 전제하에 이루어졌는지, 그리고 점령군·경찰·밀항자 이 삼자가 '조선인' 카테고리를 어떻게 만들었는지 고찰해보자.

2) 도항에서 상륙까지

조선 반도나 제주도에서 일본으로 도항 시, 해상에서는 어떠한 위험이 있었으며 그 위험에 '밀항자'들은 어떻게 대응했을까? 현미희(玄美姬) 씨(여성, 1931년 제주도 조천면 출생)는 1949년 제주도에서 부산에 있는 친척 집으로 가서 두 달 정도 지낸 후, 부산 근교에서 작은 어선에 몸을 실었다. 현미희 씨는 해가 진 후, 자신들이 타는 것을 남들이 확인할 수 없게 된 후에 승선했다고 말했다.

현미희: 부산에 가서 두 달 지내다 어디 시골에 가서 배를 탔어. 따라오라고 해서, 그저 뒤에서 쫓아갔지. 그 사람들은 매주 하는 일이니까, 뒤쫓아 오라고 하니 그냥 뒤쫓아 갈 뿐이었지.

박사라: 호~

현미희: 하하하.

박사라: 제주도에서 부산으로 가서, 부산에서 규슈로?

현미희: 응, 시모노세키.

박사라: 음, 음.

현미희: 그래서 밤에 조금 어두워진 후 사람이 보이지 않게 되자 배에 올라타서 그날 밤하고 이튿날을 가서, 그 이튿날 다시 어두워지고 사람이 보이지 않게 되자 배에서 내렸어.

박사라: 음.

현미희: 그 사이 오줌 한번 안 누었어.

박사라: 정말이요?

현미희: 긴장해서 말이야. 배가 나아가다 파도가 치면 가라앉고, 앗! 이것으로 끝인가 생각했는데 다시 훅 하고 올라가고, 또 가라앉고. 굉장히 위험한 지점이 있나 보더라고, 그 바다에.

박사라: 아!

현미희: 거기만 지나가면 괜찮다네. 근데 그것을 몰랐으니 '아, 이제 끝이다'라고 생각하면 쓱 나아가서 확 올라갔지. 슝~ 하고. 하하하하하.

박사라: 그럼 한숨도 자지 않고 깨어 있었던 거예요?

현미희: 자는 것도, 아무것도 못했지. 정말 작은 배라서. 다리를 이렇게 해서 올리면 넣을 수가 없어. 그냥 이렇게 있어야지. 정말 그 정도로 작았지.

박사라: 사람들은 많이 탔었나요?

현미희: 많이는 아니었지만. 여기에 두 사람, 저기에 두 사람이 이렇게 있었지. 그리고 다른 곳은 어땠는지 몰라.

박사라: 정말로 조그마한 배였군요.

현미희: 작디작았어. 자릿배라고 해. 자릿배 모르지?

박사라: 물고기?

현미희: 응, 작은 생선 잡는 배. 작은 낚싯배.

현미희 씨는 "매주" 일본과 조선 반도 사이를 오가는 "그 사람들"(아마도 '밀항'을 알선하는 업체) 뒤를 쫓아가서, 부산 근처에 있는 어떤 곳에서 배를 탔다. "따라오라"고만 했기 때문에 현미희 씨는 그곳이 구체적으로 어디였는지 모른다. 해가 떨어지고 인적이 드물어진 후에 배에 올라탔고, 배는 출항했다. 머지않아 배는 파도가 높은 곳을 지났고, 현미희 씨는 '이제 끝이다'라는 불안함과 긴장감 때문에 화장실에 갈 여유도 없었으며 한숨도 자지 못했다. 배는 매우 작아서 다리를 쭉 뻗을 수조차 없을 정도였다.

이추생(李秋生) 씨(남성, 1937년 제주도 조천면 출생)는 아버지가 소유한 어선을 타고 부모님, 동생들과 함께 1949년 제주도 북동쪽에서 세토나이카이를 거쳐 오사카로 갔다. 그는 그때 일어난 일에 대해 다음과 같이 말했다.

박사라: 여기까지 순조롭게 오셨나요?

이추생: 아니, 아니. 세토나이카이까지 왔는데 배가 바다에 놓여 있는 그물 있

잖아, 그거에 걸려서 그물에 구멍을 내버렸어. 그래서 배를 멈추었지. 배 안을 들여다보고 사람이 가득 타고 있는 걸 발견하면 끝이잖아. 다시 돌려보내지니까. 근데 그때 아버지와 같은 회사 사람이 타고 있었는데, 그 사람이 기지를 발휘해서 "제가 구멍을 냈습니다. 제가 변상하겠습니다"라며 전부 책임지고 저쪽 배로 갔어. 그래서 큰일이 나지 않았지.[38]

이추생 씨는 아버지가 소유한 선박에 부모님과 남동생 둘, 제주도에서 아버지와 함께 해상운송을 하던 몇 명의 남성, 그리고 일본으로 도항을 시도하던 사람들이 함께 타고 있었다고 기억했다. 이추생 씨와 그 가족은 '선장실'이라 불리던 방에, 그 외 사람들은 '짐 쌓는 곳'에 타고 있었다. 아버지가 운전하고 있던 배가 자리그물을 찢어버렸을 때 이추생 씨는 그물을 친 배에 탄 사람이 이쪽 배 안을 들여다보고 사람이 많이 타고 있는 것을 알까봐 걱정했다. 많은 사람들을 태운 선박이 '밀항선'이라는 것, 적어도 일반적인 선박이 아니라는 것은 당시뿐 아니라 지금도 상식이다.

앞서 언급했듯이 점령군은 '밀항선'을 적발하기 위해 순항함을 운항하고 있었다. 그 사실은 '밀항자' 또는 '밀항선'을 운항하는 사람들에게 알려져 있었던 것 같다. 김영길(金永吉) 씨(남성, 1927년 제주도 한림면 출생)는 1948년 3월에 제주도 서쪽에서 구마모토 현 연안까지 선장에게 직접 요금을 지불하고 건너왔다. 그는 도항할 때의 상황에 대해 다음과 같이 말했다.

김영길: 안을 들여다봤더니 발밑에 사람들이 가득 앉아 있더라고. 선실에. 그래서 들어가지를 못해서 뱃전에 앉았어. 모두 목숨 걸고 도망가는 거니까.

---

38 2008년 5월 22일 오사카 시의 이추생 씨 자택에서 진행된 인터뷰.

박사라: 배 안에는 어떤 사람들이?

김영길: 전혀 모르는 사람뿐이었지. 어두운 곳을 보면 머리만 줄줄이 보이는 거야. 끼어들어갈 수가 없어서 나는 뱃전에 앉았지. 근데 밀항을 저지하기 위한 경비선이 있었잖아. 선장에게 경비선에 발각되지 않도록 부탁한다고 말하고 목숨을 맡긴 거지. 배가 움직이기 시작하면, 파도가 찰싹 하고 가슴을 쳤어. 물보라도 쳤고. 헉, 괜찮을까? 졸면 끝이었지. 떨어져버리니까. 그래서 한숨도 못 잤어. 그러다 '여기가 어디지?' 하는데 "경비선이다!" 하는 거야. 모두 밀치락달치락하며 배 밑바닥으로 들어갔어. 정말 포개지듯이 우글우글. 갑판을 덮은 채 숨죽이고 구두 소리가 나면 '아 위에 있나 보다' 하며 벌벌 떨었는데 무사히 통과했지. 실제로 경비선이 임검을 했는지는 모르겠지만 이제 괜찮다고 하더라고.[39]

김영길 씨 말대로라면 승선 시 선실에 들어가려 했지만 이미 다른 승객이 많이 있었기 때문에 선상에 나와 있었다. 그런 사람이 김영길 씨만이 아니어서 선원이 "경비선이다!"라고 경고하자 모두 밀치락달치락하며 배 밑바닥으로 들어갔다.

여기에서 소개한 3명의 사례를 통해, 작은 배에 여러 명이 탄 것, 배 밑바닥에 많은 승객이 있었던 것이 '밀항선'의 특징이며, 경비선이 실제로 운행되는 것을 '밀항자'들이 알고 있었고, 무엇보다도 발각되지 않도록 주의하고 있었다는 사실을 알 수 있다.

39 2007년 10월 4일 히가시오사카 시의 김정수 씨 자택에서 진행된 인터뷰.

3) 상륙해서 내륙으로 이동하기까지

점령군, 경찰, 민간인의 단속이 가장 엄했던 것은 내륙으로 상륙할 때였다. 따라서 '밀항자'들은 상륙 시에 무엇인가 대책을 세웠다. 점령군들이 '상륙했을 때 일반적으로 매우 눈에 띈다'고 생각하는 것을 알고 있었던 것처럼, 눈에 띄지 않기 위해 노력했다.

정순길(鄭順吉) 씨(여성, 1924년 제주도 조천면 출생)는 1948년 제주도에서 부산을 거쳐 오사카로 이동했다. 정순길 씨는 배에서 내릴 때 눈에 띄지 않기 위해 뱃사람 지시에 따랐다. 하선 후 몇 십 명이 함께 산속에 숨은 후 '어떤 집'으로 이동해 친척이 데리러 오기를 기다렸다.

> 정순길: 밤에 "나가세요" 하는 거야. 배에서 내릴 때는 한꺼번에 나오면 안 된다면서 두세 명씩 나오라고 하더라고.
>
> 박사라: 뱃사람이 그런 지시를 내린 건가요?
>
> 정순길: 응응. 뱃사람들 모두 한패니까. 열 명인지 스무 명인지 모르겠지만 많았어. 아무튼 산 부근에 내렸지. 거기서 쭉 걸어가. 그럼 어디선가 누군가가 데리러 와. 한 열 명, 스무 명 정도였지. 친척도 다른 사람도 그러다 잡히기도 했는데 나는 잡히지 않았어. 다행이지. 배 밑바닥에 숨어서, 산으로 가서, 산속을 쭉 걸어가서, 어딘가 집에 숨어 있었더니 둘째 오빠가 데리러 와서 전차로 갔지. 제대로 연락이 간 거지. 왔으니까.[40]

이추생 씨 일행은 무사히 세토나이카이를 항해하고, 고시엔(甲子園) 부근의

---

40 2008년 3월 25일 오사카 시의 정순길 씨 자택에서 진행된 인터뷰.

연안에 상륙했다. 거기에서 전차를 타고 오사카 시내로 이동할 때의 일에 대해 이추생 씨는 다음과 같이 말했다.

이추생: 그래서 도착한 곳이 고시하마[41]야.

박사라: 거기가 어디예요?

이추생: 지금의 고시엔 구장이 있는 곳. 거기서 조금 가면 바닷가잖아. 밤에 거기 도착하면 대략 20미터 정도까지는 갈 수 있지, 작은 배니까. 그래서 거기 도착해서 작은 배를 타고 해변까지 갔지. 내가 제일 먼저 내렸어. 춘생(이추생 씨 바로 아래 동생)이, 하생(춘생 씨 아래 동생)이, 어머니 이렇게 네 명이서. 어머니가 일본어를 잘했으니까 "역이 어디인가요?"라고 물어서 전차로 어머니 친척이 있는 이카이노에까지 갔어. 춘생이가 그때 여섯 살 정도였지. 하생이는 한 살인가 두 살. 전차는 본 적이 없었으니 깜짝 놀랐어. 전차를 탔는데 춘생이가 "따뜻하네"라고 하니까 어머니가 말하지 말라고 하셨어.

박사라: 아, 한국말이니까.

이추생: 그렇지.[42]

이추생 씨 일행은 해안 바로 근처에서 더 작은 배로 바꿔 타고, 지금의 고시엔 구장 근처에 있는 해안에 내렸다. 거기에서 이추생 씨는 어머니, 남동생 둘과 함께 전차를 타고 지금의 오사카 시 이쿠노 구(生野区)까지 갔다. 동생이 한국어로 말하자, 어머니는 한국어로 말하지 말라고 주의를 주었다.

마찬가지로 언어에 대해 살펴보면, 김영길 씨의 경우 '일본인'을 만났을 때

---

41 정식 명칭은 고시엔 하마이지만, 실제로 일부 지역에서는 '고시하마(甲子浜)'라고 불렀을 가능성도 있으며, 인터뷰 내용이기 때문에 그대로 썼다.

42 2008년 5월 22일 오사카 시의 이춘생 씨 자택에서 진행된 인터뷰.

에는 일본어(능숙한 오사카 사투리)를 쓰려고 노력했다.

> 김영길: 며칠을 항해해서 도착한 곳이 구마모토 어딘가의 작은 항구였어. 구마모토에 도착하니 동행한 사람이 밀항자라고 바로 분간할 수 없도록 구두를 깨끗이 닦더라. 어쨌든 산이니까 계속 걸었지. 집들의 불빛이 보이고, 라디오 소리가 들리길래 '아, 사람들이 살고 있구나' 하면서 계속 걸었어. 아침이 되자 마을 사람들이 밖으로 나왔어. 도로 수선 공사를 한다나? 일하는 사람들이 많았어. 우리의 리더인 사람이 능숙한 오사카 사투리로 "하이킹 왔는데 길을 잃었습니다"라고 하자 일본인들이 정말 친절하게 역은 이렇게 가라든지, 이렇게 가면 구마모토 역으로 갈 수 있다든지 하며 길을 알려주었지. 그래서 무사히 통과했어. 파출소 근처에 가자 경험이 있는 사람이 "아! 여기로 가면 안 돼"라고 했지.[43]

김영길 씨 일행은 구마모토 현의 어딘가에 있는 항구에 내려 바로 산속으로 들어갔다. 동행인(현미희 씨 경우처럼 '밀항' 알선업체일 가능성도 있다)의 지시에 따라 바로 밀항자임을 분간할 수 없도록 하기 위해 상륙 시 젖은 신발을 닦았다. 산속에서는 인가의 불빛이 보이고 라디오 소리가 들렸다. 김영길 씨 일행은 밤새 걸었다. 아침이 되자 지역 주민들이 밖으로 나왔는데, 동행인이 길을 헤매고 있다고 말했다. (이때 어쩌면 김영길 씨 일행은 기모노를 입고 있었을 수도 있다.) 그러자 지역 주민은 역으로 가는 길을 알려주었다. 경찰서 근처를 지나갈 때는 '경험 있는 사람'('밀항' 알선업체라고 볼 수 있다)이 근처로 가지 않도록 주의를 줘서 무사히 구마모토 역까지 이동했다.

---

43 2008년 8월 30일 히가시오사카 시의 박명자 씨 자택에서 진행된 인터뷰.

도착 후 이동 시 주의 사항으로는 '물건을 사지 않는다' 등이 있었다. 곽추혜(郭秋惠) 씨(여성, 1924년 제주도 서귀포면 출생)는 1948년 겨울에 남편과 함께 부산에서 출발해 규슈 어딘가에 상륙한 후 브로커에게 '한국 사람(한국인)'이 사는 집까지 안내받아, 거기에서 식사를 했다. 그 후 전차를 타고 오사카로 이동할 때 현금을 꺼내지 않도록 지시받았다.

곽추혜: 갔더니 밥을 지어주길래 먹었어. 밤 열한 시경에 내렸는데, 다음 날 아침 가장 빠른 기차로 가기로 했지.

박사라: 호~

곽추혜: 그래서 역에 갔더니 위험하니까 돈을 꺼내면 안 된다고 주의를 주더라고. 밀항이니까 도중에 물건을 사면 안 된다든지, 돈이 있으며 잘 쥐고 있으라든지 하는 말도 들었어.

박사라: 그런 주의를 줬군요.

곽추혜: 응, 그렇게 조심해서 쓰루하시까지 왔지.

박사라: 그렇구나. 그래서 쓰루하시까지 가서는요?

곽추혜: 우리 남편의 남동생이 있었어. 그래서 그 집을 찾아갔더니 남동생이 깜짝 놀라더라고.

박사라: 그랬겠죠.[44]

곽추혜 씨는 밤 열한 시경에 지정된 집에 도착해서 식사를 했다. 그리고 하

44 2009년 9월 30일 오사카 시 이쿠노 구에 위치한 데이케어센터(주간보호시설)에서 진행된 인터뷰.

룻밤 자고 다음 날 첫차로 오사카에 가도록 지시받았다. 현금을 꺼내 보이거나 물건을 사지 말라는 주의를 들었다. 쓰루하시(鶴橋)까지 전차로 이동해 남편 남동생 집에 도착했다.

물론 목적지까지 무사히 도착한 사람만 있었던 것은 아니다. 김정수 씨는 자신의 어머니, 동생 셋과 함께 부산 근교에서 쓰시마를 경유해 시모노세키로 이동했는데, 시모노세키에서 하선할 때 경찰이 김정수 씨 어머니를 불러 세웠다.

김정수: 시모노세키에 도착해서 내릴 때 이미 이야기한 대로 따로따로 내리라고 하더라고.

박사라: 네.

김정수: 그래서 저쪽에 있는데, 저쪽 모퉁이에서 이렇게. 우리 모두 흩어져 내렸다가 모여서 얼핏 봤는데 어머니가 붙잡혀 있는 거야. 하하.

박사라: 어머나.

김정수: 하하하. 어머니가 붙잡혀서 곤란했지만, 뭐 어쩔 수 없으니까 일단 우리는 오사카까지 가자고 했지.

박사라: 아, 아버지와 함께요?

김정수: 응. 어머니가 경찰에 붙잡혔지만 어찌할 방법이 없으니. 어쨌거나 일본어도 하고 일단 외국인등록도 있고. 옛날에는 24시간 구류한 뒤에 아무런 증거가 없으면 석방했으니까.

박사라: 아, 그렇군요.

김정수: 아무리 봐도 저쪽에서 온 것 같지만, 일단 외국인등록도 되어 있고. 지금처럼 인터넷이라든지 그런 게 있던 게 아니니까 알 수가 없었던 거지. 사진도 붙어 있고 말이야.

박사라: 아, 본인의 사진.

김정수: 사진이 붙어 있으니까 알 수가 없는 거야. 조회도 할 수가 없었지. 이름은 위조한 이름을 대면 되는 거고.

박사라: 그렇죠.

김정수: 그래서 증거가 없는 거야. 어쩔 수 없으니까 석방하는 거지.

박사라: 아, 그렇구나. 근데 정말 등록해두고 사진을 붙여놓아서 다행이었네요.

김정수 씨 말에 따르면 함께 도항한 백부는 일행에게 함께 다니지 말고 뿔뿔이 일본인 옆을 따라서 이동하라고 지시했다. 일행은 문제없이 배에서 내렸으나, 김정수 씨 어머니는 시모노세키에서 내릴 때 검문을 당해 일행과 떨어졌다. 그러나 어머니는 일본으로 건너가기 전에 외국인등록증을 준비해뒀다. 따라서 경찰관에게 조선에서 온 것처럼 보여도 그 증거가 없었다. 결국 김정수 씨 모친은 다음 날 무사히 석방되었다.

백옥희(白玉姬) 씨(여성, 1923년 제주도 조천면 출생) 가족은 1948년에 어린아이 두 명을 데리고 '밀항'했다. 아이를 데리고 있었기 때문에 상륙 때 재빠르게 이동하기 어려워서 일본인 노인에게 발각되었다. 이때 백옥희 씨는 일본어로 '시코쿠에서 왔는데 난파를 당했다'고 하며 쌀을 건네고 역까지 가는 길을 물었다.

백옥희: 한밤중인데 소란스러우니까 바다에서인지, 작은 오두막집 같은 곳에서 불침번을 서는 할아버지가 왔어. 한밤중인데 왜 이렇게 시끄러운지, 여기저기 살펴보더라고. 그래서 이거 어떻게 하지 하다가, 이거 뭐 하늘에 운을 맡길 수밖에 없다고 생각했지.

박사라: 네.

백옥희: 그때 나는 일본어를 했었으니까.

박사라: 그렇군요.

백옥희: 우리 남편은 일본어를 그다지 잘하지 못했어. 그래서 뭐 어찌할 수가 없으니까, 할아버지한테 가서 이러저러해서 시코쿠에서 배를 빌려서 왔다, 배가 고장 나서 여기서 내렸는데 배는 이미 가버렸다, 오사카로 가고 싶은데 어떻게 가면 되냐고 물었지.

박사라: 시코쿠에서 왔다고 말했군요.

백옥희: 응, 속였지.

박사라: 그렇군요.

백옥희: 그리 말했더니 아 그러냐고. 마침 배낭에 쌀 두 되 정도가 들은 주머니가 있었어. 그 당시는 쌀이 정말 귀했을 때야. 그 쌀을 주었더니 할아버지가 정말 기뻐하며 오사카로 갈려면 이 길을 쭉 따라가면 된다고 알려주더라고. 그렇게 해서 오사카에 겨우 다다랐지.[45]

여기까지 '밀항'에 성공한 사람들의 예를 살펴보았다. '밀항'에 실패한 경우 '밀항자' 또는 그 가족은 경찰이나 점령군에게 석방을 탄원했다. 체포된 '밀항자'의 석방을 요구하는 탄원서를 살펴보면, '밀항자'를 어떠한 맥락에 두어야 석방될 가능성이 있었는지(있다고 생각했는지) 알 수 있다.

1948년 8월 긴키(近畿) 지방 민사국에서 규슈 지방 민사국장 앞으로 한 통의 탄원서가 도착했다. 오사카 시에 사는 여성이 몇 달 전에 조선 반도에서 오사카로 '밀항'을 시도하다 검거된 딸의 석방을 요청하는 글이었다.

---

45 2009년 9월 1일 데이케어센터에서 진행된 인터뷰.

사다코가 허용되지 않는 불법행위를 한 것은 알고 있습니다. 하지만 사다코는 열 살의 어린아이이며 중이염을 앓고 있는데 만약에 친척 하나 없는 모국 조선으로 돌려보내진다면…… 현재와 같은 상황에서 사다코가 조선으로 돌려보내질 것을 생각하면 저는 어머니로서 걱정이 되어 잠을 잘 수가 없습니다.[46]

1949년 긴키 지방 민사국에서 규슈 지방 민사국장 앞으로 청원이 도착했다. 제주도에서 일본으로 '불법 입국'해서 검거된 동생의 석방을 요구하는, 스이타 시(吹田市)에 사는 남성의 청원이었다. 탄원서에는 다음과 같이 쓰여 있었다.

그녀(그리고 저)의 어머니와 동생은 1947년 4월 공산주의자들이 일으킨 참화[47] 때문에 불에 타 죽었습니다. 1년 후 그녀(그리고 저)는 아버지를 잃었습니다. 아버지는 항상 자신의 집과 가족을 잃은 고통 속에 빠져 있었습니다. 이러한 상황에서 그녀는 일본으로 불법 입국을 시도했고 규슈 가고시마 현에서 체포되어 사세보 송환소에서 지내고 있습니다.

우리 모두 공산주의자가 1947년에 일으킨, 그 섬의 악명 높은 비극을 기억하고 있습니다. 그 섬의 아직 불안정한 사회 상황 속에서 제 불쌍한 동생이 어떻게

---

46 규슈 군 관할 구역(Commanding Officer, Colonel Hilton) 앞으로, 이사다코의 석방을 요구하는 어머니 고레이유의 탄원서. 1948년 8월 6일에 작성된 것이고, 번역은 필자가 했다. SCAP, Civil Affairs Section, Shikoku Civil Affairs Team 1948, Illegal Entrants Report & Smuggling 미국 국립문서보관기록청 소장, NAIL Control Number: NWCTM-331-UD1554-3039 (9).

47 이는 제주 4·3 사건을 가리키는 것으로 보인다. 4·3 사건 관련 무장투쟁은 1948년 4월 3일 새벽에 시작된 것으로 알려져 있으나, 제주 4·3 사건 진상규명위원회는 사건이 1947년 3월 1일 시위에서 시작되었다고 정의하고 있다. 자세한 내용은 文京洙(2008) 참조.

살아갈 수 있을까요? 저는 그녀가 송환된 후 당할 처벌이나 모욕을 생각하면 걱정되어서 견딜 수가 없습니다.[48]

이쯤에서 '밀항' 시에 '밀항자'가 실제로 했던 일을 단계별로 정리해보자. 우선 도항 시부터 상륙 시까지 중요한 것은 발견되지 않는 일이었다. 따라서 '밀항자'들은 소규모로 배에서 내리고 소리를 내지 않도록 조심했다. 또한 이동 시에는 '불법 입국자'라고 여겨지지 않도록 주의했다. 그들이 상륙 직후 신발을 닦거나, 고액의 현금을 사용하지 않거나, 아이들끼리 뭉쳐 다니지 않고 뿔뿔이 흩어져 일본인 옆을 따라 이동한 것은 그 때문이다.

또 하나 이동 시에 주의받은 것은 '조선인'으로 보이지 않도록 하는 것이었다. 옷을 갈아입거나 한국어를 쓰지 않도록 한 행동에서 이를 짐작할 수 있다. 이동 시 또는 목적지 도착 시 '아무리 봐도 저쪽에서 왔다'고 여겨지는 경우에는 검문에 걸리거나 인근 주민이 신고해서 경찰에 발각될 위험이 따랐다. 이때 외국인등록증은 적절한 거주를 확인하는 서류로 이용되었다.

그리고 밀항이 적발되거나 신고로 검거되는 경우 선량하고(good) 보호를 필요로 하는 '밀항자'인지 아닌지가 문제가 되었다. 그래서 '밀항자'의 석방을 요구하는 탄원서에서는 '밀항자'가 아무 죄가 없는 자이며 송환되어도 조선에는 친척이 없다는 점을 강조했다.

---

48 GHQ/SCAP, Civil Affairs Section, Kinki Civil Affairs Region 오사카 민사국, 1949년 10월, Commending General 제8군 앞으로, 이노부코의 석방을 요구하는 오빠 이재우의 탄원서. 이 보고서에는 다음의 내용이 쓰여 있다. "오사카 시 복지국이 이 집을 방문했는데 남매의 요청에 감동했다. 오빠의 탄원서 제출이 늦어진 이유는 그가 그녀의 도착과 체포 소식을 바로 접하지 못했기 때문이다. 이 지연 탓에 소녀가 그녀의 오빠 및 그 가족과 살 수 있도록 하는 허가가 왜곡되지 않기를 바란다."

4. 상황·행동거지·카테고리

1) 네 가지 기준

여기까지 점령군, 경찰, 민간인에 의한 '밀항' 단속의 구체적인 방책과 그에 대해 '밀항자'가 취한 수단을 살펴보았다.

우선 '밀항' 단속 방법을 정리해두자. 점령군, 경찰, 민간인에 의한 '밀입국' 단속은 도항 시나 상륙 시 수상하거나 낯선 선박 또는 사람을 적발하는 것이었다. '불법 입국자가 상륙했을 때 일반적으로 매우 눈에 띈다'고 한 것에서 이를 가정해볼 수 있다. 1945년 10월 이후의 철수에 즈음해, 연합군은 지정된 항구 사이에서 지정한 선박을 통해서만 일본과 조선의 왕래를 허용하고 있었다. 또한 통행증은 조선 미군정청 해운과가 발행한 것만이 유효했다. 따라서 연합군이 모르는 선박이 온 경우에는 허가증을 제시해야 했으며, 거부하거나 위조된 허가증을 제시할 경우 연합군은 그 선박을 억류할 의무가 있었다. 또한 현지 일본인 어민과 관련 없는 선박이나 지방 어촌에서 낯선 인물이 목격될 경우 눈에 띌 가능성이 높았다.

점령군은 일본과 조선 사이에서 '불법 입국'하는 배를 적발하기 위해 선박을 운항하고 상공에서도 감시했다. 게다가 일본인 어업조합에 가입한 선박도 감시 활동에 참여해, '밀항선'이라고 여겨지는 선박을 발견하는 경우 추적했다. 연합군은 상륙 지점으로 예상되는 지역의 육군에게 '불법 입국' 선박이 접근하고 있다고 연락했다. 연락을 받은 점령군은 경찰과 함께 '밀항자'를 검거했다. 또한 지역 주민도 정보가 있을 경우 경찰에 신고했다.

'밀입국자'는 검거된 후 수용소로 보내져서 조선 어느 지역에서 왔으며 누가 그들을 밀항시킨 건지, 밀항 비용, 조선 브로커의 이름 등 점령군에게 유익하다고 여겨지는 모든 정보에 대해서 심문을 받았다. 송환 여부 결정 시에는 밀항 목적이 무엇인지, 일본에 친척이 있는지, 선량한지 아닌지가 고려되었다. 송환하는 경우는 경찰이 검거지(주소), 직업, 이름, 나이, 조선의 주소, 상륙 일자, 상륙지, 검거지(주소)에 이르기까지의 경위, 검거 상황, 송환 이유를 기입 한 송환 이유서를 작성해 점령군에게 제출했다.

'밀항자'는 조선에서 심야에 출항해 일본에는 심야 또는 새벽에 상륙했다. 해상에서 연합군에게 발견되는 경우에는 발각되지 않도록 갑판에서 배 안 또는 배 밑바닥으로 이동했다. 상륙 시에는 눈에 띄지 않게 소규모로 흩어져 내렸고, 내리자마자 곧장 산속 등 남의 눈에 띄지 않는 장소로 옮겨서 배나 기차를 탈 수 있는 장소까지 이동했다. 이동하는 중간중간, 일본에 거주하고 있는 조선인 혹은 브로커로 보이는 사람들이 갈아입을 옷이나 식사를 제공하고, 이동 시 주의사항에 대해서도 조언해주었다. 그래서 이동할 때에는 '한국어를 사용하지 않는다(일본어를 사용한다), 되도록 현금을 꺼내 보이지 않는다, 자는 척해서 말 걸지 않도록 한다'와 같은 행동을 취했다.

검거되어도 외국인등록증을 사전에 준비해두었다면, 혹은 일본어를 할 수 있다면 구류된 후에 석방될 가능성이 있었다. 또한 송환이 결정된 경우라도 탄원에 의해 송환을 면할 가능성도 있었다. 탄원서를 제출할 때에는 관련 인물이 어린아이이거나, 병이 있다거나, 조선에 의지할 사람이 없다거나, 일본에 거주하는 친척이 경제적으로 안정되어 있다는 것 등을 강조했다.

이렇게 단계별로 정리하면 '밀항' 현장(도항 시, 상륙 시, 상륙 후, 검거 후)에서 다양한 기준으로 '밀항자'가 식별되었음을 알 수 있다. 조선에서 왔는지(낯선 선박이나 인물인지), 수상한 행동을 하는 인물인지, 외국인등록증을 소지하고 있는지(2차 대전 전부터 계속해서 일본에 거주하고 있는지) 여부가 송환을 결정하는 근거가 되었다.

2) 법령과의 대응

'밀항'과 그 억제를 단계별로 살펴보면, 이것이 '밀항'을 불법으로 규정한 법령과 대응하고 있음을 알 수 있다.

'밀항' 억제와 관련해 점령군이 선박의 관리 권한 및 일본으로의 출입국 관리 권한을 가지고 있었다. 조선에서 일본으로의 이동은 점령군에게는 단속해야 하는 활동이었으며, 애당초 조선인인지 여부는 상관없었다. 그러나 일본과 조선 반도 사이를 오가는 사람들 대부분이 조선인이었고, 조선 반도 정세가 변화함에 따라 일본 내에 있는 조선인도, 조선 반도에서 일본으로 이동하려는 조선인도 위험하게 여겨졌다.

외국인등록령은 점령군의 관여 없이 외국인이 일본에 입국하는 것을 위법이라고 규정했고, 외국인등록령 실시에 따라 조선인과 대만인은 외국인으로 간주되었다. 이것은 일본으로의 입국이 합법인지 판단하는 데 입국자가 외국인인지 여부가 중요해졌다는 뜻이다. 그리고 김정수 씨가 자신의 어머니에 대해 "아무리 봐도 저쪽에서 온 것 같지만, 일단 외국인등록도 소지하고 있어서" 석방되었다고 말한 부분에서 알 수 있듯이, 외국인등록증을 제시하기만 하면 일본에서 합법적으로 거주하고 있는 조선인임을 입증할 수 있었다.

그리고 불법 입국자는 조선인이며, 조선인은 범죄에 관여하고 있는 것이 자명하다고 간주되었다. 시마네 현 임시 현회에서의 '조선인 밀항 문제' 논의를 보면, 불법 입국자와 조선인이 동일시되고 있었음을 알 수 있다. 그리고 시마네 현회에서, 조선인이 일본에 입국할 경우에는 암거래를 한다거나 농작물을 훔친다거나 콜레라를 만연시키는 등 우려할 만한 일을 한다고 말한 점, 시마네 현 경찰이 조선 방면에서 일본으로 오는 자가 건전한 경제 대책의 실시를 저해할 뿐만 아니라 사회 치안을 어지럽혀 국민 생활을 한층 더 힘들게 할 것이라고 말한 점에서, '불법 입국자'는 조선에서 오며 일본에서 불법행위를 한다는 전제가 공유되었음을 알 수 있다. 또한 돗토리 현 경찰의 발언을 보면, 종전 후 각지에서 경제 치안과 사회질서를 어지럽히는 등 일부 난폭하고 흉악한 행위를 하는 사람들이 조선에서 일본으로 오려는 자와 같은 집단에 속한다고 보고 있다. 조선에서 일본으로 도항하는 사람들이 암거래, 농작물을 도둑질하고 콜레라를 만연시키는 사람들, 그리고 경제 치안과 사회질서를 어지럽히는 난폭하고 흉악한 행위를 하는 사람들과 같은 집단에 속해 있다는 인식이, 조선에서 일본으로의 도항을 어떻게든 저지해야 한다는 주장의 전제였다.

SCAPIN이 연합군의 허가를 받지 않은 일본으로의 도항을 '불법 입국'이라고 정의했고 그에 따라 경찰이 '불법 입국자'를 단속했다. 외국인등록령은 외국인의 입국을 금지함으로써 어디에서 어떻게 입국했는지보다 입국자가 누구인지에 따라 입국의 합법 또는 위법을 정의했다. '밀항자' 적발을 목적으로 한 '조선인' 등록은 '밀항자'를 '조선인'과 동일시하는 발상에서 나왔으며, 이 두 카테고리의 연관성을 강화했다. 그리고 '밀항자'들은 법률이나 국적을 참고하지 않고 스스로를 '조선인'인 '밀항자'로 간주해, 가능하다면 외국인등록증을 손에 넣으려 했고 체포되면 스스로 무고한 자임을 증명하려 했다. 마치 제도와 그것이 집행되는 국면이 제대로 대응하고 있는 것처럼 말이다.

3) '수상한 자'와 '비(非)일본인'

'밀항' 단속 시 가장 엄격했던 때는 상륙 전후였다. 낯선 소형선이나 무리 지어 걷는 사람들, 지역 주민답지 않은 사람들을 찾아내어 신고하는 것이 중요했다. 상륙 시에 수상한 선박이나 인물을 발견하는 것 자체는 아마 그리 어려운 일이 아니었을 것이다. 특히 인구가 많지 않은 지역이라면 지역 주민인지 아닌지, 본 적이 있는 어선인지 아닌지 판단하기란 쉬운 일이다.

그러나 낯선 선박이나 인물을 발견하는 것이 왜 '밀항 조선인'의 단속으로 여겨진 것일까? 단속하는 측도 '수상한 사람인지 여부를 바로 알 수 있다'가 아니라 '조선에서 오면 왠지 모르게 알 수 있다'고 이해하고 있었다. 왜 '수상한 인물', '조선인', '밀항자'라는 3개의 개념이 혼동되었던 것일까?

연합군이나 상륙 지역 주민에게 낯선 선박이나 인물이라고 해서 그것이 바로 '밀항선', '밀항자'로 여겨진 것은 아니었다. 선박이나 인물이 수상한 행동을 해야 비로소 '밀항'과 관련된 것으로 간주되었다. 1945년에 조선에서 일본으로 귀국 시 암선(闇船)을 이용한 사람들의 상륙 상황과 비교해보면 일본인과 조선인은 상륙 시의 행동거지가 다르다는 점을 알 수 있다. 종전 당시 전라남도[49]에 거주하고 있던 1924년생 마쓰에 기쿠에(松江菊枝) 씨는 1945년 9월경 정규 귀국 수단을 이용하지 않고 일본으로 돌아왔다. "쓰시마 앞바다로 보이는 해역"에서 폭풍우를 만났을 때의 상황에 대해 그녀는 다음과 같이 회상했다.

> 새벽녘 배를 조종하던 아버지가 오징어선의 집어등 불빛을 발견하고서는 이제 쓰시마 근처라며 기뻐했습니다. 파도가 거칠고 비가 내리기 시작했었기 때문에 다들 기뻐서 "만세! 만세!" 하고 외치며 울었습니다.
>
> …… 그리고 그 방향으로 다가가자 전방에서 한 척의 오징어선이 우리를 향해 왔습니다. 모두 배 난간에서 앞으로 몸을 내밀고 손을 흔들며 "어이! 어이!" 하고 외쳤습니다. 아버지가 '쓰시마 방향을 모르겠다, 알려달라'고 했고 오징어선 사람

49 "김의 산지로 알려져 있었습니다"라고 쓰여 있기 때문에 완도군이 아닐까 추측하지만 확실하지 않다. 創価学会青年部反戦出版委員会 編, 『戦争を知らない世代へ55福岡編』(第三文明社, 1979), p.187.

들은 '그럼 우리가 안내하겠다'며 수로 안내인이 되어 쓰시마까지 데려다주었습니다.[50]

그 당시에는 정규 귀국선을 이용하지 않고 일본으로 철수하는 것이 점령군 지령이나 일본 국내법에 위반되지 않았기 때문에 '불법 입국'에 해당하지 않았다. 그러나 1945년 8~9월경에 일본으로 돌아간 사람들 가운데에는 이때 이용한 선박을 '암선'이라고 부르는 사람들도 있다.[51]

그런데 똑같이 '암선'을 이용했는데도 마쓰에 씨 일행이 일본에 접근했을 때, 혹은 어업 관계자에게 발견되었을 때 이들은 배를 보고 울면서 기뻐했고 갑판에서 손을 내밀어 소리치며 도와달라고 했다. 배가 보인다는 소리를 듣자마자 갑판에서 선내로 숨은 김영길 씨나, 일본인 노인에게 발견되자 쌀을 건네서 '묵인'받은 백옥희 씨나, 열차에 타는 동안 말을 걸지 않도록 계속 자는 척을 한 현미희 씨와는 대조적이다.

50 같은 책, p.191.

51 예를 들어, 1933년생 쇼노 마사노리(庄野正則, 도쿠시마 현 고마쓰시마 출신)는 1945년 9월 7일 대구에서 오노미치(尾道)로 귀국했는데, 그때 "귀국 방법에 대해 정확하게 판단하기가 어려워서 암선을 세낼지, 일본에서 오는 귀국선을 이용할지 어느 쪽이 최선인지 의견이 갈렸던 것 같다. 조금이라도 자신들의 사유재산을 가지고 돌아가고 싶다고 생각하는 사람들은 일본인 어선을 암선으로 빌리는 것이 유리하다고 했지만, 믿지 못해 불안해하는 사람도 있었다"라고 회상했다. 平和祈念事業特別基金 編, 『海外引揚者が語り継ぐ労苦(追補)』(平和祈念事業特別基金, 1991), p.395. 또한 1933년에 경남 울산에서 태어난 나가바야시 마사토(中林正人)는 1945년 9월 중순 부산에서 오사카로 귀국했는데 "내일 저녁 오사카까지 간다는 목조 기범선에 탔다. 배 중앙 선실에 실은 짐 위에 담요 같은 것을 깔고, 거기에 스무 가족 정도가 타고 있었던 것 같다. 우리 가족 근처에는 도호쿠로 돌아가는 S씨 가족이 있었다. 정규 귀국선이 아닌 암선이었으며 뱃삯이 500엔이라고 들은 기억이 나는데 한 명분이었는지 가족 전원분이었는지 잘 모르겠다. 배는 늦은 밤 부두를 떠났다. 이런 배가 몇 척이나 있었던 것 같다"라며 정규 귀국선이 아닌 배를 '암선'이라고 부르고 있다. 같은 책, p.351.

이러한 행동(에 대한 회상)을 보면 어쩌면 어업 관계자나 연합군, 경찰, 상륙 지점의 주민은 똑같은 암선을 타고 있어도 일본인이라면 이렇게 행동할 것이라는 행동 양식의 가정이 있었던 것은 아닐까? 또는 일본인이라면 이렇게 행동하지 않을 것이라는 가정이 있었던 것은 아닐까? 일본인이라면 이렇게 행동할 것이라고 가정했기 때문에 그 가정과는 다른 행동을 하는 수상한 인물을 '비일본인'으로 간주할 수 있었을 것이다.

'밀항자'와 '조선인'이 반드시 같은 사람들을 지칭했던 것은 아닐 것이다. 조선인에 비하면 적은 수이지만 대만인, 중국인, 류큐인도 일본으로 '밀항'했다. 또한 가능성은 더 낮지만, 일본에 본적을 둔 사람들이 조선이나 대만, 중국 대륙 등에서 정규 귀국선을 이용하지 않고 '밀항'하는 것도 가능했다. 그러나 조선에서 일본으로 귀국한 사람들의 수상해 보이는 행동은, 그들이 '비일본인'임을 단번에 알아챌 수 있도록 했을 것이다.

4) '비일본인'과 '불법 입국자'

지금까지 논의한 바에 따르면 '불법 이민'과 '조선인'이라는 2개의 카테고리는 다양한 조건에 의해 연관 지어졌다고 볼 수 있다. 먼저, 낯선 선박이나 인물을 '불법 입국자'라고 판단하는 것 자체가 '불법 입국자'는 검거한다는 전제 없이는 불가능한 것이다. '불법 입국자'가 온다는 정보가 전해져서 상륙 시에 집중적인 단속이 이루어지지 않았다면 낯선 선박이나 인물을 '밀항선'이나 '밀항자'라고 여기지 않았을 것이다. 그리고 낯선 인물이 '일본인'답지 않은 수상한 행동을 하면 바로 '비일본인'이라고 생각했다. 조선에서 오는, 일본인일 수 없는 사람들을 조선인이라고 생각하는 것은 당연한 것이 아닐까?

고미야 도모네(小宮友根)는 상황 기술과 카테고리의 관계에 대해 다음과 같이 설명한다.

즉, 기술된 상황이 '올바른' 것으로 인식되는지 여부는 단순히 '사실'과의 대응으로 결정되는 것은 아니다. 단순히 어떤 사람에게 적용할 수 있는 카테고리라면, 그것은 헤아릴 수 없기 때문이다. 그래서 '올바르게' 상황을 전하기 위해서는 그 중에서 적절한 카테고리를 이용할 수 있어야 한다. …… 적어도 사회현상에 관해서는, 그 기술이 '올바른' 것인지가 관찰만으로 보장되는 것은 아니다. 반대로 관찰의 '올바름' 쪽이 기술에 이용되는 여러 카테고리의 규범적 관계에 의해 뒷받침을 받는 측면이 있다.[52]

한복을 입고 고무신을 신은 10대 중반의 소녀를 쓰시마의 산속에서 보았다며 그녀에 대해 기술하는 방법은 얼마든지 있다. 이때 그녀가 다른 누구도 아닌 '밀항자'라고 말하기 위해서는 '일본인이라면 일본에 왔을 때 이런 옷을 입고 이렇게 행동할 것이다', '이 섬에는 밀항자가 온다', '조선인은 일본인이 아니기 때문에 조선인은 외국인이다', '외국인이 입국하는 것은 불법이다'라는 지식과 상식을 가지고 그 모두를 적절하게 조합해야 한다. '밀항자'들이 상륙 시에 발각되지 않기 위해 취한 행동과 노력은 그러한 상식과 지식을 알고 그것을 이용한 행위와 다름없다.

1948년 외국인등록령에 따라 불법 입국 혐의로 재판에 부쳐져 강제퇴거를 명령받은 피고인은 조선인이 일본 국적을 가지고 있음에도 왜 '불법 입국'으로 처벌을 받아야 하는지에 대해 이의를 제기하고 대법원에 상고했다. 이에 대해 대법원은 다음과 같이 상고를 기각했다.

---

52 小宮友根, 『実践の中のジェンダー 法システムの社会学的記述』(新陽社, 2011), pp.221~222.

> 외국인등록령 제11조에 '조선인은 이 칙령의 적용에 관해서는 당분간 외국인으로 간주한다'고 규정하고 있기 때문에, 동 칙령에 따라 범죄를 구성하기 위해서는 조선인이면 되므로 조선인인 이상 일본 국적을 가지고 있는지 여부는 문제가 되지 않는다. 따라서 원판결이 피고인들을 모두 '일본 국적이 없다'고 한 것은 판결에 영향이 없는 무용의 것을 판시한 것에 불과하다. 그리고 피고인 등이 조선인임은 원심 공판정에서 각자의 본적 출생지를 묻는 질문에 대한 피고인들의 진술 그 자체로 밝혀졌다. 그러므로 원판결이 원심공판정에서의 피고인들 진술을 증거로 인정한 것은 정당하며, 주장하는 위법은 없기 때문에 논지를 채용할 수가 없다.[53]

여기에서 피고인은 조선인이며, 따라서 외국인등록령에 근거하면 일본 국적이 있든 없든 범죄가 구성된다고 기술하고 있다. 조선인이 조선인임을 밝히기 위해서는 여기에 언급된 바와 같이 본적지를 확인해야만 했을 것이다. 그러나 '밀항'을 적발하는 현장에서 조선인의 본적지를 바로 확인할 수 있는 수단이 있었을까? 만약 없었다면 '일본인'과는 다른 집단의 일원으로서 '조선인 불법 입국자', '밀입국 조선인'을 적발·검거·송환하는 것이 어떻게 가능했을까? 이 장의 검토를 통해 밝혀진 것은 '조선인'과 '불법 이민'의 결부 방식이다.

'조선인 불법 입국자'는 조선으로부터의 이동인지(낯선 선박, 인물인지), 수상한 행동을 하는지, 외국인등록증을 가지고 있는지(즉, 2차 대전 전부터 일본에서 계속 거주하고 있는지), 송환하지 말아야 할 이유가 있는지 여부 등 다양한 기준에 의해 적발·검거·송환되었다. 그 기준은 조선과 일본 간 사적인 교통을 금지하는 점령군 훈령, 외국인 입국을 금지한 외국인등록령, 외국인등록증 유무

53 昭和23(れ)1492,「外国人登録令違反に対する上告棄却理由書」.

에 따라 '밀항자'를 적발하는 정책에 의해 정해졌다. 그러한 법령이나 정책을 만들도록 한 것은 일본과 조선 사이를 오가는 사람들 중에는 공산당과 관련 있는 인물이 포함되어 있다는 인식이나 조선인이 일본에 입국하면 치안에 위협이 된다는 인식이었다.

실제로 '밀항'이 발견되는 상황에서는 해상, 상륙, 이동 시의 수상한 행동이 일본인답지 않은 행동과 동일시되었다. '밀항'을 억제하는 상황이, 일본인답지 않은 수상한 행동을 하는 낯선 인물은 '밀항자'이며 그렇다면 일본인이 아닐 것이라고 간주하는 이해의 고리를 만들어냈다. 그리하여 '조선인 불법 입국자(Korean Illegal Entrants)'는 바로 발견 가능한 사람들이 된 것이다.

03

불안전한 영토 밖의 일상 *

해방 이후 1970년대까지 제주인들의 일본 밀항

조경희

1. 귀환 혹은 '밀항'

이 장은 해방 후 한반도 출신자들의 일본 밀항에 초점을 맞추고 밀항을 발생시킨 구조적 조건과 영토를 벗어나려고 한 밀항 경험자들의 일상 감각을 조명하고자 한다. '밀항'이란 정규의 출입국 절차를 밟지 않고 국경을 건너는 행위를 말한다. 근대국가에서 밀항은 외부자들의 부당한 영토 침범이자 범법 행위에 다름 아니며, 이는 국가가 물리적 폭력을 작동시키는 가장 정당한 근거가 된다. 슈미트(Carl Schmitt)의 말대로 정치의 근간이 적 또는 동지 관계의 준별과 항쟁에 있다고 한다면 외부자들의 영토 침입과 체류를 통제하는 출입

---

* 이 장은 「불안전한 영토, '밀항'하는 일상: 해방 이후 70년대까지 제주인들의 일본 밀항」, ≪사회와 역사≫, 제106집(2015)을 수정·보완한 것이다.

국관리 행정은 국가의 핵심을 이루는 가장 정치적인 것임에 틀림없다. 따라서 영토적 접경 지역은 정치적인 것의 가장 첨예한 현장이 된다. 1950년 나가사키 현 오무라 시에 설치된 '오무라 입국자 수용소'는 지리적으로는 주변부에 위치하면서도 전후 일본 국민국가의 성원들을 걸러내는 데 중심적 역할을 했다.[1] 국가에게 환영받지 못한 자들은 이 접경 지역에서 포착되고 수용되고 또 송환되었다. 이 일련의 과정은 국경과 내적 질서 그리고 정체성이라는 국가의 핵심 요소들의 형성과 깊이 맞물려 있다. 다시 말하면 '적'이 누구인지를 명확히 함으로써 주권국가의 경계와 내적 질서는 안전하게 보장된다. 전후 일본에서 공공의 적은 바로 조선인들이었다.

1945년 8월, 일본은 패전과 동시에 연합국 점령하에서 새로운 국가 건설에 착수하기 시작했다. 일본은 영토와 국경선의 재편 과정에서 자신들의 정체성을 '제국 신민'에서 '일본 국민'으로 급속히 재정의했다. 그런데 패전과 점령의 시작이 동시에 제국의 붕괴였다는 명백한 사실을 상기해볼 때, 이 이행은 결코 매끄럽게 진행될 수가 없었다. 일본에 남은 조선인들은 공간적 혹은 지정학적으로 축소된 일본에서 과거와의 시간적 연속성을 체현하는 위협적 존재일 수밖에 없었다. 조선인들의 '해방 민족'이라는 자의식은 축소된 일본인들의 정체성을 상하게 했고 그들의 기억 속에서 과거에 형성된 가해자-피해자

---

1 오무라 수용소는 1970년대까지 주로 강제송환이 결정된 한반도 출신자들을 수용하는 시설로 기능했다. 그 후 이주 노동자들의 증가에 따라 대상은 주로 중국과 동남아 지역 이민들로 확대되었고 1993년에는 '오무라 입국관리센터(Omura Immigration Center)'로 개편되었다. 피수용자는 1998년 395명을 절정으로 2006년 131명, 2008년 49명, 2010년 22명으로 해마다 감소하고 있는데 그 이유로는 '불법체류자반감계획'(2004~2009)과 개인식별정보 시스템 도입이 거론된다. 法務省, "総括調査票(8)入国者収容所大村入国管理センターの維持·運用", http://www.mof.go.jp/budget/topics/budget_execution_audit/fy2012/sy2407/08.pdf (검색일: 2016.3.2). 피수용자 감소에 따라 세 곳의 입관 센터(동일본, 서일본, 오무라) 중 오사카에 위치한 서일본 입관 센터를 2015년 9월에 폐지했다.

관계는 반전되었다. 조선인 밀항자들의 존재는 이 반전을 정당화하는 데 유리하게 작용했을 것이다. 초기 귀환 정책으로 약 130만 명의 조선인들이 한반도로 귀환했으나[2] 대책 없는 귀환 정책과 급격한 인구 이동으로 인한 한반도의 혼란은 조선인들의 일본 재도항, 즉 밀항의 밑바탕이 되었다. 조선인들은 정당한 탈식민 과정 없이 존재 자체가 쉽게 불법화될 상황에 노출되었던 것이다.

따라서 우선 문제 삼아야 하는 것은 개개인의 밀항 행위의 범법적 성격보다는 영토와 주권의 재편 과정과 냉전의 정치, 그로 인한 한반도의 정치·경제적 '불안전'의 조건이다. 해방 직후부터 1950년대 전반까지의 밀항자들 중에는 제주 4·3 항쟁과 한국전쟁 과정에서 생존을 위해 일본으로 피난을 간 사람들이 많이 포함되었으며, 이 이동의 패턴은 기본적으로 1970년대까지 지속되었다. 근현대를 관통하는 조선인(한국인)들의 밀항의 역사는 미완의 탈식민화와 동아시아 냉전 질서가 중첩되는 중요한 지점들을 보여준다. 밀항과 관련해서는 최근 다음과 같은 세 가지 영역에서 연구가 진행되어왔다. 첫째, 전후 GHQ와 일본 정부의 국경 및 출입국관리하에서 조선인들이 배제되어가는 과정을 해명한 연구들[3]이다. 둘째, 일본과 한국의 교차점에 위치하는 오무라 수용소의 지정학적 특성과 송환을 둘러싼 정치에 주목하는 연구들[4]이다. 셋째, 해방 전

---

2 森田芳夫,『在日朝鮮人処遇の推移と現状』(東京: 法務研修所, 1955), p.57.

3 飛田雄一,「GHQ占領下の在日朝鮮人の強制送還」,≪季刊三千里≫, 48号(1986); テッサ·モーリス-スズキ,「占領軍への有害な行動: 敗戦後日本における移民管理と在日朝鮮人」, 岩崎稔他 編著,『継続する植民地主義』(東京: 青弓社, 2005); 福本拓,「アメリカ占領下における朝鮮人『不法入国者』の認定と植民地主義」, 蘭信三 編,『日本帝国をめぐる人口移動の国際社会学』(東京: 不二出版, 2008); 朴沙羅,「お前は誰だ」,≪社会学評論≫, 64(2)(2013).

4 玄武岩,「密航·大村収容所·済州島: 大阪と済州島をむすぶ『密航』のネットワーク」,『コリアン·ネットワーク: メディア·移動の歴史と空間』(北海道大学出版会, 2013); 挽地康彦,「大村収容所の社会史(1): 占領期の出入国管理とポスト植民地主義」,≪西日本社会学年報≫, 3号

후 제주 출신자들의 이동의 흐름과 네트워크를 파악하는 연구들[5]이다.

이 장은 이와 같은 선행 연구의 성과들을 전제로 하면서도 구체적으로 밝혀지지 않았던 밀항의 시대적 성격과 실상을 제주인들의 구술 내용을 통해 검토한다. 특히 해방 이후 1970년대까지 밀항을 발생시킨 정치·경제적 '불안전'의 조건과 함께 행위자들의 일상 감각과 정동에 초점을 맞춘다. 마벨 베레진(Mabel Berezin)은 안전을 "신뢰감과 위안감과 함께 근대 정치조직의 주요한 감정적 원형"이라 하면서, 불안전 국가의 특징으로 해체 혹은 형성 중에 있는 국가에서 볼 수 있는 공포와 신뢰의 결여, 또한 인종 청소, 외국인 혐오, 적의, 차별 등의 폭력을 거론하고 있다.[6]

해방 후 '열전'의 현장이 된 한반도는 주권국가의 내적·외적 안전을 담당하는 경찰과 군대가 바로 인민들의 생존을 위협하는 극도의 정치적 불안전을 겪었다. 이 영토의 불안전성은 일본 제국 시기에 형성된 조선인들의 '국경에 걸친 생활권'을 해방 후에도 유지할 수밖에 없게 만들었다. 또한 에티엔 발리바르(E'tienne Balibar)는 안전(sécurité)과 '안전(sûreté)'을 구분하면서, 안전을 둘러싼 국가적 관점과 시민적 관점 사이의 본질적 차이에 대해 말하고 있다.[7]

(2005); 전갑생, 「한국전쟁기 오무라 수용소의 재일조선인 강제추방에 관한 연구」, ≪제노사이드 연구≫, 5호(2009); 이정은, 「'난민' 아닌 '난민 수용소', 오무라 수용소: 수용자·송환자에 대한 한국 정부의 대응을 중심으로」, ≪사회와 역사≫, 제103집(2014년 가을호).

5 高鮮徽, 『20世紀の滞日済州島人: その生活過程と意識』(東京:明石書店, 1998); 伊地知紀子·村上尚子, 「解放直後·済州島の人びとの移動と生活史: 在日済州島出身者の語りから」, 蘭信三 編, 『日本帝国をめぐる人口移動の国際社会学』(東京: 不二出版, 2008); 전은자, 「제주인의 일본도항 연구」, ≪탐라문화≫, 23(2008); 신재경, 『재일제주인 그들은 누구인가』(보고사, 2014).

6 마벨 베레진, 「안전 국가: 감정의 정치사회학을 향하여」, 잭 바바렛 엮음, 박형신 옮김, 『감정과 사회학』(이학사, 2009), 73~74쪽.

7 에티엔 발리바르, 『정치체에 대한 권리』, 진태원 옮김(후마니타스, 2011), 36쪽.

표 3-1 **구술자 구성**

	생년	출생지(고향)	밀항 시기	횟수	이동 경로
A(여)	1931	일본 고베 제주 신촌	1) 1945 2) 1946 3) 1950	1	1) 고베→시모노세키→부산→제주 2) 제주→부산→나가사키 3) 제주→서울→부산→오사카
B(남)	1936	제주 조천	1) 1946 2) 1951	2	1) 제주→나가사키 2) 제주→오사카→센다이→아오모리→홋카이도→도쿄
C(남)	1937	제주 함덕	1969~1979	1	제주→부산→고베→오사카→부산→제주
D(남)	1946	제주 함덕	1968~1975	1	제주→부산-오사카→오무라→부산→제주
E(여)	1953	제주 함덕	1) 1973~1979 2) 1981~1989	2	1) 부산→오사카→도쿄→오사카→오무라→부산 2) 부산→후쿠오카→오사카→부산
F(남)	1948	제주 함덕	1) 1971~1972 2) 1972.5~1972.8 3) 1983~1993	3	1) 부산→가고시마→오카야마 2) 부산→오사카→오무라→부산 3) 부산→가고시마→오사카→부산
G(여)	1943	제주 신촌	1969~1979	1	부산→오사카→오무라→부산
H(남)	1947	제주 함덕	1969~1971(?)	1	부산→오사카→오무라→부산
I(여)	1947	제주 함덕	1975~1979	1	부산→오사카→오무라→부산

즉 전자가 국가가 관장하는 '안보'의 의미라면 후자는 "인간의 불가침적인 자연권들" 중의 하나로 '안녕'에 가깝다. 이 장에서는 전자의 국가적 안전(안보)이 시민적 '안전'(안녕)을 침해하는 과정, 혹은 두 가지 안전 사이의 긴장관계에 주목하면서 밀항이라는 행위에 접근하고자 한다.

구술 조사는 2013년에서 2014년에 걸쳐서 진행했으며 구술자들은 일본에서 만난 제주 출신의 70~80대 재일조선인 2명, 제주 함덕과 신촌 지역의 50~70대 거주자 7명으로 구성되어 있다. 재일조선인들과의 인터뷰는 2014년에 일본어로 진행한 것을 한국어로 옮겼고 제주 지역 거주자들의 구술은 제주말을 그대로 살리도록 했다.[8] 여기서는 제주 출신 재일조선인과 현 제주 지역 거주자들을 포함한 뜻으로 '제주인'이라는 명칭을 쓴다. 마찬가지로 해방 이전부터 일본에 거주했던 한반도 출신자들과 대한민국 정부 수립 이후 일본으로 건너간 사람들을 통틀어 주로 '조선인'이라 부르고 있으며 1960년대 이후 맥락에 따라 '한국인'이라 부르기로 한다.

먼저 2절에서는 해방 전후에 걸쳐 조선인들의 밀항을 발생시킨 배경과 조건을 탈식민화와 냉전의 관점에서 살펴볼 것이며, 3~5절에서는 제주인들의 경험에 초점을 맞춰 한일 간의 정치·경제적 불균형의 조건 속에서 영토를 벗어난 행위자들의 일상 감각을 부각시키고자 한다.

2. 해방 전후 밀항의 조건

식민지 시기를 거치며 한반도와 일본 간 이동은 꾸준히 증가했다. 조선총독부가 실시한 토지조사사업은 원래 영농 규모가 작고 생산력이 약한 제주도의 농업 환경에 큰 타격을 주었다. 토지 경작권 수탈도 육지보다 훨씬 심각해 대지주들이 성립할 수 있는 여지가 없었고 땅을 잃은 농민들의 대부분은 노동자로서 섬 밖으로 나갈 수밖에 없었다.[9]

1920년대 이후 일본 직공 모집을 통해 제주인들은 본격적인 이동을 시작했고, 그 후 고향 사람들을 따르는 연쇄 이민이 증가하면서 오사카 이카이노(猪飼野)나 도쿄 아라카와(荒川) 등에 집거 지역을 형성했다. 1905년에 생긴 부산-시

---

8 제주 지역 거주자들의 구술은 성공회대 동아시아연구소 공동조사(권혁태, 이정은, 조경희)의 결과물이며, 일본 홋카이도 대학 현무암 교수의 전적인 협조를 통해 진행되었음을 밝혀둔다.

9 文京洙, 『済州島四·三事件: 「島(タムナ)のくに」の死と再生の物語』(東京: 新幹社, 2008).

모노세키 사이의 관부연락선 다음으로 1922년 오사카-제주도 간 정기연락선 기미가요마루가 개설되면서 제주에서 일본까지 비교적 안정적인 노동이동이 이루어졌다. 당시 기미가요마루는 제주도 각지를 한 바퀴 돌고 시모노세키를 거쳐 오사카까지 운항했다. 1934년 시점에서 제주도 전 세대(世帯)의 64.3%가 도항 허가를 얻은 상태였으며, 계급적으로 보면 소작농의 77.8%가 일본으로 도항했다.[10] 도일의 배경에는 궁핍한 생활에서 벗어나고자 하는 빈곤층의 확대라는 계급적 요인이 가장 크게 작용했다.

1919년 3·1 운동 이후 조선인 노동자들의 일본 이동이 잦아지자 조선총독부에서는 여행증명서제도를 신설하여 조선인들의 도일을 제한하기 시작했다. 특히 1925년 내무성은 일본 내 치안 문제와 실업 문제에 직면해 총독부가 조선인들의 도항을 엄격하게 관리하도록 했다. 즉 뚜렷한 취직처가 없는 '만연(漫然) 도항'을 불허했고, 1928년부터는 지역 경찰서와 부산 수상 출장소의 이중 관리하에 두기도 했다.[11] 각지 경찰서 직원들은 호적등본, 재도항증명, 취업증명, 학교입학(재학)증명 등 각종 서류를 통해 조선인들의 정체를 파악하고자 했으며[12] 이와 같은 도항 규제는 그 후로도 일본 국내 정세에 따라 강화되었다. 그럼에도 더 나은 삶을 찾고자 하는 조선인들의 도일은 꾸준히 증가했다. 1923년 관동대지진 직후 일시적인 도일 제한 조치가 실시되었고, 일본에서의 조선인 학살을 피하기 위해 귀환자들이 증가했으나, 특히 제주도에서는 이미 일본으로 이동하지 않고서는 경제생활을 유지할 수 없는 상황이었다.[13]

---

10 杉原達, 『越境する民: 近代大阪の朝鮮人史研究』(東京: 新幹社, 1998), p.90.

11 外村大, 「日本帝国の渡航管理と朝鮮人の密航」, 蘭信三 編, 『日本帝国をめぐる人口移動の国際社会学』(東京: 不二出版, 2008).

12 森田芳夫, 『在日朝鮮人処遇の推移と現状』, p.34.

13 伊地知紀子·村上尚子, 「解放直後·済州島の人びとの移動と生活史」, p.90.

도항 규제가 강화됨에 따라 비정규적 방법의 도항은 조선인들에게 하나의 현실적인 생활의 길이 되었다. 1920년대 후반 이후 신문 기사에서는 부산 인근에서 적발된 밀항단과 브로커들에 관한 내용을 쉽게 찾을 수 있다. 일본 경찰 자료를 보면 1930년부터 1942년까지 총 4만 1450명의 '부정 도항자'가 적발되었고 그중 3만 3535명이 조선으로 송환되었다. 그들은 주로 증명 서류의 위조나 차용, 화물선 잠입, 내지인 위장, 어부들의 탈선 등의 방식으로 일본에 상륙했다.[14] 통계에 나타나는 수치는 실제 밀항자들 수에 비하면 빙산의 일각이다.

작가 김사량(金史良)은 1930년대 18세 나이에 밀항을 생각했다가 왠지 모를 두려움에 결심하지 못했던 이야기를 쓰고 있다. 그는 현해탄 너머를 바라보고 있으면 마치 그곳이 천국처럼 느껴지기도 했다고 하면서 밀항을 "목숨을 건 허탈"이라 표현했다.[15] 이 짧은 에세이에는 부산항 부두나 여관에 밀항을 권유하는 브로커들이 드나들었던 현실이 잘 나타나 있다.

일본에서도 조선에서도 밀항자들은 항상 단속의 대상이었는데 일본 관헌들에게 밀항자 단속은 "단지 조선인 노동자의 만연 도항을 가급적으로 저지하는 것뿐 아니라, 해외 불령 조선인이 이 수단을 통해 내지에 잠입하는 것을 방지할" 목적이 있었으며 이 방침은 전시 체제하에서 강화되어갔다.[16] 다만 1919년에 시작되어 1944년까지 지속된 도항 관리 제도는 그 어떤 법적 체계에 따른 것도 아니었다. '일시동인(一視同仁)'을 내걸었던 식민지 제국의 성격상 조선인들의 도일을 법적으로 막을 수는 없었다. 어디까지나 본국의 '치안유지'와 '노동시장 안정'을 위한 정책적 차원에서 조선인들을 관리·선별했던 것이다.[17] 즉 그들의 제국 내 밀항은 '부정'이긴 했어도 '불법'은 아니었다. 그

14 森田芳夫, 『在日朝鮮人処遇の推移と現状』, pp.37~41.

15 金史良, 「玄海灘密航」(1940), 『金史良全集(IV)』(東京: 河出書房新社, 1973).

16 樋口雄一, 『協和会: 戦時下朝鮮人統制組織の研究』(東京: 社会評論社, 1986).

러므로 한번 밀항에 성공하고 나면 공식적으로 일본 국적을 가진 '제국 신민'이었던 조선인들을 판별하기가 어려웠다. 또한 값싼 노동력을 필요로 했던 전시하의 상황에서 보면, 이미 일본 내 노동력으로 정착한 조선인 밀항자들을 조선으로 송환하는 것은 효율적이지 않았다고 볼 수 있다.

그러나 1945년 일본의 패전과 식민지 제국의 붕괴는 모든 정치·경제적 필요성을 바꿔놓았다. 여전히 '일본 국민'이었던 조선인들을 일본인과 구분해 신속히 본국으로 귀환시키는 일이야말로 이제 점령군과 일본 정부에게 가장 중요한 일이 되었다. 물론 귀환을 누구보다 바란 것은 바로 조선인들 자신이었다. 패전 직후부터 규슈 각지의 항구에는 귀항을 서두르는 조선인들이 대거 모여들었다. 조선인들은 주로 한반도에 남은 일본인들이 타고 온 인양선을 타고 거꾸로 한반도로 돌아갔다. 이렇게 1946년 3월까지, 전쟁 말기에 동원된 노무자들을 중심으로 약 130만 명이 고향으로 향했다.

패전 후 혼란 속에서 계속 늘어나는 귀환자들을 앞에 두고 GHQ는 본국 귀국 희망자 등록을 통해 계획귀환을 실시했다. 1946년 2월에 발표된 각서는 3월 18일까지 등록하지 않는 조선인들은 귀국 희망이 없는 것으로 보고 귀국의 권리를 상실하도록 하는 내용이었다.[18] 남아 있던 조선인 64만 7006명 중 귀환 희망자는 51만 4060명이었다.[19] 약 79%가 귀환 의사를 표명한 것에서도 알 수 있듯이 이 시점에서 귀환자 '등록'은 조선인들에게도 합당한 조치였다. 그런데 귀환자 재산을 현금 1000엔, 짐 250파운드 미만으로 제한한 귀환 정책

---

17 같은 책; 김광열, 「1940년대 일본의 도일 조선인에 대한 규제 정책」, 『패전 전후 일본의 마이너리티와 냉전』(제이앤씨, 2006) 참조.

18 SCAPIN746, 「朝鮮人·中国人·琉球人及び台湾人の登録に関する総司令部覚書」(1946.2.17), 大沼保昭 編, 「≪資料と解説≫出入国管理法制の成立過程2」, ≪法律時報≫, 50-5号(1978).

19 森田芳夫, 『在日朝鮮人処遇の推移と現状』, p.59.

의 열악한 조건은 조선인들의 일본 재도항을 부추길 수밖에 없었다. 식민지 시기에 일본에서 생활 기반을 마련한 사람들에게 재산 제한 조치는 치명적인 문제였고, 한반도의 정세 불안과 경제 불안에 바로 직면한 조선인들은 다시 일본 재도항을 택하게 되었다. 혹은 귀환 대기자들도 본국의 실상을 전해 듣자 귀환을 포기하게 되었다. 1946년 4월부터 12월까지 조선인 귀환자는 8만 2900명으로, 3월의 귀국 희망자의 16%에 지나지 않았다.[20] 재일본조선인련맹 간행물에는 다음과 같이 기록되어 있다.

> 1946년경부터 지정 연락항인 하카타 철도 창고에는 귀국 조선인들의 짐들이 썩은 채 그대로 산적되어 있다. 같은 해 11월 우리는 여전히 3000개 이상의 짐들이 그대로 버려진 것을 봤다. …… 실지로는 인간만이 쫓기는 듯이 남조선의 정치, 경제, 문화의 모든 반민주적 파괴 상태 속에 내버려졌다. …… 그들은 불합리한 귀국 강제 때문에 본국에서 아사 상태에 빠져 일본에 남긴 재산을 위해 다시 일본으로 돌아가고자 한 결과 연합군최고사령부 포고에 위반하는 밀항자가 되었다.[21]

인구 증가에 따른 식량난, 주택난, 홍수 피해 등 해방 후 한반도의 열악한 생활환경은 귀환자들에게 극심한 타격이 되어 밀항자들이 늘어났다. 특히 1946년 5월 한반도 남부에서 유행한 콜레라는 밀항자 단속을 강화하는 데 결정적인 영향을 끼쳤다. SCAP는 이에 대처하기 위해 '인양에 관한 총사령부각서'를 발표해 본국으로 귀환한 '비일본인'의 일본으로의 재입국을 금지할 것을 명시했다.[22] 이어서 6월에는 '불법 입국 억제에 관한 각서'를 발표해 "보균자

---

20 같은 책, p.61.

21 「朝鮮人生活権擁護委員会ニュース」, 1947.4.5(19), ≪在日朝鮮人史研究≫, 3号(1978).

22 SCAPIN927, 「引揚に関する総司令部覚書」(1946.5.7), 大沼保昭 編, 「≪資料と解説≫出

전입을 통한 병균 침입"을 막기 위해 일본항으로 불법 입항하는 선박을 적극 탐색할 것을 요청했다.[23] 이 일련의 지령은 파악 불가능한 조선인 밀항자들이 일본 영토의 안전을 침범할 수 있다는 것을 명시한 내용이라 할 수 있다.

또 일본 국회에서는 "'콜레라', '디푸스', 적리 등 보균자들이 내지에 전파되어 엄청난 나병자들을 발생"시킬 것, 또 밀항자들 중 8할은 검거하지만 2할은 도망가다가 암시장 생활에 들어간다는 점이 심각하게 거론되었다.[24] 같은 시기에 나가사키 사세보의 인양원호국(引揚援護局)에 입국자 수용소가 처음으로 설치되어 밀항자들은 이 수용소를 통해 부산으로 송환되었다. 이 입국자 수용소는 영토의 끝자락에서 콜레라와 밀항자 같은 외부의 불안전 요소들의 유입을 막고 돌려보내는 제방 역할을 했던 것이다.[25] 경찰 통계에 따르면 1946년 4월부터 12월까지 조선인 불법 입국 검거자 수는 1만 7733명에 달했다.

GHQ 각서를 따라 일본 정부나 지방 군정부에서도 밀항자 단속에 적극적으로 나서기 시작했다. 조선인들이 가장 많이 살았던 오사카에서는 1946년 말 선구적으로 '밀입국 조선인 송환 실시 요강'을 작성해 조사를 실시했고 밀항자가 아님을 확인한 자에 대해 '거주증명'을 부여하는 등 관리 체제를 정비했다.[26]

入国管理法制の成立過程3」, ≪法律時報≫, 50-6号(1978). SCAPIN927 항목 7은 "본국(homeland)으로 인양된 비일본인은 연합국최고사령관이 인가한 경우 외에는 상업상의 편의를 얻을 수 있을 시기까지 일본으로의 귀환이 허용되지 않는다"라고 정했다. 이때 '비일본인'이란 중국인, 대만인, 조선인, 류큐인을 포함한다.

23 SCAPIN1015, 「不法入国の抑圧に関する覚書」(1946.6.12), 大沼保昭 編, 「≪資料と解説≫出入国管理法制の成立過程3」, ≪法律時報≫, 50-6号(1978).

24 「衆議院本会議」(1946.8.17), 「貴族院予算委員会」(1946.9.2, 1946.9.5), "帝国議会会議録検索システム", http://teikokugikai-i.ndl.go.jp(검색일: 2016.3.2).

25 히키치 야스히코(挽地康彦)가 만난 하리오 수용소 부근 검역소 종사자 증언에 따르면, 점령군의 지시에 따라 콜레라 사망자의 시체 처리를 일본인 검역반이 아닌 수명의 조선인 밀항자들이 담당하기도 했다. 挽地康彦, 「大村収容所の社会史(1)」, p.93.

이렇게 원래 신속한 본국 귀환을 위해 실시했던 조선인들의 '등록' 작업은 어느새 밀항자 적발과 강제송환을 위한 강력한 도구가 되었다. 오사카에서의 거주증명제도는 6개월 후 외국인등록령으로 제도화되었다. 이처럼 해방 후 조선인들의 밀항은 일본의 식민지 지배하에서 형성된 생활의 연장이자 일본 제국 붕괴와 미국의 동아시아 전략 사이에서 한반도의 탈식민화가 방치된 결과였다. 1951년에 일본과 연합국 사이에서 맺어진 샌프란시스코 강화조약으로 일본은 주권을 회복하고, 한반도는 공식으로 일본에서 '분리'되었다. 그 과정에서 GHQ와 일본 정부는 외국인등록과 출입국관리라는 주권국가의 행정 기술을 통해 조선인들의 이동을 새삼스러운 관리 대상으로 만들었다. 일본의 주권 회복을 위해 준비된 출입국관리령, 그리고 오무라 수용소는 전후 일본의 국경과 내적 질서를 획정하고 조선인들 간의 지위를 합법 또는 불법으로 분할함으로써 언제든지 주권의 외부로 추방할 수 있도록 하는 제도적 장치였다. 이에 대해서는 3절에서 구술 내용과 함께 살펴보도록 하겠다.

3. 생존을 향한 이탈: 1940~1950년대

그렇다면 해방 민족이라는 자의식을 간직하면서 생존의 길을 모색하던 조선인들에게 이때 국경이란 과연 무엇이었는가? 고향인 한반도와 일본 사이의 심상 지리는 어떤 것이었는가? 여기서는 앞에서 본 해방 전후 조선인들의 밀항의 구조적 조건을 제주인들의 구체적인 경험을 통해 검토하겠다. 먼저 재

26 文公輝, 「占領初期·大阪府と在日朝鮮人: 占領期の強制送還事業と朝鮮人登録を中心に」, ≪大阪人権博物館紀要≫, 8号(2004), p.124.

일조선인들의 인구 구성에서 제주도 출신자들이 차지하는 비율을 확인해보면 다음과 같다. 2009년 일본 통계에 따르면 조선·한국적자 57만 8495명 중 경남 출신 15만 7071명, 경북 출신 11만 5779명, 제주 출신 9만 882명이다.[27] 2010년 제주도 인구 52만 8411명 중 17.2%, 6명 중 1명은 일본에 있는 셈이다. 현재까지도 제주도민들과 제주 출신 재일조선인들의 생활 세계는 많은 부분 중첩된다고 볼 수 있다.

제주인들의 이동과 관련된 기존 연구에서도 제주인들의 지역적·계급적 주변성과 강한 공동체적 유대 관계가 다른 육지 출신자들과 달리 고향 커뮤니티와 친족 네트워크를 끊임없이 활성화한 점이 종종 거론되어왔다. 예컨대 제주인들은 각 세대에 걸쳐 1세들이 존재하며 '올드커머 또는 뉴커머'라는 단순한 구분으로는 파악하기 어려운 중층적인 구성을 보이고 있다. 오랫동안 재일 제주인들의 조사를 진행해온 고선휘는 1951~1985년에 도일한 '제3세대'를 '밀항 세대'로 규정하고 그들 밀항의 배경에 제1세대, 2세대가 형성해온 사람과 물품의 왕래, 즉 생활권이 있었음을 지적하고 있다.[28] 이 장에서 검토하는 사례들도 대체로 여기서 말하는 '제3세대'에 해당된다. 다만 1940~1950년대와 1960~1970년대의 경우, 같은 밀항이라 해도 시대 상황과 동기, 경험의 성격은 많이 다르다. 물론 밀항의 동기와 성격은 개인마다 다양하지만 여기서는 두 시대의 밀항의 성격을 단적으로 '생존'과 '생활'이라는 키워드로 표현하기로 한다.

---

27 法務省, 『在留外国人統計(平成22年度)』(2010).

28 高鮮徽, 『20世紀の滞日済州島人』, p.176.

1) 삶의 가능성으로서의 밀항

A(85, 여)는 1931년 일본 고베에서 여섯 형제 중 막내로 태어났다. 조천읍 신촌 출신인 A의 아버지는 1930년 제주인들의 선박협동조합인 '동아통항조합'이 운영하는 복목환(伏木丸)을 타고 오사카로 건너갔다. 1922년에 시작된 기미가요마루 외에도 1920~1930년대에 걸쳐 제주인들은 자체적인 협동조합을 결성해 직항로를 운영했다. 도항자 증가에 따라 항로를 독점하던 선박업자들이 요금을 대폭 인상했고, 이에 위협을 느낀 제주인들이 자주 운항 운동을 벌인 것이다.[29] A의 외삼촌이 복목환 선장이었기 때문에 아버지 주변에는 제주 출신의 지식인들과 젊은 독립운동가들이 자주 드나들었다고 한다. 이는 1920~1930년대 사회주의자들을 중심으로 한 제주에서의 저항운동이 일본에 있던 제주인들과 연계되고 있었음을 시사한다. A의 어릴 적 기억에는 두루마기를 입고 중절모자를 쓴 "전형적인 양반" 아버지의 당당한 모습과, 근대적이고 풍요로운 고베의 도시 풍경이 교차한다. 배를 운영한 외삼촌의 도움도 있어 A의 집안 형편은 비교적 여유로웠던 것으로 보인다.

그러나 태평양전쟁이 본격화되면서 먼저 제주도로 돌아간 어머니는 병으로 세상을 떠났다. 평화로웠던 생활은 끝이 났고, A의 가족은 전쟁 말기 미군 공습을 피해 일본 시모노세키에서 부산, 제주도로 피난을 떠났다. 전쟁 말기 미군 공습이 빈번해진 지역에서는 1945년 3~5월에 조선인 2만 2468명이 귀향했다.[30] 제주에는 이미 친언니가 결혼해서 살고 있었고 A는 어머니의 무덤

---

29 동아협동조합 이전에도 제주도기선회사(1926), 기업동맹기선부(1928) 등 세 번에 걸쳐서 자주 운영을 시도했으나 그 후 일본인 선박업자들의 압력으로 좌절되었다. 杉原達, 『越境する民: 近代大阪の朝鮮人史研究』, p.124.

30 内務省警保局, 「在留朝鮮人運動の状況」, ≪特高月報≫, 朴慶植 編, 『在日朝鮮人関係資

이 있는 고베를 떠나는 것이 무척이나 슬펐다고 한다. 일주일의 항해 끝에 도착한 고향 제주도의 가난하고 "야만"적인 모습에 A는 충격을 받았다. 이야기로만 들어왔던 낯선 고향은 그에게 "황토색 옷"을 입은 아이들과 고베 공습 전에 배급받은 "실크 원피스"를 입은 자신의 격차로 기억되고 있었다.

당시 동아시아 요충지로서의 제주도에는 미군 상륙을 막기 위해 일본군 약 6만 명이 주둔하고 있었다. 전쟁 물자의 강제공출 때문에 도민들은 극심한 식량난과 주택난에 시달렸다. 특히 식민지 시기 일본에서의 송금과 군수물자 수출 등의 현금 수입으로 지탱된 제주도 경제는 해방 후 큰 타격을 입게 되었다. 일본군이 철수하는 한편, 국내외에 흩어져 살던 제주인들 약 6~8만 명이 대거 귀환했고 이와 같은 인구의 양적·질적 팽창은 해방 후 정치·경제적 긴장의 한 요인으로 작용했다.[31] 일본과의 정기 여객선 뱃길이 끊기고 SCAP 방침에 따라 반입 물품도 제한되자 사람과 물품 왕래를 위한 밀항선이 또 현해탄을 건너기 시작했다.

해방과 동시에 사람들의 생활 감각 속에 바로 국경선이 그어지는 것은 아니었다. A의 아버지와 형제들은 생활 기반을 마련하기 위해 일본과 제주도를 자주 왕래했다. 식량난에 시달리다 친언니가 영양실조로 사망하자 A는 가족들을 따라 다시 고베로 돌아가기를 희망한다. 몇 번의 기회를 놓치고 나서 드디어 일본행 밀항선에 탔지만 도착할 무렵 해상 경비대에 발각되어 나가사키에 끌려가 수용소 생활을 하게 되었다. 그의 기억 속에서 '오무라 수용소'는 특별한 기억이 없는 그저 그런 곳이었다.

料集成(第五卷)』(東京: 三一書房, 1945).

31 제주4·3사건진상조사보고서작성기획단, 『제주 4·3 사건 진상조사보고서』(제주4·3사건진상규명및희생자명예회복위원회, 2003), 68쪽.

A: 창문에 철조문도 있었지만 먹을 건 잘 줬다. 죽도 주고 담요도 잘 주고. 도망친 사람들도 있었지만 나는 그냥 흐르는 대로 살았다. 흘러흘러서 도착한 곳이 이곳이라고 그저 받아들였다. 시누이하고 조카하고 같이. 수용소 안은 교실처럼 큰 방이었다. 아무런 사건도 없고 그저 밥 먹고 자고. 밥 먹을 수 있는 것만으로 다행이라 생각했다.

오무라 수용소는 1950년에 설치되었기 때문에 A가 지낸 그곳은 정확하게는 나가사키 사세보의 인양원호국에 설치된 입국자 수용소일 것이다. 1946년에 급증한 조선인 밀항자들의 강제송환은 하카타(博多), 센자키, 마이즈루, 사세보 등 규슈의 각 항구에서 실시되었는데 1946년 7월 SCAP의 지시를 따라 사세보로 일원화되었다. 인양원호국은 말 그대로 일본인 인양자와 복원병, 구식민지 귀환자들을 관리·보호하는 기관인데 그 언저리에 밀항자들을 수용하는 시설이 공존했다. 1945년부터 오무라 수용소가 생기기 전까지 사세보에서 송환된 조선인은 3만 7215명으로,[32] 오무라 수용소의 전 단계에서 송환 업무를 톡톡히 담당하고 있었다.

사세보 원호국을 '오무라'로 기억하는 것은 B의 경우도 마찬가지였다. 1934년에 제주 조천읍에서 태어난 B(79, 남)는 1946년 어머니와 함께 첫 밀항을 시도했다. 일본으로 도착하기 바로 직전, 세토나이카이[33]에서 배가 고장이 나 약 일주일 동안 표류했다. 음식은 물론 물도 다 떨어져서 바닷물로 밥을 지어보기도 했으나 도저히 버틸 수가 없자, 지나가던 어선에 깃발을 들어 구조를 요청했다. 구치소와 수용소에서 6개월을 지낸 후 부산으로 강제송환되었다. '오

---

32 挽地康彦, 「大村収容所の社会史(1)」, p.92.

33 일본 열도 중 혼슈, 시코쿠, 규슈에 둘러싸인 긴 내해.

무라' 내에서 어른들과 어울리면서 장기, 화투 등 "나쁜 건 다 배웠다".

10대 어린 소녀, 소년이었던 A와 B에게 '오무라 수용소'로 기억되는 그곳은 그저 "큰 교실 같은 방"에서 고향 사람들과 밥 세끼를 먹을 수 있는 공간이었다. 불안전한 현장을 벗어난 자에게 수용소는 적어도 생존을 위협하지 않는, 상대적으로 안전한 곳으로 기억되었다. 즉 그 전후에 겪은 극적인 경험들(가족의 죽음, 굶주림, 표류 그리고 학살)과의 연속선상에서 생각해볼 때 1~3개월간의 수용소 생활은 일시적인 안전지대가 되었을 수 있다. 1947~1948년에 걸쳐 제주도에서는 경찰의 폭행에 반대하는 도민들의 저항운동에 대해 무차별적인 탄압과 검거가 진행되었고 4·3 항쟁으로 이르는 과정에서 수많은 도민들이 학살되었다. 해방 후 한반도에 그어진 분단선에서 제주도는 가장 멀리 위치해 있으나 그 갈등의 양상은 가장 치열하게 나타났다.

당시 A는 아버지의 판단으로 서울로 '유학'을 가서 현장을 피했지만 제주에서 조선말과 나라 사정을 가르쳐준 존경하는 스승도 삼촌들도 다 학살당했다는 것을 나중에 알게 되었다. 한편 B는 송환 후 어린 나이에 무참히 희생된 도민들의 모습을 목격했다. 한두 살만 더 많았어도 자신 또한 죽었을 것이라는 공포감이 영토를 벗어나는 삶의 본능적인 동기가 되었다. GHQ의 기록에 따르면, 1947년 5~12월에 밀항선 15척 479명이 현해탄을 건넜다.[34] 1948년 5월 이후 제주에서는 해상 경비를 강화하고 밀항 방지에 힘을 쏟았지만 토벌대의 무차별적 고문과 학살에서 벗어나고자 한 도민들은 위험을 무릅쓰고 현해탄을 건너갈 수밖에 없었다.

B도 그중 한 사람이었다. 1949년 첫 밀항 시도로 송환되자 그는 한국전쟁이 시작된 1950년 또다시 밀항할 마음을 먹고 부산으로 향했다. 당시 계엄령

---

34 伊地知紀子·村上尚子,「解放直後·済州島の人びとの移動と生活史」, pp.105~106.

이 내려져 고향인 조천에서 제주시까지 이동하기도 어려울 때였다. 10대 청년들 사이에서는 혈서를 쓰고 군대에 지원하고자 하는 분위기가 있었지만 이미 참혹한 현장을 겪은 그에게 4·3과 6·25는 연속된 지옥이었을 것이다. 군대 영장이 나오자 삼촌에게 애원을 해서 밀항선을 타는 데 성공했다. 학살의 현장에 비하면 바다 위에서 두려울 건 하나도 없었다. 1951년 3월에 무사히 도착한 오사카에는 "사돈의 팔촌까지" 연고 관계를 따라 고향 사람들이 모여들었다. 당시 들어간 건국학교[35]의 동창생 중 1/3이 6·25의 전장에서 도망을 온 나이 많은 학생들이었다.

2) 주권에 매달린 삶

그런데 한번 일본 밀항에 성공한 조선인들을 기다리던 것은 외국인등록과 출입국관리라는 일본의 제도적 구속이었다. 1947년 5월에 제정된 외국인등록령은 1952년 대일 강화조약 발효 전까지 일본 국적을 유지했던 조선인들을 "외국인으로 간주"하는 이중구속 상태에 두었다. 등록령 실시의 목적이 밀항자의 판별을 비롯한 조선인들의 관리에 있다는 것은 분명했다. 1948년 7월 이후에는 외국인등록증과 식료 구입 통장과의 조합을 실시해 이중 등록, 부정 등록이 발견된 자 3만 8952명에게 식료 배급을 정지하는 등의 조치가 취해졌고[36] 밀항자뿐만 아니라 등록 의무 위반자, 기타 범죄자들의 퇴거 강제 또한 명기했다. 1947년 10월까지 52만 9907명의 조선인이 등록했으며[37] 등록령 실

---

35 1947년에 오사카에 세워진 한국 학교. 1949년에 일본 정부의 설립 인가를 받았다.

36 森田芳夫, 『在日朝鮮人処遇の推移と現状』, p.81.

37 GHQ/SCAP, "History of the Non-military Activities of the Occupation of Japan, 1945~1951"(1951), 竹前栄治·中村隆英 監修, 『GHQ日本占領史16 外国人の取り扱い』,

표 3-2 **조선인 불법 입국자 검거 수와 한국 정규 입국자 수**

연도	불법 입국 검거 수	정규 입국자 수
1946	17,733	-
1947	6,010	
1948	7,978	
1949	8,302	
1950	2,434	
1951	3,503	
1952	-	
1953	2,244	3,465
1954	1,721	2,038
1955	1,395	989
1956	1,117	776
1957	2,060	2,122
1958	1,438	2,321

자료: 法務省入国管理局, 『出入国管理とその実態』(1959), 14, p.58.

시로 조선인들의 불법 입국 검거 수는 대폭 감소했다(표 3-2 참조). 1950년에 또다시 검거 수가 감소된 이유로는, 한국전쟁으로 해상 경비가 강화되는 한편 등록 갱신으로 등록증 위조나 이중 등록이 어려워진 점이 지적되었다.

한국전쟁의 발발은 일련의 출입국관리 정책 확립의 결정적 계기가 되었다. 1950년에 들어 SCAP는 '불법 입국자'와 외국인등록을 하지 않은 '불법 잔류자'를 범죄자 교정 기관이나 경찰에 속하지 않는 또 다른 기관에 수용할 것, 특히 정규 입국과 불법 입국을 일체화한 관리 정책과 기구를 확립할 것을 요구했다. 이에 따라 나가사키 사세보의 하리오 수용소를 오무라 시에 이전해 '오무라 입국자 수용소'로 개칭했다. 1951년 10월 출입국관리령을 제정함으로써 출입국, 외국인등록, 퇴거강제령 발부, 수용, 호송, 송환의 일련의 과정을 통

松本邦彦 訳(東京: 日本図書センター, 1951), p.82.

일적으로 운영하기 시작했다.[38] 흥미롭게도 이 정책은 SCAP의 입장에서는 "출입국관리 행정이 전전처럼 경찰에 의해 수행되지 않도록" "보다 민주화된 방식"을 추구한 결과였다.[39] 즉 한국전쟁 피난자들과 외국인등록령 위반자들에 대한 수용소의 설치와 강제송환 범위를 규정한 출입국관리령 제정은 경찰 행정과 구분된 더 체계적인 국경 관리 행정의 표명이었으며, 합법 또는 불법 조선인의 경계를 명확히 하는 선별적인 인도주의를 나타내는 것이었다. 여기서 합법적 조선인들의 범위는 "1945년 9월 2일 이전부터 계속해서 일본에 거주한 자"들 중 외국인등록을 한 자들에 한정되었다.[40] 일본에 생활 기반을 두고 있으면서도 A처럼 태평양전쟁 말기 본국으로 소개(疏開)를 가거나 해방 후 혼란기에 일시 귀국한 조선인들은 법의 바깥에 위치하게 되었다. 그 후 생활고로 인해, 혹은 가족이나 재산을 찾기 위해 일본으로 재도항을 한 자들은 바로 '밀항자'가 되었던 것이다.

밀항자들에게 '도우로쿠'(登録, 외국인등록증)는 생명줄과 같았으며 이 장치의 유무가 곧바로 그들의 생활과 거취를 결정짓게 되었다. 위조 등록증을 돈으로 사거나, 초기에는 동사무소 직원들과의 암거래로 원하는 정보를 찍은 등록증을 만들기도 했다.[41] A의 경우는 일본에서 태어난 경력 때문에 일본에 이미 가 있었던 아버지가 등록증을 만들어주었다. 다시 말하면 밀항자들도 외

---

38 같은 책, p.19.

39 高谷幸, 「追放と包摂の社会学: 1950年代朝鮮人の在留特別許可をめぐって」, ≪アジア太平洋研究センター年報(2013~2014)≫(2013).

40 1952년 4월 강화조약 발효와 동시에 제정된 '외국인등록법'은 조선인들의 재류와 관련해서 "1945년 9월 2일 이전부터 계속해서 일본에 거주한 조선인들은 별도로 법률로 정하기 전까지 재류 자격과 재류 기간에 상관없이 일본 재류를 인정한다"라고 정했다.

41 朴沙羅, 「『朝鮮人』の登録: 占領期日本の外国人管理政策と『朝鮮人』カテゴリーの再編」, ≪ソシオロジ≫, 58-2(2013).

국인등록증만 '입수'할 수 있다면 일본에서 합법적 신분이 되었다. A는 1950년, 세 번째 밀항에 성공해 부산에서 대마도, 후쿠오카를 거쳐 오사카에 무사히 도착했다. 대마도에서 후쿠오카까지 연락선을 타기 위해서는 등록증이 필요했는데, 만난 적도 없는 "오빠의 친구"가 대마도까지 그의 등록증을 가지고 마중을 나왔다. 그가 오사카로 무사히 갈 수 있었던 것은 이 등록증과 가족, 친지들 간의 연락망이 있었기 때문이다. 10대 소녀였던 그도 당시 적어도 세 번 이상 밀항을 경험했으니, 6명의 자식들의 삶의 터전을 마련하고자 한 아버지는 더 빈번히 현해탄을 건넜으리라 짐작된다.

한편 "돈도 집도 등록도 없었던" B는 친척과 친구들 집을 전전하다가 뛰어난 적응력으로 대학교까지 무사히 졸업하게 된다. 등록이 없었기 때문에 오히려 더 돈을 벌고 경력을 쌓고자 전국 곳곳을 돌아다녔다. 10년 이상을 '도우로쿠' 없이 버티다가 1962년경 출입국관리 사무소에 자수했고 보석금 30만 엔을 내고 '재류특별허가'를 얻었다. '재류특별허가'란 일본 출입국관리법에서 '퇴거 강제'에 해당되는 자 가운데 법무 대신의 재량으로 특별히 재류권이 허락되는 제도를 말한다. 1952년부터 1970년까지 재류특별허가를 얻은 조선인은 3만 4537명이었다.[42] 검거된 밀항자들의 절대 수는 해마다 감소했지만(표 3-2 참조) 1952년에 356건이었던 재류특별허가 건수는 1954년에 1753건으로 급증했다. 이는 1954년 7월에 한국 정부가 조선인 피송환자 수용을 전면 거부한 사태를 반영한 것이었다.[43] 1954년 말 오무라 수용소 피수용 인원이 1300명

---

42 法務省入国管理局, 『出入国管理とその実態』(1971), p.81.

43 1952년 5월, 한국 정부는 오무라 수용소에 수용 중이던 조선인 불법 입국자 285명, 형벌 법령 위반자 125명의 피송환자 중 불법 입국자만을 받아들이고 법령 위반자는 일본으로 역송환했다. 전전부터 일본에 거주한 그들의 법적 지위는 한일회담에서 결정될 사안이라는 이유 때문이었다. 그 후 한일 간 협상이 결렬되자 1954년에는 송환자들을 전면 거부하기에 이르렀다. 法務省大村入国者収容所, 『大村入国者収容所二十年史』(1970), pp.95~96.

을 초과하자 그 해결책으로서 재류특별허가 기준이 완화되었다고 볼 수 있다.[44] 밀항자들의 삶의 방향은 한일 양 정부의 정치적 판단과 일본 법무 대신의 '인도적 재량'에 매달려 있었던 것이다.

이처럼 1940~1950년대 생존을 위해 고향과 조국을 벗어난 자들의 경우 밀항과 수용소 경험은 생존의 가능성과 직접적으로 연결되었다. 재일조선인들 중에는 해방 후 남한의 국가 폭력과 전쟁의 현장에서 피난이나 망명을 온 자들이 상당수 포함되어 있다.[45] 시인 김시종의 경우도 마찬가지였다. 1949년 학살을 피해 5~6명이 겨우 탈 수 있는 밀항선을 타고 12일간의 오랜 항해 끝에 고베에 상륙한 그는 고토열도(五島列島)를 지난 즈음, 즉 일본 영해에 들어간 순간 "이제 일본 경찰에 잡혀도 참살당할 일은 없다"라고 안심했다는 것을 고백하고 있다.[46] B의 경우가 그랬듯이 극도의 불안전한 현장을 벗어난 자에게 밀항의 길과 수용소는 일시적인 안전지대일 수 있었다. 수용소가 밀항자들의 신체적 안전을 보장하거나 그들의 재류권이 법무 대신의 재량권에 달려 있었다는 사실은, 일본의 출입국관리 제도가 그야말로 전후 일본의 시간적·공간적 질서를 관리하고 자신들의 '인도적' 위치를 끊임없이 정당화하는 안전장치로 기능했음을 역설적으로 말해준다.[47]

밀항을 범법 행위로만 인식하는 프레임은 현재까지도 여전히 재생산되면서 당사자들에게 침묵을 강요하고 있다. 특히 일본에서 자영업으로 생활하는

44 이 과정에 대해서는 玄武岩, 「密航·大村収容所·済州島」, pp.369~374 참조.

45 高鮮徽, 『20世紀の滞日済州島人』, p.183.

46 金石範·金時鐘, 『なぜ書きつづけてきたかなぜ沈黙してきたか: 済州島四·三事件の記憶と文学』(東京: 平凡社, 2001), p.121.

47 차승기는 오무라 수용소를 단지 외부의 불안으로부터 내부를 지키기 위한 장치만이 아니라, 공간적 질서(냉전·국민국가)를 위해 시간(식민지 제국)을 봉인하는 안전장치라고 했다. 이 책 4장 참조.

상당수 이들에게 자신들의 생존 투쟁은 여전히 드러내기 어려운 역사이자 현실이다. 또한 그들이 침묵하는 더 결정적인 요인은 '학살의 섬'에서 벗어났다는 패배감과 부채 의식이다. 1948년 이후 섬에 남은 가족들이 "도피자 가족"으로 학살된 경우가 있었던 상황에서[48] 애도의 기회조차 갖지 못한 그들에게 1940~1950년대 일본 밀항은 여전히 개개인의 기억 속을 맴도는 비역사적 영역에 속한다.

여기서 우리는 한반도에서 가장 치열한 정치의 현장이 된 제주도의 지역적 특성과 함께 국가 폭력을 일상화한 한국의 반공주의 체제가, 일본의 상대적인 평화 및 안전과 결코 무관하지 않았다는 점을 주의 깊게 확인해두어야 한다. 전후 동아시아의 냉전적 위계질서와 구조적 불균형이야말로 조선인들의 밀항의 전제 조건이었다.

4. 밀항하는 일상: 1960~1970년대

그런데 제주인들의 일본 밀항은 한국전쟁 이후 1960~1970년대에도 지속적으로 이루어졌다. 오히려 제주에서 일본으로의 밀항은 1960~1970년대에 절정을 이뤘다.[49] 이 시기에 일본으로 밀항한 제주인들의 경험은 확실히 그전 시대와 다른 성격을 띠고 있다. 일본 출입국관리국이 1965년 이후 밀항은 "구직을 위해 밀항하는 소위 돈벌이형이 주류"[50]가 되었다고 서술하고 있는 것처

48 伊地知紀子·村上尚子, 「解放直後·済州島の人びとの移動と生活史」, p.113.

49 이지치 노리코, 「재일제주인의 이동과 생활: 해방 전후를 중심으로」, 윤용택·이창익·쓰하다카시 엮음, 『제주와 오키나와: 동아시아 지역 간 이동과 교류』(보고사, 2013), 286쪽.

50 法務省入国管理局, 『出入国管理とその実態』(1959), p.57.

럼, 1960~1970년대의 밀항은 단적으로 생계를 목적으로 했다고 말할 수 있다. 즉, 더 일상적인 노동이동으로 구조화되었는데 이에 대해서도 마찬가지로 탈식민의 실패와 정치적 불안전의 문제로 접근할 수 있을 것인가? 혹은 1940~1950년대와 1960~1970년대 밀항의 리얼리티의 격차를 생존(정치)과 생활(경제)로 이분할 수 있을 것인가? 여기서는 한일 간에 축적된 구조적 불균형과 함께, 영토를 벗어나고자 했던 주체의 일상적 욕망과 정동을 구술 자료와 함께 검토하고자 한다.

한국전쟁 전후 국가적 불안전의 시대를 벗어나 경제 발전의 시대에 들어서면서 전국적으로 이동 현상이 일어나기 시작했다. 육지 농촌 인구가 서울을 비롯한 도시부에 집중되었을 때, 제주인들은 이미 가족·친족들의 네트워크가 있었던 오사카로 향했다. 또한 1960년대 한국 사회의 개발에 따라 제주도의 자급자족적 농업은 육지 시장을 겨냥한 상업적 농업으로 변화했고, 종속 구조는 2차산업의 성장을 더욱 어렵게 하면서 역내 자본축적을 저해했다.[51] 즉, 여기서의 푸시 요인은 대한민국 전체가 겪는 절대적 고난이라기보다는 고도성장의 혜택을 누리지 못했던 제주인들이 겪는 상대적 생활난이었다. 한일 간 격차와 함께 육지-섬이라는 위계질서 아래에서 제주도가 겪은 이중적 주변성은 영토 밖에 형성된 생활권을 활성화했다. 구직과 학업, 가족 상봉이라는 이동의 형태는 제국 시대에 경험한 이동 패턴의 반복이었고 거기에는 이미 축적된 인적·물적 네트워크가 존재했다. 그들에게 낯익은 오사카는 어떤 의미에서 서울보다 훨씬 접근성이 높은 장소였던 것이다.

1960년대 말에 밀항을 시도한 C(78, 남)와 D(69, 남)의 주변에서는 거의 90%가 일본 밀항을 경험했다고 했다. 농사를 짓는 것 외에 제주도에서 돈을

51 이상철, 「20세기 제주도의 사회변동과 발전」, ≪제주도 연구≫, 18호(2000).

벌 수 있는 길이 없었던 청년층에게 밀항은 공공연한 비밀이었다. "부산만 가면은 어떵 저기 동대래 가젠? 인사가 게민 가보카? 함 알아보카? 하믄 동대래 가(부산만 가면, 저기 동쪽으로 가볼까? 한번 가볼까? 알아볼까? 하면 동쪽으로 가)"(C). 전통적으로 영농 규모가 작고 생산력이 적은 제주도에서 가족은 생산 인구보다는 소비 인구로서의 경제적 부담을 의미했다.[52] 관광산업이 가속화하는 1980년대 이전까지만 해도 외부에서 유입되는 현금에 대한 기대가 커서 부모들이 밀항을 권장하는 것이 보통이었다.

일본으로 가는 방법은 모두 부산에서 '브로커'를 통해 이루어졌다. 브로커 중에는 제주 사람도 육지 사람도 있었지만 대부분 고향 사람들끼리 거래를 했다. 배는 작은 똑딱선에서 30명이 타는 무역선까지 종류가 다양했고 업자마다 가격이 달랐다. 부산에서는 경찰도 이 브로커와 밀항 희망자들의 거래를 묵인하는 분위기가 있었고 돈만 주면 경비정이나 경찰이 배 선착장까지 안내해주기도 했다. 다만 배 안에 한번 들어가면 밑창에서 "다리가 끊어져도" 숨을 죽이고 며칠을 버텨야 했다. 시대적 변화가 있었다고 해도 밀항은 여전히 목숨을 건 위험한 모험이었다. 1971년의 기사에 따르면 밀항자들은 1969년 이전에는 대부분 밀항 전용선으로 밀항을 시도했지만 1970년에 들어서면서 부정기 외항선을 이용하기 시작했다.[53] 그 결과 선창이나 물탱크에 숨어 있다가 질식사, 익사를 하는 경우가 종종 있었음을 알 수 있다.

항해 과정은 물론, 무사히 상륙한 후에도 그들의 신변은 험하기 짝이 없었다. 브로커들 간에 연락이 잘되어야 상륙 후 안전한 동선을 확보할 수 있었다. 오사카 항에 배가 들어가는 경우는 이카이노 조선시장까지 택시를 타거나 합

52 신행철 외, 『제주 사회론』(한울, 1995), 10쪽.

53 "저승길 密航", ≪경향신문≫, 1971년 5월 19일 자.

법적 신분을 가진 사람이 마중을 나와야 안전이 보장되었다. 그러나 해상보안청 감시에 잡히거나 일반 시민들에게 밀고를 당할 경우 일본에서 한 푼도 벌지 못한 채 밀항 비용을 날리게 될뿐더러 구치소와 오무라 수용소에서 첫 일본 생활을 시작하게 되었다.

빚만을 늘려 고향으로 돌아가는 "굴욕적인" 귀환의 길은 바로 다시 밀항을 시도할 수밖에 없게 만든다. F(67, 남)의 경우, 가고시마 항에서 택시를 타는 과정에서 수상하게 여긴 택시 기사에게 밀고를 당했다. 당시 일본에서도 밀항자 1건당 5000엔의 상금이 있었다. F는 오카야마 구치소에서 3개월, 오무라 수용소에서 6개월, 부산수용소에서 3개월을 거쳐 1년 만에 제주도로 송환되었다. 그런데 고된 과정을 거친 후 그는 3개월 만에 또 밀항을 떠났다. 밀항의 실패와 송환으로 날린 비용을 되돌리기 위해 1972년부터 1983년까지 오사카 메리야스 공장, 하수도 공사 등 전국에서 묵묵히 일하면서 돈을 모았다. 또한 그들은 일본에서 모은 돈을 제주도에 남은 가족들에게 꾸준히 송금했다. 송금은 대부분 한일 간을 오가면서 보따리 장사를 하는 사람들을 통해 이루어졌다. 등록이 없는 상태에서는 은행을 이용하는 것이 훨씬 더 위험했기 때문이다. 그렇게 송금한 돈으로 밭도 사고 집도 샀다. 돌아와 보니 자신들이 일본에서 벌어온 돈이 제주도 경제 발전의 기반이 되어 있음을 알게 되었다.

1961년 밀항단속법이 공포되면서 신문에는 밀항자들이 대거 적발되는 내용이 많이 실렸다. 밀항자의 90% 이상이 일본에 연고자가 있고 제주도민이 압도적으로 많다는 점, '오기만 하면 돌봐주겠다'는 가족, 친척들의 약속을 믿고 떠난다는 점을 밀항자들 공통의 특징으로 지적하고 있다. 1965년 한일 국교 정상화를 계기로 '집단 불법 입국자 검거 수'는 대폭 감소했다. 일본 출입국관리국에서는 그 이유로 ① 정규 입국을 기대하는 분위기 확산, ② 일본 경제원조와 베트남 특수로 인한 한국 경제 호전·실업자 감소, ③ 한국 내 밀항 취체 강화 세 가지를 들고 있다.[54] 하지만 이 시기의 변화가 실생활의 수준까지 내려오기에는 더 많은 시간이 걸렸을 것이다. 이 시기 돈벌이형과 또 다른 10~20대 밀항자들의 동기에 대해서는 "가난보다 부푼 꿈이 큰 이유"[55]라고 보도되었다. 앞서 본 C와 D의 경험이 단순 생계형이라 한다면 더 젊은 세대의 밀항 동기에는 청년기 특유의 지적 호기심과 섬을 벗어나고자 하는 충동적인 욕망이 있었다. H(67, 남)는 제주도의 청년들에게 일본 밀항은 유일한 희망이자 "로망 그 자체"였다고 말한다. 고등학교 시기부터 "미칠 정도의 답답함"을 느끼면서 살았던 그는 공부에 대한 욕심을 버리지 못하고 일본 밀항을 선택했다. 그는 생계형 밀항과 자신의 밀항 동기를 다음과 같이 구분했다.

H: 청년기의 고뇌와 고민을 안고 살았던 사람들하고, 그냥 생활고에 시달리고 살았던 사람들하고 차이점이 있는데. 생활고에서 갔던 사람들은 대부분 형편이 괜찮았어요. 일을 열심히 하니까…… 고민이 덜하죠. 육체적으로 힘들어도 정신적 고통은 없으니까. 그런데 여기서 생각을 많이 하고 간 친구들은 상당히 고통스러웠죠. 내가 왜 여기에 와 있을까…… 이상이 큰 사람들은 얼마나 갈등이 오겠어요. 그렇다고 마음대로 돌아올 수 없는 길이고…… 그때 거의 90퍼센트, 99퍼센트가 밀항이었거든요.

제주도의 엘리트 학생들이 주로 선호한 진로는 "수업료 없고 먹여주고 재워주는" 육군사관학교였다. 그런데 필기시험에 합격해도 많은 경우 '신원 특이자 조사'에서 떨어졌다. 거기서 불합격한 학생들이 밀항을 많이 갔다고 했

54 法務省入国管理局, ≪入国管理月報≫, 76号(1966.3), p.1.

55 "日本密航의 生態", ≪경향신문≫, 1964년 3월 9일 자.

다. H 자신이나 그의 동기들도 서울로 가서 공부할 생각을 하지 않았던 것은 아니었다. 그러나 '제주도 놈'이라는 "역겨움" 때문에 도저히 견디기가 어려웠다. 그는 이 섬을 벗어나고 싶은 심정을 "국가에 대한 배신감 같은 것"으로 표현하면서 당시 밀항이 일본을 경유한 북한행의 통로와도 연결되었던 점을 시사했다. "왜 만경봉호가, 그때 북송선이 일본을 오갔죠. 그게 나오니까 (밀항) 이야기가 많이 나오더라고…… 내 친구들 이북 많이 가 있어요. 왜 갔느냐면 뭔가 벗어나고 싶은 거여. 그때는 또 그쪽이 경제가 더 높았죠"(H). H의 구술 내용은 더 긍정적이며 능동적인 삶의 가능성을 찾고자 하는 청년들의 정동을 잘 표출하고 있다. 1967년에 들어 정부는 밀항자들이 "일정한 직업도 없이 적은 여비로 일본에 가 방황하다가 심지어는 조총련계의 유혹을 받아 포섭되기 쉽다"라는 이유로 일본 밀항을 적극 단속·엄벌하기로 방침을 세웠다.[56] 이 과정에서 밀항자 단속은 간첩단 단속과 연결되면서 밀항자들은 단순 생계형에서 국가의 안전을 위협하는 사상범으로 쉽게 전환될 수 있었다.[57]

앞서 1940~1950년대와 1960~1970년대 밀항의 리얼리티를 생존 또는 생활이라는 측면으로 구분한다고 했다. 일본의 고도성장을 배경으로 한 1960~1970년대 밀항은 더 일상적인 노동이동으로 구조화된 현상이었다. 다만 밀항하는 일상, 영토를 벗어나고자 하는 행위를 우리는 단지 개별적인 구직 현상으로만 볼 수는 없다. 여기서 앨버트 허슈먼(Albert Hirschman)의 이탈(exit)과 항의(voice) 개념을 참조한다면, 사람들은 충족되지 않는 상황을 극복하기 위해 정치적 행위로서의 '항의'보다는 사적이며 경제적인 행위로서의 '이탈'을 쉽게 택할 수 있다. 허슈먼은 정치의 영역에서 '이탈' 행위가 '항의'보다 훨씬 열악

---

56 "나라 체통 깎는 日本密航 강력단속", ≪동아일보≫, 1967년 12월 7일 자.

57 예컨대 "그들은 밀항자였다: 드러난 붉은 첩자들의 죄상", ≪경향신문≫, 1969년 5월 14일 자.

한 대접을 받아왔다는 점, 즉 "탈퇴, 변절, 반역이라는 이름표가 붙은 '범죄적' 행위로 종종 낙인찍혀"왔다고 하면서 이탈(경제)과 항의(정치) 메커니즘의 상호 분석의 중요성을 말하고 있다.[58] 특히 조직이나 국가에 대한 충성심이 결여되거나 항의의 비용이 너무나 클 때, 거기서 이탈하는 행위는 지극히 자연스러운 일이 된다. 그리고 변경의 땅에서 사회의 중심부가 아닌 영토 밖으로의 '이탈'은 제주의 역사적 특수성을 볼 때 다분히 '항의'적인 의미를 포함하고 있다. 또한 밀항의 정동적 측면을 부각시킨 김예림은 밀항을 "슬픔을 생산하는 환경"에서 생겨난 이동 행위로 보고 "국가에 의해 삶의 가능성을 훼손당한 자들이 선택한 '위험'"이었다고 말하고 있다.[59] 다시 말하자면, 정치·경제적 불안전의 축적과 함께 삶의 기쁨이 현저히 떨어지는 사회에서 사람들은 영토를 벗어나는 위험을 택하게 된다. 1960년대 이후 한국 사회가 국민국가로서의 체제를 확립해가는 과정에서, 이에 속하면서도 사회적·경제적 안녕을 보호받지 못하는 상태에 있는 자들의 유일한 선택이 그 영토에서 벗어나는 것이었다. 밀항의 성공, 실패 여부와 상관없이 이는 현해탄 너머에 있을 수 있는 어떤 삶의 가능성에 대한 투기(投企)였던 것이다.

5. 일상의 균열: 오무라, 그리고 괴정

재일조선인/한국인들의 85%가 제주 출신자라고 했던 오사카의 이카이노

---

58 앨버트 O. 허쉬만, 『떠날 것인가 남을 것인가: 기업, 조직 및 국가의 퇴보에 대한 반응』, 강명구 옮김(나남, 2005), 43쪽.

59 김예림, 「현해탄의 정동: 국가라는 '슬픔'의 체제와 밀항」, ≪석당논총≫, 49호(2011), 314쪽.

는 밀항자들에게 그 어느 곳보다 "안전한 지대"였다. 고향 사람들이 뭉쳐 사는 이카이노 "조센 이찌방(조선시장)"은 일본어를 못해도 지장이 없을 만큼 제주에서의 인적 관계를 그대로 유지할 수 있는 공간이었다. 밥도 제주 음식을 똑같이 먹었고, 가족과 친척들은 물론 고향 친구들을 다시 만나 술을 마시고 동창회를 열기도 했다. 지역에 따라서 고향보다 더 많은 고향 사람들이 모여들기도 했던 이카이노는 그들에게 영토 바깥에서 더 활성화되는 생활공간이었다. 그러나 그들의 영토 밖의 일상은 어느 날 갑작스럽게 균열을 맞는다. 길거리에서 검문에 걸리거나 이웃들에게 밀고를 당하고 하루아침에 '범법자'가 되는 것이다.

> D: 저는 길가에, 그러니까 일요일 날 친척 집에 놀러 가면서 걸렸거든. 딱 그래서 경찰하고 마주친 거야. 그러면 사람이 죄를 안 지어도 딱 보면은 얼굴색깔이 다르잖아요. 우리는 사실상 범죄는 범죄지. 그렇다고 큰 죄를 진 건 아니지만 어쨌든 간에 등록이 없으니까 우선 죄책감 짓는 게 그 사람도 보면은 얼굴색이 딱 다르잖아요. 뭐라고 해서 걸리는 게 아니라. 멀리서 봐가지고, 내 모습을 봐가지고…… 캐치를 하는 거지. '아, 이 사람은 좀 수상하다.'

한편 배수 공사 일로 일본인 사장의 신용을 한몸에 얻은 F의 경우 '도우로쿠'를 가진 '합법적' 동포 동업자들의 질투를 사서 종종 밀고를 당했다. 그 때문에 E(여, 63)와 F 부부는 항상 불안감을 느끼면서 여기저기로 이사를 다닐 수밖에 없었다. 조선인들이 모여 살지 않는 한적한 지역에 이사를 가 숨어서 살기도 했지만 밀고는 계속 들어왔다. 어느 날 남편이 일하러 나간 사이에 사복 경찰들이 집에 들어와 E는 아들과 함께 잡혀갔다. 출입국관리소에서 일주일을 지내다가 조사를 받았는데 그때 일본 형사들의 모습이 지금도 인상 깊게

남아 있다.

> E: 일본 형사들은 너무 좋아. 막 편안하게 대해주고 욕도 안 하고 왜 고생하러 왔느냐고, 일본에 왜 왔느냐고, 같이 울어줘서 막 고마워가지고 너무 순해가지고 우리 한국 형사처럼 막 안 하고 너무 좋았어요. 너무 편안하고 대우도 잘해주고 그래서 거기서 인제 다른 사람들은 수갑을 차는데 저는 수갑을 안 차더라고. 왜냐면 애기 있기 때문에 안 한대요. 일본은 그게 잘돼 있어. 애기 앞에서는 절대 수갑 차는 것을 안 보이고 데려갈 때도 절대 저는 수갑을 안 차더라고요. 그거는 일본 참 배울 만해요, 그런 면에서.

E는 결국 아들과 함께 1979년 오무라 수용소에 수용되었다. 마침 박정희 암살 뉴스가 티브이에서 나오는 것을 보고 직관적으로 '우린 이제 죽었구나' 라고 생각했다. 전국을 떠돌며 도망 다니는 남편 F하고는 물론 연락이 되지 않았다. 그런데 겨우 네 살 먹은 아들과 지냈던 오무라에서의 생활은 그럭저럭 편안했다. 수용소 내에서 남자와 여자는 다른 동에서 생활하며 서로 보이지 않게 격리되었고 부부와 가족들은 주에 한 번씩 면회가 가능했다. 먹고 싶은 것, 필요한 것이 있으면 주에 한 번 주문도 가능했다. 배추와 고춧가루를 주문해 작은 통에 김치를 담가 먹기도 했다. 남자들은 주로 운동을 하고 여자들은 뜨개질 등을 하면서 하루를 보냈다. D의 주변에 육지 사람은 한두 명이고 대부분이 제주 사람이었다.

일본 법무성 통계에 따르면 1950년 12월부터 1970년 9월까지 20년간 오무라 수용소에서 한국으로 송환된 사람은 1만 6400명이다. 공식적으로 오무라 수용소는 "배를 기다리는 곳"이며 구치소와는 확실히 구분되는 시설이었다. 각종 오락 시설과 운동 시설을 통해 여가 생활을 즐길 수 있다는 것 등 수용자에 대한 배려가 강조되었다. 이 행정 측 설명과 반대로 이른 시기에 오무라 수용소를 경험하거나 취재한 이들은 "일본의 아우슈비츠", "감옥 이상의 감옥"이라 표현하기도 했다. '송환 대기 시설'과 '아우슈비츠' 사이 어딘가에 위치하는 오무라 수용소에 대한 구술자들의 반응은 대부분 예상 밖으로 담담했다. 생존의 위험을 수반한 밀항 과정과 그 후 그들을 기다리고 있는 송환 과정에 비해 오무라에서의 생활은 서사화되지 않는 일상의 영역에 속했다. 수용소 내 폭력과 냉전적 대립 관계로 사상자나 자살자들이 나온 1950년대 상황과는 많이 달랐다.[60] 무엇보다 먹고살기 위해 밀항을 떠난 그들에게 세끼를 주고 시설 내에서 자유롭게 움직일 수 있도록 해주는 생활은 잠시의 평온을 가져온 것 같았다. 그러나 그 평온이 닫힌 공간 내에서만 유지되는 일시적인 것이라는 점은 본인들이 누구보다 잘 알고 있었을 것이다. 한 발 밖으로 나가면 그들은 한일 양국에서 환영받지 못하는 경계 침범자로서 국가의 의지에 자신들의 거취를 위탁할 수밖에 없었다.

사회와 격리된 공간에서 경제활동을 정지시키는 것에 대한 불안감은 그들의 미래를 더욱 불투명하게 만들었다. 이 시기 밀항 경험자들이 겪었던 고통과 괴로움은 오무라 수용소 내의 비인도적 환경에서 비롯된다기보다는 스스로가 온전한 주권국가의 '주인'으로서 살지 못한다는 집단적 자괴감에서 비롯된 것이라 하겠다. 고도성장기 일본과, 변경의 땅 제주도의 압도적인 격차 앞에서 그들은 묵묵히 자신들의 생활의 기반을 마련하고자 했다. 범법자가 된 그들을 대하는 선진국 관리들의 상대적으로 친절하고 여유로운 태도는 그들에게 저항보다는 수용과 체념을 용이하게 만들었다고 할 수 있다. 앞에서 보

---

60 예컨대 1955년에는 수용소 내에서 남한 지지자와 북한 지지자 간 대립이 심화되어 1956년 이후 북한으로의 귀국 희망자를 별동에 수용하는 등의 조치가 취해졌다. 法務省大村入国者収容所, 『大村入国者収容所二十年史』, p.85.

았듯이 법무 대신의 막강한 재량권을 남겨둔 일본 출입국관리 체제의 '인도적' 측면은 1960년대 이후 한일 관계가 정상화되면서 더욱 비대칭적 관계가 드러나게 만들었다.

한편 오무라 수용소에 관한 막연한 기억과 대조적으로, 부산으로 송환되는 과정을 사람들은 선명하게 서사화했다. 오무라를 떠나 부산으로 송환된 밀항자들은 부산수용소에서 약 일주일 동안 일대일로 중앙정보부 조사를 받는다. 부산수용소는 원래 '이승만 라인'을 넘어 억류된 일본인 어부들의 수용 시설이었으나 돌봄 교섭이 한창이던 1961년 이후 오무라에서 강제송환된 한국인 밀항자 수용 시설로 "유익하게 활용"되었다.[61] 부산수용소 조사는 일본에서 밀항자들이 겪은 구체적인 생활에 관한 것보다는 오직 그들의 '사상'과 그 증거(총련과의 접촉)와 관련된 내용에 집중되었다. 밀항자들에게 현해탄을 건너 '조국'으로 돌아가는 과정이야말로 가장 공포로 떨리는 순간이었다. 여기서는 특별한 경우를 제외하고 대체로 모두가 협박과 폭행, 고문에 시달렸다. D에게 부산수용소에서의 기억은 "궁둥이가 시커멍행 굳을 정도로" 많이 맞은 것밖에 없었다.

> D: 송환이 결정될 때는…… 오무라 수용소에 있을 때는 그자 아무 탈이 없으니까, 먹고 놀고 있고 했지만은, 이제 고향에 간다 하면은 마음적으로 막 긴장이 되는 거지. 가가지고 이제 어떻든 조사를 받아야 되니까, 그게 공포에 떨리는 거야. 중간 바당까지는 그런대로 기분 좋게 가. 경행 거의 한국 바당에 거의 딱 들어설 때부터, 그때부터 사람들이 숨소리가 없어. 이건 말해도 되나? 괴정수용소는 죽음의 장소지게. 죽음의 장소라…… 그때는 거기서 그

61 이 책 7장 참조.

렇게 느낄 수밖에 없어. 거기서. 시퍼렁한 담요 그것 하나 주멍, 완전 쓰레기 지게…… 어쨌든 마음적, 신체적인 거에서도 활발할 수가 없는 거지게……

한국 정부는 1961년 밀항단속법을 제정해 밀항자나 브로커들에 대해 3년 이하의 징역 혹은 300만 원 이하의 벌금을 가하도록 했다. 1965년 이전까지 송환자들은 불구속 입건 수사를 해왔지만 한일수교 이후 전원 구속하는 것으로 바뀌었다.[62] 다만 일주일 동안의 조사 과정에서 중요한 것은 밀항 그 자체가 아니었다. 어디서 어떻게 밀항을 시도하고 일본에서 어떻게 살았는지 구체적인 과정은 중요하지 않았다. 모든 내용이 "조국을 배반"하고 외국에 왜 갔느냐, 일본에서 "김일성 사진 봤느냐? 안 봤느냐?"라는 두 가지 점에 집약되었다. 길을 걸어 다니기만 하면 총련계 조선인들을 만나게 되는 오사카의 환경을 그들은 부정할 수 없었다. 서로 가난했던 시절에 밀항을 묵인하고 돈을 받고 도와주기까지 했던 경찰들이 '배반'을 추궁하는 것이 서럽기만 했다.

부산수용소에서의 조사 과정은 1960~1970년대 대한민국 국가가 관장하는 '안전'의 내용을 드러낸다. "국가를 배신했다"라는 말은 밀항 그 자체를 문제 삼기보다는 밀항자들의 신원과 사상적 성향을 파악하고자 할 때의 알리바이와 다름없었다. 신원 조사는 이미 오무라 수용소에서 시작되고 있었다. 여러 사람들이 모여 자유롭게 지내는 오무라에는 북한 지지자들도 있었던 반면, 중앙정보부 '프락치'들도 섞여 있었던 것이다. F는 오무라 수용소에서 사람들과 같이 찍었던 사진이 부산수용소 증거 서류 안에 있는 것을 발견했다.

앞서 본 바와 같이 일본 정부에게 출입국관리와 오무라 수용소는 조선인들 간의 지위를 합법 또는 불법으로 분할한 뒤 언제든지 주권의 외부로 추방 가

62 "密航者강력制裁", ≪경향신문≫, 1968년 3월 2일 자.

능하도록 할 수 있는 제도적 장치였다. 다만 이 장치는 일본이라는 주권국가를 지탱할 뿐 아니라 대한민국이라는 냉전·국민국가를 지탱하는 데에도 중요했다. 특히 한국 정부에게 오무라에서 부산수용소로 인도되는 송환자들의 신원 정보는 대한민국의 국가적 안전을 보장하는 데 핵심적인 역할을 했다. 즉 대한민국 국가에게 자국민의 밀항은 단속의 대상이었지만, 결과적으로 "내전을 법제화"한 "예외 상태 법"[63]인 국가보안법 체제에 활용 가능한 정보들을 제공하기도 했다. '배반자'로 낙인찍힌 밀항자들이 거꾸로 '국가 안전'을 '기획'하는 데 중요한 위치를 차지하는 역설을 여기서 볼 수 있다. 한편 밀항자 자신들에게 국가는 배반하는 것이 아니라 그저 벗어날 수밖에 없는 영토였다. "법은 어겼지만 잘못한 것 없다"라는 말에는 그들의 밀항의 역사적인 개연성에 대한 감각이 담겨 있다. 즉 그들은 자신들의 안전(안녕)을 확보하기 위해서 영토 밖에 생활의 터전을 마련했을 뿐이다. 혹은 국가를 배신한 것이 아니라, 오히려 국가에 대한 배신감이 밀항을 추동하는 원동력이기도 했다. 그들에게 법과 영토는 자신들의 안전을 보장하기는커녕 삶의 능동적인 힘을 축소하거나 외면하는 것이었다. 이렇게 미래에 대한 가능성이 현저하게 떨어진 땅에서 그들은 영토를 벗어나는 것을 일상으로 삼았다. 그들의 밀항의 길이 한 번으로 귀착된 것은 아니었다. 일본에 남겨둔 재산을 위해, 가족과의 재결합을 위해 그들은 반복적으로 험한 길을 또 오고 갔다.

63 강성현, 「한국의 국가 형성기 '예외상태 상례'의 법적 구조」, ≪사회와 역사≫, 제94집 (2012).

6. 맺음말

이 장에서는 1945년 이후 영토의 재편 과정에서 밀항을 발생시킨 구조적 조건과 함께 제주인들의 일본 밀항의 시기적 성격과 의미를 살펴봤다. 특히 밀항을 국가가 관장하는 국경의 내적 안전(안보)과 다른, 시민들의 안전(안녕)과 삶의 긍정적 가능성을 추구하는 행위로 보고 그 사이의 긴장 관계를 살피고자 했다. 해방과 동시에 새로 그어진 국경은 조선인들의 생존과 생활을 보장하지 않을뿐더러, 정당한 탈식민화 과정 없이 고향과 일본 사이에 형성된 삶의 영역을 비합법화했다. 이 상황 속에서 조선인들에게 밀항은 대한민국이라는 불안전한 영토의 변경에서 자신들의 안전(안녕)을 추구하는 행위였다.

1940~1950년대 제주인들의 밀항이 생존을 향한 강요된 이동이었다고 한다면 1960~1970년대 밀항은 자신들의 나은 삶을 추구하는 더 능동적인 이동이었다고 일단 말할 수 있다. 다만 시기를 막론하고 밀항은 육체적·정신적 긴장과 고통이 극대화된, 생명의 위험과 맞닿아 있는 경험이었으며 생존 또는 생활의 가능성을 확대하기 위한 구조화된 '이탈'이었다는 점에서 두 시기의 행위는 연속적이다. 구직과 학업, 가족 상봉이라는 일상적 이동의 형태는 이미 제국 시대에 경험한 이동 패턴의 반복이었지만, 이 패턴은 해방 후 냉전·국민국가 체제에서 더욱 복잡한 선을 따랐고 또 다른 가족 이산을 낳았다. 이 중첩된 이산의 형태는 제주인들의 지역적·계급적 주변성, 강한 공동체적 유대 관계와 맞물리면서 육지와 다른 이동의 연속성을 순환적으로 유지했다.

그런데 해방 후 대한민국이 지닌 '불안전' 상태의 근원을 생각해볼 때 우리는 식민지 제국이 남겨둔 역사의 무게에서 여전히 벗어나기 어렵다는 사실을 깨닫게 된다. 즉, 그들에게 일본 오사카가 상대적으로 안전한 생활권을 제공했다고 한다면, 결국 우리는 미완의 탈식민화가 열전 또는 냉전으로 이어지는 일련의 역사적 불균형을 다시 문제 삼아야 할 것이다. 또한 전후 한일 간 정치·경제적 격차와 함께 국민국가 내 중심-주변의 위계질서에서 비롯되는 제주인들의 이중적 소외 상황은 밀항의 지속성의 구조적 조건이었다. 구술자들에게 호의적으로 기억되는 일본 관리의 모습들, 오무라 수용소에 대한 모호한 서사와 같은 기억의 불균형 또한 이런 맥락에서 재해석되어야 한다.

1980년대까지 지속된 일본 밀항은 공식적으로는 여전히 숨겨진 역사이지만, 제주인들에게는 "세 집 건너 한 집은 다 밀항 갔다 왔다"라고 할 정도로 '평범한' 경험이었다. "들젠도 안 허고, 말하젠도 안 허"는 밀항 이야기는 고생담도 영웅담도 아닌, 여전히 역사화되지 않는 일상의 영역에 속한다. 주권국가의 가장자리에서 흔히 벌어질 수 있는, 평범하면서도 특별한 경험들을 끄집어내고 그들의 침묵의 언어를 의미화하는 작업을 앞으로도 계속해야 할 것이다.

|2부|

수용소의 지정학

04

수용소라는 안전장치 *

오무라 수용소, 폴리스, 그리고 잉여

차승기

1. 오무라, 시간의 봉인

1945년 8월의 패전으로 '식민지/제국 일본'이 해체되고 연합국 점령하에 일본 열도를 경계로 '국민-국가 일본'이 재구성되기 시작하면서, 그동안 식민지/제국 일본의 '신민'을 함께 구성하고 있던 일본인, 조선인, 대만인, 류큐인 등은 곧바로 '일본 국민'이 될 수 있는 자와 그렇지 않은 자로 크게 분할되었다. GHQ와 일본 정부가 함께 만들어낸 이 분할선은 각 민족에 따라 동아시아의 영토를 재배치하는 작업과 병행되었고, 이에 따라 일본 열도 안으로 밖으로 각 민족들의 대대적인 '귀환'이 이루어졌다. 이로써 그동안 일본이 전쟁 수행

* 이 장은 「수용소라는 안전장치: 오무라(大村)수용소, 폴리스, 그리고 잉여」, ≪한국학 연구≫, 제32집(인하대학교 한국학연구소, 2014)을 수정·보완한 것이다.

의 도덕적·정치적 명분으로 내세워왔던 '다민족 공영 제국' 건설의 기획이 얼마나 거대한 허구의 산물이었는가가 백일하에 드러났다. 아울러 제국 해체 후 '국민-국가 일본'이 만들어지는 과정에서 정치적으로 명시화되어간 이 민족적 구별은 영토와 민족을 동일화·자연화하는 역할을 수행했다. 요컨대 국민(민족)-국가(영토) 체제는 다민족 제국 일본이 패전 직후 어떻게 그토록 빨리 단일민족 신화로 귀착될 수 있었는지를 설명해준다. 패전과 동시에 이루어진 '대동아' 제국 붕괴의 현실은 그 질서가 가진 '인위성'의 붕괴로 번역되었고, 붕괴 이후 '남은 것'에 '자연성'을 부여함으로써 '폐허' 상태는 오히려 원래 상태로의 '복귀'로 치환되곤 했다.[1] 다민족 제국 일본에서 국민-국가 일본으로의 재빠른 전환은, 이렇듯 '패배'에 대한 자각이 불러일으킬 수 있는 파괴적인 동요를 새로운 '시작'을 위한 생산적인 에너지로 전환함으로써 가능했다.

그러나 '다민족 공영'의 제국이 허구였던 만큼이나 영토와 민족의 동일성 역시 그에 못지않은 허구를 기초로 하고 있다. 더욱이 '패배'를 '복귀'로 치환하고 절망과 동요를 생산적인 에너지로 전환하기 위해서는 폭력적인 분리와 배제를 통한 정화(淨化)의 절차를 거쳐야만 했다. 아마도 1972년이 되어서야 일본으로 '복귀'[2]된 오키나와야말로 이 동일성과 폭력적인 정화의 스캔들을

---

1 가령 패전 후 도쿄 대학 총장을 역임하고 '교육기본법'의 내용을 실질적으로 만들어낸 난바라 시게루(南原繁)는 아시아와 일본의 관계를 일거에 부정하면서 천황을 중심으로 한 단일민족국가로서의 일본을 자명한 듯이 전제하고 있다. "일본 국가 권위의 최고의 표현, 일본 국민 통합의 상징으로서의 천황제는…… 군민 일체의 일본 민족 공동체 자체의 불변의 본질입니다. 외지 이종족이 떨어져 나가 순수 일본으로 되돌아온 지금, 이것을 상실한다면 일본 민족의 역사적 개성과 정신의 독립은 소멸할 것입니다." 南原繁, 「天長節: 記念祝典における演述」(1946), 『南原繁著作集(7)』(東京: 岩波書店, 1977), p.58. 김항, 「'결단으로서의 내셔널리즘'과 '방법으로서의 아시아'」, ≪대동문화연구≫, 65집(2009), 504쪽 재인용.

2 오키나와가 미국 점령 지역에서 일본의 주권 영역으로 전환된 사태를 지시하기 위해 1971년 6월 17일에 조인된 이른바 '오키나와 반환 협정'(정식 명칭은 '琉球諸島及び大東

드러내는 장소일 것이다. 2차 세계대전 종전 후 미국이 한국, 일본 본토, 오키나와를 각각 점령하고 그 지역들을 아시아-태평양 반공 전선에서 상이한 기능을 가지는 전략적 단위로 배치한 정치적·군사적 고려는 동북아시아 국민(민족)-국가(영토) 체제를 강화하는 결정적인 계기로 작용했다고 말해도 좋을 것이다. 미국은 비록 오키나와에 대한 일본의 '잠재주권(residual sovereignty)'을 인정하고 있었지만, 점령하의 오키나와에 "미국 관할의 단독 중앙정부로서의 성격"[3]을 강하게 가지는 독자적인 통치 체제를 형성하고 있었다. 일본 본토는 본토대로 '오키나와가 없는' 국민-국가 체제를 이루고 있었음은 물론이다.

이에 앞서, 2차 세계대전 종전 직후 미국의 주도하에 동아시아에 급격히 국민(민족)-국가(영토) 체제가 형성되는 과정에서 인구의 국가 귀속과 관련해 가장 '처리 곤란'한 문제가 되었던 것은 구 식민 본국으로서의 일본에 잔류한 조선인의 존재였다. 일본의 패전과 더불어 대규모 귀환이 이루어진 후에도 60만 명을 훨씬 상회하는 인구를 형성하고 있던 일본 내의 조선인들이 동화되어야 할 '신민'에서 점차 '외국인'으로 전환되어갔다는 것은 익히 알려진 사실이다. 미군 점령 초기만 해도 조선인은 중국인 및 대만인과 함께, "군사상의 안전이

諸島に関する日本国とアメリカ合衆国との間の協定')에서조차 '복귀'(reversion)라는 표현을 사용하고 있지만, 27년 이상의 미군 점령 기간을 거친 후의 일본 편입은 과연 '복귀'였는가? 이렇게 묻는 것은 오키나와 또는 류큐가 원래부터 일본의 영토가 아니었다는 점을 말하기 위해서도 아니고, 그곳에 살고 있는 자들의 의사와는 무관하게 미국과 일본이라는 강력한 주권 권력들이 그들의 운명을 멋대로 거래하고 있음을 말하기 위해서도 아니다. 그보다는 '복귀'되었다고 하지만 그 '복귀'된 곳이 이미 과거의 일본이 아니었다는 점을 지적하기 위해서이다. 오키나와는 식민지를 가진 제국 일본이 아니라 국민-국가 일본으로 편입된 것이다. 영토와 민족의 동일성을 자명한 것으로 간주하는 체제에 편입된 '이종족'으로서 오키나와는 패전 후 국민(민족)-국가(영토) 일본의 '허구성(fictitiousness)'을 일깨우는 존재이기도 하다.

3 장은주, 「지방정부와 중앙정부 관계에서 본 오키나와 문제」, 정근식·전경수·이지원 엮음, 『기지의 섬, 오키나와』(논형, 2008), 254쪽.

허락하는 한 해방 국민"으로 간주될 수 있는 존재였지만, 동시에 얼마 전까지만 해도 "일본 신민"이었기 때문에 "적국인으로 취급"될 수 있는 존재이기도 했다.[4] 즉, 필요에 따라서는 '일본인'과 동일한 범주에 포함될 수도 있었다. 그러나 1945년 12월 선거법 개정에 의해 조선인들의 (피)선거권이 정지되었고,[5] 1947년 5월 2일에 공포된 외국인등록령(칙령 207호)[6]에 의해 조선인은 "당분간 외국인으로 간주"되었다. 마침내 샌프란시스코 강화조약 발효(1952년 4월 28일) 직전인 1952년 4월 19일 민사국장 통달[7]에 의해 조선인의 국적은 최종적으로 상실되고 말았다. 이 일련의 조치를 당연하고 자연스러운 귀결로 만들어준 것은 국민(민족)-국가(영토)를 자연화한 체제였고, 국민(민족)-국가(영토) 체제 역시 이 일련의 분할 조치를 통해 자연성을 강화해갔다.

그러나 국민-국가 일본에 재류하는 '외국인'인 동시에, 식민지/제국 일본의 역사 내부에서 기원하는 '재일'조선인은 이 체제가 결코 자연화될 수 없음을 가시화하는 존재였다. 또한 한반도와 일본 사이를 오가는 사람들의 다양한 흐름과 그에 대한 규제는 이 체제가 강제적이고 폭력적인 분할과 절단의 수단들에 의해 창출되고 유지되는 것임을 드러냈다.

---

4 「日本占領及び管理のための連合軍最高司令官に対する降伏後における初期の基本的指令」(JC.S 1380/15), 1945.11.3.

5 1945년 12월 1일의 개정 선거법은 일본 '호적법의 적용을 받지 않는 자'의 참의원, 중의원, 지방의회의 (피)선거권을 정지했다.

6 외국인등록령 이전인 1946년 11월 30일에 이미 오사카 부에서는 '오사카 부 조선인 등록 조례'를 제정하고 조선인을 대상으로 거주지증명제도를 실시한 바 있다. 福本 拓, 「アメリカ占領下における朝鮮人『不法入国者』の認定と植民地主義」, 蘭信三 編, 『日本帝国をめぐる人口移動の国際社会学』(東京: 不二出版, 2008) 참조. 비록 반년 만에 폐지되었지만 이 조례는 외국인등록령의 원형이 되었다고 평가되기도 한다. 전갑생, 「한국전쟁기 오무라 수용소의 재일조선인 강제추방에 관한 연구」, ≪제노사이드 연구≫, 5호(2009), 13~14쪽 참조.

7 「平和条約の発効に伴う朝鮮人、台湾人等に関する国籍及び戸籍事務の処理」(1952.4.19).

제국 일본은 붕괴되었으나 아직 한반도 남북 어느 쪽에도 '국가'가 수립되지 않은 시점에 일본의 조선인들은 이중의 의미에서 '자유'로운 상태에 놓여 있었다. 제국의 '신민'으로부터 해방되었다는 의미에서, 또한 일본의 '국민'으로부터 방출되었다는 의미에서. 아직 귀속될 외국을 갖지 못한 해방된 민족에게는 '난민이 될 자유'만이 허락되어 있었다. 따라서 이들은 일본과 남한을 함께 점령하고 있던 미군의 관리하에 남한으로 '귀환'하거나 '조선 출신 비일본인'임을 스스로 밝히고 신고·등록함으로써 '단일민족 국민-국가' 일본의 가장자리에 붙들려 있어야 했다.

단일민족 국민-국가의 법-영토-국민의 동일성은 그 경계를 침범하는 존재들을 단호하게 배제함으로써 강화되게 마련이지만, 특히 패전 직후 일본은 국민-국가의 '법'과 '영토'를 침범하는 조선인을 '수용소'를 통해 미군 점령지인 남한으로 강제송환하는 방식을 취했다. 다시 말해서 일본 패전 이후 허가 없이 일본 본토로 건너왔거나 패전 후 한반도로 귀환했다가 재도항해온 자 등 이른바 '밀항자'들뿐 아니라, 일본의 법률을 위반한 재일조선인들까지 '불법입국자 수용소'를 통해 일본의 영토에서 추방되어야 했던 것이다. 법률을 위반한 재일조선인들은 일본 사회에서 격리되기보다는 '방출'되었고, 따라서 재일조선인들에게 '범법' 행위는 '불법적으로 국가의 경계를 침범하는' 행위에 준하는 것이었다. 오무라 수용소[8]로 상징되는 조선인 입국자 수용소는 패전 후 일본의 법-영토-국민을 재창출하기 위해 이질적인 존재들을 방출하는 장

---

8 패전 후 일본의 출입국관리 체제와 조선인 강제퇴거 장치로서 오무라 수용소의 형성 과정에 대해서는 森田芳夫, 『在日朝鮮人処遇の推移と現状』(東京: 法務省, 1955); 『大村入国者収容所二十年史』(大村: 法務省大村入国者収容所, 1970); 挽地康彦, 「大村収容所の社会史(1): 占領期の出入国管理とポスト植民地主義」, ≪西日本社会学会年報≫, No.3(2005); 전갑생, 「한국전쟁기 오무라 수용소의 재일조선인 강제추방에 관한 연구」 등 참조.

치, 즉 '단일민족 국민-국가' 일본이라는 신체의 항문이었으며, 동시에 재일조선인들을 배제하고 동화하는 "헤게모니 장치"[9]였다. 이 장치가 이질적인 존재들을 배제함으로써 안전하게 하리라 기대되었던 것은 무엇보다도 일본의 노동, 위생, 이념, 치안 등이었다. GHQ와 일본 정부의 입장에서 볼 때, 패전 후 '외지'에서 귀환한 인양자들로 넘쳐나는 인구는 대규모 실업 사태를 야기할 우려가 있었고, 1946년 여름 한반도에서 창궐한 콜레라의 위협이 존재했으며, 패전을 혁명으로 전환하고자 하는 '불온 세력'들이 사회 저층에 확산되는 것을 막아야 했고, 이 모든 사회불안 요인들을 배제하거나 통제함으로써 서둘러 '평화와 민주주의'의 질서를 구축해야 했다.

그러나 조선인 입국자 수용소는 전후 일본 사회를 단지 '외부의 불안'으로부터 지키기 위한 장치이기만 했던 것은 아니다. 조선인 '불법 입국자'들을 강제송환하기 위한 창구로서의 수용소는 '시간'을 봉인하는 장치이기도 했다는 점에서 특이성(singularities)을 갖고 있다. 이 수용소는 제국의 '신민'이었던 조선인이 '외국인'으로 뒤바뀐 현실을 자명한 것으로 만드는 장치, 그들의 허가받지 않은 이동을 철저히 차단함으로써(조선인에게만이 아니라 일본인에게도) 전후의 '국경'을 신체감각에 각인하는 장치였다. 그런 점에서 규슈 일대나 야마구치 현 등지의 해안가에 출몰하곤 했던 조선인 밀항자들은 한반도에서 일본 열도로 건너오는 자들이었을 뿐 아니라 식민지/제국 일본에서 '단일민족 국민-국가' 일본으로 건너오는 자들이기도 했다. 이들을 수용소에 가두고 그들

9 玄武岩, 「密航·大村収容所·濟州道: 大阪と濟州道を結ぶ『密航』のネットワーク」, ≪現代思想≫, 第35巻 7号(2007), p.167. 현무암은 오무라 수용소가 실재적인 장소일 뿐만 아니라 조선인 강제퇴거의 심볼로서 비재(非在)의 장소이기도 했다고 규정하며, 따라서 단순히 강제퇴거 장치일 뿐 아니라 일본에 거주하는 조선인이 '잘못된 장소에 있다(場違い)'는 것을 늘 의식하도록 만드는 헤게모니 장치이기도 하다는 사실을 지적하고 있다.

의 '본국'으로 송출하는 행위는 이 과거의 시간, 식민지/제국 일본의 시간을 '봉인'하는, 그럼으로써 '단일민족 국민-국가' 일본의 시간적-공간적 불안을 야기하는 존재들을 보이지 않게 하는 효과를 내포한 것이었다.

이 장은 일본의 법-영토-국민에서 이질적인 존재들을 외부로 방출하고 통제·관리하는 장치이자 '식민지/제국의 시간'을 봉인하는 장치로서의 오무라 수용소가 어떤 '안전'에 복무하고 있었는가를, 전후 일본과 한국이라는 냉전 국민-국가 체제의 역사적·제도적 정당화 전략이라는 시점에서 다시 묻는다. 그럼으로써 양 체제의 '공-형성(co-figuration) 구조'와 주권적 폭력의 문제를 비판적으로 고찰하고자 한다.[10] 이 고찰은 오무라 수용소로 대표되는 폭력적인 출입국 통제 장치를 시간적[식민지/제국의 시간의 (불)연속성]·공간적(냉전 국민-국가 체제 사이의 인구 이동과 관리) 차원에서 함께 읽음으로써, 2차 대전 종전 후 동북아시아 냉전 국민-국가 체제의 '잉여(surplus)'의 문제를 재고하는 작업과 이어질 것이다.

2. '책임'을 '방어'로 뒤바꾸기

오무라 수용소는 그 피수용자 대부분이 조선인 불법 입국자와 재일조선인

10 테사 모리스 스즈키는 수전 벅모스의 '와일드 존(Wild Zone)'이라는 개념을 빌려 법의 지배에 의해 비가시화된 주권적 폭력성의 가시화 영역으로서 국민-국가의 변경을 중시하고, 그로부터 전후 일본의 출입국관리 체제를 비판적으로 고찰한 바 있다. テッサ·モーリス-スズキ, 「戦後日本の出入国管理と外国人政策」, 有末賢·関根政美 編, 『戦後日本の社会と市民意識』(東京: 慶應義塾大学出版社, 2005) 참조. 이 장은 모리스 스즈키의 관점에서 시사받으면서도 오무라 수용소의 '시간적 봉인' 기능을 지렛대 삼아 한국과 일본의 국민-국가 체제의 '공-형성 구조'를 비판적으로 드러내고자 한다.

형법 위반자였다는 점에서도 한반도와 일본 사이의 역사적인 문제를 상기시킨다. 일본의 법-영토-국민으로부터 조선인을 방출·차단하기 위해 독자적인 수용 시설을 필요로 했다는 것은 단지 지리적인 근접성 때문이거나 불법 입국 인구의 양적 크기 때문이 아니었다. 조선인 방출·차단을 통해 누구의 어떤 안전이 보장되는가를 생각할 때 오무라 수용소의 기능은 더욱 분명히 드러난다.

감옥이 범죄자를 격리시킴으로써 '법에 의해 폭력이 다스려지는 사회'라는 가상을 만들어낸다면, 수용소는 인종(민족)·노동·정치·이념상의 혼란을 야기할 수 있는 인자를 격리·배제함으로써 '사회적 안전망에 의해 보호되는 동일한 공동체'라는 가상을 만들어낸다. 일본의 다수의 입국자 수용소는 일본 법-영토-국민의 외부를 타자화함으로써 '일본 국민'에게는 노동·위생·이념·치안 등의 차원에서 안전의 감각을 부여하는 기능을 수행해왔다. 그러나 그중에서도 오무라 수용소로 상징되는 조선인 입국자 수용소가 갖는 특이성이 있다면, '불온한 외부'로부터의 안전 보장뿐 아니라 '불안을 야기하는 과거'의 삭제·관리 기능까지 수행한다는 점일 것이다.

주지하다시피 조선인은 전전부터 식민지/제국 체제가 야기한 여러 요인들에 의해 '역내'를 이동하는 경험을 반복해왔고, 식민지와 '내지'를 잇는 다양한 (비)공식적 네트워크를 구축해왔다. '내지' 구석구석으로 뻗어나간 이 네트워크의 모세혈관 주변에 조선인 커뮤니티가 형성되었고, 이들은 '내지' 사회 '옆에 있지만 안에 있지는 않은' 모호한 위치에서 피식민자 '이웃'으로 수십 년간 존재해왔다. 더욱이 전쟁 말기 조선인의 징용과 징병을 추진하면서, 조선인이 제국 일본의 전쟁 수행 능력 강화를 위해 '내지'에서 노동력을 '봉헌'할 것과 '조국 일본'을 서양 제국주의 세력으로부터 지키기 위해 생명을 내놓을 것을 당연한 의무로서 선전했다. 이때 급증한 '내지'의 조선인 인구는 200만 명 이상을 헤아릴 정도였다.

일본 패전 후 비록 다수의 조선인들이 GHQ의 계획귀환사업을 통해 한반도로 돌아왔지만, 한반도와 일본 사이에 오랜 시간에 걸쳐 형성되어 있던 생활의 네트워크까지 일거에 사라질 수는 없었다. 특히 장기간의 '내지' 체재를 통해 가족·재산 등 생활의 근거와 관련된 연고 또는 이해관계를 '내지'에 가지고 있던 조선인들은 한반도로 돌아온 후 혼란스러운 정국을 피해 재도항하는 경우가 빈번히 발생할 수밖에 없었다. 그러나 전전의 도항 허가 제도가 하루아침에 사라진 이후, 사실상 일반인이 합법적인 도항 자격을 획득하는 것이 불가능한 상황에서의 도항은 '불법 입국' 또는 '밀항'으로서 GHQ와 일본 정부에 의해 규제되었다.

> 오랜 세월을 두고 남의 땅에서 온갖 설움을 받다 연합국의 영웅적 승리로 조국 해방의 우렁찬 종소리에 너도나도 어깨춤을 추며 꿈에 그리던 고국에 돌아왔던 일본의 전재 동포는 혼란한 국내의 제반 조건과 악전고투하던 나머지 다시 일본으로 밀항하는 자 많다는 사실에 식자 간의 주의를 많이 끌고 있던 터인데 최근 소식을 듣건대 이들 밀항자들은 일본 해안에서 대부분이 그곳 경비선에 잡혀 현재 센자키, 시모노세키, 하카타 임시 수용소에 5만여 명이 수용되어 있다고……[11]

> 다년간 일본에서 갖은 천대와 모욕을 참아가면서 노예적인 노동 생활을 해오던 우리 동포들은 그리운 해방 조국에 기쁨을 안고 찾아는 왔으나 생활의 토대를 국내에 갖지 못한 데다가 물가는 비싸고 주택은 없고 도저히 살길이 막연하다고 하여 그들 중 적지 않은 수효가 또다시 바다를 건너 일본으로 몰래 가다가 일본 관헌에게 발각되어 수용소에 갇히게도 되고 또 도중에서 풍파를 만나 죽는 사람

---

11 "倭땅에 밀항 5만 명", ≪조선일보≫, 1946년 11월 13일 자.

혹은 관헌에게 총살당한 사람도 적지 않다.[12]

식민지/제국 체제가 붕괴됨으로써 이전의 체제를 유지시켰던 법적·제도적 질서가 한낱 허구로 전화된 이후, 국민-국가 체제로 재편되는 과정에서 이 체제의 틀을 공고히 하기 위해 국경 관리 및 출입국관리가 이루어졌다는 것은 어찌 보면 당연한 일에 해당된다고 할 수 있다. 그러나 새로운 질서를 구축하기 위해 이루어진 이 '당연한 일'을 통해 무엇이 보이지 않게 되었는가? 생활의 근거를 일본에 두고 있는 이들조차 조선인이라는 이유로 국민-국가 일본의 울타리 바깥으로 내몰리고, 일단 국경 밖으로 나간 이들에게는 접근이 불허되는 사태는 어떤 '역사적 전환'을 말해주는가? 이는 단지 기존의 생활권이 폭력적으로 절단됨으로써 내지 조선인들이 '피해'를 입게 되었다는 점을 뜻하는 데 그치지 않는다.

조선인은 '외국인'이기 이전에 한때 식민지/제국 일본의 신민, 나아가 '내선일체'를 통해 하나의 '일본인'이 되어야 할 존재였다. 그런 조선인이 패전 후의 일본에 빈번히 출몰하는 사태는 패전 직전에 통용되었던 식민지/제국 일본의 질서와 그 세계상을 떠오르게 하고, 또한 그 질서와 세계상이 깨져버렸음을 일깨우기도 한다. 눈에 띄는 피식민지 이웃은 물론, 현해탄을 건너 일본 열도로 도항해오는 조선인은 식민지/제국의 '다민족 공영권'이라는 실패한 기획을 상기시킨다. 즉 아시아의 타자들과 뒤얽혀 있던 과거, 그러나 패전으로 인해 좌절된 '영화(榮華)'의 과거, 그렇기 때문에 새로운 '문화 국가'를 건설하는 출발점에서 동시대적으로 마주하고 싶지 않은 과거를 떠올리게 하는 것이다. 조선인들의 도항에 대한 규제는 우선 식민지 조선인들의 '내지' 도항을 촉발

12 "밀항자로 倭土에… 7천 명이 수용소 생활", ≪조선일보≫ 1947년 2월 2일 자.

한 식민지/제국 체제, 식민 본국의 다양한 인프라 구축 사업에 조선인들을 강제 동원했던 식민지/제국 전시체제가 존재했던 시간을 삭제하는 행위라고 할 수 있다. 아울러 이들 도항 조선인을 '불법 입국자', '밀항자'라는 규정으로 덮어씌움으로써, 식민지/제국 체제의 시간에 함께 들어가 있던 식민지와 조선인에 대한 일본의 '책임 연관'을 은폐하는 것이기도 하다.

단적으로 '밀항'이라는 규정은 조선인과 한반도에 대한 일본의 책임 연관을 일본의 방어 문제로 뒤바꾸는 효과를 발휘한다. 조선인 입국자 수용소는 불법적이고 위험한 밀항자들로부터 일본 사회를 방어한다는 신화를 만들어냄으로써 일본을 식민지 책임에서 면제시키는 '안전장치'[13]로서 기능한다. 다시 말해 '단일민족 국민-국가' 일본의 법과 영토를 침범하는 조선인을 격리 수용하고 외부로 방출해야 할 존재로 만듦으로써 식민지/제국의 역사와 그 시간에 대한 책임의 문제를 '범죄자 퇴치'의 문제로 교체해버리는 기술적 장치의 하나가 오무라 수용소라고 할 수 있다. 이 장치에 의해 식민지 지배에 대한 '책임'은 사회불안 요소에 대한 '방어'로 대체된다. 수용소를 통해 한반도로 강제송환될 조선인은 이제 더 이상 제국의 신민이었던 자가 아니라 '범법자'이다. 그는 외국인등록령을 위반했고, 출입국관리법을 위반했고, 나아가 이념적으로 불온하며, 전염병의 매개체일 수도 있었다.

---

13 푸코는 생-권력과 인구 관리 체제의 등장을 설명하기 위해 안전장치라는 개념을 사용한 바 있다. 그의 안전장치 개념의 핵심은 '자연성' 내부에서 그것을 통치하는 테크놀로지에 있다고 할 수 있다. 예컨대 규율권력에게 정상과 비정상의 분할 이전에 '규범'이 선행한다면, 안전권력은 '자연성'에서 가장 정상적인 것을 발견함으로써 규범을 구성한다[미셸 푸코, 『안전, 영토, 인구』, 오트르망 옮김(난장, 2011), 83~85쪽]. 이렇게 볼 때 '국민-국가'의 타자를 추방하는 주권적 폭력이 가시화되는 장소로서의 오무라 수용소는 푸코적인 의미에서의 안전장치라고 할 수는 없다. 하지만 이 장에서는 오무라 수용소가 수행했던 출입국 규제, 밀항자 송환, 재일조선인에 대한 예방 조치적 효과 등이 일본과 한국의 국민-국가 체제에 작용했던 효과에 주목해 안전장치라는 개념을 사용하고자 한다.

이렇듯 전후 일본의 출입국관리 체제는 국경의 통제·관리를 통해 일본의 법-영토-국민의 외부를 배제하고 일본을 사회적으로 안전하게 만드는 제도일 뿐 아니라 '단일민족 국민-국가' 일본을 역사적으로 '안전'하게 만드는 제도이다. 식민지/제국 시기 내지 도항 조선인을 잠재적인 불법 도항자로 간주하며 강화해간 '불령선인'의 신화가 '강제 동원'의 현실을 은폐했듯이, 전후 일본의 조선인에게 덧씌워진 '밀항자(불법 입국자)'라는 규정은 '식민지 책임'을 은폐했다.[14]

앞서 말한 바와 같이 샌프란시스코 강화조약이 발효된 후 일본의 조선인은 결정적으로 '외국인'이 되었는데, 의미심장하게도 강화조약이 발효되자마자 한국 정부는 전전부터 일본에 거주하고 있던 재일조선인이 강제송환될 경우 이들의 접수를 거부했다.[15] 한국 정부는 "종전 전부터 일본에 거주하여온 합법적인 '재일조선인'"은 출입국관리법을 위반한 자가 아니므로 "일본에 거주할 권한"이 있음을 근거로 접수를 거부하고 반송[16]했지만, 이 입장의 배후에는 '대한민국' 탄생 이전의 한반도에 연원을 두고 있는 조선인은 '국민(민족)-

14 더욱이 밀항자에 대한 규제·추방 조치와 외국인등록 체제는 '밀항'에 성공한 이들은 성공한 이들대로 '벌거벗은 삶'으로 내몰았다. "가시화되는 것은 본국으로의 강제퇴거를 의미"(玄武岩, 「密航·大村収容所·済州道: 大阪と済州道を結ぶ『密航』のネットワーク」, p.163) 했던 상황에서 '밀항'에 성공한다 하더라도 이들은 법·제도의 바깥에서 삶을 지속할 수밖에 없었다. 이 '비가시적인' 지대에는 얼마든지 부당하게 사용되고 폐기되어도 좋은 '삶'들이 내던져져 있었다.

15 오무라 수용소가 세워진 후인 1950년 12월부터 1952년 3월 11일까지 총 7차에 걸쳐 3600여 명의 조선인이 한국으로 강제송환된 바 있는데, 이 중에는 전전부터 일본에서 거주하고 있던 445명도 포함되어 있었다. 그러나 강화조약 발효 이후 처음으로 강제송환이 이루어진 1952년 5월 12일, 한국 정부는 전체 송환자 410명 중 불법 입국자 285명은 접수했으나 전전부터 일본에 거주하고 있던 125명은 접수를 거부하고 일본으로 역송환했다. 森田芳夫, 『在日朝鮮人処遇の推移と現状』, pp.181~182 참조.

16 "일본에 반송한 동포 또 역송환?", ≪경향신문≫, 1952년 5월 23일 자.

국가(영토)'의 구성원으로서의 요건을 충족시키지 못하는(아니, 오히려 그 요건을 초과하는) 존재이므로 '대한민국'의 보호 책임에서 배제된다는 논리가 작동하고 있다. 말하자면 샌프란시스코 강화조약은 일본에 대해서만이 아니라 한국에 대해서까지 '국민(민족)-국가(영토)'의 동일성을 확정짓는 역할을 수행했다. 그러므로 일본에서 이른바 '평화조약'으로 불리곤 하는 샌프란시스코 강화조약이란 동북아시아 국민-국가의 법-영토-국민의 동일성을 보장하는 '안전조약'이었다고 말해도 좋을 것이다.

3. 이중적 주체성에서 이중적 탈주체성으로

전후 일본 사회가 노동·위생·이념·치안의 차원에서뿐만 아니라 역사적 책임의 차원에서도 일종의 방어 체제를 구축해갔다는 것을 드러내는 상징적 장소로서 오무라 수용소를 놓고, 재일조선인의 법적 지위 전환의 문제를 다시 생각해보도록 하자.

식민지/제국 시기, 식민지와 식민 본국은 상이한 법역에 놓여 있었기 때문에 식민자와 피식민자의 법적 지위 사이에는 위상 차이가 존재했다. 식민지는 식민 본국의 통치역 내부에는 포섭되어 있었지만 제국의 내지에 대해서는 '이법(異法)' 지역인 외지로서, 내지의 법률이 아니라 조선 총독이 발한 명령으로 입법 사항을 규정하도록 해왔다.[17] 정치적으로는 식민 본국에 장악되어 있지만 그와 동일한 법이 적용되지는 않는다는 차별 구조가 민족적 배제와 포섭

---

17 浅野豊美, 『帝国日本の植民地法制: 地域統合と帝国秩序』(名古屋: 名古屋大学出版会, 2008) 참조.

의 정치를 작동시켰다는 것은 주지의 사실이다. 이 위상 차이가 있었기에 식민 본국은 식민지에 대해 이화(異化)와 동화(同化)를 이율배반적으로 추진할 수 있었고, 피식민지인의 모방과 차이화가 모순적으로 구현된 것도 이 위상 차이 안에서였다고 할 수 있다. 예컨대 이 위상 차이가 과대평가될 경우 식민지는 제국의 주권적 폭력이 노출되는 '예외 공간'이 되었고, 과소평가될 경우에는 법적·제도적으로 일본인과 동등한 시민권을 요구하는 논쟁적 장이 떠오를 수 있었다. 즉 식민지는 한편으로는 제국적 주권이 불법적인 폭력성을 노골적으로 드러내는 공간이었으며, 동시에 다른 한편으로는 '황민화'의 길 안에서 차별 극복을 요구하는 논쟁의 공간이기도 했다. 식민 당국에 의해 현실에서 '정치'가 삭제되어야만 했던 식민지는 그 위상 자체로 정치적이었던 것이다.

이러한 식민지의 정치적 위상을 고려할 때, 식민지/제국 시기 일본에 거주한 조선인은 '내지'의 법역에 들어온 '이법 지역'의 주민으로서 '내지'에 내재하는 '구멍'들을 가시화한다고 할 수 있다.[18] 이 '구멍'들은 조선인들이 (식민지의 정치적 위상에서 기인하는) 이중적 주체화의 기제에 포획되어 있었기 때문에 입을 벌릴 수 있었다. 요컨대 조선인은 제국의 신민인 동시에 피식민지인이었다. 즉 일본인인 동시에 비-일본인(조선인)이었다. 국적과 민족적 귀속의 이중적 규정이 내포하는 이러한 모순적 상황은 조선에서보다 일본에서, 즉 이법 지역에서보다 '내지' 법역에서 더욱 여실하게 드러났다.

---

18 필자는 '내지'의 조선인들의 역사적-존재론적 고찰을 통해 조선과 일본, 저항과 친일, 민족과 계급 등의 대립 개념들이 충돌하며 만들어내는 지배적 언설장에 가시화되지 않는 제국 법의 '구멍', 동화주의의 '구멍', 아시아주의의 '구멍'을 가시화하고자 한 바 있다. 차승기, 「내지의 외지, 식민 본국의 피식민지인, 또는 구멍의 (비)존재론」, ≪현대문학의 연구≫, 46집(2012) 참조.

식민지/제국 시기 '내지' 도항 조선인들의 대부분(전시체제기에 강제 동원된 조선인은 물론이거니와)은 도로, 철도, 교량, 댐, 발전소, 광산 등 일본 경제·사회·전쟁 수행 능력의 토대를 건설하기 위한 노동력으로 소비되었다. 공공사업 건설 현장에 투여된 조선인들은 '내지'의 이른바 "만들어진 환경(built environment)",[19] 즉 근대적인 인프라를 형성하기 위한 저렴한 비숙련노동력으로 소비되고는 그 결과물의 향유에서는 배제되었다. 건축으로 비유하자면, 이러한 인프라 구축을 위해 소모된 노동력은 일본의 경제·사회·전쟁 수행 능력을 지탱하는 일종의 비계(scaffold)로서의 역할을 수행했다고 할 수 있다. 건물이 준공되면서 비계가 철거되듯이 토대를 구축한 노동력은 일본의 경제·사회·전쟁 수행 과정에서는 보이지 않게 된다. 비계가 건물 구축 과정의 일부분이면서 정작 건물로부터는 제거되어야 하듯이, 또는 토대가 그 토대 위에서 이루어지는 활동을 자연화하는 선험적 조건을 이루듯이, '내지' 도항 조선인의 노동력은 '내지'에서 이루어지는 경제적·사회적 활동의 물질적 토대 구축에는 동원되면서도 정작 그 활동 자체에는 참여할 수 없었다. 이 위치가 '~인 동시에~'라는 법적 위상 차이에 놓인 '내지' 도항 조선인의 존재론적 장소를 암시해주는 것은 아닐까. 즉, 이 시기 '내지' 도항 조선인은 식민지/제국 일본의 구성 요소인 동시에 그 외부인, 파레르곤(Parergon)적 존재[20]였던 것이다.

그런가 하면 일본의 패전과 더불어 재일조선인은 '~가 아닌 동시에 ~도 아닌'이라는 이중적 탈주체성으로 전환되는 듯이 보인다. 즉, 일본인이 아닌 동

---

19 켄 카와시마, 「상품화, 불확정성, 그리고 중간착취: 전간기 일본의 막노동시장에서의 조선인 노동자들의 투쟁」, 헨리 임·곽준혁 엮음, 『근대성의 역설: 한국학과 일본학의 경계를 넘어』(후마니타스, 2009), 164쪽.

20 단지 외부적인 것이 아닌, 내부에 존재하는 결여와 분리 불가능하게 연결되어 있는 외부적인 것으로서의 파레르곤 개념에 대해서는 Jacques Derrida, *The Truth in Painting* (Chicago: University of Chicago Press, 1987) 참조.

시에 아직 '조선민주주의인민공화국'의 국민도 '대한민국'의 국민도 아닌 존재가 된 것이다. 다름 아닌 '난민'의 상태에 처했다고 할 수 있는데, 이 '난민'의 위치는 의미심장하게도 국민-국가의 '잉여'의 장소를 암시해준다. 이 이중적 탈주체성 상태가 드러내는 '잉여'의 존재는 한반도 남북에 분단된 주권국가가 설립된 이후에도 근본적으로 사라지지 않는데, 특히 '조선적(朝鮮籍)'의 재일조선인이 그 존재의 지속을 증거하고 있는 것으로 보인다.

우선 한반도에 국민-국가가 설립되기 이전의 상황부터 살펴보도록 하자. 전후 일본에서 '외국인'으로 간주된 재일조선인은 아직 귀속될 외국을 가지고 있지 않기 때문에 '단일민족 국민-국가' 일본에서 일본 국민으로서 또는 외국인으로서 어떤 권리도 보장받지 못하는 '법 바깥'으로 내던져진다. 이곳에는 식민지/제국 시기 식민지와 식민 본국 사이에 존재했던 법적인 위상 차이조차 존재하지 않는다. 한편, 1952년 샌프란시스코 강화조약 발효 직후 오무라 수용소에서 한국으로 강제송환된 이들 중 재일조선인 형법 위반자의 수용을 한국 정부가 거부했듯이, '대한민국' 국적을 갖지 않은 재일조선인은 '대한민국'의 법 안으로도 들어갈 수 없었다. 이는 무엇을 말하는가?

반복하지만 '~이 아닌 동시에 ~도 아닌' 이중적 탈주체성은 국민-국가가 포섭할 수 없는 '잉여'의 존재를 지시한다. 이 '잉여'의 존재는 식민지와 식민 본국의 위상 차이 안에서 이중으로 포획되어 있던 '내지의 외지인'과도 달라서, 일본 아니면 '대한민국'(아니면 '조선민주주의인민공화국') 어디로든 귀속되지 않으면 안 되는 상황에 부단히 직면하게 된다. 요컨대 국민-국가와 국민-국가 사이에 위상 차이란 존재할 수 없기 때문에, '~이 아닌 동시에 ~도 아닌' 잉여의 존재들은 형식적으로 대등한 층위에 있는 국민-국가들 '사이'에서 정착할 곳을 잃은 채 배회하고 있는 듯이 보인다. 이들이 흔히 '현해탄을 떠돌고 있는' 자들로 표상되곤 하는 것도 이유가 없지는 않다.

그러나 엄밀히 말해서 '잉여'는 어떤 두 실체 '사이'에 존재하는 것이 아니다. 그들은 실제로 현해탄 위에서 살고 있지 않을 뿐만 아니라, 국민-국가가 단순히 절단해버린 신체인 것도 아니다. '잉여'는 단순히 사물적·실체적인 분할·단절·이동 등에 의해 발생하는 것이 아니라 그 사물적·실체적인 것에 가해지는 변형·재배치의 인위적 노고에 의해 생성되는 것이다. 즉 '잉여'는 어떤 완성된 체제가 불필요한 부분으로 떼어낸 단순한 '나머지'가 아니라 그 '잉여'를 배출하는 체제와 동시에 생성된 것이다. '잉여'는 '잉여'를 낳는 자와의 상호 관계 속에서만 발생할 수 있다. 게다가 다름 아닌 '잉여'가 발생했다는 점에서, '잉여'는 그것을 배출하는 체제의 불가능의 지점과 관련되어 있다.

남한, 북한, 일본 어디로도 귀속되지 않는 재일조선인의 '잉여'는 말 그대로 국민-국가의 생산 과정 내부에서 발생한 것으로 봐야 할 것이다. 즉 단순히 남한·북한·일본 '사이'에 끼어 있는 존재가 아니라, 남한·북한·일본 각각에서 국민-국가의 법적·정치적 질서가 구축되는 과정과 동시에 발생한 존재로 봐야 할 것이다. 더욱이 이들 각각의 국민-국가가 가진 불가능의 지점과의 관련 속에서. 이렇게 볼 때 재일조선인의 '잉여'는, 식민지/제국 일본의 붕괴 후 동아시아에 구축된 냉전적 국민-국가 체제의 통치 불가능한 부분을 알려줄 것이다.

이 국민-국가의 '잉여'를 통해 다시 오무라 수용소를 생각해보자. 오무라 수용소는 한국과 일본이라는 동일한 위상을 갖는 국민-국가가 서로 정확히 접히는 지점에 자리 잡고 있다.[21] 한국과 일본의 국민-국가의 성격 또는 동북아시

---

21 북한은 냉전의 분할선 저편에서 한국-일본 관계의 결정적인 변수로 작용하고 있음에 틀림없다. 1950년대 말의 이른바 '북송 사업'에서도 드러나듯이 재일조선인들에게 한반도의 남북은 경쟁적인 선택지로 놓여 있기도 했지만, 어느 쪽도 재일조선인의 '잉여'를 사라지게 할 수는 없다. 이 장에서는 미국 주도하에 구축된 동아시아 냉전 국민-국가 체제의

아에서 양국의 지정학적 위치가 동일하다는 것이 아니라, 양국이 각각 인구의 국가 귀속을 처리하고 국민-국가 체제를 역사적·제도적으로 정당화하는 전략이 동일하다는 것이다. 특히 미국 주도의 아시아-태평양 냉전 전략하에서 구성되어온 한일 양 국민-국가의 위상은 동일한 층위에 놓인다. 동일한 층위에 놓여 있기 때문에 한일 양 국민-국가 체제 사이에는 접히는 지점이 있고, 바로 그 지점에 오무라 수용소가 있다고 할 수 있다.

단적인 예시로서 국민의 '거래'를 들 수 있다. 일본의 조선인 입국자 수용소의 피수용자에 대한 남한 공론장의 태도 변화는 의미심장하다. 해방 직후에는 해방과 함께 한반도로 귀환했다가 다시 일본으로 밀항하다 수용소에 수용된 조선인들에 대해, 한편으로는 '조국을 버리는 행위'를 비난하면서도 다른 한편으로는 밀항할 수밖에 없는 그들의 사정을 동정하고 국가와 위정자의 무능력이라는 맥락과 연결하기도 했다. 그러나 한국전쟁 발발 이후 전시 상황에서 일본으로의 밀항은 조국을 배신하는 행위일 뿐이었다.[22] 심지어 국회의원들의 회의에서 "밀항으로 국내를 탈출 도피하는 자는 총살할 것"[23]을 결의하기까지 했다. 그러나 밀항자에게 "조국을 버리고 도망하려는 자"[24]라는 이름을 붙이며 비난하면서도, 오무라 수용소의 '한국인' 수용 문제를 일본 정부 비판의 도구로 사용하고 있었다. 오무라 수용소 피수용자들의 소요를 일본 경찰이 폭력적으로 진압하자 외무부가 일본 정부에 항의하기도 했고,[25] 정부

성격에 초점을 맞추기 위해 우선 한국과 일본의 관계에 주목하고자 한다.

22 해방 이후 남한 공론장에서 밀항자에 대한 태도가 변천되어간 과정에 대해서는 김예림, 「현해탄의 정동: 국가라는 '슬픔'의 체제와 밀항」, ≪석당논총≫, 49호(2011), 326~330쪽 참조.

23 "밀항자 총살 인해전술 등 필승책 강구", ≪동아일보≫, 1951년 1월 10일 자.

24 "일본 밀항단 타진", ≪동아일보≫, 1951년 1월 11일 자.

25 "외무부, 大村수용소에 수용 중인 한국인들에 대한 일본 정부의 강압에 대해 항의", ≪민

대변인의 담화를 통해서나 대한민국 주일 공사의 항의 방문 등을 통해 지속적으로 오무라 수용소의 한국인 석방을 일본 정부에 요구했다.[26] 이 과정에서 이른바 '이승만 라인'을 침범한 일본 어민들을 부산에 억류하고 상호 교환을 조건으로 정치적 교섭이 이루어졌고, 다른 한 축으로는 남한과 북한 사이의 체제 경쟁의 요인도 작용했다.

'잉여'의 존재론을 상기해보면, 국민-국가는 그 '잉여'를 통치 불가능한 것으로 내버려두려고 하지 않으며, 다양한 방식으로 체제 내부로 회수해가려고 한다. 한편으로는 국가 내부의 '인구등록시스템'에 등재함으로써, 다른 한편으로는 오무라 수용소의 '한국인'과 부산에 억류된 '일본인'의 경우처럼 국가 간 교환과 거래를 통해 '잘못된 장소'에서 각각의 국민의 자리로 회송함으로써. 하지만 국가로 회수되지 않는 '잉여'는 끊임없이 발생한다. 그는 국민(민족)-국가(영토)가 존재하는 한 발생할 수밖에 없는 존재이다.

4. 수용소와 냉전 국민-국가의 폴리스

오무라 수용소가 일본과 한국의 국민-국가화 과정에서 필연적으로 발생한 '잉여 인간'의 집합소이자 배출구라는 사실은, 나치의 아우슈비츠로 대표되는 강제수용소와 오무라 수용소의 차이를 주목하게 한다. 나치의 강제수용소가 특정 인종의 완전한 분리·배제를 위한 장치로서 호모 사케르(Homo Sacer)의 장소를 개시한다면, 불법 입국자 수용 기구로서 오무라 수용소는 (비록 장기 수

주신보≫, 1952년 11월 25일 자; "교포 의분 폭발!", ≪경향신문≫, 1952년 11월 25일 자.

26 "불법체포 한인 석방하라", ≪경향신문≫, 1954년 7월 14일 자; "구금자 석방하라", ≪경향신문≫, 1954년 7월 22일 자; "감옥 이상의 참상", ≪경향신문≫, 1954년 7월 31일 자 등.

용자가 있었음에도 불구하고) 기본적으로 타국적(他國籍) 인구의 이동을 제어·조절·관리하고 재배치하는 장치라고 할 수 있다. 강제수용소가 "절대적인 예외공간"으로서 법적·정치적 질서에서 완전히 배제되는 방식으로 법에 포획된 장소[27]라면, 오무라 수용소는 피수용자들에게 귀속될 국가를 부여하고 그에 따라 배분함으로써 예외를 남겨놓지 않는 것이 목적인 것이다. 단적으로 비교해서 말하자면 나치의 강제수용소가 '피수용자의 소멸'을 목표로 존재한다면, 오무라 수용소는 이상적으로는 '수용소 자체의 소멸'을 지향하고 있다. 불법 입국자 수용소는 '잉여 인간'에게 송환되어야 할 '본국'을 지정해주고 배출하는 임시적 공간이기 때문이다. 따라서 식민지/제국의 과거와 단절하고 국민-국가들로 이루어진 새로운 세계, 미국이 주도하는 냉전 세계 내에서의 국민-국가적 분할이 완료되고 이중적 (탈)주체성이 더 이상 국경을 가로질러 형성되지 않을 때 오무라 수용소라는 기술적 장치도 더 이상 존재할 필요가 없을 것이다.

그러나 그런 일은 벌어지지 않는다. 주권적 통치가 존속되는 한 어떤 형태로든 수용소는 소멸할 수 없다. 더욱이 국민(민족)-국가(영토)는 부단히 '잉여 인간'을 생산해내지 않을 수 없다. 다양한 장치를 통해 살아 있는 생명을 포획함으로써 유지되는 주권의 영역은 장치들에 의해 포획되지 않는, 즉 통치 불가능한 영역을 필연적으로 남겨놓을 수밖에 없기 때문에, 언제나 주권 영역 안과 바깥에서 불안을 야기하는 '잉여'를 완전히 소멸시킬 수 없다. 그렇기 때문에 기존의 법적·정치적 질서와 장치들 주변으로 언제나 행정적 재량을 발휘하는 과잉 권한들을 남겨놓을 수밖에 없다.

---

27 조르조 아감벤, 『호모 사케르: 주권권력과 벌거벗은 생명』, 박진우 옮김(새물결, 2008), 62~64쪽, 70~73쪽 참조.

오무라 수용소 역시 '잉여 인간'들을 주권권력의 행정적 재량에 따라 통제한다는 점에서 '예외 공간'으로서의 성격을 갖는다. 하지만 이 '잉여 인간'들은 다른 주권 영역으로 송환될 '예정자'라는 점에서, 단지 주권권력에 의해 배제적으로 포함된 '추방자'가 아니라 주권권력들 상호 간의 '교환물'이라고 할 수 있으며, 이러한 특성이 오무라 수용소라는 공간의 임시성 또는 일시성을 규정한다. 그러나 송환 '예정'의 '잉여 인간' 개개인에게는 임시적인 시간-공간일 이 수용소가 주권권력 자체에게는 항시적인 장소라는 점을 잊어서는 안 될 것이다. 이 장소는 주권권력들 사이를 연결하고 그 사이에 틈이나 공백을 남겨놓지 않기 위해 설정된 일종의 경첩(hinge)으로 기능한다. 이 경첩이 반공 냉전 전선 내부에 불온한 '틈'을 남겨두지 않으려는 동북아시아 냉전 국민-국가 체제의 '공-형성 구조'를 드러내주는 것은 아닐까.

푸코(Michel Foucault)는 폴리스(police)가 17~18세기부터 인간의 생명과 행복에 관련된 것들을 다루는 통치술로 규정되었음을 지적한 바 있지만,[28] 랑시에르(Jacques Rancière)는 그 개념을 '감성적인 것의 나눔(분할=공유)'과 관련된 질서, 어떤 신체에 대해 행위의 방법, 존재의 방법, 말하는 법 사이의 분유(分有)를 정의하는 질서, 즉 어떤 활동을 보이거나 보이지 않게 하는, 어떤 말을 언설로 들리게 하거나 소리로만 들리게 하는 질서를 지시하는 것으로 규정한다.[29] 랑시에르에게는 이 "폴리스적 질서와는 원리상 이질적인 전제, 즉 몫 없는 자의 몫이라는 전제를 작동시킴으로써 폴리스적 질서의 감성적인 '분할=공유'를 해체"[30]하는 것이야말로 정치(politics)에 해당되는 활동이다.

---

28 미셸 푸코, 『안전, 영토, 인구』 참조.

29 ジャック·ランシエール, 『不和あるいは了解なき了解: 政治の哲学は可能か』, 松葉祥一·大森秀臣·藤江成夫 訳(東京: インスクリプト, 2005), pp.58~60 참조.

30 같은 책, p.61.

오무라 수용소, 즉 주권권력들 사이 또는 냉전 국민-국가 체제 사이의 경첩으로서의 불법 입국자 수용소는 이런 의미에서 각 주권 영역 또는 국민-국가 체제의 폴리스를 유지·강화하는 기능을 수행한다. 식민지/제국 일본이 붕괴되고 기존의 정치적 실정성의 공허함이 자명해졌을 때, 동북아시아를 점령해 전후 처리를 맡는 한편 반공 냉전 세계를 구축하고자 한 미국의 관리하에 기획된 국민(민족)-국가(영토) 체제는 새로운 실정성을 자연화하려는 전략 아래 건설되었다. 민족과 영토의 동일성을 재확립함으로써 '시민권'이라는 정치적 권리가 자연적으로 배분되는 가상을 만들어냈고, 그것을 기초로 국민-국가의 인구 배치와 안전보장을 위한 장치들이 구성되었다. 오무라 수용소는 바로 동북아시아 반공 냉전 세계 내에 구축된 한국과 일본이라는 국민-국가 체제의 폴리스를 유지·강화하는 장치였다. 오무라 수용소의 존재는 (일본에서만이 아니라 한국에서도) '밀항자 = 범죄자'의 권리박탈과 국적에 따른 강제송환을 당연한 것으로 여기는 폴리스의 질서를 강화했고, 또한 이렇게 강화된 폴리스가 수많은 '잉여'들의 운명이 전적으로 주권권력의 행정적 재량에 내맡겨지도록 수용소의 담을 높이 쌓아갔다. 수용소라는 경첩을 통해 연결된 국민-국가들 사이의 빈틈없는 구조는, 수용소 바깥에서도 '잘못된 장소'에 있는 자들의 권리박탈과 국적으로의 환원을 요구하게 만들고, '국민' 스스로 자연화된 시민권 내부로 폐색되어가는 체제를 지속시킨다.

05

오무라 수용소와 재일조선인의 강제 추방 법제화 *

전갑생

1. 들어가는 말

이 장은 1946~1980년까지 재일조선인[1]들의 반복되는 재입국[2]과 강제 추방

---

* 이 장은 「오무라(大村) 수용소와 재일조선인의 강제 추방 법제화」, ≪역사 연구≫, 제28호(역사학연구소, 2015)를 수정·보완한 것이다.

1 여기서 재일조선인은 일제강점기 일본에 거주하고 있던 조선인과 그 자손 모두를 일컫는 개념이며, 1945년 해방 직후 가족 또는 친척을 방문하기 위해 재입국하거나 '밀항'했다가 강제 추방된 남북한인을 포함한다. 또한 '조선적', '한국적', '일본 국적자', '무국적자'를 모두 포함하고 있다. 서경식, 『난민과 국민 사이: 재일조선인 서경식의 사유와 성찰』(돌베개, 2006); 서경식, 「재외 한국인의 고민과 선택 '재일조선인'의 위기와 기로에 놓인 민족관」, ≪역사 비평≫, 통권 35호(1996년 여름)]. 남북한은 시대와 사건에 따라 재일조선인을 '재일동포' 또는 '재일교포'라고 사용했다. 권혁태, 「'재일조선인'과 한국 사회: 한국 사회는 재일조선인을 어떻게 '표상'해왔는가」, ≪역사 비평≫, 통권 78호(역사문제연구소, 2007년 봄).

2 해방 후 일본에서 집단 또는 개별적으로 귀국한 재일조선인들에 대해 GHQ와 일본, 한국

을 다루고 있다. 해방 직후 재일조선인들은 국내에 귀환선을 타고 돌아왔으나 일본에 두고 온 가족들을 다시 만나고자 '밀항선'에 몸을 실었다. 또 어떤 이는 불안한 국내 정치 사정과 생활 경제의 위기에서 벗어나고자 웃돈까지 주면서 목숨을 걸고 일본에 재입국했다. 정부 수립기와 한국전쟁 시기에는 정치 망명자, 피난민, 전쟁 회피 또는 거부자, 구직자 등이 대폭 증가했다. 그 뒤 재일조선인들은 1970년대 일본의 고도성장기를 맞아 한국에 거주하는 가족과 친지들이 일본으로 입국하는 데 중개자가 되었다.

재일조선인들은 종전 후 GHQ의 명령에 의해 실시된 외국인등록을 거부한다는 이유로 체포되었다. 이들은 군사재판을 받고 형무소에서 형기를 마친 후 다시 오무라 수용소 등 입국자 수용소에 들어가 강제 추방되기 전까지 무기한 기다렸다. 송환선에 오른 사람들은 일본으로 재입국을 시도하다가 경찰에 체포되고 재판을 거쳐 형무소와 입국자 수용소에서 이중적인 처벌을 받고 강제 추방되는 악순환을 겪어야 했다. 재입국에 성공한 재일조선인들은 오사카, 후쿠오카, 히로시마, 나가사키 등 규슈 일대에 거주했으나 계급적·경제적 편차 및 구직난, 일본의 인종적 차별을 겪으며 생존해야 하는 이중, 삼중의 고

정부 등은 '밀항자', '불법 입국자', '밀입국자'라는 다양한 용어를 사용했다. 필자는 재입국 자체를 차단한 제도적 문제점과 이들의 지위 및 국적 문제 등을 고려해 '재입국자'라고 지칭하고자 한다. 1949년 4월 GHQ는 한국인 또는 외국인 들에게, 1941년 12월 이전부터 일본에 거주해왔던 친척 방문을 60일 정도 허가했다. 하지만 이 허가는 재일조선인 전체에 적용된 것이 아니었다. 또한 1949년 11월 재외국민등록법 발효 뒤 한국 정부는 재일조선인 중 '한국적' 취득자에 한해 재입국을 허가했다. 1951년 10월 4일 출입국관리령 제정 전까지 재일조선인들은 일본 국적 또는 한국 여권을 소지하지 않으면 합법적으로 일본에 재입국할 수 있는 기회가 없었다. 특히 재일조선인들은 조선민주주의인민공화국에 일시 귀국할 수 있었으나 일본으로 재입국할 기회를 박탈당했다. 재일조선인의 재입국 문제는 시기, 국가, '민족'별로 복잡한 형태를 띠고 있다. 鄭榮桓, 「'再入國許可'制度の歷史と現在: 在日朝鮮人に對する運用を中心に」, ≪PRIME≫, 33(明治學院大學國際平和硏究所, 2011).

통을 겪었다. 입국자 수용소 수용자들은 일본의 '불법적인 감금'에 여러 차례 항의했으나 돌아오는 건 폭력뿐이었다. 1950년대 이후 수용소에서는 무기한 감금으로 인한 자살 사건까지 일어났다.

이러한 재일조선인의 일본 재입국 러시는 어디에서 기인하는 것일까? 재일조선인들은 '밀항' 외에는 선택할 수 없었을까? 왜 GHQ나 일본 정부는 조선인 귀환자들에게 재입국 허가를 내주지 않았는가? 재입국 재일조선인들이 이중적 처벌과 폭력에서 벗어날 기회는 없었는가? 끊임없이 꼬리를 물고 이어지는 질문과 의문의 종착 지점은 강제 추방 법제 과정에서 풀어볼 수 있을지도 모른다.

이 장은 입국자 수용소 개설과 강제 추방의 법제화 과정을 살펴봄으로써 GHQ의 점령 정책과 일본 정부의 재일조선인 정책이 어떤 연관성을 지니고 있는지 밝히고자 한다.

오무라 수용소와 관련한 한국과 일본의 자료 현황을 간략히 소개하면, 일본 정부의 정기간행물은 출입국관리법령 해설이나 '불법 입국자 취체' 사례 및 판례를 주로 다루었다.[3] 입국자 수용소 하리오(針尾)와 오무라 관계 문서는 수용소 설치 법령, 수용소 기구 체제, 경비 및 시설 설치 상황을 보여준다.[4] 또

---

3 법무성, 외무성, 경시청, 해상보안청 등에서 생산한 잡지나 단행본으로는 ≪人事院月報≫, ≪警察時報≫, 『犯罪統計書』, 『海上保安の現況』, 『法務年鑑』, ≪特審月報≫, ≪公安調査月報≫ 등이 대표적이다.

4 주요 문서는 内閣官房内閣参事官室, 「針尾収容所及び出入国管理機構に関する件」(行政管理庁, 1950.5.29); 「針尾収容所及び出入国管理機構に関する件」(行政管理庁, 1950.5.30, 1950.6.6); 「出入国管理庁設置令の一部を改正する政令」(1950.12.16); 「行政機関職員定員法の一部を改正する政令」(1951.6.16); 「予備費使用について外二十件」(1952.7.15); 「入国者収容所強化の件」(1952.9.8, 1952.9.12); 「法務省所管大村入国者収容所施設復旧等に必要な経費に昭和二十七年度一般会計予備費使用方の件外三件」(1953.2.13); 「昭和30年国勢調査における入国者収容所等の調査について(案)」(1955.9.21); 「法務省設置法の一部を

한 한일회담 과정에서 생산된 오무라 수용소 관련 문서와 일본 어선 나포 문서에 약간의 자료들이 담겨 있다.[5] 또한 대만인과 류큐인 들에 대한 강제 추방 자료가 있다.[6]

국내 연구로는 한국전쟁기의 오무라 수용소와 강제 추방을 다룬 필자의 논문이 있고,[7] 이정은 등은 오무라 수용소를 냉전의 각축장으로 보았으며,[8] 김귀옥은 디아스포라의 개념으로 재일조선인과 오무라 수용소를 이해했고, 김예림은 국가와 밀항이라는 불안전한 구조를 찾아내려는 시도를 보였다.[9] 노은명·미야우치 키코는 출입국관리법의 제정 과정을 통해 오무라 수용소 설치

改正する法律」(1955.8.1); 「入国者収容所組織規程等の一部を改正する省令について」(1958.4.4); 「昭和35年国勢調査における自衛隊地域、矯正施設および入国者収容所等の調査について(通知)」(1960.7.30); 「法務省設置法の一部を改正する法律」(1962.3.31); 「昭和40年国勢調査における入国者収容所等の調査について(通知)」(1965.8.26, 1970.9.16)가 있다.

5 한국 정부가 생산한 한일회담 자료와 일본 정부 소장 한일회담 자료 등이다. 주요 자료로는 『國務會議錄』; 『衆議院速記錄』; 『한일외교문서』(외교부, 2005); 국민대학교일본학연구소·동북아역사재단, 『한일회담 일본외교문서(1~104권)』(선인, 2010)이 있다.

6 오무라 수용소는 재일조선인만의 문제가 아니다. 수용소에는 대만 내의 고산족(타이완의 중앙 산간에 거주하는 원주민)과 중국인, 오키나와인 등이 수용되었다. 오키나와 사람들은 일본에 '밀항'했다가 다시 섬으로 추방되는 반복적 과정을 겪었다. 오키나와의 '밀항' 관련 자료는 佐竹京子 編著, 『軍政下奄美の密航·密貿易』(鹿児島: 南方新社, 2003); 森田靖郎 著, 『密航者: 狙われる列島』(東京: 日本評論社, 1994) 등을 참조할 수 있다.

7 전갑생, 「한국전쟁기 오무라 수용소의 재일조선인 강제 추방에 관한 연구」, ≪제노사이드 연구≫, 제5호(한국제노사이드연구회, 2009).

8 이정은, 「'난민' 아닌 '난민 수용소', 오무라 수용소: 수용자·송환자에 대한 한국 정부의 대응을 중심으로」, ≪사회와 역사≫, 제103집(2014년 가을); 차승기, 「수용소라는 안전장치: 오무라(大村) 수용소, 폴리스, 그리고 잉여」, ≪한국학 연구≫, 제32집(인하대학교 한국학연구소, 2014); 권혁태, 「베트남 파병을 '거부'한 두 한국군 병사 김이석과 김동희」, ≪황해문화≫, 84(새얼문화재단, 2014).

9 김귀옥, 「분단과 전쟁의 디아스포라: 재일조선인 문제를 중심으로」, ≪역사 비평≫, 통권 91호(2010년 여름); 김예림, 「현해탄의 정동: 국가라는 '슬픔'의 체제와 밀항」, ≪석당논총≫, 49호(2011).

와 운영 등을 살폈다.[10]

성공회대 동아시아연구소는 '중첩되는 경계: 밀항, 오무라 수용소, 재일조선인'이라는 학술 토론회에서 일본 출입국 체제와 사회운동, 일본 내의 조선인 구별과 출입국 통제, 불안전한 영토 내에서 비합법적 생활을 영위하는 재일조선인 문제, 오무라 수용소 수용자들의 체험을 담은 구술, 부산 외국인 수용소와 오무라 수용소의 경계 장치, 외무·법무성에 소장된 비공개 자료 등을 소개했다.[11]

지금까지의 연구에서는 주로 한국전쟁기의 오무라 수용소 운영과 강제 추방 과정이 다루어졌을 뿐, 2차 세계대전 뒤 일본 정부의 외국인등록령 및 출입국관리령 제정 과정에서 GHQ가 어떻게 적극적으로 개입했는지에 대해서는 밀도 있게 살피지 못했다.

따라서 이 장은 첫째, 해방 직후 일본 외무·법무성 자료와 GHQ의 「밀항일일 보고서」 등을 통해 재일조선인의 재입국 불허와 그들이 '외국인'으로서 규정되는 과정을 살피고자 한다. 둘째, 오무라 수용소의 건립에서 법제화 과정을 몇 가지 사례를 통해 확인해보고자 한다. 셋째, 재일조선인의 강제 추방 법제화가 어떤 절차로 진행되었는지 살펴보고자 한다.

---

10 宮内紀子, 「第二次大戦後イギリスにおける国籍概念の構造転換: 国籍法制と出入国管理法制の相互作用の分析から(甲第17号)」(関西学院大学法學博士學位論文, 2013); 노은명, 「일본의 출입국관리 체제 반대 운동 연구: 1969~1971년 일본인의 반대 운동을 중심으로」, ≪역사 문제 연구≫, 제22호(역사문제연구소, 2009).

11 권혁태, 「일본 출입국 체제와 사회운동: 자기부정의 사상을 중심으로」; 박사라, 「조선인을 구분한다: 현장에서의 식별을 가능하게 한 것」; 조경희, 「불안전한 영토와 비합법적 생활권」; 이정은, 「국경을 넘나든 사람들의 오무라 수용소 경험」; 현무암, 「한일 관계 형성기 부산수용소/오무라 수용소를 둘러싼 경계의 정치」; 전갑생, 「오무라 수용소의 재일조선인 연구: 외무·법무성의 비공개 자료를 중심으로」, 『중첩되는 경계: 밀항, 오무라 수용소, 재일조선인』, 성공회대학교 동아시아연구소 국제학술회의(2014년 11월 21일).

2. 강압된 제도: 오무라 수용소의 탄생

1) 법제화 이전 시기

종전 직후 GHQ가 처음부터 재일조선인들을 강제 추방하기 위해 별도의 수용소를 설치한 것은 아니었다. 1945년 9월 22일 이후 GHQ는 해외에서 귀환하는 일본군 및 민간인들과 조선으로 돌아가는 조선인 등을 대상으로 검역소 외에 임시 수용소를 설치했다.[12] 특히 조선인들이 대거 몰린 사세보, 하카타, 센자키, 구레(吳)의 여러 항구에는 1945년 10월 1일부터 귀환 사무를 시작하면서 11월 1일 조선인 '귀환자 수용소'가 설치되었다.[13] 이 수용소는 훗날 조선인들을 강제 추방하는 임시 수용소로 탈바꿈한다. 그럼 GHQ와 일본 정부가 재일조선인들을 강제 추방하기 위해 오무라 수용소 등을 설치하게 된 계기와 그 제도적인 과정을 살펴보자.

GHQ나 남한 미군정은 재일조선인 집단 귀국자가 일본에 재입국하는 것 자체를 허용하지 않았다.[14] 다시 말하면 재일조선인은 일본에 남기고 온 가족

---

12 引揚援護院検疫局, 『引揚検疫史(第1巻 第1部)』(東京: 引揚援護院検疫局, 1947.10), pp.1~3.

13 같은 책, pp.21~25. 이 수용소는 1945년 11월 17일 업무를 개시해 사세보 외 10곳에 1일 수용 능력 2500명에서 최대 1만 명 선으로 운영했고, 검역 및 의료 시설들을 설치했다. 또한 GHQ가 지정한 귀환선은 고안마루(興安丸)와 도쿠주마루(德壽丸)였다(국사편찬위원회, 『주한미군사 1: History of the united states army force in korea part Ⅰ』, 2014, 422쪽). 그러나 일부 조선인들은 밀항선을 '야미 배'라고 불렀고 한국과 일본 정부는 '밀항선'이라 지칭했다. 미군은 "불법 선박(Illegal Ship)은 밀수와 송환자 수송을 담당했다"라고 했다. 이 선박들은 10톤에서 20톤 사이의 규모였고 1인당 75~150엔 정도의 선비를 받았다. 1945년 11월 1일까지 일주일 동안 13척의 배가 평균 200명의 승객을 태우고 시모노세키 항을 떠났다(같은 책, p.470).

14 재조선미국육군사령부군정청은 1946년 2월 19일 법령 제49호 '조선에 입국 또는 출국자 이동의 관리 및 기록 건'을 공포하면서 제5조 (가)항 '集團歸國者'에 의거해 해외여행을

과 상봉할 수 있는 기회를 빼앗겼다.[15] 이들은 남한 내의 정치·경제적 상황에서 정주하기 어렵게 되자 밀항을 선택했다. GHQ는 재입국한 재일조선인을 별도의 법령이나 칙령 없이 구두 명령에 따라 조선인 귀환자 수용소에 임시 구금하고 조선으로 추방했다.[16] 이 시기 재일조선인의 강제 추방 근거가 된 법령은 별도로 제정되지 않았다. 다만 GHQ는 1946년 6월 12일 「일본으로의 불법 입국 억제」(SCAP1015)[17]라는 각서에서 조선의 콜레라 발생[18]으로 인한

제한한다고 선포했다(≪美軍政官報≫, 1946.2.19). 따라서 재일조선인들은 5조 가항에 의거해 일본 재입국 제한을 받았다. 군정청은 1948년 7월 30일 법령 49호를 법령 개정 전까지 그대로 유지한다고 발표했다(≪美軍政官報≫, 1948.7.30). 그 이후 국회는 1949년 2월 17일 '해외 여권 규칙'을 제정하면서 법령 49호를 대체했다.

15 GHQ는 1946년 2월 17일 각서를 발표하고 3월 13일까지 일본에 있는 모든 조선인, 중국인, 류큐인, 대만인 등에게 "귀환에 대한 희망 유무를 등록할 것"과 3월 18일까지 등록하지 않으면 "귀환의 권리가 상실된다"라는 것으로 강제 귀국하도록 압박했다. Record Group 331: Records of Allied Operational and Occupation Headquarters, World War II, 1907-1966, Decimal File, 1946-1950 [Entry UD 1135], GHQ/SCAP records, G III, "Repatriation Illegal Entry of Koreans into Japan Repatriation," 1946.2.17.

16 조선인들의 재입국 시도가 빈번해지자 미군정 외무처는 1946년 5월 15일 법령 72호에 의해 "허가 없이는 절대로 일본에 입국할 수 없다"라고 발표했다. "돌연비상경계령", ≪동아일보≫, 1946년 5월 16일 자, 2면.

17 Record Group 338, BCOF, Security Classified General Correspondence Files, 1946-1953 [Entry A-1 113], Congressional Information Service, Inc. and Maruzen Co, Rearmament of Japan, Part I, 1947~1952, "1-D-204: Suppression of Illegal Entry into Japan, Memoranda"(1946.6.20). 이 문서에는 일본 정부가 쓰시마, 이키(壹崎), 모지(門司), 하카타, 센자키, 마이즈루, 사세보 등 7곳에 수상경찰을 배치하고 조선인들의 '불법 입국 단속'을 실시하고 있다는 것이 적혀 있다.

18 1946년 5월 2일 남중국에서 귀환자를 태운 배가 부산에 정박했는데 콜레라 환자가 발생해 2명 사망했다. 부산 41명 발병(14명 사망), 5월 3일 충남 보령군 대천 200명 발병, 12일 대전 2명 사망, 인천·양주·마산·강화·제주 등지에서 발병(6월 20일 기준 33명 사망)했다. 6월 21일 전국 48개 지역 환자 1335명, 사망자 592명이었다. 5월부터 10월 8일까지 환자 1만 4909명, 사망자 9632명이 발생했다. 그 이후 군정청은 9월 30일부터 콜레라에 의한 도외(度外) 여행 허가제를 전면 철폐하고 자유롭게 여행 가능하다고 발표했다. "각지로 만연하는 호열자 현재 20명 사망, 48명이 발생", ≪동아일보≫, 1946년 5월 25

'불법 입국'과 선박의 입항을 금지했다. 일본 정부는 GHQ의 명령에 따라 "불법 조선인을 포획하고 선원·승객·화물 등을 센자키, 사세보, 마이즈루에 회항하여 해당 항구 미군에 인도"[19]하는 역할을 맡았다.

GHQ와 일본 정부는 재일조선인 재입국자들을 체포하는 데 집중했다. GHQ는 사세보 인양원호국 귀환자 수용소에 별도로 하리오 수용소를 설치하고(1946.6.12) 재일조선인 재입국자들을 강제로 수용했다. 같은 날짜에 센자키 수용소가 개설되었다.[20] 일본 정부는 7월 15일 차관회의에서 '불법 입국자의 취체에 관한 건'을 의결하고 내무·후생·운수 각 성에서 업무를 분담해 재일조선인 재입국자들을 단속하기로 결정했다.[21] 이 결정에는 "불법 입국자의 체포, 유치(留置) 및 연합군에서 지정한 불법 입국자 상설 수용소 송치(送致)는 내무성에서 담당"하며 수용소 내의 운영 및 '급양(給養)'은 지방인양원호국이 담당하도록 명시되었다.

또한 강제송환용 선박 운항 및 선내에서 지급되는 음식은 운수성이 담당하고, '불법 입국자'에 관한 경비는 내무성이 맡으며 검역은 후생성이 담당하는 것으로 결정했다. 즉 하리오 수용소의 운영 및 재일조선인 재입국자 강제 추방은 국회에서 입법된 법률에 근거한 것이 아니라 행정 당국의 임의적 조치에 의한 것이었다.

일 자, 2면; "역호 예방코저 귀환선 규칙 제정", ≪동아일보≫, 6월 23일 자, 2면; "여행허가제는 전면해제", ≪동아일보≫, 10월 4일 자, 2면; "자열호 사망자는 9천 6백 32명 환자 만 4천 9백 9명", ≪동아일보≫, 10월 12일 자, 2면.

19 引揚援護院検疫局,『引揚検疫史』, p.31.

20 Record Group 331, Decimal File, 012.42 A, Ilegal Entry, Jul.~Aug.1947, "THE VIOLATION OF THE ILLEGAL ENTRANTS OF THE KOREAN NATIONALS", 1946.10.26.

21 「不要入国者の取締に関する件」(1946.10.15).

그 뒤 1946년 12월 10일 GHQ와 일본 정부 사이에 교환한 「일본 불법 입국 억제에 관한 총사령부 각서」는 이전의 각서(SCAP1015)를 폐기하고 재일조선인의 '불법 입국' 단속을 더욱 강화했다. 일본 정부는 "조선에서 아직 콜레라가 만연하고 있어 일본에 불법으로 사람을 운송하는 선박을 수색하거나 체포에 적극 조치를 계속 취해야 한다"라며 5개 항을 제시했다.

첫째, 일본 항에 불법 입항하는 선박을 수색하는 조치를 계속 실시한다.

둘째, 모든 선박을 나포하고 가능한 경우에는 승무원 승객 및 화물과 함께 사세보 또는 마이즈루로 회항시켜 그 항구의 미군 당국에 인도한다.

셋째, 국내에서 체포된 모든 조선인 불법 입국자(Korean illegal immigrants)에 대한 콜레라 검역 및 다른 의료 조치를 입국에 관한 현행 각서대로 하고 검역관의 허가를 얻은 뒤 불법 입국자를 사세보 원호국으로 수송한다.

넷째, 조선인 불법 입국자를 사세보 원호국에서 본 목적에 의해 지정된 선박으로 송환한다.

다섯째, 조선인 밀입국자를 송환하는 열차 및 송환(引揚)선에는 경비하는 일본인 경찰관을 승선시킨다.

조선의 콜레라 발생 이후 중단된 강제 추방 업무는 10월 16일부터 재개되었다.[22] 일본은 조선의 콜레라 발생을 빌미로 재일조선인 재입국 시도 자체를 막고자 했다. 앞서 제시한 5개 항은 앞의 차관회의에서 결정된 내용을 재확인하고 강화하는 데 그 목적이 있었다. 재입국하는 재일조선인들을 수용하는

22 引揚援護院検疫局, 『引揚検疫史』, p.33. 1946년 10월 19일 재일조선인 강제 추방자 약 300명은 하카다 원호국을 거쳐 부산으로 향했다.

수용소 관련법은 전혀 존재하지 않았으며, 재입국을 금지하는 각종 훈령이나 각서는 여러 건이 발포되었으나 여기에도 수용소 규정은 담겨 있지 않았다.

그럼 1946년 사세보 수용소를 비롯한 '비사법적 구금(extrajudicial detention)' 성격의 수용소가 어떻게 운영되었는지 간략하게 살펴보자. 1946년 10월 24일부터 재일본조선인련맹(이하 조련)은 규슈지방밀항자조사단을 구성해 사세보, 사가, 하카타, 센자키, 도쿠야마(德山), 야와타(八幡), 후쿠오카 등지에서 조사 활동을 벌이고 조사 보고서를 냈다.[23]

이 조사 보고서에 따르면 고쿠라(小倉) 미군 제24사단은 1946년 7월에서 9월까지 사가, 나가사키, 후쿠오카 등지의 '밀항자'들을 관리했고, 사세보 미군 34부대는 사세보 하리오 수용소를 관리했다. 이 수용소는 구 일본 해군 숙사 제12호에 A(116명), B(160명)로 나뉘어 "엄중한 감시" 속에서 관리되고 있었고 일본인 인양 수용소(수용 인원 약 7000여 명)와 인접해 있었다. 수용소는 철조망이 둘러쳐져 있고 일본 경찰 7~8명이 경비했다.[24] 사가 지방의 수용소는 1946년 7월에 개소했으나 조선인 전원을 9월 말부터 하리오 수용소로 이동시키면서 폐쇄되었다. 다만 사가 현 가라쓰(唐津) 경찰서에 조선인 6명이 수용되어 있었다.[25] 하카타 부두 수용소는 매일 평균 50명 내지 100명 정도를 수용했고 300명 이상이면 강제 추방을 실시하고 있었다. 센다이(仙台) 수용소는 영국

23 Record Group 242: National Archives Collection of Foreign Records Seized, 1675-1958, Captured Korean Documents [Entry NM-44 299], Korean-Language Publications and Records Captured in Pyongyang, 01/1952 - 01/1958 [Entry NM-44 299C], 「密航同胞調查報告書」(在日朝鮮人聯盟, 1946.12.1). 조사단원은 중앙위원 李潤雨(조사 기간 10.24~11.17, 규슈 및 야마구치), 尹德昆·張錠壽 대리 金明勳·申子均(10.23~11.7, 규슈 지방) 등이다. 조사 보고서는 1946년 11월 5일에 제출되었다.

24 같은 글, pp.5~7.

25 같은 글, pp.8~11.

육군 제22부대 파견대가 관리했다.[26] 그 외에도 1946년 10월 오사카의 오기마치(扇町) 임시수용소(북구 상업학교 지하실, 지금의 오기마치 공원)가 있었다.[27] 이 수용소는 총 공사비 5만 1665엔을 들여 수용실 및 숙직실, 변소, 세면소 등을 설비하고 10월 12일 공사를 완료했다. 시설 수용 인원은 최대 100명이었다.

2) 하리오·오무라 수용소의 법제화

하리오 수용소는 1950년 4월 3일 GHQ의 지령(SCAPIN7126-A호)에 따라 사세보 인양원호국에서 법무부 소속으로 변경되었다. 이로써 국경 경찰 및 자치단체 경찰들은 "부정입국자를 체포해 수용소까지 호송하는 업무"를 맡고 해상보안청은 "송환선 내의 경비"를 담당했다.[28] 같은 해 6월 6일 일본 각의는 '하리오 수용소 및 출입국관리 기구에 관한 건'을 발표하고,[29] 9월 28일 출입국관리청 설치와 부속 기관의 법령을 마련해 공포했다. 출입국관리청 법령 제15조는 지방 지부·분국과 출장소 등을 설치하도록 규정했는데 도쿄, 고베, 마쓰에(松江), 시모노세키, 후쿠오카 등에 출장소 및 직원을 배치한다고 명시했다.[30] 이로써 GHQ는 일본 정부에 출입국관리 업무 전체를 위임하고 수용소

26 같은 글, pp.5~20.

27 「予算追加要求の件」,『府参事会議案原議綴((昭和21年 11月 自59号~至64号)』(昭和21.10.2).

28 SCAPIN7126-A,「聯合國最高司令官部の日本政府に對する覺書 佐世保引揚援護局に關する件」(1950.4.3). 경찰과 해상보안청의 임무는 1949년 5월 19일 차관회의에서 논의되어 의결된 사항이었다. 1950년 9월 25일 다시 차관회의는 육상에서 '불법 입국자'의 체포 권한을 입국경비관에게 부여하고 수용소의 경우 법무부의 기존 시설을 이용한다고 결정했다(「次官會議決定事項」, 1950.9.25).

29 「針尾収容所及び出入国管理機構に関する件」(1950.5.29); 行政管理庁管理部,『行政機構年報(第2巻)』(1951.6.6), pp.26~28 참조.

30 「出入国管理庁設置令」(1950.9.28).

설치까지 담당하도록 법적·제도적 장치를 마련했다.

10월 1일 외무성 산하 하리오 입국자 수용소가 구 일본 해군 하리오 해병단(지금의 사세보 기념 공원)[31]에 설치되었다. 이 수용소는 12월 28일 오무라 입국자 수용소로 개칭하고 오무라 제21해군 항공창 본관(1923년 건축)으로 이전했다.[32] 이 건물은 1, 2층과 4개의 큰 방으로 구분되었고 500명을 수용할 수 있었다.[33]

1952년 11월 23일 일본 정부는 오무라 수용소를 약 2배로 확장할 계획을 세웠다.[34] 1953년 9월 일본은 총 공비 1억 6000만 엔, 수용 정원 1000명, 수용소 5동, 기타 4동의 신설 수용소를 건설했다. 새 수용소는 외벽을 이용해 외부와 완벽하게 차단될 수 있도록 만들어졌다.[35]

수용소는 1950년 10월 1일 현재 소장 및 부소장 각각 1명과 총무·경리·용도·업무·경비과 등 5과로 나뉘어 있었다. 총무과 내에 진료소가 부설되었고, 경비과는 총무·경비·심사·호송과로 나뉘었다. 1951년 9월 1일 경비과는 제1·2·3·4과로 다시 세분화되었다. 수용소는 1961년 수용 인원 감소에 따라 다시 기구를 축소하고 1970년 9월 30일 2부 5과 1실로 구성되었다. 근무자 정원

31 나가사키 현 사세보 시 하우스텐보스 1-1. 구 주소는 히가시소노기 군(東彼杵郡) 에가미무라(江上村) 하리오.

32 수용소는 1952년 11월 1일 출입국관리청으로 이관되어, 1953년 8월 1일 히가시소노기 군 '법무성 오무라 입국자 수용소'로 변경되어 현재 '오무라 입국관리센터'로 유지되고 있다. 수용소는 나가사키 오무라 모리조노 사토(森園郷) 字埋塚(통칭 松並町)의 전 제21해군 항공창 터에 위치했고 국철 오무라 역에서 서북쪽으로 약 3.6km 떨어져 있었다. 인접한 시설은 오무라 항공, 자위대 자동차 훈련장, 나가사키 현 자동차 운전면허 시험장 등이다.

33 法務省入國管理局, 『出入國管理白書: 出入國管理出入國管理とその實態』(1959.5), pp.92~94.

34 "대촌 수용소 확장 일 정부 계획 주목", ≪동아일보≫, 1952년 11월 24일 자, 2면.

35 吉留路樹, 『大村收容所』(東京: 二月社, 1977), p.49.

은 초기 사무관 27명, 일용직 노동자 78명, 입국 경비관 150명 등 총 255명이었다. 1953년 8월 기구 개편에 따라 정원이 300명 이상으로 증가했다. 1970년 4월 1일 사무관 15명, 기관원 7명, 기술원청 사무원 15명, 입국 경비관 75명 등 총 112명이었다.[36]

수용소 외곽 조직과 주요 기관·단체들은 주기적으로 모여 회의를 개최했다. 이 회의에서는 재일조선인의 감시 및 검거 등을 논의했다. 니스이 회(二水會, 법무성 산하 기관장 모임)는 나가사키 지방검찰청 검사장, 나가사키 지방법무국 국장, 나가사키 지방공안조사국 국장, 나가사키 형무소 소장, 나가사키 보호관찰소 소장, 나가사키 소년감별소 소장, 나가사키 형무소 우라카미지소장, 오무라 입국자 수용소 소장 등이 참가했고 매월 두 번째 수요일에 개최했다.

치안간담회의 간사회는 후쿠오카 고등검찰청 검사장, 후쿠오카 지방검찰청 검사, 구주공안조사국 국장, 구주관구 경찰국 국장, 후쿠오카 현 경찰본부 본부장, 제7관구 해상보안본부 본부장, 육상자위대 서부 방면 총감부 총감, 육상자위대 제4사단 사령부 사단장, 해상자위대 사세보 지방총감부 총감, 항공자위대 서부 방면 대사령부 사령관, 후쿠오카 입국관리 사무소 소장, 오무라 수용소 소장 등이 모였다.

산스이 회(三水會)는 오무라 시 관내 관공서장들로 구성되었고 2년에 1회 개최했다. 상설협의회는 오무라 시내 치안 관계자와 보도기관의 회합이었는데 주로 밀항 방지나 밀항자 체포 광고 활동을 추진했다.[37] 이처럼 수용소는 지역사회의 여러 기관·단체와 연계를 맺고 있었다. 이러한 조직 체계는 수용

36 法務省大村入國者收容所, 『大村入國者收容所二十年史』(1970.10), pp.15~19.

37 같은 책, p.36.

자의 탈출자 방지 및 검거에 역점을 둔 것이었다.

3) 수용소 내 시설과 인권 실상

오무라 수용소가 '비사법적'으로 운영된 시기의 시설과 1950년 이후의 시설은 차이를 보인다. 1946년 10월 조련의 조사에 따르면, 재일조선인들은 하리오 수용소에서 "기아와 비위생적 생활에서 신음하는 실정"이었다. 조사단은 수용자들에게 고구마 등을 구입해주었다고 한다.[38] 수용소 인근 선박 안에 수용된 재일조선인들은 "음료수가 부족할 뿐 아니라 목욕·세탁 등이 불가능한 상태이며 남녀노소 중에 여러 병이 발생하는데 진주군(미군) 방침과 일본 당국의 방침이 혼란"한 상태이며 "수용자의 일상생활 필수품은 극도로 궁지하야 용변의 휴지까지도 없는 상태이며 배급받는 식료는 선박 중의 관리인의 부정한 횡포로 인하여 미곡, 연초 등이 횡류(横流)"[39]되어 힘든 상황을 겪고 있었다.

하카타 부두 수용소는 "방한 시설이 전연궐여"된 상태이고 "창고에 전후로 출입구가 하나씩 있는데 문이 파괴되어 있으며 늘 판자 위에 가마니를 펴 놓아 있는 현상"이었다. 급식은 1일에 주먹밥 한 뭉치와 건빵 1일분을 한 번에 받았다고 한다.[40] 감시하는 경찰관에 대해서는 "조선에서 복원된 자들이 대부분인데 배타적 민족적 감정으로 우월감을 지고 국제법 위반자라고 무조건 무시하며 정당한 이유의 사정을 진주군 측에 전달치 않고 묵살하여버리며 폭력행위도 유발되고 있는 현상"이라고 재일조선인 조사단은 밝혔다.[41]

---

38 在日朝鮮人聯盟, 「密航同胞調査報告書」, pp.6~7.

39 같은 글, p.54.

40 같은 글, p.12.

게다가 수용소 내에서 전염병이 발생해 큰 인명 피해를 보았다. 1946년 8월 10일부터 수용소에서 발생한 콜레라에 의해 사망한 재일조선인은 710명, 진성 151명(사망 31명), 보균자 162명, 의심자 398명(사망 149명)이었다.[42] 일본에서 판단한 밀항 선박 내의 환자 발생 현황을 보면 사세보에서 312명(진성 150명, 보균자 162명), 의심자 398명이고 그 가운데 사망자만 41명이었다.[43]

이처럼 하리오 수용소 재일조선인들은 수용소로 이용된 해군 숙사와 선박에 감금된 상태에서 열악한 처우를 받았다. 심지어 선박 관리인이 수용자들에게 배급하는 미곡과 연초까지 가로채기도 했다. 수용소 내의 경비원들은 일제강점기 조선에서 활동했던 경찰들이었다. 이 시기 수용소는 수용자 규칙이나 인권을 보호하는 그 어떤 지침도 찾아볼 수 없었다.

하리오 수용소의 후신인 오무라 수용소 시기에는 이전에 없었던 '피수용자 처우 규칙'[44]이 1951년 10월 30일 외무성령 제21호 '입국관리청설치령(1951년 정령 제320호)' 제17 제5호에 의해 제정되었다. 이 규칙 제2조에서는 "피수용자에 한하여 자유를 부여하고 존중"하며 "피수용자가 그 속하는 나라의 풍속과 관습에 의해서 행하는 생활양식은 수용소 내의 질서를 해치지 않는 범위 내에서 이를 존중해야 한다"라고 규정했다. 규칙 제18~21조는 수용소 내의 급식 및 위생과 전염병에 대한 조치까지 담고 있다. 하지만 면회(제24조)와 격리 수용(제30조) 규정은 수용자 인권침해 요소를 그대로 갖고 있었다. 면회는 "보안상 지장이 없이 인정된다면"이라는 조건을 내세워 수용소장의 임의대로 제한했다. 수용소 측은 1951년부터 1970년대까지 수용자의 태도와 성향 등에 따

---

41 같은 글, p.13.

42 引揚援護院検疫局,『引揚検疫史』, pp.103~104.

43 같은 책, p.110.

44 「被收容者処遇規則」, ≪官報≫, 第7444号(1951.10).

라 면회를 제한했다.[45]

격리 수용소는 "수용소 내 경비 보안상 지장을 주는 행위자, 부적당하다고 인정되는 경우 처우 규칙에 따라 격리 기준을 살펴 기간을 정하고 독방에 격리 수용한다"라고 해서 면회와 마찬가지로 수용소의 자의적인 판단에 따라 이용되었다. 격리 수용 장소는 구 수용소의 일부를 독방으로 이용하고, 1951년 3월 31일 신수용소 부지 내에 제5수용소를 개설해 이용했다. 일명 '악질자 수용'은 1953년 10월 신수용소 개설 이후 6동(상하 각 25실)을 격리 수용동으로 사용하고 1970년 9월 말까지 1620명을 수용했다.[46]

수용자 다수는 형법 위반자와 송환 중지자였고 이들은 수용의 장기화에 저항했다.[47] 1950년대에 3동에서 집단 항의 사건 주동자 16명이 격리 수용되었고 1964년 6월 1일 문오영(文五瑛) 자살 사건을 계기로 수용소 내의 처우 개선 시위가 벌어졌는데 이 과정에서 김영석 외 21명이 격리 수용되었다. 1958년 2월 18일에는 하마마쓰(浜松) 분실에서 수용소에 이송된 205명이 단수 문제로 집단 항의 집회를 열었다.[48]

한일회담이 중단되면서 수용 기간은 더욱 장기화되었고 수용자들은 수용소 내 영화 관람, 수용소 밖 산책, 종합운동회, 외부 단체의 위문 공연 등을 경험했다. 1959년 9월 26일 수용자들은 석방과 처우 개선을 요구하는 시위를

45 法務省大村入國者收容所,『大村入國者收容所二十年史』, pp.66~67.

46 같은 책, p.57.

47 1952년 11월 9~13일 재일조선인 수용자 600여 명은 "즉시 석방"을 요구하면서 시위를 벌였고 수용소 무장 경관 130여 명이 최루탄을 사용해 강제 진압했다. 이 과정에서 28명의 사상자가 나왔고, 9명은 검거, 12명은 격리 수용되었다. "일본 경찰, 한국인 수용자들에 최루탄과 소방호스 사용", ≪민주신보≫, 1952년 11월 14일 자, 2면; "외무부, 大村수용소에 수용 중인 한국인들에 대한 일본 정부의 강압에 대해 항의", ≪민주신보≫, 1952년 11월 23일 자, 2면; ≪解放新聞≫, 1952年 11月 25, 30日.

48 法務省大村入國者收容所,『大村入國者收容所二十年史』, pp.78~84.

더욱 격렬하게 전개했다. 이에 수용소 측은 수용자의 각 동의 왕래를 금지하는 한편, 운동경기도 각 동에서 개별적으로 실시하고 각 동의 관리를 격리 방식으로 바꾸었다.[49]

보건·위생 측면을 보면 청소는 매일 1회 이상 수용자들이 하고, 매년 2회 정도 소독을 실시하며, 매주 월·화요일 2회의 목욕을 실시했다. 환자 진료 및 치료는 병동에 설비된 진료실에서 의사 3명(1명은 비상근무 치과의), 약제사 1명, 간호부 3명이 담당했다. 필요에 따라 시립병원에 통원·입원하기도 했다. 이 과정에서 일부 수용자들이 탈출을 시도했다. 통신은 수신·발신(소포·전보 포함)에 제한이 없으나 "보안상 지장이 없는 한"이라는 단서 조항이 있었다. 검열에 종사한 직원은 한국어 가능자였다. 수용자는 "위생상 지장을 주는 화약류, 마약 등 식품" 등을 제외한 나머지 물품을 구입할 수 있었고, 소지 현금과 영치금은 원칙적으로 한 주에 3000엔을 넘을 수 없었다.[50]

앞의 1946년과 1950년대 이후 수용소의 시설 및 대우는 큰 차이를 보인다. 1946년 하리오 수용소 등은 좁은 해군 숙사나 창고에 수용자들을 감금해놓고 음식물이나 식수를 제대로 공급하지 않았다.

1950년대 이후 수용소는 더 체계적인 시설을 갖추었으나 수용자들의 신체에 대한 속박은 더욱 강화되었다. 특히 격리 수용은 수용자들에게 물리적 처벌에 해당하며 인권 보호의 의무를 저버리는 가혹한 처사라고 할 수 있다. 하리오나 오무라 수용소 자체는 '세계인권선언'(1948.12.10) 제9조, 제13조 2항[51]

---

49 같은 책, pp.65~66.

50 法務省大村入國者收容所, 『大村入國者收容所二十年史』, pp.57~68.

51 '세계인권선언(Universal Declaration of Human Rights)' 제9조는 "어느 누구도 자의적인 체포, 구금 또는 추방을 당하지 아니한다"라고 규정하고 있으며, 제13조 2항은 "모든 사람은 자국을 포함한 어떤 나라로부터도 출국할 권리가 있으며, 또한 자국으로 돌아올 권리를 가진다"라고 명시하고 있다.

에 전면적으로 배치되는 것이었다.

3. 쫓겨난 자와 남는 자: 강제 추방의 법제화

해방 직후 재일조선인들은 조선으로 일시 귀국했다가 합법적으로 일본에 재입국할 수 없는 처지에 놓였고, 목숨을 건 '밀항'을 선택했다. 그러나 GHQ와 일본 정부는 1947년 2월 5일 '해방 민족 등의 강제송환에 관한 건'에서 "밀입국 조선인, 군사재판에서 결정된 추방자" 등을 강제 추방하도록 했다.[52] GHQ는 일본 내에서 조련을 비롯한 재일조선인 단체의 해산을 명령하고(1949.9.8) "밀항이 공산주의 분자가 일본에 입국하는 수단으로 악용된다"라고 판단해 "문제 있는 조선인"들을 강제 추방하고자 했다.[53]

일본 정부는 한국전쟁 기간에 "재일조선인 중에 계획적으로 불법행위로 치안 유지를 방해하는 자들"을 "강제적으로 송환한다"라는 방침을 세웠다.[54] 한국 정부는 GHQ와 일본 정부의 원칙에 동의하고 일본 내에서 "악질분자에 대하여

---

52 大沼保昭, 「在日朝鮮人、台湾人の国籍に関するGHQの初期の暫定方針を示す文書」, 「〈資料と解説〉出入国管理法制の成立過程」, 『法律時報(第50巻 6號)』(東京: 日本評論社, 1978), pp.97~98. 「解放民族等の強制送還に関する件」은 1946년 12월 10일 GHQ와 일본 정부가 협의한 각서에 따라 "밀입국 조선인"과 중국·대만·류큐인·기타 밀입국자를 추방한다는 내용을 담고 있다. '밀입국자'로 분류된 조선인들은 검거지(주소), 직업, 씨명, 연령, 조선 내 주소 및 직업, 상륙월일, 상륙지 및 검거지(주소)에 이르는 경위, 검거 상황, 송환 이유 등을 미군에게 상세히 진술해야 했다. 군사재판을 받고 추방되는 사람들은 인도된 월일, 현지 군의 부대명, 부대 책임자 등의 신상정보가 내무성에 보고되었다. 外務省大臣官房總務課, 『在本邦諸外國人の在留等關係雜件韓國人の部(第1卷)』(1946.5.1~1949.12.30).

53 大沼保昭, 「在日朝鮮人、台湾人の国籍に関するGHQの初期の暫定方針を示す文書」, pp.74~79.

54 "不法朝鮮人送還 明春早早政令を公布 岡崎長官談 發表", ≪日本經濟新聞≫, 1950年 12月 27日, 3面; "明春政令を公布", ≪毎日(東京)新聞≫, 1950年 12月 27日, 3面.

총사령부로부터 일본 정부에 요청을 받아 본국에 강제송환할 용의를 갖고 있다"라고 주일대표부의 성명으로 발표하도록 했다.[55] 여기에서는 재일조선인들의 강제 추방 과정을 수용소 법제화 이전(1946.4~1950.9)과 이후(1950.10.1~)로 나누어 몇 가지 사례를 통해 살펴보고자 한다.

1) 강제 추방 1차 시기: 1946년 4월~1950년 9월 이전

이 시기는 재일조선인의 재입국 불허와 외국인등록령 제·개정까지를 포함한다. 외국인등록령은 내무성에서 작성하고 GHQ 민정국(Government Section: GS)과 참모부 제1부 인사담당(G1), "비공식으로 외교국(Diplomatic Section: DS)의 검토"에 의해서 만들어졌다.[56] 제정 직후 국내외 조선인들의 여론은 "과도한 처벌 조항을 수정해줄 것"을 요구한 정도였다.[57] 그러나 1948년 11월

---

55 "悪質者を强制送還", ≪每日(東京)新聞≫, 1951年 1月 13日, 3面.

56 이 법령의 제정 과정을 보면 1947년 1월 22일 민정국이 G-1에 보낸 문서에서 대니얼(Daniel. E. Henderson jr) 중령과 윌리엄 시볼드(William Joseph Sebald, 훗날 주일대사)에게 초안을 보여주고 최종 협의를 거친 후 3월 10일 내무성과 민정국의 협의가 있었으며, 4월 1일부터 17일까지 내무성의 야스오카(安岡, 사무관)·미야케(三宅 喜二郎, 외무성 조사국 사무관 출신)·무라카미(村上)가 GHQ G1의 홀랜드 대위, 민정국 법률과장 앨프리드 C. 오플러(ALFRED C. OPPLER, 판사 출신)와 만나 외국인등록령 초안의 최종 검토를 마쳤다. 그 이후 민정국장 코트니 휘트니(Courtney Whitne, 일본 헌법 초안 담당)는 내무성에 5월 3일 이전 외국인등록을 칙령으로 제정하도록 구두로 지시하는 것을 승인하고, 요시다 시게루(吉田茂)·GHQ와 협의하여 추밀원의 마지막 회의에 부의해 최종적으로 통과시켜, 1947년 5월 2일 칙령 207호에 따라 전문 15조의 본령과 '외국인등록령 시행 규칙'(내무성령 제28호)과 함께 발표되었다. 大沼保昭, 「在日朝鮮人、台湾人の国籍に関するGHQの初期の暫定方針を示す文書」, pp.96~97, 137, 139~140.

57 大沼保昭, 「在日朝鮮人、台湾人の国籍に関するGHQの初期の暫定方針を示す文書」, pp.87~88; "在日同胞에 外國人登錄", ≪경향신문≫, 1947년 8월 7일 자, 2면. 신문은 "미군정 외무처 당국으로서도 조선인은 외국인인 이상 등록에 응하도록 방침을 결정하고 재일공관을 통하여 등록 권유문을 보내기로 했다"라고 덧붙였다. 재일본조선인련맹 서울위원회는 미군정

과 1949년 12월 외국인등록령의 개악과 1950년 2월 16일 외국인등록증명서 재경신 사태로 이어지면서 재일조선인 단체들은 본격적인 반대 운동을 전개한다.[58] 더불어 1949년 6월 22일 '출입국 관리에 관한 정령'이 제정되자 모든 행정력(경시청, 해상보안청 등)을 동원해 외국인등록령 위반자 체포·구금 및 강제 추방 업무까지 규정하고 있었다.[59] 이러한 법제가 재일조선인 강제 추방에 그 목적을 두고 있는 것이다.

강제 추방은 1946년 4월부터 하리오 수용소에서 시작되었고,[60] 6월부터 미 제24사단과 영연방군이 조선 해협에서 집중적으로 재입국자들을 단속하기 시작했다.[61] 일본 정부는 특별연안경비대를 조직해서 이들이 개인의 선박을

외무처에 건의서를 제출하는 소극적인 태도를 보였다("在日本朝鮮人聯盟 서울委員會建議書", ≪경향신문≫, 1947년 8월 30일 자 2면).

58 法制意見第四局, 「外国人登録令の一部を改正する政令」, 『公文類聚·第七十四編·昭和二十四年·第七十七巻·法務二·民事二·刑事·行政事件訴訟·少年審判·雜載』(昭和24年 12月 3~28日); ≪官報≫(1948.11.19, 1948.12.3); "外國人登錄令의 陰謀", ≪해방일보≫, 1949년 12월 13일 자, 2면.

59 「出入國管理連絡協議會令案に關し閣議請議の件」(1949.9.1); 「AG091.1(1949.5.28) GA SCAPIN2019, 「日本政府に對する覺書」(1949.6.22) 出入國事務局設置に關する件」(1949.6.22); 「出入國の管理に關する政令に關し閣議請議の件」, 政總第2735號(1949.8.4). 특히 이 정령은 미국 내 출입국법을 그대로 차용해 만든 것이다. 자세한 내용은 다음을 참조하라. 法務省, 「外務大藏 兩 大臣請議 出入國の管理に關する政令に關し閣議請議の件」(1949.8.10); 「出入国管理機関設置に関する件」(1950.8.29); 「税関、出入国及び検疫事務に関する件」(1950.8.29); 「法務總裁及ひ外務大藏厚生運輸四大臣請議出入國管理令案」(1951.10.2); 「入国管理庁設置令」(1951.9.30), 法務省, 『外國人登錄關係法令運用』(1951); 法務省, 「CASINET ORDER CONVERSION PROCEDURE TO DEPORT ILLEGAL ENTRANTS ETC」(1951.1.15). 이 법무성 문서는 출입국, 강제퇴거 및 강제수용, 수용소 설치, 심사 등의 사례를 포함하고 있다.

60 Record Group 331: Records of Allied Operational and Occupation Headquarters, World War II, 1907-1966, Decimal File, 1946-1950 [Entry UD 1135], GHQ/SCAP records, G II, Illegal Entry of Koreans, 1946, 1947, "Illegal Entry of Koreans into Japan April Through October, 1946".

61 "日本에 密航入國한 朝鮮人들의 檢擧送還", ≪경향신문≫, 1946년 10월 30일 자, 2면. 미 군정 섭외국은 10월 28일에 미 24보병사단과 영연방군의 감독으로 6월부터 "밀항 입국

징발해 조선인 밀항자들을 단속하도록 했다.[62] 1946년 12월 10일 GHQ는 필요에 따라 수용소의 경비와 수송에 지방 주둔 연합군 사령관이 미군 경비병을 요청할 수 있도록 했다.[63]

GHQ는 1945년 9월 2일을 재일조선인들의 재입국 시작일로 보았다.[64] GHQ는 1946년 4월부터 1947년 7월까지 재일조선인 2만 5000명이 재입국했으나 체포되었다가 임시 귀국했다고 집계했다.[65] 일본 지방경찰이 집계한 재일조선인 재입국자 체포 현황을 보면 GHQ의 집계와 다소 차이를 보인다. 자세한 내용은 〈표 5-1〉과 같다.

이 통계와 유사한 수치는 또 다른 GHQ의 보고서에서도 확인되고 있다. 1946년 4월에서 12월까지 재일조선인들이 일본 주요 지역에서 재입국하다가

을 기도"하는 재일조선인들을 검거했는데 경찰에 체포된 사람은 6628명이고 영연방군 지구에 체포된 사람은 8205명이라고 발표했다. 조선인 7000명 이상은 10월 27일 사세보 수용소에서 강제 추방될 예정이었다.

62 法務廳民事局, 『自昭和二十二年六月至昭和二十二年十二月外國人登錄關係重要通達綴』(1947) 참조. 일본 정부는 쓰시마(對馬島), 가리쓰[唐津, 이키(壱岐)를 포함], 모지(門司), 센다니(仙崎), 마이즈루(舞鶴), 사세보(佐世保) 등지에 수상경비 기지를 설정하고 수사 및 검사를 할 수 있도록 했으며, 경비선 및 소형선박 등을 지급했다. 또한 GHQ는 운수성 해운총국(運輸省海運總局)의 국장을 중심으로 일본에 불법 입국 선박 감시 본부를 설립하고, 구주 해운국(九州海運局)에도 같은 기구를 설립하도록 지시했다[終戰連絡中央事務局, 「日本への不法入国の阻止の報告」(CLO3005), 1946.6.20].

63 外務省, 「日本への不法入国の阻止」(SCAPIN1391)(終戦連絡中央事務局, 1994), p.2894.

64 Record Group 331, Decimal File, 1946-1950[Entry UD 1135], 012.42, Illegal Entry(2nd Sheets and Extra Copies), "Personnel Attending Conference on Suppression of Korean Illegal Entry", 1949.6.15. 이날 회의에는 닛폰 유센(日本郵船) 회사 빌딩 G-2 세미나실 401A에서 GHQ 관계자 24명, 8사단 10명, 해군사령부 1명, 미 극동공군사령부 3명 등이 참석했다. 특히 G-3는 1945~1946년 1만 5426명, 1947년 6248명, 1948년 6940명, 1949년 6월까지 3976명의 재일조선인이 재입국을 시도했다고 발표했다.

65 "朝鮮人密航滅消 맥司令部서 發表", ≪경향신문≫, 1947년 7월 13일 자, 3면.

표 5-1 **1946~1954년 일본 '밀항자' 검거 수 및 강제 추방자 수**

연도	경찰			해상보안청	도주 확인자 수	강제 추방자 수
	상륙	상륙지 외	계			
1946	17,737	1,374	19,111		3,683	15,925
1947	5,421	716	6,137		1,467	6,296
1948	6,455	460	6,915	1,358	2,046	6,207
1949	7,931	1,249	9,180	729	2,700	7,663
계	37,544	3,799	41,343	2,087	9,896	36,091

자료: 外務省大臣官房總務課, 『在本邦諸外國人の在留等關係雜件韓國人の部(第1~2卷)』(1946.5.~1949.12); Record Group 331, Decimal File, Ilegal Entry, Korea File No.3, 1 April 1949 to 31 December 1949, "illegal entry into japan", 1949.4~1949.12.

체포되었는데 총 2만 1787명이었다. 이들 가운데 야마구치와 후쿠오카 지역에만 69.5%가 집중되었다.[66] 지역별 체포 인원은 〈표 5-2〉와 같다. 이를 통해 재일조선인 다수가 규슈에 상륙했음을 알 수 있다. 1947년 1월에서 7월까지 전체 3440명 가운데 야마구치 1139명, 후쿠오카 625명, 나가사키 707명에 비해 시마네는 212명, 오사카는 351명이었다.[67] 또한 〈표 5-1〉을 통해 1947년 5월 외국인등록령 실시 후 재일조선인 재입국자가 점차 감소하고 있음을 알 수 있다.

〈표 5-2〉에 나타난 것처럼 1949년 외국인등록령 개정 직후 재일조선인들은 1946년과 1949년 두 연도만 보아도 동일한 지역에 집중되고 있었다. 주로 규슈나 시코쿠는 한국과 가까운 쓰시마를 중간 경유지로 이용했다. 밀항 중개인들은 울산, 부산, 거제, 통영, 고성, 여수, 제주 등지에서 5톤 이하의 어선을 이용해서 1인당 최저 1만 원에서 최대 10만 원(1950~1960년대)의 선비(船

66 "Illegal Entry of Korean", 1946.1.1~1947.12.1.

67 Record Group 331, Decimal File, Ilegal Entry, "INCOMIG MESSAGS", 1946.7.23, 1946.7.26.

표 5-2 **1946년 4월~1949년 12월 재일조선인의 재입국 도중 체포 현황**

지역		1946	1949
지방	현		
규슈	후쿠오카	5,439	1,129
	오이타	29	
	사가	2,747	157
	나가사키	1,306	2,365
	구마모토	65	54
	미야자키	533	25
	가고시마	40	280
시코쿠	에히메		99
	도쿠시마		54
	가가와		14
혼슈	효고	7	115
	와카야마	48	
	야마구치	9,684	1,392
	히로시마		64
	오카야마		9
	돗토리	119	77
	시마네	1,653	370
	이시카와		113
	니가타		132
	와카야마		94
	교토		19
	오사카		53
	가나가와		15
	홋카이도	117	
합계		21,787	6,630

자료: Record Group 338: Records of U.S. Army Operational, Tactical, and Support Organizations (World War II and Thereafter), 1917-1993, Security Classified General Correspondence Files, 1946-1953 [Entry A-1 113], "Illegal Entry of Koreans into Japan". 1950.

費)를 받았다.[68]

강제 추방 사례를 보면 1946년 7월 23일에 재일조선인 강제 추방 대상자

150명이 센자키 수용소에, 7월 26일에 1945년 8월 15일 이전 거주자 1500명과 재입국 시도자 996명이 하리오 수용소에 수용되었다. 이 가운데 2701명은 1946년 8월 11일 사세보를 출발해 12일 부산항 제1부두에 도착해서 검역을 거치고 헌병대와 경찰서로 이송되었다. 일본 경찰 40명과 미군 21명이 선박에 승선해 호송을 담당했다.[69] 이 시기 특징은 호송 경비에 일본 경찰과 미군이 동승한 점이다.

2) 강제 추방 2차 시기: 1950년 10월 1일~1980년 이전

한국전쟁기 GHQ와 일본 정부는 출입국관리령과 '입국자 수용소 조직 규정'(1950.10.6),[70] '오무라 입국자 수용소 조직 규정'(1951.4.16),[71] '입국자 수용소 조직 규정'(1951.11.1)[72] 등을 마련해 강제 추방의 법제화를 꾀했다. 이로써 미군·일본 경찰이 담당하던 강제 추방 대상자 호송 업무는 각 수용소의 입국

---

68 "生道를 찾는가? 日本密航船抑留", ≪남조선민보≫, 1949년 12월 6일 자, 2면; "密航者 13名 逮捕 巨濟郡 松眞浦에서", ≪남조선민보≫, 1953년 3월 29일 자, 2면; "어린이 12명 포함 또 밀항 직전의 남녀 28명 체포", ≪동아일보≫, 1958년 2월 26일 자, 3면; "한국을 깔본 일인", ≪경향신문≫, 1963년 11월 12일 자, 5면. 1946년 8월 5일 경남 고성항에서 190명이 일본에 재입국하려다가 체포되었는데 그 시기 최대 규모였다. 부산 대창정 서관일(徐寬一)의 소유 약 100톤급 범선은 마산, 고성항을 중심으로 1인당 선비 700~1000원씩 받아 마산항에서 150명, 고성항에서 40명을 태우고 쓰시마 인근으로 가던 중 미 해방단(海防團) 경비정에 발각돼 부산경찰서로 옮겨졌다. "밀항선을 (나)포 미군 감시대가 현해서", ≪부산신문≫, 1946년 8월 7일 자, 2면.

69 Record Group 331, Decimal File, Ilegal Entry, "INCOMIG MESSAGS", 1946.7.23, 1946.7.26.

70 ≪官報≫, 第7122號(1950.10.6).

71 ≪官報≫, 第7278號(1951.4.16).

72 ≪官報(號外)≫, 第90號(1951.11.1).

경비관[73]이 전담하게 되었다.[74] 1952년 이후 오무라 수용소 외에 입국관리청 산하 각 출장소 등이 증가함에 따라 경비관을 추가로 모집했다.[75]

제2시기에는 1950년 12월부터 1970년 9월 18일까지 총 75회에 걸쳐 남자 1만 1573명, 여자 4818명, 총 1만 6391명을 강제 추방했다. 이용 선박은 신고 마루(新興丸, 1차)·시나노 마루(信濃丸, 2~4차), 다카사고 마루(高砂丸, 5차), 기산 마루(輝山丸, 6~7차), 산스이 마루(山水丸, 8차), 하야토모 마루(早鞆丸, 9~34차), 산스이 마루(35~37차), 츠바키 마루(椿丸, 38~60차), 1968년 8월 21일 제61차부터 규슈 상선 소속 유호 마루(有保丸) 등이다. 1~29차 송환은 오무라 수용소에서 300톤 전후의 기범선을 사용해 조류에 따라 하리오세토(針尾瀨戶)와 사세보 항을 경유했다. 1954년 3월 28일 제30차 송환부터 송환선이 오무라

73 입국관리청설치령 제9조 제2항에 의거해 입국경비관이 신설되었다. 1950년 10월 19일 입국경비관계급령(정령 제313호)에 따라 경비관은 경비장, 경비사장, 경비사, 경비사보, 경수장, 경수 등으로 나뉘었다[≪官報≫, 第7133號(1950.10.19)]. 경비관제는 입국자수용소조직규정 제1조, 제8조와 입국자수용소조직규칙(2001.1.6) 제7조에도 그대로 유지되고 있다.

74 Record Group 331: Records of Allied Operational and Occupation Headquarters, World War II, 1907-1966, Decimal File, 1946-1950 [Entry UD 1135], GHQ/SCAP records, G II, "Illegal entry", 1950.3.21. 1950년 3월 20일 일본우선 빌딩 G-2 세미나실에서 열린 '재일조선인 밀항 단속 회의' 참석자 외무성 외무사무관 야구치 로쿠조(矢口麓藏)는 "경찰은 추방 처리에 나서지 말아야 한다"라고 주장했다.

75 「入國警備官採用試驗公告」(1952.3.24)에서는 오무라 입국자 수용소(大村 松竝町), 입국관리청 삿포로 출장소 개설준비사무소(札幌 北西條 四7丁目 北搬連 センター 內), 센다이 출장소(仙台 東三番町35), 도쿄 출장소(東京 港區 麻布飯倉片町12), 나고야 출장소(名古屋 東區 布池町32), 고베 출장소(神戶 生田區 山本通3-120), 다카마쓰 출장소(高松 2番町41), 마쓰에 출장소(松江市 殿町384), 시모노세키 출장소(下關 港町28), 후쿠오카 출장소(福岡 築石町1), 가고시마 출장소(鹿児島 山下町37)의 경비관을 모집하고 있으며, 주요 업무는 "외국인 입국 상륙부터 재류에 관한 위반 조사와 퇴거 강제 영서(令書)를 집행하고 수용, 호송, 송환 같은 입국자 수용소 업무, 기타 시설의 경비"를 맡는 것이었다[≪官報≫, 第7561號(1952.3)].

만에 직접 입항했다.

1950년대 오무라 수용소 외에도 여러 지역에 분실이나 출장소 등이 개설되었다. 하마마쓰 입국자 수용소 분실(수용 정원 400명)은 1954년 12월에 개설되어 중국인들을 수용했다. 또한 오무라 수용소에 있던 일부 재일조선인 지도자들은 가고시마 수용소 분실에 이송되기도 했다.[76]

3) 재입국 사유와 국내외 반응

재일조선인들이 일본으로 재입국한 근본적인 이유는 무엇일까. 해방 직후 일본에서 귀국한 조선인들은 일제강점기 강제노동(노무)이나 징용·징병 등 다양한 명목으로 도항한 사람들이었다. 해방 후 상당수의 재일조선인들은 경제적 이유로 일본에 가족을 두고 일시 귀국했다가 재입국하고자 했다.[77]

그럼 시기별 재일조선인들의 재입국 사유가 무엇인지 간략하게 살펴보자. 경남 합천군 합천면 이율기(李律基)는 1947년 3월 15일 오이타 현(大分縣) 벳푸 시(別府市) 후지미도리(富士見通)로 들어오다가 체포되었는데 "몇 달 동안 돈을 마련해서 일본에 건너왔으나 앞으로 어떻게 할지 모르겠다"라고 일본 경찰에 진술했다.[78] 원폭 피해자 김일조(金一祚)는 1946년 7월 마산에서 일명

---

76 ≪解放新聞≫(1953.2.9, 1953.4.14). 가고시마 수용소에 이송된 7명은 1952년 11월 오무라 수용소에서 강제 추방 반대 운동을 전개한 조련 출신 간부들이었다. 이들 중 박남진 외 4명은 1953년 3월 19일 가고시마 수용소에서 탈출했으나 가고시마 거류민단본부 단장의 밀고로 모두 체포되고 말았다.

77 김태기, 「GHQ/SCAP의 대재일한국인 정책」, ≪국제정치 논총≫, 제38집 3호(한국국제정치학회, 1998); 山根晶子 編, 『「朝鮮人·琉球人」係資料集 1946~1948年 長野縣』(新幹社, 1992).

78 "CCD Intercepts Smuggling"(1947.10).

'야미 배'를 타고 남편을 만나고자 일본으로 가던 중 경비선에 발각되었다. 결국 김일조는 사세보 하리오 수용소에서 3개월 동안 있다가 강제 추방되었다.[79] 이처럼 1946~1950년 한국전쟁 이전까지 대부분 재일조선인들은 다음의 몇 가지 이유로 재입국했다.

첫째는 가족을 두고 본국에 가서 생활 기초를 준비하고 온 사람들이다. 이들은 일본에 있는 가족 전원을 데리고 오고자 재입국했다. 둘째는 귀국했다가 생계를 전혀 이어갈 수 없어서 다시 일본으로 가는 사람들이다. 재일조선인들 상당수가 여기에 해당한다. 따라서 이들은 재취업 문제로 도일한 경우이다. 셋째는 일본에 사업 기초를 마련해두고 일시적으로 귀국했던 사람들이다. 넷째는 일본인을 처(妻)로 둔 자로서 본국의 "감정(일본인을 처로 둔 사람에 대한 일반적 태도)을 탐지"하고 오는 사람들이다.[80] 1950년 이후 재입국 사유는 이전 시기와 비교해 더욱 다양해진다. 이들의 목적은 재취업, 정치적 망명, 피난, 징병 기피, 탈영 외에 친족 간 결합, 자국 상황의 불안, 친구·지인의 초청, 경제 상태의 불안, 더 좋은 노동조건, 진학(공부) 등이다.[81]

재일조선인의 재입국에 대해 한국 정부는 "한국의 체면을 손상시키는 자"나 "비애국자"라고 비난했다.[82] 국내 언론은 재일조선인들에 대해 "당국자의

---

79 김일조(1928년생, 합천 거주) 증언(2011.5.16). 김일조는 1945년 10월 초순 히로시마에서 야마구치 센자키로 이동해 관부연락선을 타고 귀국했다가 재입국했다.

80 在日朝鮮人聯盟, 「密航同胞調査報告書」; "생활문제로 조선인들 일본에 밀입국", ≪서울신문≫, 1946년 8월 20일 자; "不法會合을 不許", ≪경향신문≫, 1947년 5월 15일 자, 2면; "민생고의 반영? 도일 밀항자 일익 증가", ≪자유신문≫, 1949년 4월 1일 자, 2면; "러취장관 담, 각 부서의 직능 이양", ≪동아일보≫, 1949년 9월 13일 자, 1면.

81 Record Group 338, BCOF, Security Classified General Correspondence Files, 1946-1953 [Entry A-1 113], "Illegal Entry into japan 1948, issued on 25th, oct", 1948; 法務省大村入國者收容所, 『大村入國者收容所二十年史』, pp.95~101.

82 "외국인등록령 악용 반대의 요구도 포함", ≪해방일보≫, 1950년 4월 1일 자, 2면; "金宗

관심과 선처가 있어야 될 것"이며 "국내 거주 재일조선인의 실업 문제 해결이 우선시되어야 한다"라는 등의 긍정적인 반응을 보였다.[83] 그러나 한국 정부나 국내외 언론은 조련에 가입한 재일조선인들에 대해서는 "불량 재일교포"라고 지목해 모두 강제 추방해야 한다고 주장했다.[84] 재일한국거류민단은 1952년 한국 방문 기자회견에서 "재일교포 80만 명 중 80%가 공산주의자이며 청년 3만 이상이 전위분자라고 일본 측에서는 주장한다"[85]라고 하며 민단과 조련 계열 조선인 사이에 선을 그었다.

재일조선인의 강제 추방과 관련해 일본 내 찬성파 가와시마 후쿠타로(川島福太郎)[86]는 1945년 8월에서 1950년 6월까지 조선인 2만 5000여 명이 쓰시마를 거쳐 나가사키, 야마구치, 후쿠오카, 한신(阪神)에 들어왔으며 밀수 선박도 점점 늘어나고 있다고 주장했다. 가와시마는 당시 일본 정부와 동일한 시각에서 조선인들의 '밀항 금지와 엄격한 처벌을 요구'했다. 그는 한국에서 일본으로 밀

元 경남북지구 계엄민사부장, 일본으로 밀항 행위 엄벌 경고", ≪부산일보≫, 1950년 12월 31일 자, 2면. 육군병기행정본부장 채병덕은 1950년 3월 25일 기자회견에서 "재일동포의 4할은 실업자이며 그 위에 약 2할의 부랑자 계급이 있으며 기타 범죄자 등 한국의 체면을 손상시키는 자가 많다"라고 발언했다. 경남북지구 계엄민사부장 김종원은 "자기 개인의 생명과 재산에 급급하여 비애국자들이 매일같이 일본으로부터 송환되고 있다"라고 하며 강제 추방되어 오는 재일조선인들을 비난했다.

83 "經濟夜話 到處에 離合無常 여기도 감투싸홈", ≪경향신문≫, 1948년 10월 26일 자, 2면; "〈재일교포 문제의 단면성(중)〉", ≪민주신보≫, 1952년 7월 24일 자, 2면.

84 "일본 정부, 불량 재일교포 추방에 대하여 한국 대표로부터 사전 양해를 구하기로 했음을 발표", ≪민주신보≫, 1952년 7월 26일 자, 2면.

85 "在日居留民團 代表, 韓國 訪問하고 在日僑胞들의 實情을 傳達", ≪부산일보≫, 1952년 9월 20일 자, 2면.

86 가와시마는 1890년생으로 교토에서 태어나 1912년 와세다 대학 상업학과를 중퇴하고 1918년 상하이에서 선박무역업을 경영하면서 일본거류민단 촉탁과 1936년 선박 운송 업무와 상하이 중앙공증유한공사 부사장을 거쳐 1947년 귀국해 삼화공업 감사역과 나가사키선박 조합장을 맡고 있었다.

항하는 루트와 주요 기착지, 인원 등 경시청과 해상보안청의 자료들을 근거로 재일조선인의 강제 추방을 거론하고 있다. 그는 "밀항의 원인 중 제일 큰 부분이 일본 문화나 생활 안정 등을 동경하거나 밀수의 연락책으로 들어오거나, 일본에 남아 있는 재산 정리 차원에서, 남한 내 테러 행위의 공포에서 벗어나기 위함"[87]이라고 지적했다. 가와시마가 한국인들이 '테러 행위'에서 벗어나기 위해 밀항했다고 지적한 것은 정치적 망명 혹은 제주 4·3이나 여수·순천항쟁, 한국전쟁기 민간인 및 보도연맹원 학살 사건을 염두에 두고 말하는 듯하다.

같은 시기 일본 재판소는 재일조선인 재입국자 또는 '밀항자'들에게 1947년 외국인등록령뿐만 아니라 최소 2개 이상의 형법을 적용해 가중처벌하는 사례가 늘어났다. 가중된 죄명은 주세법 및 방조, 공갈, 폭행, 폭력 행위 등 처벌에 관한 법률 위반, 상해, 소요 및 방조죄 등이었다. 이런 사례는 외국인등록령(법) 폐지 운동과 외국인등록증 일제 단속 과정에서 전개된 경찰 또는 행정공무원들과의 마찰 등으로 나타났다.[88]

일본 공산당, 사회당과 시민사회단체 및 학생 단체들은 외국인등록령 반대와 1970년대 보안 투쟁, 오무라 수용소 해체 투쟁을 전개하면서 재일조선인들을 지원했다. 그 가운데 오니시 세이토(大西正道)[89]는 재일조선인 운동에 적극적으로 참여한 인물이며 재일조선인의 국적과 귀국 문제, 일본 정부의 재일조선인 강제 추방 반대 운동 등을 펼쳤다. 그는 1946~1956년에 밀입국한 조

---

87 川島福太郎, 『地獄の海-密輸密航奇譚』(ジーブ社, 1950), pp.38~58.

88 판례 사례는 1947~1980년 각 지방재판소, 최고재판소에 소장된 판결문에서 확인할 수 있다. 법무성의 연도별 『法務年鑑』 및 インターネット判例(http://xn—eckucmux0ukc1497a84e.com/).

89 오니시는 1912년생으로 효고 현 출신이며 니혼 대학을 졸업하고 종전 후 아오키 현립 홍전고등여학교 교유(教諭)를 거쳐 일본교원노동조합 위원장과 문부성 교과서검정위원 등을 지내다가 1953년 사회당 출신으로 중의원에 당선되었다. 그는 중의원에서 외무상임위원과 1959년 조선, 소련 등지를 방문하고 『교육 부흥』이라는 책을 출판했다.

선인 5만 6554명 중 4만 5645명이 강제 추방을 당했으며 특히 한국전쟁 중에 한국으로 보내진 밀항자 130명은 사형 언도를 받았고 1954~1955년에 김보성, 박남진, 김승원 등은 이승만 정부에 의해 살해당했다고 밝혔다. 또한 그는 이승만 정권과 일본 정부가 밀약을 맺고 재일조선인들 가운데 일부 좌익 인사들을 강제 추방 형식을 빌려 제거했다고 단언했다.[90]

4. 나가는 말

해방 직후 재일조선인 '집단 귀국자'들은 한국 정부와 GHQ, 일본 정부로부터 재입국 자체가 불허되었다. 다수의 재일조선인들은 1945년 9월부터 일본에 재입국을 시도하다가 체포·검거되었다. 1946년 5~6월 한국에 콜레라가 만연하자 GHQ와 일본 정부는 그 전보다 재일조선인의 재입국 시도를 더욱 강력하게 단속하고 외국인등록령(법) 등을 포함한 각종 법령과 지령을 발포해 재일조선인 재입국 자체를 원천적으로 차단하는 데 집중했다. 나아가 1946년 6월 이후 일본 정부 등은 '밀항자' 또는 '불법 입국자'로 지목된 재일조선인 재입국자들을 비사법적 구금 시설인 하리오(오무라) 수용소에 감금하고 수용 시설 및 수용자에 대한 규칙이나 규정 없이 운영한 것으로 드러났다. 1950년 일본 정부는 출입국관리령을 공포하고 하리오 및 오무라 수용소를 설치했으며, 수용자 규칙 등을 제정해 재일조선인 강제 추방을 법제화하기에 이르렀다. 그러나 수용소에 감금된 재일조선인들은 외국인등록령(법)의 즉각 폐지와 수용자 전원 석방, 수용소 폐지 등을 요구하면서 지속적으로 시위를 벌였다.

---

90 大西正道, 『南朝鮮-壓政に あえぐ民衆』(東京: 新讀書社, 1959), pp.256~258.

그림 5-1 1956년 5월 오무라 수용소에서 시설을 시찰하는 국제적십자 관계자들
자료: ICRC

그림 5-2 1956년 5월 19일 오무라 수용소 전경
자료: ICRC

이러한 GHQ와 일본 정부의 강제 추방 법제화는 재일조선인의 특수성(역사성 및 법적 지위 등)을 고려하지 않은 폭력적이고 강압적인 정책에서 기인한 것으로 볼 수 있다. 재일조선인들은 외국인등록 여부나 등록증 소지 유무, 조련 계열 조선인이라는 이유만으로 강제 추방된 사례가 다수였다. 이들은 경찰서 → 수용소 → 형무소 → 수용소 → 본국 강제 추방 → 재입국 시도라는 악순환의 고리에서 벗어나지 못했다. 재일조선인 강제 추방은 '불량 재일조선인' 또는 '치안 위협자'들을 합법이라는 제도적 틀에서 '제거'하려는 의도 속에서 진행된 것이었다.

06

예외 상태의 규범화된 공간 *

한일 국교 수립 이후의 오무라 수용소

이정은

1. 머리말

일반적으로 수용소가 시민권이나 국적 박탈에 관한 새로운 법률과 동시에 출현하는 현상은 오무라 수용소에도 그대로 적용된다. 일본의 나가사키 현 오무라 시에 위치했던 오무라 수용소는 미군정기인 1950년 12월 25일(정령 제370호)에 출입국관리청이 발족된 직후 설치되었다. 법적으로는 일본의 출입국관리령(법률 제126호) 위반으로 강제퇴거 명령을 받고 자국으로의 송환을 기다리던 사람들을 수용했던 시설이다.[1] 그러나 현실적으로는 당시 외국인의

* 이 장은 이정은, 「예외상태의 규범화된 공간, 오무라 수용소: 한일 국교 수립 후, 국경을 넘나든 사람들의 수용소 경험을 중심으로」, ≪사회와 역사≫, 제106집(2015)을 수정·보완한 것이다.

1 출입국관리청은 1950년 10월 1일에 출입국관리청설치령(정령 제295호)에 따라 외무성

80% 이상을 차지하고 있던 재일조선인을 추방하는 기능이 컸다.

오무라 수용소는 전후 냉전 체제의 국민-국가-영토의 경계 설정 과정에서 식민지민에 대한 양국의 책임을 전가하는 헤게모니 장치이자 법질서 외부에 위치하는 영구적인 예외 공간으로 설정되었다.[2] 수용소는 자국민이던 조선인을 '이질화된 존재'로 강제하고 국가를 배반한 국민을 통제·관리하는 과정에서 만들어낸 잉여 공간이자 안전장치로 배치되었다.[3]

1951년에 수용소가 설치되어 1993년에 오무라 입국관리센터로 명칭을 바꿀 때까지 수용자들의 상당수는 재일조선인과 한국인이었다. 재일조선인은 외국인등록령 위반으로 형무소에서 형기를 마친 사람들로, 상식적으로 보더라도 그들을 다시 수용해 추방하는 것은 '이중 처벌'에 해당하는 '위법'이었다. 그러나 샌프란시스코 강화조약 이후, 재일조선인을 '이등 시민, 외국인'으로 규정한 일본은 오무라 수용소라는 법적인 예외 공간을 이용하게 되었다.[4]

재일조선인과 달리, 오무라 수용소의 한국인들은 해방 후 생계형 밀항자들이었다. 하지만 밀항자들의 생활은 재일조선인과의 생활형 네트워크 속에서

의 외국(外局)으로 구(舊) 사세보 인양원호국 하리오 수용소를 설치하고, 같은 해 12월에 오무라 전 해군 항공 공장을 리모델링·이전해 오무라 입국자 수용소를 만들었다. 1951년 1월 1일 입국관리청설치령(정령 제120호)에 따라 '입국관리청 오무라 출장소'가 병설되었고 1952년부터 출입국관리 행정이 외무성에서 법무성으로 이전되면서 출장소는 '오무라 입국관리 사무소'가 되었다. 『大村入國者收容所二十年史』(法務省大村入國者收容所, 1970), pp.1~2.

2 조르조 아감벤, 『호모 사케르』, 박진우 옮김(새물결, 2008)

3 玄武岩, 「密航·大村収容所·濟州道: 大阪と濟州道を結ぶ'密航'のネットワーク」, ≪現代思想≫, 35-7(2007); 차승기, 「수용소라는 안전장치: 오무라 수용소, 폴리스, 그리고 잉여」, ≪한국학 연구≫, 제32집(2014).

4 일본 외교국의 카펜터(Carpenter)가 작성한 각서 "Basic attitudes affecting Japan-Korea Relations"과 이에 대한 본드(Niles W. Bond)의 논평에 따르면 일본 정부는 조선인에 대해 "경멸 섞인 우월 의식"과 "공포와 불신"의 양가감정을 가지고 있었다고 한다. 오오타 오사무, 『한일교섭: 청구권 문제 연구』, 송병권·박상현·오미정 옮김(선인, 2008), 107~108쪽).

구성될 수 있었기 때문에 당시로서는 한국인과 재일조선인을 명확하게 구분하는 것이 큰 의미가 없어 보인다. 특히, 1950년대까지만 해도 한반도는 재일조선인과 일상적인 생활 세계를 공유하고 있던 터라 밀항과 역밀항이 순환되던 시기였다.

이런 오무라 수용소 수용자들의 성격은 한일 국교 정상화를 전후로 변화를 경험하게 된다. 1965년 한일 국교 정상화 이전에는 한국전쟁기의 징집과 곤궁(困窮)을 피해 집단으로 밀항한 한국인과 재일조선인들이 대거 오무라 수용소를 통해 추방되었다면, 국교 정상화 이후에는 생활고로 인한 일상적인 개별 밀항자들이 주를 이루게 된다.[5] 이 시기부터는 집단으로 일본에 불법 입국하는 이들도 크게 줄기 시작했다. 일본 법무성 입국관리국 자료에 따르면, 1965년에 51건(551명)에 달했던 집단 불법 입국자 수는 1966년에 21건(115명)으로 급감했다.[6] 실제로 한국의 4·19 혁명을 거치고 1961년에 박정희 정권이 들어서면서 오무라 수용소의 송환자 수도 급격하게 줄어든다. 그만큼 밀항자의 수도 줄었다는 뜻이다.

그렇다면, 한일 국교 정상화 이후 수용자의 성격이 변화된 상황에서도 오무라 수용소는 어떻게 1950년대와 유사한 형식으로 지속될 수 있었을까? 식민국과 피식민국의 관계에서 벗어나 양국이 동등한 국민국가로 국교를 수립한 상황에서도 법적인 예외 공간으로 수용소라는 형식을 그대로 유지할 수 있었던 이유는 무엇일까? 이 장은 오무라 수용소가 한일협정 이후에도 여전히

---

5 일본의 출입국관리국에서는 이유를 다음의 세 가지로 설명한다. ① 국교 정상화로 합법적인 도항을 기대하는 분위기 확산, ② 일본의 경제원조와 베트남 특수로 인한 한국 경제의 호전과 그로 인한 실업자 감소, ③ 한국 내 밀항 취체 강화. 法務省出入国管理国, ≪入國管理月報≫, 第76號(1966.3), p.1.

6 같은 책, 第73號(1966.12), p.39; 같은 책, 第76號, p.1

'수용소'의 형태로 지속될 수 있었던 구조에 대해 질문하고자 한다. 한국의 경우는 한일협정 체결 과정에서 일본인 어부 억류 문제로 논란이 되었던 부산수용소를 '외국인 출국대기소'로 변경한 것이 1961년이었다. 한국으로부터의 집단 밀항도 줄었고, 북송 사업으로 인한 수용소 내 갈등도 일단락된 상황에서 일본은 왜 개별 밀항자를 억류하는 '출국대기소'가 아닌 수용소의 형식을 존속한 것일까? 한국 정부가 그것을 묵인한 이유는 무엇이었을까?

지금까지 오무라 수용소에 대한 연구들은 ① 식민지기와의 연속선상에서 전후 오무라 수용소의 정치적 성격을 분석하거나,[7] ② 국민국가와 밀항, 분단과 이산의 문제를 다루는 과정에서 사례의 하나로 제시되어왔다.[8] ③ 사료에 근거해 오무라 수용소의 역사적 맥락을 분석한 연구[9]는 일부이고 자료집이나 수기, 증언집들은 일본에서 출간된 것이 대부분이다.[10] 이 장은 기존의 연구 결과를 바탕으로 지금까지 알려지지 않은 한국 정부의 미공개 강제송환 자료와 오무라 수용소를 경험한 제주인들의 인터뷰 자료를 이용해 한일협정 이후 수용소를 둘러싼 정치·사회 구조를 파악하고자 한다.

그런데 오무라 수용소의 밀항과 송환의 역사, 권력의 작동 과정을 재구성

---

7 玄武岩, 「密航·大村収容所·濟州道: 大阪と濟州道を結ぶ '密航'のネットワーク」; 차승기, 「수용소라는 안전장치: 오무라 수용소, 폴리스, 그리고 잉여」, ≪한국학 연구≫, 제32집(2014); 이정은, 「'난민' 아닌 '난민 수용소', 오무라 수용소: 수용자·송환자에 대한 한국 정부의 대응을 중심으로」, ≪사회와 역사≫, 제103집(2014년 가을).

8 김귀옥, 「분단과 전쟁의 디아스포라: 재일조선인 문제를 중심으로」, ≪역사비평≫, 91호(2010); 김예림, 「현해탄의 정동: 국가라는 '슬픔'의 체제와 밀항」, ≪석당논총≫, 49호(2011); 이성, 「한일회담에서의 재일조선인의 법적 지위 교섭(1951~1965)」(성균관대학교 박사논문, 2013).

9 전갑생, 「한국전쟁기 오무라 수용소의 재일조선인 강제 추방에 관한 연구」, ≪제노사이드 연구≫, 5(2009).

10 朴順兆, 『韓国·日本·大村収容所』(JDC, 1982); 朴正功, 『大村収容所(朝鮮問題叢書 1)』(京都大学出版会, 1969); 金日 編, 『大村收容所の人びと』(三一書房, 1956) 참조.

하는 과정에서 자료의 불균질성 문제가 발생한다. 1950년대에는 한일회담 교섭 과정에서 오무라 수용소가 정치적으로 이용된 사실이 신문 기사를 통해 상세하게 다루어진 반면, 한국 정부의 입장은 국무회의록에서 간헐적으로 언급된다. 일본 법무성에서 발간한 『오무라 입국자 수용소 20년사(大村入國者收容所二十年史)』는 1970년까지 수용소 전반의 운영을 소개하고 있는 일본의 공식 자료이지만, 그 이후의 일본 자료는 찾아보기 어렵다. 오무라 수용소를 경험한 재일조선인의 수기는 1980년대에 작성된 것이 주를 이루고 한국으로의 강제송환 자료도 이 시기에 집중되어 있지만, 1960~1970년대의 자료는 비어 있다.[11]

이들 자료의 간극을 조금이나마 메우기 위해 수용소 경험자들에 대한 인터뷰를 진행했다.[12] 2013년 1월부터 2014년까지 세 차례에 걸쳐 한국의 제주도와 일본의 오사카에 거주하고 있는 8명의 수용소 경험자를 인터뷰했다. 많은 사람들이 오무라 수용소의 경험을 드러내는 것을 꺼려하는 가운데, 제주 출신 연구자의 도움으로 조사를 진행할 수 있었다. 인터뷰 대상자들에 대한 기본 정보는 〈표 6-1〉과 같다.

인터뷰 대상자들은 1970~1980년대에 주로 오무라 수용소를 경험했다. 수용소에서의 생활은 최대 6개월을 넘지 않았고 일본에 체류한 기간은 짧게는 2년, 길게는 19년에 이른다. 이들 송환자들은 수용소에서 어떤 생활을 보냈으며 수용소는 어떤 곳이었을까? 한국으로 송환된 후 그들은 한국 정부나 주위

---

11 1970년대의 자료로는 외무부 국제기구조약국 국제기구과의 『일본 밀입국자 강제송환, 1972~1974』, 외무부 영사교민국 교민1과의 『일본 밀입국자 강제송환철』(1975), 국방부 법무관리관의 『강제송환자 처리철』(1978)이 있으나 개별 사례를 다루고 있어서 송환자 전체 양상을 파악하는 데에 한계가 있다.

12 성공회대학교 동아시아연구소의 '오무라 수용소 연구팀'은 2014년 1월부터 오무라 수용소 경험자에 대한 구술 인터뷰를 진행했다. 지금까지 일본 거주자 1명과 제주민 7명을 인터뷰했다. 인터뷰는 공동 연구로 진행했다.

표 6-1 **인터뷰 대상자 기본 정보**

사례	출생년도	출생지·고향	밀항~송환 시기	밀항 횟수	수용소 경험
1(여)	1931	일본 고베 제주 신촌	1) 1945 2) 1946	2	하리오 수용소 1개월
2(남)	1937	제주 함덕	1969~1979	1	구치소 자비 귀국
3(남)	1946	제주 함덕	1968~1975	1	오무라 수용소 6개월
4(여)	1953	제주 함덕	1) 1973~1979 2) 1981~1989	2	1) 오무라 수용소 3개월 2) 구치소 2개월 자비 출국
5(남)	1948	제주 함덕	1) 1971.5~1972.4 2) 1972.5~1983 3) 1983~1993	3	1) 구치소 6개월 오무라 수용소 6개월 2) 오무라 수용소 2개월 3) 구치소 자비 입국
6(여)	1943	제주 신촌	1969~1979	1	오무라 수용소 2개월
7(남)	1947	제주 함덕	1969~1971	1	오무라 수용소 3개월
8(여)	1947	제주 함덕	1975~1979	1	오무라 수용소 3개월

사람들에게 어떤 대우를 받았을까? 이 장은 일본으로 밀항해 오무라 수용소를 거쳐 추방되는 전 과정의 경험을 중심으로 수용소를 둘러싼 구조에 초점을 두고자 한다.

또한 이 과정은 감옥도 아니고 유치장도 아니지만 "한국으로 돌아갈 송환선이 준비될 때까지"라는 기약 없는 시간 동안 갇혀 지낸 수용자들의 경험을 언어화하는 의미도 있다. 국가를 "배반하고" 합법적이지 않은 방법으로 국경을 넘은 사람들은 어디에서도 환영받지 못했으며, 이 상징적인 공간에서의 경험은 그동안 기억되지 못했고 서술되지 않았다. 이 장은 오무라 수용소가 존속할 수 있었던 절차와 권력의 작동을 오무라 수용소를 거쳐간 수많은 사람들의 흔적과 기억을 더듬어 구성하고자 한다.

2. 1950년대의 오무라 수용소: 밀항, 역밀항, 그리고 자원 입소

1950년대의 오무라 수용소에는 추방되는 재일조선인들과 한국전쟁을 피해 밀항한 피난민들이 주를 이루었다. 병역을 피하거나 유학을 위해 밀항한 젊은이들도 많았다.[13] 1952년 5월의 수치를 보면, 밀항자와 재일조선인의 비율은 대략 2 대 1 정도였다. 410명의 송환자 중 재일조선인이 125명으로, 결코 적지 않은 수가 오무라 수용소를 통해 추방되었다.[14]

〈표 6-2〉에 따르면 송환이 이루어진 첫 해인 1950년 12월에 1000명에 가까운 사람들이 한국으로 추방되었다. 그중 재일조선인이 몇 명이었는지 정확하게 파악하기는 어렵다. 1952년 5월에 송환된 재일조선인 125명은 '재일조선인 역송환 사건'으로 한일 간 외교 문제로까지 번지면서 구체적인 수치가 알려졌을 뿐, 재일조선인만을 따로 분류한 자료는 찾아보기 어렵다.[15] 1952년 한 해에 아홉 번의 송환이 이루어졌으므로 5월에 송환되었던 125명으로 추산해 보면, 1000여 명의 재일조선인이 추방된 것으로 계산된다. 하지만 이 시기에도 밀항자들이 다수를 차지했던 것으로 보인다. 한국전쟁기에 매년 2000명 넘게 강제송환되던 것이 전쟁 후에는 그 수가 3분의 1로 줄었고 한일 국교 수립 후에는 다시 2분의 1로 줄었다.

수용소에 억류되었던 재일조선인 중에는 '역(逆)밀항'한 사람들도 많았다. 재일조선인의 생활 근거지는 일본이었지만, 한국과의 연계망은 여전히 촘촘

---

13 "횡성수설", ≪동아일보≫, 1954년 7월 17일 자.

14 "한국에 再送視 대촌 수용소의 강제송환 교포", ≪조선일보≫, 1952년 5월 23일 자; "强制抑留韓人 日, 釋放을 拒否", ≪동아일보≫, 1952년 5월 31일 자; "不良者이라고 日側 詭辯", ≪경향신문≫, 1952년 5월 17일 자.

15 "한국에 再送視 대촌 수용소의 강제송환 교포", ≪조선일보≫, 1952년 5월 23일 자; "일본에 반송한 동포 또 역송환?", ≪경향신문≫, 1952년 5월 23일 자.

표 6-2 1950~1960년대 연간 송환자 수

연도	연간 횟수	계	누계
1950	1	955	955
1951	5	2,173	3,128
1952	9	2,298	5,426
1953	12	2,588	8,014
1954	5	835	8,849
1955	3	707	9,556
1956~1957	-	-	-
1958	4	1,003	10,559
1959	-	-	-
1960	5	1,431	11,990
1961	3	554	12,544
1962	4	630	13,332
1963	3	462	13,636
1964	4	584	14,220
1965	4	622	14,842
1966	3	467	15,309
1967	3	327	15,636
1968	3	363	15,999
1969	2	232	16,231

자료: 法務省大村入國者收容所, 『大村入國者收容所二十年史』, pp.99~100을 바탕으로 재구성.

했다. 부모의 상(喪)이나 행사로 한국에 다녀와야 할 경우, 국교도 수립되지 않은 일본의 주일대표부에서 여권 수속을 하자면 너무나 까다롭고 비용이 많이 들었다. 밀선(密船)을 타고 한국에 갔다가 다시 밀선으로 돌아오는 것은 익숙한 생활이었다.[16]

제주 신촌이 고향인 A(사례 1)도 역밀항한 경우이다. 일본의 고베에서 태어난 A는 해방 후 아버지의 권유로 일본의 가족과 떨어져 혼자 서울로 유학을

16 "현지 루포: 오무라 입국자 수용소 3", ≪동아일보≫, 1959년 9월 27일 자.

떠나게 된다. 1946년에 밀항선을 타고 한국으로 왔다. 그녀는 서울 홍제동에 위치한 동구여자상업학교에 다녔다고 한다.[17] 하지만 1년 후, 한국의 상황이 어수선하고 부모님이 그리워서 다시 일본으로 가는 밀항선을 탔다. 배는 일본에 도착하자마자 출입국관리 직원에게 발각되었고 오무라 수용소에 수용되었다. 그러나 그녀는 일본에서 태어났고 가족도 일본에 거주하던 터라 한 달 만에 석방되었다.[18]

오무라 수용소는 식민과 분단을 경험한 '대한민국'이라는 국민국가가 자국민을 어떻게 파악했는지, 그 성격을 확인하게 하는 공간이기도 하다. 식민지로부터 해방되었지만 고국으로 돌아가지 못한 사람들은 오무라 수용소에 '자원 입소'하는 방식을 택했다. 1941년에 박경순(당시 41세)은 세탁 직공 모집에 지원해 부인과 사할린으로 이동했다. 해방 후 사할린이 소련 영토가 되자 그는 고향인 경기도(강화)로 귀국할 길이 막막해져버렸다. 우여곡절 끝에 1958년 9월, 일본에 도착했지만 한국으로 돌아갈 길은 험난하기만 했다. 그때 오무라 수용소에 수용되면 한국으로 강제송환된다는 말을 듣고 그는 같은 해 9월에 임신한 아내와 사 남매를 데리고 수용소에 자원 입소했다.[19]

이때는 〈표 6-2〉에서도 알 수 있듯이 한국전쟁 후 가장 많은 사람들이 오무라 수용소에 수용되어 있었다. 일본인 어부 송환 문제로 양국 간의 갈등이 고조되어 1956~1957년에는 송환이 한 번도 이루어지지 않아서 이미 수용소의

---

17 1942년에 설립된 현재의 동구여상을 일컫는다. 당시에 그녀는 동구여자상업학교의 문예부에서 공부했던 것으로 기억한다.

18 그녀는 자신이 수용되어 있던 곳을 '오무라 수용소'라고 기억하고 있지만, 당시에는 오무라 수용소가 아직 설치되지 않은 때였으므로 정확히는 오무라 수용소 이전의 하리오 수용소를 지칭하는 것이다.

19 "현지 루포: 오무라 입국자 수용소 4", ≪동아일보≫, 1959년 9월 28일 자; "一日 아침 釜山에, 樺太서 强制 勞役턴 僑胞 10名", ≪동아일보≫, 1960년 4월 2일 자.

정원이 초과된 상태였다.[20] 정원인 690명을 훌쩍 넘어 1955년 12월에는 최대 1696명이 수용되었고 한국 정부가 재일조선인의 인수를 거부해 그 수는 더 늘어났다. 수용소에 결국 부녀자와 노인, 아동을 각기 분산해서 수용했던 시기였다.[21] 또 재일조선인 북송 사업이 진행되던 터라 수용소 내 갈등도 최고조에 이르렀던 때이다. 이런 상황에서 가족이 흩어져서 생활해야 하는 딱한 사정에 수용자들은 주일대표부의 도움을 기대했지만, 출산 후 몸이 쇠약해진 박경순의 아내와 가족은 1960년 4월 1일 부산으로 송환될 때까지 1년 6개월을 수용소에서 보내야 했다.[22]

다음은 오랫동안 일본에서 살아온 재일조선인이 추방되는 과정을 보여주는 하나의 사례이다. 『한국·일본·오무라 수용소(韓国·日本·大村収容所)』(JDC, 1982)를 펴낸 박순조(朴順兆)는 1933년에 일본으로 건너가 성공한 사업가이다. 1972년 홍은[23]의 이사장과 합자해 경기도 의정부에 골프장을 건설했다가 경영권 다툼에 휘말리게 된다. 박순조는 일본 영주권을 소지하고 있었지만 "영주권을 소지한 사람은 1년에 하루 이상 일본에 체류해야 한다"라는 일본

---

20 이와 관련해서는 조윤수, 「평화선과 한일 어업 현상: 이승만 정권기의 해양 질서를 둘러싼 한일 간의 마찰」,≪일본 연구 논집≫, 제28호(2008년); "일 정부 진정, 맥 라인 확대 요구", ≪동아일보≫, 1949년 6월 6일 자 참고. 어업 문제를 둘러싼 한일 양국의 국제법적 공방에 대해서는 남기정, 「한일회담 시기 한일 양국의 국제사회 인식: 어업 및 평화선을 둘러싼 국제법 논쟁을 중심으로」, ≪세계 정치≫, 제10호(2008년) 참고.

21 『大村入國者收容所二十年史』, p.55; 「북한행을 희망하는 한인 일본 국내 석방 보도에 대하여 日政 외무성에 발송한 항의문에 관한 건」(1958.7.7), 『한일회담 외교문서 해제집 II』, p.72; 「오무라 수용소 북송 희망자 석방에 관한 건」(1958.7.19), 『한일회담 외교문서 해제집 II』, p.75; "오무라 수용소 내에서 109명이 송북 희망", ≪동아일보≫, 1959년 8월 14일 자.

22 "10명 귀국 예정, 화태에서 돌아온 교포", ≪동아일보≫, 1960년 4월 1일 자.

23 홍업은행(興業銀行)의 줄임말로, 신문 기사가 보도된 1988년 당시에 현 신한은행으로 설명되어 있다.

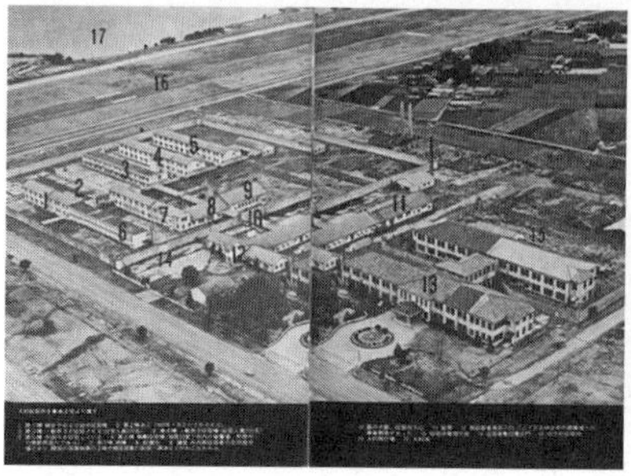

그림 6-1 1969년의 오무라 수용소 전경
자료: 朴正功, 『大村収容所』(京都大学出版会, 1969)

그림 6-2 현재의 오무라 입국자관리센터 전경
자료: 2014년 8월 이정은 촬영

국내법에 저촉되어 영주권을 박탈당한다. 그는 1980년에 오사카로 밀항해 은둔 생활을 하다가 홍은 이사장과의 면담을 요구하며 인질극을 벌이다 체포되어 3년간 복역했다. 그 후 오무라 수용소에 6개월간 수용되었다가 1988년 3월에 강제송환되었다.[24]

수용소는 본질적으로 실제의 위협 상황을 근거로 법질서를 유보하며 그것이 일종의 규칙이 되는 시기에 열리는 공간이다.[25] 외국인등록령 위반이나 범법자로 형사처벌을 받은 재일조선인들은 "일본에의 거주가 바람직하지 않다"라는 가공된 위협을 근거로 오무라 수용소에 수용되었다. 1950년에 재일조선인 국적 박탈을 목적으로 정상적인 법질서 외부에 위치했던 이 공간은 그 후 40여 년간 지속된다. '수용소'라는 예외적인 형식은 양국의 국교가 수립된 이후에도 일종의 규칙으로 자리 잡고 있었던 것이다.

재일조선인과 달리, 해방 후 단순 밀입국자로 수용소에 복역하다 일본에 정착한 사례도 있다. 1950년 6월에 일본에 밀입국한 김동선은 30여 년간 일

---

24 朴順兆, 『韓国·日本·大村収容所』; "법적 지위 불안… 재일동포 서럽다", ≪동아일보≫, 1988년 11월 30일 자.

25 조르조 아감벤, 『호모 사케르』.

본 코카콜라에 근무하던 중에 후지은행 관련 경제사범에 연루되어 7년의 실형을 선고받았다. 복역 3년 만에 모범수로 석방되었지만 재일한국인에 관한 지위 협정에 따라 강제송환이 결정되었다. 그는 1981년 2월부터 6개월간 오무라 수용소에 수용되었다. 한국 정부는 김동선을 강제송환 대상자로 인수할 경우, 재일조선인에 대한 일본의 강제퇴거령에 협조하는 꼴이 되어 고심했다. 그러던 차에 일본의 중의원 곤도 유타카(近藤豊)가 한국 정부에 진정서를 제출했다. 그는 해방 후 단순 밀입국자이고 처와 두 자녀가 일본인이며 그가 송환될 경우 가족의 생계가 어려워질 것이라는 점을 이유로 들었다. 한국이 교포 여권을 발급해준다면 특별재류자격 허가를 주겠다고 했다. 결국 한국과 일본의 허가로 김동선은 여권을 발급받아 제3국인 멕시코를 거쳐 특별재류자격 허가를 받게 되었다.[26]

일본 정부는 김동선의 경우, 재일조선인 강제퇴거 문제와 연결될 우려가 없는 해방 후 밀항자이고 일본 국적의 가족이 있다는 점, 30여 년간 일본에 근무했고 "위험한 인물"이 아니라는 점 등으로 일본 재류 자격을 부여했다. 한국 정부도 해방 후 밀항자이지만 재일조선인의 지위 문제에 관한 부담을 줄일 수 있어서 예외적으로 교포 여권을 발급해주었다. 김동선의 경우는 일본 의원이 직접 진정서를 제출하며 밀항자에게 여권을 발급해줄 것을 요구한 매우 특별한 사례이다.

역사적으로 합법적인 절차를 거치지 않고 위험을 무릅쓰며 국경을 넘는 행위를 하는 것은 생존에 대한 절박함 때문이다. 한일 간에 국교가 정상화된 후에도 많은 사람들은 먹고살기 위해, 극심한 궁핍을 피해, 그리고 일을 찾아서 일본으로 향했다. 이제는 양국 간에 한일정기선(韓日定期船)이 다니게 되었지

26 외교통상부, 『강제송환 대상자 재일본 동포 김동선에 대한 교포여권 발급철』(1981).

만, 여전히 사람들은 정기선에 잠입하는 형태의 밀항을 계속했다. 밀항자들의 수도 1950년대와 비교해 급격히 줄기는 했지만 1980년대에도 연평균 250여 명이 오무라 수용소를 통해 송환되었다. 특히 제주 지역민들에게 일본은 물리적으로나 정서적으로 가까운 생활권의 일부였다.

3. 육지보다 가까운 나라, 일본의 제주도 사람들

해방 후 제주에서 일본으로의 밀항이 친족 네트워크에 의해 가능했다면 지리적인 위치 또한 매우 중요하다. 한일협약 이후에 합법적인 도항이 가능해졌지만, 여전히 사람들은 까다롭고 비싼 여권 발급 절차를 따르기보다 '밀항'의 형식을 택했다. 특히 제주인들에게 일본은 생활과 일상적인 감각을 공유할 수 있는 장소였다.

식민지기부터 많은 제주인들이 오사카에 거주하게 되면서 제주 사람들에게 일본은 "육지"보다 가까운 나라였다. 오사카의 제주인들은 1920년대에 30~40%, 1930년대에 20~30%에 이를 정도로 수가 많았다. 1933년에는 제주도 인구의 4분의 1이 일본에 거주할 정도였고 1930년대 중반을 넘어서는 오사카를 중심으로 제주도 출신자들의 공동체가 뿌리내려서 제주인들의 생활권의 일부가 되었다. 이 공동체는 4·3 사건을 전후로 제주에서 밀항한 사람들의 피신처가 되기도 했다.[27] 그때부터 오사카 지역과 생활 네트워크를 형성해 온 제주인들에게 일본은 한반도의 본토보다도 가까운 곳에 위치해 경제적 빈곤을 해소할 수 있는 기회의 땅이었다.[28] 인터뷰에 응한 대상자들에게도 일본

27 문경수, 「4·3사건과 재일한국인」, 『4·3과 역사』(제주 4·3연구소, 2001), 7~16쪽.

표 6-3 1980년도 강제송환자 출신 지역 분포

송환 일시·지역	제주	경남	경북	전남	부산	서울·경기	계
제91차(3월)	149	8	2	4	0	9	172
제92차(7월)	129	8	2	1	2	4	146

자료: 병무청 충원국 국외자원관리과, 『강제송환자 처리철』(1980)을 바탕으로 재구성.

표 6-4 1978년도 강제송환자 중 병역의무 대상자 출신 지역별 분포

송환 일시·지역	제주	경남	경북	전남	충남	계
제84차(3월)	56	4	1	3	0	64
제85차(7월)	64	3	2	2	0	71
제86차(11월)	44	3	1	4	1	55

자료: 국방부 법무관리관, 『강제송환자 처리철』(1978)을 바탕으로 재구성.

은 "다 연결되어갖고 있으니까 갈 수 있는 곳"이었다. "육지는 박허여(박해서) 가도 삶이 어려와서" 제주도 사람들은 육지로 갈 생각은 하지 않았다고 한다.[29]

〈표 6-3〉과 〈표 6-4〉에서 보듯 강제송환자의 80~90%가 제주 출신자로 "당시에 세 집에 한 집은 밀항을 했을 정도"로 상당수 제주민들이 오무라 수용소를 경험했다. 제주에서 출발해 부산에서 배를 타고 오사카에 정착한 후 미등록 외국인으로 적발되어 오무라 수용소와 부산수용소를 거쳐 제주도로 귀향하는 이동 경로는 당시 제주민들에게는 익숙한 생활 반경이었다.

주로 1960년대 말에서 1970년대에 밀항했던 인터뷰 대상자들은 밀항할 수밖에 없었던 원인을 당시의 낙후된 제주의 환경에서 찾았다. 제주 지역에는 농사 외에 달리 먹고살 만한 일들이 없었지만, 바다 건너 일본에서는 조금만

28 전은자, 「제주인의 일본도항 연구」, ≪탐라문화≫, 23호(2008), 138쪽.

29 재일제주인의생활사를기록하는모임, 『안주의 땅을 찾아서: 재일제주인의 생활사 1』, 김경자 옮김(선인, 2012).

고생하면 큰돈을 벌 수 있었다. 그들은 브로커들에게 값비싼 소개비를 치르고서라도 밀항선을 타고 일본으로 가면 상당한 돈을 벌 수 있다고 믿었고 실제로도 그랬다. 1970년대 당시에 3만 엔(한화 30만 원) 정도의 소개비를 냈다. 최종 정착지는 친지들이 모여 사는 오사카 지역이었다.

밀항의 경로는 거의 비슷했다. 밀항선이 뜰 것이라는 연락이 오면 부산항에 모였다. 중간에 배를 갈아타기도 하고 멀미를 견디며 배 안에서 며칠 기다리기도 했지만, 일단 일본 영토 진입에 성공하면 미리 준비된 인솔자에 의해 친지들에게 인도되고 거기서 일자리를 소개받아 이동하게 된다. 그들 대부분은 오사카 지역에서 메리야스나 가방 만들기 등 가내수공업에 종사했다.

이 연구에서는 인터뷰 대상자들이 제주의 함덕 출신자들로 한정되어 있지만, 당시의 『강제송환자철』을 보면 송환자들의 고향은 북제주, 남제주, 성산, 용암, 중문, 애월 등 제주 전 지역에 걸쳐 있다. 연령은 평균 30세이며 가족이 함께 추방된 경우도 있어서 수용소에는 어린아이들도 함께 있었다.[30]

세 번이나 밀항해 일본에서 20여 년간 미등록 노동자로 일한 E(사례 5)는 첫 밀항에 실패해 일본 구치소에서 3개월, 오무라 수용소에서 6개월의 시간을 보냈다. 일본 지역에 대한 정보가 전혀 없었던 밀항자들은 오사카에 도착하면 가고시마로 오라는 말에 무작정 택시를 탔고, 택시로 장거리를 이동하는 그들을 수상히 여긴 기사의 신고로 오카야마(岡山)에서 체포되었다.[31]

한국에는 그 당시 열차 탈 때는 신분증이 있어야 되거든요. 그런데 일본에서는

---

30 국방부 법무관리관, 『강제송환자 처리철』(1978); 국외자원관리과, 『강제송환자 처리철』(1980~1987).

31 오사카에서 가고시마까지는 900km가 넘는 먼 거리로, 비행기로도 한 시간 이상이 걸린다. 결국 브로커의 잘못으로 첫 밀항은 실패해 소개비를 돌려받았다고 한다.

열차 탈 때, 한국에서 신분증을 보이기 때문에, 일본에서서도 그런 줄 알고 이제 겁 나가지고, 택시를 탔거든요. 열차를 못 타고……(사례 5).

그는 제주도로 송환된 지 석 달 만에 다시 밀항해 9년 동안 일본의 오사카 지역에서 메리야스 일을 했다. 같은 시기에 밀항해온 여성과 결혼했지만 주변 사람들의 신고로 일터에서 체포되었다. 부부는 "열심히 일하면 그만큼의 대가가 주어지는" 일본에서 번갈아 체포되고 또 번갈아 송환되며 밀항을 반복했다. 그들은 일본에서 하루 열두 시간을 꼬박 일만 했다고 진술했다. 가끔 주말에 쉬기도 했지만, 언어도 잘 통하지 않았고 그로 인해 미등록 상태가 드러날까봐 휴가도 즐기지 못했다. "무조건 돈만 모으고 가자, 알뜰하게, 쓰지 말고 아무튼 돈을 모아서 한국 가서 살자"(사례4). 현재 한국에 있는 미등록 외국인의 현실을 생각해보면, 그들도 크게 다르지 않았음을 상상할 수 있다.

외국인이라는 것을 알게 되면 일본인들은 이들을 곧바로 신고했고 외국인 등록증이 있는 동종업계의 경쟁 상대들도 신고를 하는 통에 수없이 이사를 다녀야 했다. 부부는 이 점을 가장 힘든 일로 기억했다.

실제로 오사카 지역에서는 '한국인 밀항자 일제 단속 기간'을 정해 매년 1회 1개월씩 연례행사를 했다. 1975년 7월에는 밀항자들에 대한 대대적인 단속으로 80명을 검거했다고 한다.[32] 가내수공업을 하는 좁은 공간에 갑자기 형사들이 들이닥치면 속수무책으로 체포되었다. 일단 미등록 외국인으로 체포되면 지역 구치소에서 여러 가지 조사를 받는다. 취조는 한국어가 가능한 일본 형사들이 담당했다.

---

32 외무부 영사교민국 교민1과, 「오오사카 입관의 한국인 밀항자 일제 단속 상황 보고」, 『일본 밀입국자 강제송환철』(1975).

표 6-5 **제90차, 제109차, 제113차 일본 체류 기간별 송환자의 수**

기간	1980.3(제90차)	1986.7(제109차)	1987.11(제113차)
5년 이하	10	14	22
5~10년	20	5	5
10년 이상	5	5	2
10~15년	2	3	3
전체 수	37	27	32

자료: 국외자원관리과, 『강제송환자 처리철』(1980~1987), 강제송환자 명단을 바탕으로 재구성.

> 어떻게 해서 왔느냐고. 처음에 어떻게 해서 오고, 이제 어떻게 살고, 막 그 지금 선생님들이 얘기하듯이, 막 어떻게 심하게 안 해 막 좋아요. 일본 형사들은 너무 좋아. 막 편안하게 대해주고 욕도 안 하고 왜 고생하러 왔느냐고, 일본에 왜 왔느냐고 울어줘서, 막 고마워가지고 너무 순해가지고 우리 한국 형사처럼 막 안 하고 너무 좋았어요(사례 4).

밀항자들은 일주일간의 조사가 끝나면 3명씩 한 조가 되어 형사들의 인도하에 기차를 타고 오무라 수용소로 갔다. 자비 출국을 원하는 사람은 곧바로 한국으로 출국할 수 있었지만, 대부분은 오무라 수용소에서 송환선을 탔다.

4. 수용소 내에서의 생활

1) 수용소 내 피수용자 처우 규칙

오무라 수용소는 출입국관리법을 위반한 사람들을 집단으로 수용한 시설이므로 죄를 짓고 일정 정도의 형량을 살아야 하는 감옥과 다르다. 감옥은 갱생이 목적이고 수용소는 송환까지의 보호가 목적이다. 형태상으로는 난민이나 포로를 일정 기간 한곳에 거주시키는 포로수용소나 난민 수용소와 유사하다고 할 수 있다. 하지만 한일 양국이 적대 국가의 국민을 억류한 것도 아니고 추방된 이들을 수용한 것도 아니므로 그 성격은 좀 더 복잡하다.

오무라 수용소의 피수용자 처우 규칙은 1949년 제네바 협약의 '포로 처우 규정'과 기본적으로 형식이 비슷하다. "포로는 항상 인도적으로 대우되어야" 하고 숙소, 식량, 피복 및 의료를 억류국의 군대와 동일하게 운용하도록 한다. 포로는 폭행, 협박, 모욕 및 대중의 호기심에서 보호되어야 하며 포로에게서 정보 획득을 하기 위해 물리적 혹은 정신적 고문을 해서는 안 된다. 최대한의 처벌은 독방 감금 30일이고, 하루 두 시간을 넘기지 않는 범위에서 노동을 시킬 수 있다.[33]

『오무라 입국자 수용소 20년사』에는 "수용 목적이 송환 전까지 배를 기다리는 체재(滯在)의 성격이 크므로 인권 존중의 기본 이념에 따라, 수용소 내의 안보상 지장이 없는 범위 내에서 가능한 한 자유를 부여한다"라고 소개되어 있다. 외국인 수용소이니만큼 민족적 풍속·관습, 생활양식을 존중해 공정·타당을 기하는 것도 수용자에 대한 기본 처우에서 중요하다.[34] 오무라 수용소 피수용자 처우 규칙(1951.11.10, 법무성령 제519호)에 따르면, 피수용자의 건강과 수용소 내 질서를 위한 설비, 구조, 기구 등이 규정되어 있고, 건강진단이나 적절한 급식과 위생, 운동, 목욕 규정도 마련되어 있다. 그러나 폭행, 도주, 직무 집행을 방해하는 경우에는 격리하고 수갑을 채울 수 있도록 되어 있다.[35]

식사는 여러 나라가 수용되어 있을 때는 관습에 따르지만, 조선인만 수용되어 있는 경우에는 그들의 기호를 고려한 식단을 준비하고 특히 섣달그믐날

---

33 김정건, 『국제조약집』(박영사, 1981), 276~297쪽.

34 法務省大村入國者收容所, 『大村入國者收容所二十年史』, p.65.

35 '被收容者処遇規則'(1951.11.10), 第16~20條.

사진 6-1 여자 수용소 내 식사 광경
자료: ≪동아일보≫, 1959.9.30.

에는 송년국수(年越しそば)를, 정월에는 특별 식단을 배식하는 등 "배려"를 했다고 한다. 건강·위생도 특별히 배려해서 담요나 이불, 베개, 침대 시트를 대여해줬다. 면회와 통신은 수용소의 보안상 지장이 없는 한에서 자유로웠고 소포, 전보 등을 포함한 수·발신 수의 제한도 없었다. 또한 수용소 내에서는 물품을 구입하고 금품을 영치할 수 있도록 했다. 수용자들이 고충을 제기하면 처리해줬는데, 남자는 진료·위생 관계, 여자는 통신관계에 대한 신청이 가장 많았다. 수용자들의 청원에 의해 수용소 내에서 작업이 가능하도록 했고, 형법 위반자(출입국관리령 24조)들을 위한 작업장을 설치했다. 수용이 장기화되면서 일어나는 갈등을 조정하기 위해 운동회를 개최하거나 외부 단체의 위문 공연을 허가했다. 수용소 내에서 북송 문제를 둘러싼 갈등이 첨예했던 시기에는 각 동 사이의 왕래를 금지하고 운동경기도 동 단위로 실시하도록 해서 마찰을 최소화했다.[36]

그러나 이것은 수용자들에 대한 문서화된 규칙이자 규정이다. 피수용자 처우 규칙은 법무성령으로 "수용자의 인권을 존중하기 위해서" 마련되었지만, 이로 인해 그들의 인권이 얼마나 보장되었는가를 따져 묻는 것은 큰 의미가 없을 것이다. 오히려 규칙이 있음에도 수용소 측이 규칙 자체를 "배려"라고 공표한 점에 주목할 필요가 있다. 재일조선인에 대한 추방이 폭력적인 것이

36 이상은 『大村入國者收容所二十年史』에서 「大村收容所被收容者処遇規則」의 수용자 처우 내용을 정리한 것이다.

아니라면, 굳이 피수용자들의 처우 개선을 위해 얼마나 많은 배려를 했는지 기술할 필요가 없을 것이다. 하루아침에 외국인이 된 재일조선인들에게 가한 기준이 위법이 아닌 것처럼 만든 절차, 수용자들을 송환까지 안전하게 보호한다며 '기약 없는 감금'의 예외적인 현상을 일반화한 것이 바로 수용소 규칙이다. 그래서 조선인들에게 "특별한 배려"로 이루어진 규칙은 "보안상 지장이 있거나" "업무에 피해를 주는 경우"라는 가변적인 조항을 포함해 규칙 자체를 다시 무규정 상태로 만들어버렸다.

2) 수용소에서의 일상

수용소에서의 하루 일과는 계절에 따라 차이가 있지만, 대부분 다음과 같은 일정으로 이루어졌다. 7시 기상, 7시 30분 청소, 8시 아침식사, 8시 30분 아침 점호, 12시 점심식사, 16시 30분 저녁식사, 17시 저녁 점호, 22시 취침, 아침·저녁 점호 이외의 행동은 전면 자유였다.[37] 오무라 수용소로 이송되기 전에 구치소에서 일주일가량 조사를 받았던 사람들은 오무라 수용소를 이민자 센터로 기억하며 구치소보다 자유로웠다고 말한다. 밤에 나다닐 수만 없을 뿐, 하루 종일 TV를 보거나 마작을 하며 놀 만큼 무료했다. 구치소는 조사를 받는 곳이고 수용소는 송환을 기다리는 곳이므로 현실이 그랬을 것이다. 그들은 수용소의 처우가 그리 나쁘지 않았다고 진술한다. 식사도 괜찮았고 커다란 갈등이나 문제도 없었다. 제주도에서 부모를 만나기 위해 밀항한 A(사례 1)는 일본에 도착하자마자 체포되어 하리오 수용소에서 한 달 정도의 시간을 보냈다.

---

37 朴正功, 『大村收容所』(慶道大學出版會, 1969).

창문에 철조문도 있고 그랬지만 먹을 건 잘 줬어요. 죽도 잘 먹고. 담요도 잘 주고. 거기서 도망친 사람들도 있었지만 나는 그냥 흐르는 대로 살았어요. 흘러 흘러서 도착한 곳이 이곳이라고. 그저 받아들였어요. …… 아무런 사건도 없고 그저 먹고 자고, 밥 먹을 수 있는 것만으로도 다행이라고 생각했어요(사례 1).

그 안에서는 이제 마당도 있고 나와서 운동도 할 수 있고요. 아침, 점심, 저녁도 주고. …… 막 여자 형사들이영 다니고 애기들이랑도 잘 놀아주고예. 일본 분들은 잘도 좋더라고요. …… 이제 우리가 심심하니까 뜨개질을 하잖아요? 일주일이면 사고 싶은 거 주문을 해요. 이래 적어가지고 다 사다 줘요. 그럼 거기서 우리대로 김치 먹고 싶으면 배추 주문하고, 고춧가루 주문하고…… 우리가 김치 대충 담아서 물어다가. 냉장고 대신 담가다가……(사례 4).

오무라에서야 자유지. 거기서, 예를 들어가지고 운동허고자 하면 운동허고, 예를 들어 닭다리 사다 먹고 정하면 닭다리 사다 먹고. …… 우리가 밖에 나가지만 못하지 운동장에강 놀 수 있는 여건이 다 되니까(사례 3).

이런 방식의 회고는 다음의 몇 가지로 해석할 수 있다.

첫째, 과거에 대한 기억과 서술은 자신의 삶에 의미를 부여하는 방식으로 정리되어, 지나간 시절을 긍정적으로 묘사하는 경우가 많다. 특히 A의 경우는 인터뷰 내내 "서울에서 교육받은 여성"이라는 자부심, "아름다웠던 시절"에 대한 향수로 자신의 삶을 이야기했고, 그 연장선상에서 오무라 수용소가 기억되고 있었다. 또한 수용소 체재 기간이 다른 사람들보다 짧아서일 수도 있고 일본에 있는 가족들이 자신을 보호해줄 것이라는 믿음도 작용했을 것이다.

둘째, 이것은 심리적인 안정 혹은 체념과도 연결된다. 미등록 상태에서 경

사진 6-2 소규모 야구시합
자료: ≪동아일보≫, 1959.10.1.

사진 6-3 방 안에서 기타를 뜯는 고독한 젊은이
자료: ≪동아일보≫, 1959.10.1.

찰에 체포될지 모른다는 불안과 고된 노동으로 하루하루를 보냈던 사람들에게 온종일 자유로운 시간과 하루 세끼 식사가 제공될 때 오랜만에 가져보는 심리적인 안정이 작용했을 것이다. 혹은 '체념의 감각'으로도 해석될 수 있다. 시간은 걸리겠지만 이제 한국으로 돌아가면 된다, 그동안 고생했으니 수용소에서 필요한 물건들은 일본에 살고 있는 친척들에게서 조달받으며 쉬면 된다는 것이다.

셋째, 전쟁과 가난을 겪고 오랫동안 독재 정권하에서 억압되어온 한국인들은 1970~1980년대 일본의 풍요와 안정적인 생활에 놀라움과 부러움이라는 이중적인 감정을 가졌고, 그 연장선상에서 오무라 수용소도 기억되었을 것이다. 무엇보다도 한국으로 송환되는 과정의 고통과 두려움이 상대적으로 오무라 수용소의 생활이 '한국에서보다 몇 배 낫다'고 기억하게 했다. 오늘날의 출입국관리 시스템에서도 자국으로 입국하는 외국인들보다 출국자들에 대한 규제가 훨씬 느슨하다는 점을 상기해볼 필요가 있다.

하지만 수용소에서의 경험이 모든 수용자들에게 동일하게 기억되는 것은 아니다. K(사례 6)의 경우는 가족과 뿔뿔이 헤어져 홀로 일본에 있다가 돌아오는 길이 서글펐고, H(사례 8)의 경우는 제주에 두고 온 아이 생각에 하루빨리 한국으로 돌아갈 날만 기다렸던 터라 일본에서의 생활은 우울했다고 한다. 그녀는 오무라 수용소보다 부산수용소 생활이 더 안정적이고 좋았다.

> 너무 힘들고, 눈물겹고, 여기서 가면은 이제 부산 괴정수용소에 가면은 또 거기서 일주일 동안 또 모든 검사를 받는 과정에서 그렇게 힘들다고 막 소문이 들려오잖아요. …… 하 이건 진짜 인간 이하의 세상이다. …… 한 방에 막 수십 명씩 자니까는 그나마, 그래도 뜨개실 사다가 그 시간 보낼려고 하고(사례 6).

> 밥 먹는 것이 입에 별로 맞지 않앵, 지겨웡이. 밥 나올 때도 별로 반갑지도 안 허고. …… 뜨개질했지, 뜨개질. 심심허영. 시간 때울라고, 어디 가볼 데가 없으니까. 나갈 데가 없어요. …… 우리 살아가는 건 부산이 더 좋아. 막 그냥. 밥도 잘 나와요, 거기선 좋아(사례 8).

오무라 수용소는 개인이 처한 여건에 따라 달리 기억되고 있다. 중요한 것은 이때는 수용소에서 치료나 약품을 적절히 제공하지 않아 수용자가 사망하거나 외로움에 자살하는 사건이 발생하지 않도록 이미 조치한 후였다는 점이다. 수용소 설립 초기에는 재일조선인의 부당한 처우에 항의할 경우 폭력으로 대응하는 사건이 많았지만,[38] 이 시기의 송환자들 대부분은 해방 후 밀입국자였고 이들에 대한 일본 정부의 입장은 기본적으로 재일조선인을 대하는 태도와 달랐다.

---

38 "억류 교포 소동 大村수용소서", ≪동아일보≫, 1952년 11월 14일 자; "교포 義憤 폭발!", ≪경향신문≫, 1952년 11월 25일 자.

병무청의 국외자원관리과에서 작성한 「강제송환자 명단」 파일을 보면, 1980년대에는 1년 평균 1명의 재일조선인도 송환되지 않았다. 그럼에도 재일조선인을 '합법적인 형식'으로 추방할 수 있는 수용소를 지속하기 위해서 일본은 수용소 내의 인도주의적인 처우와 안전한 송환을 내세웠다.

또한 이미 하나의 규칙이 되어버린 수용소를 어떻게든 존속해야 한다는 이유도 있었다. 오사카 총영사관에서 작성한 문서에는 "오무라 수용소의 수용인원이 극소하여 일본 국회에서 수용소의 필요성 등이 논의될 가능성이 많아 수용소에 수용할 밀항자를 확보키 위하여 단속을 실시하는 것"[39]이라고 보고되어 있다.

이 과정에서 일본 정부는 일정 정도 한국과 공모한 부분도 있을 것이다. 수용소 내에는 재일조선인과 총련, 한국인과 총련의 관계를 감시하기 위해 수용자로 위장한 자가 파견되기도 했다. 수용소의 생활은 무료했지만 모르는 사람과 함부로 말을 섞거나 속내를 이야기하면 안 되었다. 수용소에서 찍은 사진 한 장으로 인해 한국으로 돌아와 어떤 취조를 받을지, 그들은 이미 주위 사람들에게서 정보를 파악하고 있었다.

5. 송환자들에 대한 한국 정부의 처우

1) 제주도로 돌아오는 사람들

1950~1960년대에는 "송환선의 인원이 다 찰 때까지" 수용소에서 기다려야

39 외무부 영사교민국 교민1과, 『일본 밀입국자 강제송환철』.

했다면, 1970년대에는 1년에 세 번씩 정기적으로 송환이 이루어졌다. 4개월에 한 번씩, 매년 3월·7월·11월에 송환자들은 부산항을 통해 인수되었다. 인터뷰 대상자들은 짧게는 1개월, 길게는 6개월 정도 오무라 수용소에서 생활한 후 한국으로 송환되었다.

4·19 혁명 이전까지는 평화선을 침범한 일본 어선들과 맞교환 형태로 송환이 이루어졌지만, 한일협정 이후에는 일본에서 마련한 배를 이용해 송환되거나 자비 입국하는 경우로 나뉘었다. 상대적으로 경제적인 여유가 있었던 사람들은 김해공항으로 자비 입국했다. D(사례 4)의 경우도 첫 번째 밀항 후 송환까지 3개월간 오무라 수용소에 있었으나, 두 번째 밀항 후에는 수용소를 거치지 않고 구치소에서 곧바로 자비 입국했다. "벌 만큼 벌었다고 생각했고 일본에 대한 미련을 버리고 싶었다"라고 한다. 1980년 『강제송환자 처리철』 자료를 보면, 그해 7월(제91차)부터 송환자들은 모두 송환선이 아닌 김해공항으로 입국했다.[40]

조사는 남성과 여성으로 나뉘어 진행되었다. 남성의 경우는 폭력을 당하는 정도가 더 심했다. 남자들은 조사에서 무슨 대답을 하든 일단 맞는 것으로 시작했다. 송환자들이 항상 반복해서 받은 질문은 "김일성 사진을 보았는가, 보지 않았는가" 여부였다. 일주일간의 조사 기간 동안 여러 번 같은 질문을 반복해서 받으며 총련과의 연관성을 끊임없이 의심받았다. 김일성 사진을 보았다고 해도 맞았고, 안 보았다고 해도 맞았다. 말 한 번 잘못할 경우, 구타와 폭력으로 일주일 만에 "반불구"가 되어 오는 사람도 있었다.

오사카의 재일조선인 거주 지역은 총련계와 민단계를 아울러 재일조선인들이 함께 거주하던 곳이다. 조선학교도 있었고 여느 동네처럼 서로 어울려

---

40 「제91차 강제송환 인수계획 통보」, 『강제송환자 처리철』(1980).

표 6-6 1970~1980년대 연간 송환자 수

연도	회차	인수 인원	병역의무자	연도별 계
1978.03	84	136	65	
1978.07	85	156	69	
1978.11	86	121	59	413
1980.03	90	123	47	
1980.07	91	172	51	
1980.11	92	146	66	441
1981.03	93	110	37	
1981.07	94	140	43	
1981.11	95	126	50	376
1982.03	96	136	43	
1982.07	97	129	39	
1982.11	98	124	43	389
1983.03	99	111	29	
1983.07	100	128	34	
1983.11	101	85	27	324
1985.03	105	58	21	
1985.07	106	65	13	
1985.11	107	78	17	201
1986.03	108	82	19	
1986.07	109	99	10	
1986.11	110	99	14	280
1987.03	111	106	23	
1987.07	112	82	20	
1987.11	113	95	32	283

자료: 국방부 법무관리관, 『강제송환자 처리철』(1978); 국외자원관리과, 『강제송환자 처리철』(1980~1987)의 내용을 종합해 재구성.

지냈다. 그곳에서 김일성 사진은 특별한 무엇이 아니라, 학교 교실이나 이웃에서 어렵지 않게 접할 수 있는 것이었다. '김일성 사진'이라는 단순 질문과 관련된 대목을 설명하는 자리에서 면담자들은 격앙되거나 간단한 설명으로 넘어가는 극단적인 반응을 보였다.

당시에는 중앙정보부가 있을 때니까, 이, 친족이 주는 게 있든가 조총련에 속해 있었으면 여기 오면 뭐 반 죽어요. 그냥 가다 때려놓고 때려놓고 뭐 말을 묻는데, 뭐 그니까 겁, 겁에 질려서 안 하고도 했다 그럴 수밖에 없어요(사례 4).

아니 봤다고 해도 매 맞고, 봤다고 해도 매 맞고, 이거는 맞는 거야. 나는 조사, 내일이믄 이제 나올 건데, 조사 다 받앙 나오는데 몽둥이 들렁 다니당 팍 앞이 와 가지고 엎드리랜 행, 마지막에 나가 맞았어. …… 이건 말해도 되나? 괴정수용소는 죽음의 장소지게. 죽음의 장소라(사례 3).

조사와 심문은 자비 입국자에게도 예외가 아니었다. B(사례 2)는 미등록 노동자로 경찰에 체포된 후, 유치장에서 일주일간 조사를 받고 오사카 공항을 통해 자비로 출국했다. 그때가 1979년이니 자비 출국이 일반적인 상황은 아니었다. 그는 공항에서 부산수용소로 보내져 다른 사람들과 똑같이 일주일간 조사를 받았다. 그곳에서는 엄청난 공포감이 감돌았고 폭력과 욕설이 오갔다.

자비 귀국허영으네 비행기에서 딱 내리면은 그 입국관리실, 그 3층에 형사반 있어. 거기 들어가면은 거기 이제 기록이 다 되어 있으니까, 게민 내일이민 낼, 모리민 모래, 경찰서에 신고하라 하민 신고하면은 이제 안기부로 들어가거든. …… 거시기 김일성 봐나샤? 그거 처음엔 아니 봤잰 했당 나중에 고만히 생각해보난 이거 안 되켄 허영 봤습니다, 하니까 어디서 봤냐? 길에 넘어댕기당 보니까 포스터 다 붙어 있네, 그거 봤다. …… 게 사상 문제로 자꾸 돌려 불젠 허주게. 괴정에는. 거믄 그것이 우경으네 "나 그거 아니다" 하면은 매도 맞고[41](사례 2).

---

41 "사상 문제로 자꾸 돌리려고 하거든. 그럼 우겨서 '나는 아니다' 하면 매도 맞고"라는 뜻이다.

당시 심문 과정을 설명하던 E(사례5)의 경우는 자신은 폭력을 당하지 않았지만 다른 사람들이 고초를 겪었다, 자신은 끝까지 일관된 얘기를 해서 문제가 없었지만 옆에 있던 사람들은 거의 반죽음을 당했다고 했다. 수많은 고초와 폭력에서 “나”는 빠져 있는 것으로 서술되었다.

한국 정부가 송환자를 인수하는 과정에서 그토록 폭력을 휘두르며 공포 분위기를 조성한 것은 결국 일정 정도 남한 체제의 불안함을 드러낸 것은 아니었을까?

밀항단속법과 여권법 위반으로 밀항자들에 대한 구속 여부를 가려내고 병역의무자들을 조사해서 징집과 예비군으로 편성하는 가운데, 심문을 통해 얻고자 한 것은 궁극적으로 반공 국가 체제를 확대·유지하는 것이었다.

> 왜 한국을 배반해가지고 거기 가서 한국을 우습게 알게 하느냐 이거라. 왜 한국에서도 일을 하면 돈이 있는데, 왜 거기 가가지고 한국 쪽팔리게 하느냐 이거. …… 돈 벌레 갔댄. 돈 벌레 갔댄 해(사례 8).

조사관들은 그들을 “배반자”라고 부르며 국가를 “배반”했을 무언가를 찾아내려고 했지만, 밀항자들은 배반할 짓은 하지 않았다고 한다. 먹고살기 위해 친족 네트워크를 이용해 잠시 삶의 근거지를 옮겼을 뿐이다.[42] 오히려 그들은 밀항자를 배반한 것이 국가라고 말한다. 밀항을 눈감아주고 어려웠던 시절에 밀항을 도와주기까지 했던 권력자들이 송환 후에는 어마어마한 권력을 휘두르며 폭력을 행사했다.

---

42 “하나의 경험이잖아요. 외국 가서 산 것도 그렇게 나쁘게 생각 안 해요”(사례 4).

표 6-7 **강제송환자 인수 시 부서별 업무**

부서	업무
법무부	송환자 인수 처리 계획 수립, 인수서 대조 및 죄명, 공안검사 차출
보건사회부, 대한적십자사	송환자 수송과 급식, 침구 및 기타 일용품 준비, 송환자의 귀향에 필요한 가능한 비용 보조
관세청	휴대품 통관에 관한 사항
내무부	조사에 소요되는 조사관 차출, 외국인 수용소의 수용 준비, 수송 및 심사 기관 중의 경비
국방부(중앙병무청, 국군보안부대)	병역 의무자에 대한 심사관 차출, 군수사에 소요되는 심사관 차출
경제기획원	인수 계획의 인수 소요 예산 담당 협조
계엄하 항만통제관실	송환자 인수 처리에 관한 실무자 회의 주관[43]
중앙정보부 부산 지부	송환자 인수 처리 업무 협의

자료: 국방부 법무관리관, 『강제송환자 처리철』(1978); 국외자원관리과, 『강제송환자 처리철』(1980~1987).

2) 정부의 송환자 인수

그렇다면, 한국 정부는 송환자들을 어떤 절차로 인수했을까? 법무부에서 작성한 「강제송환자 인수 처리 계획서」를 보면, 정부의 다양한 부서가 송환과 관련되어 있었다. "일본의 오무라 수용소로부터 송환되어 오는 강제송환자를 인수함에 있어 제반 업무의 원활한 협조를 기하며 신속 정확한 업무 처리를 하기 위해" 보건사회부, 관세청, 내무부, 중앙병무청, 경제기획원, 그리고 중앙정보부 부산 지부가 〈표 6-7〉과 같이 송환 업무를 담당했다.[44]

---

43 계엄하 항만통제관실 업무는 1980년도 계획에만 포함되어 있었고 계엄 해제 이후에는 사라졌다.

44 국방부 법무관리관, 『강제송환자 처리철』(1978); 국외자원관리과, 『강제송환자 처리철』(1980~1987).

사진 6-4 귀국선에서 내리는 모습(공보처 홍보국 사진담당관, 1960)
자료: 국가기록원(관리번호: CET0069409)

사진 6-5 귀국해 대기하고 있는 모습(공보처 홍보국 사진담당관, 1960)
자료: 국가기록원(관리번호: CET0069409)

법무부는 송환자 인수 처리 계획을 수립하고 강제송환자 인수서를 대조하며 죄명을 확인하는 업무를 담당했다. 송환된 사람들에 대해서는 여권법 위반이나 밀항단속법 위반으로 구속자를 선별했다. 이때에는 1975년에 개정된 밀항단속법의 적용을 받아 밀항자는 5년 이하의 징역을 살게 되었다.[45] 심사 과정에 필요한 공안 검사를 차출하는 것도 법무부의 주요 업무였다.

보건사회부와 대한적십자사는 송환된 사람들의 수송과 급식, 침구나 일용품을 준비하고 귀향에 필요한 비용을 보조하는 일을 담당했다. 부산항에 도착하자마자 부산수용소에 수용되어서 조사를 받았으므로 필요한 물건 지급이 주요 임무였다. 관세청은 휴대품 통관에 관한 사항을 조사했다. 당시 송환자들의 휴대품은 오무라 수용소의 '피송환자 휴대 물품 내역'으로 추론해볼

45 1961년 12월 13일에 제정된 밀항단속법(제831호)은 이때까지 세 차례의 개정 과정을 거쳐 밀항자들에 대한 처벌이 강화되는 방향으로 바뀌었다. 국가법령정보센터(www.law.go.kr) 참조.

표 6-8 **인수 및 (부산수용소) 수용 업무 지침**

	업무
가	송환자 검속은 외항에서 실시한다.
나	출입국관리 공무원은 송환자의 명부를 대조하고 인수·서명한다.
다	송환자 하선(下船) 즉시 소요 차량으로 수용소에 수용한다.
라	휴대품은 외국인 수용소에서 수사관에 의해 세밀히 검사한다.
마	송환자가 휴대하는 물품은 본인이 사용하는 물품에 한한다.
바	급식은 보건사회부의 계획에 근거하여 실시한다.
사	송환자에 대한 심사는 별도의 계획에 의한 심사위원회에서 수립하여 수행한다. 위원회 구성 및 운영은 중앙정보부 부산 지부에서 주관한다.

자료: 국방부 법무관리관, 『강제송환자 처리철』(1978); 국외자원관리과, 『강제송환자 처리철』(1980~1987).

수 있다. 수용자들은 개인별로 평균 서너 가지의 휴대품을 가지고 수용소에 입소했다. 주로 생활에 필요한 옷가지나 이불, 보따리 등으로 1965년도부터 3년간은 미싱이나 자전거가 인기였고 1967년부터는 텔레비전을 휴대하는 수가 급격하게 늘었다.[46]

내무부에서는 외국인 수용소의 수용 준비 임무를 맡았고 중앙병무청은 병역의무자에 대한 심사관을 차출해 조사하도록 했다. 병역 문제와 관련해 가장 엄격하게 송환자들을 파악했기 때문에, 남아 있는 자료들도 병역 관련 자료들이 주를 이룬다. 병역 적령자에 대해서는 소재를 파악해 추징하고 행불자와 보충역들도 착오 없이 병적을 관리하도록 했다. 병역의무 여부에 따라 밀항자에 대한 심문도 달랐다. 월남전에 참전했던 E(사례 5)는 '참전했다고 중앙정보부에서 많이 인정해주었다'고 했다. 송환자 인수 후 처리에 관한 조치는 중앙정보부 부산 지부에서 전적으로 담당했다. 인수 및 수용 업무 지침의 마지막 항을 보면, 송환자에 대한 심사는 별도의 계획에 의한 심사위원회에서

46 法務省大村入國者收容所, 『大村入國者收容所二十年史』, p.101.

수행하는 것으로 되어 있는데, 심사위원회의 구성과 운영도 중앙정보부 부산 지부에서 주관하는 것으로 되어 있다. 송환자에 대한 개별 회견 주최도 중앙정보부 부산 지부가 담당했다. 즉, 인터뷰 대상자들이 부산수용소를 "죽음의 수용소"라고 부른 것은 단순한 두려움을 드러낸 것만이 아님을 알 수 있다.

6. 맺음말

수용소는 사실과 법, 규범과 적용, 예외와 규칙 사이에서 어느 한쪽으로 결정되는 것이 절대적으로 불가능한 공간이다. 예외 상태가 규칙이 되기 시작할 때 열리는 공간이면서, 동시에 예외와 규칙 사이에서 끊임없이 결정을 내리는 공간이기도 하다.[47] 일본은 법질서 외부에 재일조선인을 추방할 수 있는 영토를 마련했고 한국은 반공 체제 유지를 위한 공간으로 수용소를 묵인했다. 두 국민국가 체제에서 "불안한 존재"를 격리하는 것은 국내의 명확한 법질서를 강화하기 위한 필수 요소이다. 일본은 패전 후 영토와 국가의 경계를 명확히 하기 위해 오무라 수용소를 설치했고, 1965년 한일 국교 수립으로 동등한 국민국가의 형식을 취하게 된 뒤에도 수용소의 형식을 유지했다. 두 나라의 권력은 불안을 조장하는 공간을 영토 밖에 배치해둠으로써 국내의 "법질서"를 안정적으로 유지하는 데 수용소를 기능적으로 이용했다.

이 장은 오무라 수용소라는 예외 상태가 일종의 규칙이 되어 40여 년간 지속될 수 있었던 구조를, 미공개 자료와 수용소를 경험한 구술자들의 진술을 바탕으로 찾아보고자 했다. 일본은 식민지민에 대한 책임을 전가하고 재일조

---

47 조르조 아감벤, 『호모 사케르』, 327쪽.

선인을 안정적으로 추방하는 공간으로 오무라 수용소를 활용했고, 한국은 국가에 대한 "배반"과 반공 국가 체제를 강화하는 데 수용자들을 이용했다. 한일협정 이후 수용자들의 성격은 변했지만 영토와 국가 사이의 결합 관계를 기반으로 한 양국의 의도는 변하지 않았다.

또한 이 장은 오무라 수용소를 거쳐간 밀항자들의 흔적과 기억을 찾아가는 의미도 있다. 인터뷰 대상자들은 연구진의 인터뷰에 응하기 전까지는 수용소 경험에 대해 단 한 번도 말하지 않았다고 한다. 부부지간에도, 자식에게도 말하지 않았다. 밀항을 경험했던 친척들 간에도 이야기를 꺼내지 않는 것이 암묵적으로 합의되어 있었다. 어쨌든 법을 어겼고 자랑할 만한 일은 아니라고 했다. 하지만 "세 집 건너 한 집"은 경험했던 일본으로의 밀항으로 집도 사고 땅도 샀다. 쫓겨 다니고 숨어서 일하며 꼬박꼬박 송금한 돈이 그네들의 경제적인 삶을 조금이나마 윤택하게 해주었다. 몇 년 만에 돌아와본 제주는 확실히 발전해 있었다. 자신들의 노력은 제주 경제 발전에 기반이 되었다. 그러나 이들의 이야기는 여전히 숨기고 싶고 말하고 싶지 않은 가장 "개인적"이며 동시에 가장 "일상적"인 영역이다. 오무라 수용소라는 식민지와 냉전의 역사가 응축되어 있는 상징적인 장소와 그곳을 거쳐간 사람들의 이야기를 서사화하는 것, 여기에서부터 한국 현대사의 일상사, 민중사의 일부를 채울 수 있지는 않을까. 또한 이 장은 전후 냉전 체제에서 국가가 개인을 관리하고 개인사가 국가와 얽히는 양상을 수용소를 통해 상징적으로 재현하는 의미 또한 크다.

07

한일 관계 형성기 부산수용소 · 오무라 수용소를 둘러싼 '경계의 정치' *

현무암

1. 귀국·억류·송환을 위한 '내부의 경계'

이 장에서는 해방 후 한일 관계 속에서 사람의 이동의 중요한 접촉면이었던 부산 외국인 수용소(부산수용소)와, 그와 밀접하게 연결된 오무라 입국자 수용소(오무라 수용소)에 초점을 맞추어 국제정치 속에서 이들 '수용자'가 어떻게 이용되었는지 그 역사적·정치적 동태를 명확하게 함으로써 한일 관계 형성기에서 '경계'의 의의를 재고하고자 한다. 특히 1950년대에 많은 일본인 어부가 억류되었던 것으로 알려진 부산수용소는 해방 후 재한일본인 여성들의 귀국을 위한 대기 시설이었던 것과 동시에, 오무라 수용소에서 강제송환되는

---

* 이 장은 玄武岩,「日韓関係の形成期における釜山収容所/大村収容所の'境界の政治'」, ≪同時代史研究≫, 7号(2014)를 수정·보완한 것이다.

'밀항자'의 사상을 선별하기 위해 취조하는 구류 시설이기도 했는데, 그 기능적 변천을 한일 관계사 속에 자리매김해보고자 한다.[1]

해방 후 한일 관계는 점령과 군정, 독립과 분단, 전쟁과 부흥이라는 제국 질서의 해체와 냉전 체제가 겹치듯이 전개되고, 그에 따른 미국의 압도적인 지배 구조가 뒤덮는 격동 속에서 모색되었다. 식민지를 상실한 일본은 국민국가와 주권국가로의 전환을 도모하면서 한국과의 관계 구축에 나섰다. 한편 전후 질서의 국제 체제에서 배제되고 냉전의 최전선에 내몰린 전쟁과 분단에 신음하던 한국은, 반공주의의 선봉에 서면서 일본과의 관계 설정에 나섰다.

이러한 냉전 체제 및 '샌프란시스코 체제'를 배경으로 삼아 한국과 일본은 국교 정상화를 위한 교섭을 전개했다. 1951년 10월 한일회담(예비회담)부터 1965년 6월의 한일조약 체결까지 교섭은 장기간 이어졌다. 그 교섭 과정 속에서 힘겨루기했던 것은 청구권 문제나 식민지 지배 인식 등을 둘러싸고 대립한 정치 엘리트들만이 아니었다. 제국 일본의 붕괴 이후 일본에서 살기를 선택한 재일동포뿐 아니라, 국경의 재편으로 인해 단절된 생활공간을 재건하려 하는 '밀항자', '내선결혼'의 파탄으로 인해 귀국하는 일본인 여성, 그리고 제국 시기의 어장으로 조업을 나가는 어부 등이 한국과 일본의 경계를 넘나들었다. 이 사람들이 한일 교섭의 계기나 목표, 혹은 장애와 구실이 됨으로써 한일 관계의 전개에서 중요한 역할을 수행하게 되었다.

그러나 경계를 넘는 사람들을 정치권력이 외교적 관계에 동원하기 위해서는 그들의 이동을 실체화해야만 했다. 그러려면 다양한 월경(越境)적 이동에 대한 초법규적인 국가권력이 발동될 필요가 있었는데, 이러한 통치 기술로 작

---

1 부산수용소는 기능의 변천과 함께 '부산 외국인 수용소'나 '외국인 출국대기소' 등 공식 명칭도 변화했으나 이 장에서는 그 총칭으로서 '부산수용소'를 사용한다.

동한 것이 일본에서는 '출입국관리 체제'였고 한국에서는 '이승만 라인'이라고도 불린 '평화선'이었던 것이다. 일본의 출입국관리 체제는, 제국에서 국민국가로 수렴한 일본의 재편 과정에서 외부로부터의 '조선'의 이입을 방지함과 동시에 내부에 존재하는 '조선'을 배제하기 위해 물리적·상징적으로 작용하는 균질화의 장치인 오무라 수용소가 담당하게 되었다.

한편, 샌프란시스코 강화조약이 발효됨에 따라 GHQ가 일본 어선의 행동 구역을 한정한 '맥아더 라인'이 소멸할 것을 내다본 이승만 정부는 신생 독립국가로서의 일본의 세력 확대를 막는 경제적 권익과 안전보장의 관점에서 '평화선'을 설정했다. '평화선'을 침범한 일본인 어부를 억류함으로써, 한일회담이나 어업 문제와 같은 국제정치적인 대립·교섭에서 오무라 수용소의 대항 공간으로 존재했던 것이 부산수용소였다.

일본의 출입국관리 체제와 국경 관리는 한국의 '평화선'의 정치와 필연적으로 충돌할 수밖에 없었다. 다만, 미국이 축이 되는 '한미일 유사 동맹 관계'가 구축되는 과정이었기 때문에 그러한 충돌이 무력행사로 이어지지는 않았다.[2] 그러나 제국의 공간의 연장선상에서 생활권을 회복하려고 하는 사람들의 이동이 존재하는 한, 식민지 지배의 청산을 둘러싼 정치 문제는 물론 영역 문제로 인해 서로 충돌할 위기를 내포할 뿐만 아니라, 국민국가를 확립하는 탈식민주의적 경계 설정에서도 한일 양측의 입장은 서로 충돌할 수밖에 없었다. 이러한 '경계의 정치' 속에서 그 기축이 되는 귀국·억류·송환의 역할을 담당

2 빅터 차(Victor Cha)는 공통의 제3국을 동맹국으로 가지면서도 서로는 동맹 관계가 아닌 2국 간 관계를 나타내는 의사 동맹의 개념을 통해, 역사적으로 반목해온 한일이 안전보장에서 미국의 존재가 후퇴해 모두가 안전보장상의 우려를 갖게 됨에 따라 협조 관계가 생겨, 사실상 안전보장 관계가 존재하는 것을 가리키는 모델로 한미일 의사 동맹 모델을 제시했다. 주로 1960년대 이후 한일 관계의 제휴 패턴을 고찰하기 위해 이 모델을 적용했다. ヴィクター·D·チャ, 『米日韓 反目を超えた提携』, 倉田秀也 訳(東京: 有斐閣, 2003).

한 '내부의 경계'가 오무라 수용소와 부산수용소였던 것이다.

일본과 한국은 오무라 수용소와 부산수용소라는, 대립하는 국경의 안쪽에 또 하나의 '경계'를 설치하고 국교 정상화 교섭에 임했다. 그러나 양측 수용소는 '내부의 경계'로서의 대항 공간으로서만 존재한 것은 아니다. 상대측의 수용소는, 자신들의 입장에서도 문제가 될 사람들을 배제하고 교화하는 것을 통해 국민국가의 경계를 확립하는 '외부의 경계'이기도 했다. 이 시기 한국과 일본의 국경은 각각의 '내부의 경계'와 '외부의 경계'가 일체화함으로써 작동한 것이었는데, 확립되지 않은 국경의 실체를 갖추기 위해서는 월경하는 사람들에 대해 폭력적인 국가권력이 발동해야만 했다.

결국 오무라 수용소 및 부산수용소가 엮어내는 귀국·억류·송환을 둘러싸고 일본과 한국이 관계를 형성하면서 월경하는 사람들과 마주하는 장소는, 테사 모리스 스즈키가 지적하듯이, 헌법의 바깥에 위치한 비-시민에 대해서 지극히 전횡적·권위주의적인 방법으로 권력을 행사하는 초법규적 폭력이 가시화되는 '권력의 와일드 존(wild zone)'이었던 것이다.[3]

최근 2차 세계대전 후 일본의 인양(引揚, 일본인의 귀환·철수)이나 출입국관리 체제에 대한 관심으로 인해 오무라 수용소에 대한 연구가 주목받고 있다.[4] 하지만 부산수용소에 대해서는 학술적 고찰이 전무하다고 할 수 있다. 그리고 이 시기의 한일 관계에 대해서도 한일기본조약 및 4개 부속 협정에 관한

---

3 テッサ・モーリス-スズキ, 「戦後日本の出入国管理と外国人政策」, 有末賢·関根政美 編, 『戦後日本の社会と市民意識』(東京: 慶應義塾大学出版会, 2005).

4 같은 글; 挽地康彦, 「大村収容所の社会史(一): 占領期の出入国管理とポスト植民地主義」, ≪西日本社会学会年報≫, 3号(2005); 玄武岩, 「密航·大村収容所·済州島: 大阪と済州島をむすぶ'密航'のネットワーク」, ≪現代思想≫, 35巻 7号(2007); Tessa Morris-Suzuki, *Borderline Japan: Foreigners and Frontier Controls in the Postwar Era*(New York: Cambridge University Press, 2012).

의제(재산청구권·재일한국인·어업·문화재)를 둘러싸고 식민지 지배의 책임과 국제관계, 경제적 측면에서의 정치적 교섭 과정에 대해서만 관심이 모아지고 있다. 하지만 요시자와 후미토시(吉澤文寿)가 지적하듯이, 한일 교섭에는 "쌍방은 상대측이 중시하는 의제에서 '양보'하는 것으로 각자가 중시하는 의제를 유리하게 진행하려"[5] 한 '보완'의 측면도 있어, 그 전개를 동태적으로 이해하기 위해서도 각각의 의제를 연결하는 종합적인 시야가 요구된다.

따라서 이 장은 정치적 교섭 그 자체보다도, 한일 관계 형성기에 교섭 과정 전개를 크게 좌우한 국가 이외의 행위자로서의 '월경적 이동을 하는 사람들'의 시점에서부터 접근하고자 한다. 부산수용소·오무라 수용소라는, 제국 해체가 국민국가로 향하는 귀국·억류·송환의 과정에서 재한일본인 여성이나 일본인 어부, 그리고 한반도로부터의 '밀항자'의 경유·교섭·조사를 위해 작동하는 '경계의 정치'에 주목하면 한일 관계의 여러 문제들을 관통하는 동태적인 정치 과정의 측면을 한층 더 분명히 할 수 있을 것이다.

〈표 7-1〉은 부산수용소의 개설 이래 그러한 세 가지 기능의 시대적 변천을 나타낸 것이다.[6] 1953년 11월에 당초 귀국하는 재한일본인 여성의 대기 시설로 개설된 부산수용소는 직후에 일본인 어부의 수용을 개시한다. 일본인 어부의 억류를 정리하면, 1953년 11월부터 이듬해 1월까지 송환을 위한 대기 시설이 된 제1기, 1954년 10월부터 억류가 장기화되어 '상호석방합의'에 따라 1958년 6월까지 순차적으로 송환된 제2기, 이어 '상호석방합의' 이후에 나포

---

5 吉澤文寿, 「研究動向日韓会談研究の現状と課題」, ≪歴史学研究≫, 813号(2006).

6 부산수용소의 세 가지 기능은 각각 이행적으로 변천한 것이 아니라 겹쳐지듯이 전개되었다. 1950년대 및 1960년대의 명칭도 명확하게 나눌 수 있는 것이 아니며 어느 하나가 중심적인 역할을 수행하면서 다른 기능을 갖추고 있었던 것이다. 한편, 1970년대 및 1980년대의 명칭을 나타내는 공식적 자료는 확인되지 않았으며, 이 표는 대략적인 흐름을 나타내는 것으로 참고하기 바란다.

표 7-1 **부산수용소의 기능과 변천**

	1950년대	1960년대	1970년대	1980년대
명칭	외무부 부산출장소 관할 외국인 수용소 (→내무부)	법무부 부산 출입국관리 사무소 외국인 출국대기소		
재한일본인 여성	1953.11~1972.10. 귀국자 숙소·나자레원 개설 ----▶			
일본인 어부	1953.11~1954.1(제1기) / 1954.10~1958.6(제2기) ----▶ 1958.7~1960.3(제3기) / 1965년 이후 수용자는 없음			
강제송환자		1961.7. 강제송환자 입소 ----▶		

된 일본 어선 선원이 억류된 채 1960년 3월에 재개된 상호 송환에 따라 전원이 귀국할 때까지의 제3기로 나눌 수 있다. 그리고 일본인 어부 수용자가 거의 없어진 1961년부터 부산수용소는 오무라 수용소로부터 강제송환된 '밀항자'의 취조를 위한 시설로 활용된다.

2. 재한일본인 여성의 연속되는 전전·전후, 그리고 단절로서의 귀국

1) 해방 후 일본인 여성의 잔류와 역류

제국 일본의 해체는 제국 신민의 해체를 의미했다. 새로 그어진 경계에 따라서 일본인은 '내지(內地)'로 인양하고, 일본 혹은 제국 각지로 이주하거나 강제적으로 이동하게 되었던 사람들은 귀향길에 올랐다. 그런데 이런 '민족문제의 수습'에 역행하는 흐름이 존재했다. 이른바 재한일본인 여성이다.

제국의 붕괴에 의한 전후 질서의 급격한 재편의 굴곡은, 일본 정부도 그랬지만 무엇보다 재조선일본인의 예상을 훨씬 뛰어넘는 것이었다. 식민지 경영이 장기간에 이르러 이미 2세대째에 접어든 재조선일본인들은 조선이 고향이었으며 '내지'가 이향이었다. 식민지로부터 해방된 조선에서 사회적 소수자로 입장이 뒤바뀐 일본인은 조선총독부의 주도로 자신들의 안전과 상호 연락을 위해 일본인세화회(日本人世話会)를 결성하는데, 당초에는 반드시 재조선일본인의 완전한 인양을 상정한 것은 아니었다.

하지만 한반도의 정세는 잔류 일본인에게 냉엄해져갔다. 민족 해방의 환희에 들끓는 감정은 일본의 세력을 배제하는 움직임을 부추겼고, 미군정 당국도 '일본인 총철수'의 방침을 굳히고 있었다. 그런데 남한에서부터 일본의 세력이 일소되는 가운데, 해방 전부터 '내지'나 '외지'에서 조선인과 혼인 관계를 맺은 일본인 처는 민족문제로 남편과 이별하는 경우도 있었으나, 많은 이들은 일본의 패전으로 독립한 구 식민지에서의 생활을 선택했다.

다른 한편 일본에서 귀환하는 조선인은 일본인 처를 데리고 오는 경우가 적지 않았다.[7] 일본 거주 조선인은 대부분 노동자였는데, 가족을 고향에 남겨두고 온 자나 미혼자가 많아 일본 여성을 배우자로 맞는 경우가 많았다. 이렇게 해서 일본에 거주했던 조선인 남편과 일본인 처의 가족은 이제 어디를 거주지로 할 것인지 선택해야 했다. 해방 전에는 혼인 관계를 증명하는 서류가 있으면 자유롭게 도항이 가능했기에, 이런 일본인 처의 상당수는 이후로도 자유롭게 왕래할 수 있을 것으로 생각하고 귀향하는 남편과 동행하게 된다.[8] 이들 일본인 여성은 일본인의 인양이 서둘러 진행되는 가운데 그 흐름에 역행하

7 森田芳夫, 『朝鮮終戦の記録: 米ソ両軍の進駐と日本人の引揚』(東京: 巖南堂書店, 1964), p.819.

8 藤崎康夫, 『棄民: 日朝のゆがめられた歴史のなかで』,(東京: サイマル出版会, 1972), p.114.

듯이 조선으로 향했던 것이다.[9]

하지만 조선에서 살아가기로 한 일본인 처를 곤경으로 몰아넣은 것은 오히려 사적 영역의 가족관계였다. 패전국민의 며느리를 보는 가족의 시선은 차갑기만 했고, 결국 남편에게 버림받는 경우도 종종 있었다. 일본의 가족과 결별해 조선에 왔지만, 남편에게는 본처가 있거나 냉대 끝에 이별하는 경우도 드물지 않았다.[10]

그런 까닭으로, 인양하는 일본인의 계획수송이 일단락되는 1946년 봄 이후에 인양 업무를 맡고 있던 부산일본인세화회에서는 조선인과 결혼했다가 귀국하는 부녀자들의 송환이 하나의 업무가 되어 있었다.[11]

따라서 재한일본인 여성의 귀국은 해방 후 일본인들을 조선에서 인양하는 것의 연장선상에 있으며, 양쪽은 밀접하게 연결되어 있다. 일반 일본인의 인양은 계획수송 개시 이후에는 군인에 이어 부산에 집결해서 이루어졌기 때문에 많은 일본인이 부산에 몰려들어 체류자가 넘쳐났다. 일본인을 인양하는 데에는 부산역 주변의 동본원사·서본원사·지은원·호국사 등 사찰이나 국민학교, 군사물자의 집적 장소였던 마스와라 관(구 경상남도 산업장려관) 등이 수

---

9 1951년 5월부터 1954년 말까지 54회에 걸쳐 귀국한 1680명 중 해방 후 처음으로 일본에 귀국하는 자가 577명, 해방 후 일본에서 도항해 귀국하는 자가 440명이었으며, 입국자(한국적인 자, 혹은 입적 수속을 하지 않은 자)가 663명이었다. 森田芳夫, 『朝鮮終戦の記録: 米ソ両軍の進駐と日本人の引揚』, p.826. 실제로 '내선결혼'의 대부분은 '내지'에서 이루어졌으며, 1938년부터 1942년까지 조선인 남성과 일본인 여성의 혼인신고 건수는 조선에서 180명이었던 데 반해 '내지'에서는 5242명이었다. 金英達, 「日本の朝鮮統治下における'通婚'と'混血': いわゆる'内鮮結婚'の法制·統計·政策について」, ≪関西大学人権問題研究所紀要≫, 39号(1999), p.31. 이러한 통계에서도 해방 전 조선인 남편과 같이 일본에서 조선으로 건너온 일본인 여성의 수가 적지 않았음을 알 수 있다.

10 藤崎康夫, 『棄民: 日朝のゆがめられた歴史のなかで』, p.63.

11 森田芳夫, 『朝鮮終戦の記録: 米ソ両軍の進駐と日本人の引揚』, p.821.

용 시설로 이용되었다.[12]

이들 수용소는 수용자가 감소함에 따라 세관 창고를 제외하고는 폐소하게 된다. 한편으로 부산일본인세화회는 맥아더 라인을 넘어서 나포된 일본 어선의 선원이 부산에서 미군의 군사재판을 받는 사이에 차입을 담당하기도 했다. 그리고 미군정 당국에게서 철수 명령을 받고 부산일본인세화회가 1948년 7월에 인양되게 되자, 일본인 인양 업무는 경상남도 후생과에 일임되고 수용소는 '귀환 일본인 수용소'로 개칭되었다.[13] 이 시기에 부산일본인세화회 직원이 부산 시내의 일본인 여성을 개별 방문해 조사한 결과 170명이 있음을 확인했다. 남한 전체에서는 1677명이 있다고 공표되었는데, 실제로는 3000명에 달했을 것으로 추정되었다.[14]

재한일본인 여성의 귀국 수속은 먼저 본인이 일본에 있는 가족에게 연락을 하고 본인 기재의 호적등본 및 신원증명서를 입수해 사진을 첨부해 부산의 외무부에 '철수 신청'을 하면, 일본 외무성이 그 리스트를 입수해 본적지 및 신원인수인의 유무를 조사한 뒤 입국을 허가하는 복잡한 절차를 요했다.[15] 나중에 언급하겠지만, 호적 등이 확인되지 않으면 장기간 수용소 생활을 하게 되는 경우도 있었다.

해방 전, '내선결혼'[16]이라는 미명하에 조선인을 '〈신민/국민〉화하는 프로

---

12 森田芳夫, 『朝鮮終戦の記録: 米ソ両軍の進駐と日本人の引揚』, p.373.

13 같은 책, p.817.

14 같은 책, p.827.

15 法務研修所 編, 『在日朝鮮人処遇の推移と現状』(東京: 湖北社, 1975), pp.139~140.

16 1921년 '조선인과 내지인과의 혼인의 민적(民籍) 수속에 관한 건'(조선총독부령 99호)이 제정되어 내지(일본)와 외지(조선)라는 지역적(籍) 간의 신분 행위에 따르는 호적 수속이 정비되었다. 그에 따라 '내선결혼'의 제도적 장벽이 해소되어 '내지인 여성'의 조선 호적 전입이 증가했다. 더구나 '내선결혼'의 대부분은 '내지'에서 이루어진 것으로, 1939년 12월에 행해진 경찰 조사에서는 조선인 남성과 일본인 여성 부부 9577쌍 중에서, 법률혼으

젝트'에 적극적으로 포섭되어 민족과 젠더의 결절점에 위치한 식민지 지배국의 여성으로서의 일본인은,[17] 이러한 프로젝트의 파탄과 반전 속에서 일그러지고 뒤틀리는 부담을 지며 국제 관계에 휘둘렸던 것이다.

2) '한국의 아내'들의 전후(戰後)

그러나 재한일본인 여성들의 진짜 시련은 이제부터였다. 1950년 한국전쟁은 재한일본인 여성의 '재한'의 근거였던 한국인 남편을 데려가버렸고, 그들의 생활을 곤궁의 구렁텅이로 몰아넣었다. 그리고 "완전한 남이 된 이 나라"[18]에서 "한국인으로라도 사느냐 죽느냐 하는 아슬아슬한 밧줄 위에 있는 상황"[19]을 헤쳐나가지 않으면 안 되었다. 그리하여 많은 일본인 여성들이 전란을 피해 부산으로 향하게 된다. 부산에 밀려들어 온 이들 일본인 여성을 수용한 곳이 소림사(초량동) 및 지은원 등의 사찰이나 완구동, 적기(赤崎, 현 남구 우남동) 등의 피난소였다. 이후 점차 소림사와 적기가 귀환 일본인 수용소의 중

로 입적한 수가 2363쌍, 사실혼으로 내연 관계에 있었던 것이 7214쌍으로 나타났다. 金英達, 「日本の朝鮮統治下における'通婚'と'混血'」, p.33.

17 사회학자 김부자는 식민지 여성의 교육이나 전시 중의 '위안부', '근로정신대'의 동원, 그리고 전후의 '종군위안부'를 둘러싼 '계속되는 식민지주의'에 대해서 '민족'과 '젠더'의 시점에서 그 복주(輻輳)성·상호 구축성을 분석해 일본의 '〈신민/국민〉화의 프로젝트'를 고찰했다. 金富子, 『継続する植民地主義とジェンダー: 「国民」概念·女性の身体·記憶と責任』(東京: 世織書房, 2011). 그런데 최근의 여성사 연구가 '민족', '계급', '젠더'의 종합적 파악을 중시하는 가운데 조선인 여성에 주안을 둔 김부자의 연구가 '계속되는 식민지주의와 젠더'의 연구 영역에서 '민족' 기층적이라고 한다면, '젠더' 기층적인 입장에는 일본의 '중국 잔류 여성'이나 '사할린 잔류 일본인 여성', 그리고 '재한일본인 여성' 및 '재북일본인 여성'이라는 문제들이 가로놓여 있다고 할 수 있다.

18 張赫宙, 「釜山の女間諜」, 『別册文藝春秋』(文藝春秋新社, 1952), p.163.

19 張赫宙, 「異国の妻」, 『警察文化』(警察文化社, 1952), p.151.

심이 된다.

그렇다면 이러한 수용소에서 일본인 여성들은 어떻게 살아갔는가?

재일 작가 장혁주(張赫宙)는 1951년 7월과 1952년 10월에 신문과 잡지 특파원으로서 한국전쟁을 취재해 르포와 소설 등 다수의 작품을 남겼다. 첫 방한에서 취재한 ≪매일정보≫ 특약 기사는 전황과 정치 정세, 전재민 및 피난민의 삶에 관심을 보이면서도 마지막에는 '남겨진 일본 부인'의 에피소드로 끝맺고 있다.[20] 이에 대한 기술은 약간에 불과하지만, 이때 기록이 나중에 발표되는 「이국의 아내」, 「부산항의 파란 꽃」, 「부산의 여간첩」 등의 소설의 모티프가 되었다.

이들 일련의 작품을 고찰한 김학동은 이 작품들이 이야기는 서로 다르지만 밀접한 상관관계를 가지고 전개된다고 지적하는데,[21] 그것은 작품에 귀환 일본인 수용소에서의 취재가 짙게 투영되고 있기 때문이다. "인양 일본인 수용소라고 종전 직후에 내건 간판 그대로"인 소림사의 일본인 수용소를 방문한 장혁주는,[22] "본당에 빼곳이 가득한 사람들은 전재민으로, 한국인 남편이 전사 혹은 행방불명되거나 북한군 당국 손에 살해되는 바람에 미망인이 되어 조국인 일본에 돌아갈 수박에 없는 처지에 놓인 사람들이라는 것을 곧 알게 되었다".[23]

실제로 이들 소설은 재한일본인 여성의 참상을 생생하게 묘사하고 있다.

세 작품에 등장하는 일본인 여성은, 한국인 남편과의 관계는 지배와 피지

---

20 張赫宙, 「(本紙特約·第二報)故国の山河」, ≪毎日情報≫, 6巻 11号(1951).

21 김학동, 「장혁주 문학과 6·25에 직면한 일본인 처들의 수난: '이국(異国)의 아내', '부산항의 파란 꽃', '부산의 여간첩'을 중심으로」, ≪인문과학연구소 인문학 연구≫, 75호(충남대학교, 2008).

22 張赫宙, 「釜山港の青い花」, ≪面白倶楽部≫(1952.9), p.49.

23 張赫宙, 「異国の妻」, ≪警察文化≫(1952.7), p.151.

배의 관계를 넘어선 자연스런 결합이었으나, 조선에 와서 반일적인 분위기에 쫓겨야 했고, 결국 한국전쟁에서 남편을 잃게 된다. 북쪽 혹은 남쪽에 협력할 수밖에 없었던 엘리트 남편을 북한의 정치보위국원 혹은 한국의 우익 단체에 들키지 않게 숨기지만, 이윽고 체포되어 "처형되는" 참극을 경험한다. 그리고 자신들은 "바리케이드" 설치에 노력 동원을 당하게 되고, 피난 중에는 "갓난 애기를 버리고" 가야 했다. 또한 "지옥 같은 수용소"에서는 "일본 선원의 세탁"을 하면서 생계를 이어나가거나 혹은 "거리의 여자"로 전락해 "유엔마담"이 되어, 밤이면 "악몽에 시달리는" 것이었다. 끝에 가서는 살아남기 위해 밀수에 손을 대고, 복수를 위해 간첩이 되는 수난을 견디면서 일본에 돌아갈 날을 손꼽아 기다린다. 장혁주가 『오호조선(嗚呼朝鮮)』(1952)에서 극명하게 그려낸 바와 같이, 동포 간의 살육이라는 한국전쟁의 이데올로기 대립에 의한 참상을 재한일본인 여성도 피할 수 없었던 것이다.

이들 작품에는 일본인 여성이 친정에서 호적등본을 받지 못해 장기간 수용소에서 생활할 수밖에 없는 상황이 그려져 있다. 재한일본인 여성이 귀국할 수 없었던 것은 일본에게 이들 여성이 "전쟁이 끝나기 전부터 조선(한국)에 거주했던 자라고 해도 정확하게 말하자면 인양자(引揚者)라고 할 수 없는" 존재였기 때문이다. "일본에서 호적을 말소하지 않고 한국인과 내연 관계였던 일본 여성만이 일본인 인양자가 되"고, 한국인 남편 호적에 옮긴 사람은 '조선적 일본 출신 여성(朝鮮籍元日本婦人)'으로 분류되었다.[24] 즉, 해방 전에 조선인 남성과 법률혼에 의해 '내지'의 호적에서 제적된 일본인 여성은 '순전한 일본인'

---

24 작성자 불명, 「鮮籍元日本婦人の入国及び就籍の問題について」, 『太平洋戦争終結による、在外邦人保護引揚関係韓国残留者の引揚関係(第一巻)』(日本外務省外交史料館 K-7-1-0-15), 한국 국가기록원 소장(CTA0003364). 이 장에서 일본 외무성 외교사료관 자료는 모두 한국 국가기록원 소장분을 사용했다.

으로 취급되지 않았던 것이다.

한국전쟁 전에는 이들 '조선적 일본 출신 여성'에 대해서 전반적인 대응 방법이 정해지지 않은 채, 해방 전부터 조선에 거주하는 자는 '인양자'로서 인양 증명서를, 해방 후에 도항한 자는 '도항자'로서 상륙 증명서를 교부해 귀향시켰다. 그런데 한국전쟁이 발발하고 전란을 피해 GHQ가 승인한 선박으로 귀국하는 여성 중에는 '조선적 일본 출신 여성'도 포함되어 있었다. 전쟁에 의해 남편과 사별하거나 헤어지게 된 일본인 여성과 그 자녀들은 "신분 관계의 변동을 금후 적극적으로 입증하는 것이 매우 곤란"[25]한 상황이었다. 일본 정부는 '조선적 일본 출신 여성'의 입국 수속 및 허가 등의 취급에 대한 대응이 필요해진다.[26]

일본의 입장은, '조선적 일본 출신 여성'에 대해 "일본에 연고가 없는 사람은 원칙적으로 승선을 보류하는 것"[27]이었다. 외무성은 GHQ와의 교섭에서 '일본에 본적을 가지고 있는 자'와 '조선적 일본 출신 여성'의 경우 "내지에 확실한 신원 인수인이 있는 사람 및 그의 자녀에 관해서는 일본 입국이 적당하다고 사료된다"라고 했으나, 그렇지 않은 경우는 일본 입국이 "부적절하다"라고 했다.[28]

---

25 같은 글.

26 「朝鮮籍にある元日本婦人の受入について」, 인양원호청 원호국장이 외무성 관리국장에게, 1950년 10월 17일, 『太平洋戦争終結による在外邦人保護引揚関係 韓国残留者の引揚関係(第一巻)』(일본 외무성 외교사료관 소장).

27 「引揚者等の取扱に関する出入国管理庁と引揚援護庁との業務協定について」, 인양원호청 원호국장이 각 도도부현지사에게, 1950년 12월 21일, 『太平洋戦争終結による在外邦人保護引揚関係 韓国残留者の引揚関係(第一巻)』(일본 외무성 외교사료관 소장).

28 작성자 불명, 「在韓国の元日本人に関する身元調査に関する件」, 1951년 2월 17일, 『太平洋戦争終結による在外邦人保護引揚関係 韓国残留者の引揚関係(第一巻)』(일본 외무성 외교사료관 소장).

이에 대해서 GHQ는 외무성과의 절충을 거쳐 '조선적 일본 출신 여성'의 신원에 대해, 신원 인수인의 경제적 능력의 유무, 본인의 조선 도항 시기(전전 또는 전후), 그 도항이 자발적이었는지 강제적이었는지, 그리고 정식 혼인 관계인지 내연 관계인지를 조사하도록 지시했다.[29]

또한 조사 항목에는 사상이나 형사 관계, 정치적 관계에 관한 것도 포함되어 있어, 사회·경제적 측면만이 아니라 치안 면에서도 '조선적 일본 출신 여성'은 고려의 대상이 되었다.

이러한 신원 조사에는 많은 시간이 소요되어, 소림사 등 귀환 일본인 수용소에 있는 일본인 여성의 귀국이 정체되는 요인이 되었다. 일본 외무성은 1951년 1월부터 여섯 차례에 걸쳐 '일본인이라 칭하는' 귀국 희망자의 신원 조사를 GHQ에게 요청받게 되는데, 그 239명에 대해서 정식으로 보고한 것이 4월 3일이었다. 다음 달 보고에서 후에 신원 확인 요청이 있었던 사람을 포함한 589명 중 363명은 '귀국 적당자'였지만, 계속 조사 중인 자를 제외한 59명은 '입국 부적당'으로 분류되었다. '입국 부적당'으로 분류된 것은 신원 인수인이 되는 가족이 인수할 의사가 없었거나, 본적 및 가족 확인이 안 된 것이 주된 이유였다.[30]

애초에 일본 법무부는 1951년 4월 19일 민사국장의 각 지방 법무국장에게 보내는 통달에서, 샌프란시스코 강화조약이 발효됨에 따라 조선인·대만인뿐만 아니라 '조선적 일본 출신 여성'도 일본 국적을 상실한다고 밝혔던 바였다.[31]

---

29 外務省管理局引揚課, 「在朝鮮日本婦女子引揚に関する件」, 1951년 3월 1일, 『太平洋戦争終結による在外邦人保護引揚関係 韓国残留者の引揚関係(第一巻)』(일본 외무성 외교사료관 소장).

30 引揚課, 「在朝鮮日本婦人引揚に関する件·経緯」, 1951년 5월 11일, 『太平洋戦争終結による在外邦人保護引揚関係 韓国残留者の引揚関係 第一巻』(일본 외무성 외교사료관 소장).

31 森田芳夫, 『朝鮮終戦の記録』, p.829.

실제로 이러한 경우로 인해 많은 일본인 여성이 장기간의 수용소 생활을 해야만 했다.

1950년 11월 6일, 고안마루(興安丸)가 귀국자를 싣고 사세보 항에 입항하는데[32] '인양자'가 아닌 경우 GHQ의 허가가 없으면 승선이 거부되었다. 그때부터 공식적으로 한국 정부가 재한일본인 여성을 위한 귀국선을 보내게 되는 1951년 5월 29일 제1호선이 출항할 때까지, 수개월간 600명의 일본인 여성과 아이들은 소림사의 귀환 일본인 수용소에서 생활했다. 그 사이에 하루 쌀 세 홉과 현금 50엔이 지급되어 근근이 생활을 이어가고 있었는데, 인플레이션에 의해 물가가 상승해서 목숨을 부지하는 것이 고작이었다.[33]

사진 7-1 귀환 일본인 수용소에 수용된 일본인 여성의 송환(공보처 홍부국 담당관, 1951년 5월 28일)
자료: 국가기록원(관리번호: CET0027360)

다만 일본 정부는 한국 당국(사회부)이 "한일 친선을 위해 노력한다"라며 구호품을 보내기도 했기 때문에, 당시 상황을 "식량이 부족한 일 없이 보호되고 있는 상황"이라고 보고 있었다.[34]

한편 한국에서는, 1951년 1월 국무회의에서 외무부장관이 453명의 재한일본인 여성의 귀국 신청이 있다는 것과 그들을 귀국시키는 것에 관해서 보고한 것처럼,[35] 전시 중에 일본인 여성을 계속 수용하는 것은 득이 될 것이 없다고

32 "韓国引揚者の援護局入延期", ≪読売新聞≫(朝刊), 1951年 11月 8日.
33 "韓国から59名 のびのびの第 1 船入港", ≪読売新聞≫(夕刊), 1951年 5月 29日.
34 外務省管理局引揚課,「在朝鮮日本婦女子引揚に関する件」.
35 「국무회의록 보고에 관한 건」, 총무처장이 대통령 및 국무총리에게, 1951년 1월 26일, 한국국가기록원 온라인 검색(BG0000007).

판단하고 있었을 것이다.

3) '외부의 경계'로서의 귀환 일본인 수용소

귀환 일본인 수용소에서 장기간에 걸쳐 생활할 수밖에 없었던 일본인 여성들은 1951년 3월에 '부산시 초량동 일본인 인양자 일동'의 명의로 일본 정부에 조기 귀국을 요청하는 탄원서를 보냈다. 탄원서는 "한국 정부 측의 수속을 완료해 오로지 귀국할 날에 대한 희망으로 약 600명의 부녀자가 기다린 지 오래입니다. 3개월 혹은 4개월간 사람들이 받은 경제적 핍박은 이루 말할 수 없고 어린아이들의 밝은 얼굴은 나날이 초췌해 병에 걸려 희생되는 자가 12월이 지나고 1월을 기다리고, 2월을 기다리고 3월이 되어도 우리는 귀국할 수 있는 희망이 전혀 주어지지 않고 있습니다"[36]라고 호소했다.

이 시기에 일본의 대응이 지체된 것은 1951년 3월 17일 참의원 '재외동포문제에 관한 특별위원회'에서 외무성 인양과장이 말한 것처럼, "법률적인 백그라운드를 발휘하지 않으면 안 되는 상황에 있었"기 때문이다. 인양원호청은 "내지에 호적을 갖는 자는 당연히 인양할 수 있다"라고 하면서도, "일본인이라는 것이 호적상 확인되고…… 총사령부에 의해 입국이 허가된 조선적원일본부인에 대해서는…… 순전한 일본인의 인양은 아니"[37]라는 입장이었다.

즉 "이전에는 일본인이었지만 조선인으로서 명확한 의식을 가지고 저쪽에

---

36 작성자 불명, 「在釜山引揚待機者の帰国促進嘆願書」, 『太平洋戦争終結による在外邦人保護引揚関係 韓国残留者の引揚関係(第一巻)』(일본 외무성 외교사료관 소장).

37 참의원재외동포인양문제에관한특별위원회, 1951년 3월 17일, 「재조선의 일본 부녀자의 인양」에 관한 타케노 요시하루(武野義治) 인양과장의 답변, 일본 국회의사록 검색 시스템(http://kokkai.ndl.go.jp).

머무는 의사가 있었"거나, "종전 후에 저쪽에 불법 도항이든지 뭐든지 가버린" 재한일본인 여성은 "일본을 포기해 조선에 적을 옮기고자 하는 기분이 있었을지도 모르는" 존재였다. 이들 여성이 "전란의 와중에 휩쓸린 결과, 이제 와서 돌아가겠다"라고 해도, "이것은 이른바 '인양' 해당자로서 일본으로 취급할 것인지, 혹은 지금은 조선인이기에, 이것은 일본국으로의 이민의 형태로 들어가는 것인지"에 대한 판단이 필요하다는 것이었다.[38]

그렇다면 일본에게 귀환 일본인 수용소는, 2차 세계대전 후 국민국가화에서 배제 가능한 것을 선별해 내버려두는 장치로서 기능했다고 할 수 있다. 이윽고 귀환 일본인 수용소는 부산수용소로 이어지게 되었는데, 오무라 수용소도 한국에게 이와 같은 기능을 하게 되었다.[39] 결국 한국과 일본에게 부산수용소·오무라 수용소라는 '내부의 경계'는, 동시에 각각 일본과 한국의 '외부의 경계'로서 기능한 것이었으며, 이것들은 국경을 확립하기 위한 통치 기술의 발동 속에서 일체화하는 보완 관계에 있었던 것이다.

1951년 5월 30일에 이들 '한국의 부인'과 자녀 60명을 태운 귀국선이 모지(門司)에 입항하자 각 신문들은 이를 크게 보도했다. 이 제1차 송환 이후 1954년 말까지만 해도 54회에 걸쳐 1695명이 한국의 정기선을 타고 귀국했다.[40] 그러나 모든 '한국의 부인'들이 귀국할 수 있었던 것은 아니었다. 1952년에 들어선 후에도 소림사나 적기의 수용소에는 여전히 500명이 넘는 수용자가 있었다.

---

38 참의원재외동포인양문제에관한특별위원회, 1951년 3월 17일, 「재조선의 일본 부녀자의 인양」에 관한 모리사키 다카시(森崎隆) 일본사회당 참의원의원의 질의, 일본 국회의사록 검색 시스템.

39 한국에게 오무라 수용소가 갖는 기능에 관해서는 현무암, 「밀항·오무라 수용소·제주도: 오사카와 제주도를 잇는 '밀항'의 네트워크」, 제주대학교 재일제주인센터 엮음, 『재일제주인과 마이너리티』(2014) 참조.

40 法務研修所 編, 『在日朝鮮人処遇の推移と現状』, p.141.

이 시기는 일본 정부도 "피수용자 전원이 완전한 무일푼"이고 "태반이 항만 노동자, 자유노동자이며, 부녀자는 여관 및 요리점의 종업원 혹은 일본 선박의 취사·세탁 등에 종사해 근근이 생활하고 있으며, 일부 부녀자는 매춘부가 되어 밤거리를 방황하며 인양선을 배치받기만을 애타게 기다리고 있다"[41]라고 이들의 고난의 처지를 파악하고 있다.

하지만 샌프란시스코 강화조약이 발효해 일본이 주권을 회복하게 되면서, 제13차 인양선부터 GHQ의 허가 업무를 외무성이 인계받게 되었어도 귀국 허가 교부는 지지부진했다. 한편, 한국 정부는 일본 측에 재한일본인 여성이 입국 허가나 본인 확인 수속을 밟지 않아도, 또한 본적지 불명자에 대해서도 신원 인수인의 보증만으로 입국할 수 있도록 요구했다. 결국 외무부는 11월 16일, 일본인 본국 송환이 늦어지는 책임이 일본 정부에 있다고 비난하는 성명을 발표하기에 이른다.[42]

이러한 상황에서 귀환 일본인 수용소의 재한일본인 여성은, 이번에는 '재한국전재일본인인양자위원회'를 결성해서 1957년 7월 다시금 "모국이 자유 독립을 획득했"는데도 호적 확인이 안 된다는 등의 이유로 입국 허가를 내주지 않는 것에 항의해, "한국 정부가 일본인으로 인정한 자는 무조건으로 귀국시킬 것"[43]을 요구하는 탄원서를 제출했다. 이에 대해 일본 외무성은 "무제한으

41 「韓国内の諸情勢に関する件」, 입국관리청 시모노세키 출장소 모지(門司)에서 외무성 아시아국 제2과로, 1952년 1월 11일, 일본 외무성 외교사료관, 『韓国残留者の引揚関係雑件(第二巻)』(K-7-1-0-15), 한국 국가기록원 소장(CTA0003365).

42 "遅延の責任は日本に", ≪日本経済新聞≫, 1952年 11月 17日.

43 「韓国在住日本婦女子の帰国又は入国に関する陳情に対する回答(別添「嘆願書」)」, 와다(和田) 아시아국제5과장이 대한민국 부산시 초량동 소림사 수용자 중 재한국전재일본인인양자위원회 야마우치(山内) 모요에게, 1952년 9월 30일, 일본 외무성 외교사료관, 『太平洋戦争終結による在外邦人保護引揚関係雑件韓国残留者の引揚関係』 第三巻(K-7-1-0-15), 한국 국가기록원 소장(CTA0003366).

로 방임하면 여러 가지 부정 입국이 발생하는 것은 전례를 봐도 명백하다"라고 하면서, "일본 국민이라는 국적 증명은 일본 정부 고유의 권한"이라며 어디까지나 정식 수속에 의거해서 처리한다고 회답했다.[44]

물론 이러한 재한일본인 여성들 중에는 자신의 사정으로 인해 귀국할 수 없는 사람도 있었다. 재한일본인 여성은 귀국한다 하더라도 '한국 국적'인 경우 외국인등록증을 받게 되어 인양인 숙소에도 들어갈 수 없었고, 남편의 사망 확인이 증명되지 않으면 이혼도 할 수 없는 상황이었으며 아이들도 무국적인 채 방치되었다.[45] 부모와 연을 끊고 조선으로 향했던 경우에는 가족에게서 "냉대를 당하고 지인의 집을 전전하며 근소한 생활보호비로 길거리를 헤메는 사람들도 있다"[46]라고 당시 신문은 전하고 있다.

결국 이들 일본인 여성에게 전전과 전후는 연속된 것이었다. 이에 단절을 가져온 것은 일본의 패전도 조선의 독립도 아닌, 한국에서의 생활을 단념하고 귀국하는 것이었다.

이 시기에는 아직 오무라 수용소와 부산수용소가 연결되어 있지 않았다. 오무라 수용소는 1950년 말 사세보 인양원호국이 폐소된 후에 개설되어 송환 업무를 개시했으나, 한국전쟁 중에 일본인 여성은 소림사 등의 귀환 일본인 수용소에 분산되어 있었다. 그리고 한국전쟁 후에 부산 외국인 수용소가 설치되어 한국과 일본의 정치적 줄다리기가 진행되는 과정에서 양쪽 수용소는 실제적으로 서로 연결되어갔다.

---

44 같은 글.

45 "'引揚寮へも入れぬ'韓国籍婦女子の訴え", ≪朝日新聞≫(朝刊), 1952年 12月 17日.

46 "離·再婚もできず'国籍'に泣く韓国引揚婦女子都内だけでも四、五百名", ≪朝日新聞≫(朝刊), 1952年 11月 23日.

3. 부산 외국인 수용소의 탄생과 변용

1) 일본인 부인에서 억류 선원으로

한국전쟁 정전 후인 1953년 11월 7일 한국 정부는 곳곳에 있던 귀환 일본인 수용소를 모아 부산시 괴정동 신촌(현 사하구 괴정3동)에 외무부 부산 출장소 관할의 외국인 수용소를 개설했다.[47] 괴정동은 부산의 중심부에서 4km 정도 떨어진 교외에 있는데, 1951년부터 피난민들의 마을을 건설한다는 소문이 있었다. 본격적으로 마을이 만들어진 것은 1954년 7월부터였다. 전재민을 이주시키기 위해 부산 시내의 가건물을 철거해서 2000호의 부지를 확보해 만든 마을이 신촌이다.[48] 괴정동은 이전부터 피난민 수용소의 후보지이기도 해서, 신촌 건설이 본격화되기 전에 수용소가 설치된 것이다.

재한일본인 여성 및 그 자녀들은 괴정동에 부산 외국인 수용소가 개설된 뒤로는 거기에 수용되었다(〈표 7-1〉 참조). 당초에는 재한일본인 여성의 송환을 위한 대기 시설로서 규모도 작았다. 따라서 이들 일본인 여성 및 자녀는 '자유 송환자'로서 외무부의 관할하에 있었다. '자유 송환자'는 수용소 생활을 하면서도 출입이 허용되었기 때문에, 아이들은 마을에 나가 영어나 수학을 공부하기도 했다.[49]

한국전쟁이 끝났지만, 한국인 남편을 잃었거나 생활고로 인해 아이들을 데

---

47 "'待遇はよかったが…'釈放された日本人漁夫 釜山の収容所へ", ≪朝日新聞≫(朝刊), 1953年 11月 14日. 일본인 어부 석방을 보도한 이 기사에서는 "지난 9일 갓 지은 목조 건물로, 방의 구분이 없는 휑뎅그렁한 건물이었다"라고 하고 있다.

48 부경역사연구소, 『사하구 지(誌)』(부산광역시 사하구청, 2012), 137쪽.

49 金敬烈, 『(關門 루포) 寄港地』(青羽出版社, 1958), p.89.

리고 일본에 귀국하기 위해 부산으로 향하는 사람은 끊이지 않았다. 1956년 3월 19일에 이승만 대통령이 부산수용소를 방문해 36명의 일본인 여성 및 그 자녀들(모두 96명)과 면담을 가져 "귀국을 원한다면 교통의 편의를 제공하겠다"라고 말하고, 같은 달 29일에 일본에서 입국 허가가 내려지지 않자 부산수용소 개설 이래 장기 수용되고 있었던 전원을 일방적으로 송환했다.[50]

또 이 시기에 외무부는 약 1200명의 일본인 여성이 거주하고 있으며 그 아이들의 수는 3000명이 넘는다고 추정했다.[51]

부산수용소가 개설된 것은 아직 '평화선'에 의한 일본 어부의 억류가 장기화하기 전이었다. 일본 어선의 나포는 맥아더 라인이 유효했던 시기부터 빈번하게 행해졌으나, 이들 일본인 어부에 대한 처벌은 GHQ 관할이었기 때문에 한국 측이 강경한 자세를 취하는 것은 불가능했다.[52]

1952년 1월 18일에 이승만 대통령이 '대한민국 인접 해안의 주권에 대한 대통령 선언', 이른바 '평화선'을 선포하자, 이에 반발한 일본은 그 대응으로 ABC 라인을 그어서 일촉즉발의 위기에 놓였다. 하지만 그것도 클라크(Mark Wayne Clark) 유엔군 사령관이 한국방위구역(클라크 라인)을 선포함으로써 피할 수 있었다.[53]

1953년 2월에 일본 어선을 나포하는 과정에서 발포에 의해 승무원이 사망하는 다이호마루(大邦丸) 사건이 발생했지만, 나포는 아직 적었고 일본인 어부의 송환도 일본인 여성 송환과 함께 이루어졌다.[54] 그러나 8월 27일에 클라

---

50 "帰る人 帰らぬ人", ≪朝日新聞≫(夕刊), 1956年 3月 30日.

51 金敬烈, 『(關門 루포) 寄港地』, 96쪽.

52 池鐵根, 『韓國漁業紛争史』(韓國水産新報社, 1989), pp.101~102.

53 신용옥, 「"평화선" 획정 과정의 논리 전개와 그 성격」, ≪사총≫, 76호(고려대학교 역사연구소, 2012), 135쪽.

54 "釜山から婦女子ら引揚げ", ≪読売新聞≫(夕刊), 1953年 5月 26日.

크 라인이 정지되자 나포도 본격화되었다.[55] 1953년 9월 6일부터 10월 10일까지 약 1개월 사이에 나포된 선박이 42척, 선원이 516명(조사 중인 2척은 제외)이었으며, 9월 5일 이전의 2척 18명을 합치면 총 534명이 억류되었다.[56]

다만 한국은 이 시기의 일본인 어부에 대해서는 장기 억류 조치를 취하지 않았다. 11월 12일에 대통령 특별 명령에 의해 부산 형무소에서 석방된 선원은 부산수용소로 보내졌다.[57] 한국은 곧바로 송환을 개시해 1954년 1월 12일까지 전원을 귀국시켰다.[58] 이 '제1기 억류'는 송환을 위한 일시 대기였으나, 일본인 어부들에게는 그들과 인연이 깊은 부산수용소와의 본격적인 관계의 시작이라고 할 수 있다(〈표 7-1〉 참조). 이때 부산수용소에 보내진 한 일본인 어부는 "한국이 이승만 라인을 포고한 것은 알고 있었으나, 일본 당국자는 이승만 라인에 접근하지 말라고는 확실하게 얘기해주지 않았다"라며 문제 해결을 호소했다.[59]

부산수용소에서 '자유 송환자'인 일본인 여성들은 이들 일본인 어부를 맞이하게 된다. 그 후 부산수용소는 다수의 억류 선원을 수용하게 되는데, 재한일본인 여성과 일본인 어부는 수용동은 달랐지만 같은 수용소 내에서 생활하게 되었다. 그리고 급증한 일본인 어부에 대응하기 위해 수용소의 기능도 억류 선원을 위한 수용 시설로 변해갔다. 그 과정은 오무라 수용소와 밀접하게 연결되어 있었다.

---

55 日韓漁業協議会 編, 『日韓漁業対策運動史』(東京: 日韓漁業協議会, 1968), pp.70~83.

56 같은 책, p.115.

57 "あふれる同胞愛 釜山引揚収容所を訪ねて", ≪朝日新聞≫(夕刊), 1953年 11月 14日.

58 日韓漁業協議会 編, 『日韓漁業対策運動史』, p.120.

59 "'待遇はよかったが…'釈放された日本人漁夫 釜山の収容所へ", ≪朝日新聞≫(朝刊), 1953年 11月 14日.

2) 뒤얽히는 부산수용소와 오무라 수용소[60]

1950년 5월, 한국인의 귀환 및 강제송환 업무를 겸해서 수행했던 사세보 인양원호국이 폐소하게 되자, 정규의 송환 업무는 마이즈루 인양원호국에 인계되고, 사세보 인양원호국의 하리오 수용소가 강제송환 업무를 인계받게 된다.[61] 직후에 진주군 규슈 민사부에게 이전 명령을 받고 1950년 12월 말에 오무라의 전 해군 항공창 본관을 개수해 이용하게 된 것이 오무라 입국자 수용소이다.[62]

오무라 수용소에 수용된 한국인은 제1차 송환부터 샌프란시스코 강화조약 발효 직전인 1952년 3월까지 7회에 걸쳐 3633명이 부산에 송환되었다. 여기에는 '불법 입국자'뿐만 아니라 외국인등록령이나 형사법을 위반한 해방 전부터의 거주자 445명도 포함되어 있었다.[63] 그러나 제1차 한일회담이 결렬된 직후인 1952년 5월에 행해진 강화조약 발효 이후의 첫 집단 송환(제8차)에서는 송환선이 부산에 도착했을 때 '불법 입국자' 285명 이외에 해방 전부터 거주했던 125명에 대해서 한국은 인수를 거부했다.

당시 한국 외무부와 접촉한 오무라 수용소장이 입국관리국장에게 보고한 내용과 같이, 한국 측은 자신들이 강제송환되는 재일동포를 받아들이는 것을 거부하는 것에 대한 보복으로 일본이 재한일본인 여성을 받아들이지 않는 것이라고 생각했다.[64] 즉, 일본의 진의는 어찌 되었든 한국과 일본은 각각 자신

---

60 이 항에서 오무라 수용소에 대한 고찰은 玄武岩, 「密航·大村収容所·濟州道: 大阪と濟州道を結ぶ '密航'のネットワーク」를 참조했다.

61 佐世保引揚援護局 編, 『局史(下巻)』[江上村(長崎県): 佐世保引揚援護局, 1951], p.183.

62 法務省入国管理局, 『出入国管理とその実態(昭和39年版)』(東京: 大蔵省印刷局, 1964), pp.105~106.

63 같은 책, p.93.

들의 '외부의 경계'에 자국민을 밀어내고 남겨둠으로써 정치적 교섭의 우위에 올라서고자 하는 줄다리기를 전개했던 것이다. 이러한 한국과 일본의 '경계의 정치'의 첫 교섭 대상이 된 것이 재일동포 전과자와 재한일본인 여성이었다.

한국 측에게 인수를 거부당한 송환자들은 다시 오무라 수용소에 돌려보내졌고, 그 후로는 '불법 입국자'에 한해 송환이 이루어졌다. 1952~1953년에는 거의 달마다 약 200명가량이 강제송환되었는데, 오무라 수용소에 수용된 해방 전부터 거주한 재일동포는 300명 이상으로 증가해, 전체 수용자 수도 500명 전후로 늘어났다. 그리고 1954년 6월의 집단 송환을 끝으로 한국은 '불법 입국자'마저 받아들이는 것을 중지했고, 계속해서 늘어가던 수용자 수는 같은 해 10월에 1000명을 넘어섰다.

이러한 오무라 수용소의 상황은 부산수용소에도 영향을 미치게 되었다. 시기를 같이해서 일본인 어부의 억류도 본격화되었다. 그리고 이는 한일회담의 추이와도 연관되어 있었다.

일본에게 어업 문제는 대(對)한 정책의 중요한 축이었다. 1952년 4월 제1차 한일회담 결렬 후 제2차 회담이 1953년에 재개되었지만, 그것도 한국전쟁 정전협의가 막바지에 접어들어서 중단된 채였다. 정전 후에 한국이 '평화선'을 이용해 일본 어선의 단속을 강화하자 대응에 쫓기게 된 일본은 어업 문제만을 위한 한일회담의 재개를 요청했지만, 한국은 종래대로 전반 문제에 대한 회담을 요구해 1953년 10월 6일에 제3차 한일회담이 열리게 되었다.[65]

---

64 「第十一次送還の釜山引継状況等に関する件」, 오무라 입국자 수용소장이 입국관리국장에게, 1952년 9월 8일, 일본 외무성 외교사료관, 『太平洋戦争終結による在外邦人保護引揚関係雑件 韓国残留者の引揚関係 第三巻』.

65 鹿島平和研究所 編, 『日本外交史28講和後の外交(Ⅰ) 対列国関係(上)』, 吉澤清次郎 監修(東京: 鹿島研究所出版会, 1973), pp.62~63.

그런데 제3차 한일회담은 구체적인 협의에 들어갈 틈도 없이 "일본의 식민 통치가 조선인에게 은혜를 베풀었다"라고 하는 이른바 '구보타(久保田) 발언'에 의해 결렬되었다. 상황을 심각하게 본 미국은 주한 미 대사관 참사관 및 국무성 어업 전문가를 중재자로 임명해 한일 교섭 재개를 촉구했다. 이 설명을 위해 10월 29일에는 주한 미 대사가 이승만 대통령을 접견해 나포된 일본 어선 및 선원 석방의 필요성에 대해서 언급했다. 그러자 이 대통령은 일본에 의한 한국 문화재의 반환과 대한청구권의 포기, 그리고 '평화선' 인정이 선결 과제라고 주장하며 반발했다.[66]

이승만 대통령의 완고한 태도에 대해 미국은 조바심을 내고 있었다. 종래의 현안 사항이었던 독도에 대해서 미국은 개입하지 않는다는 방침을 정해놓았지만, '평화선'에 대해서는 적극적으로 대응할 것을 일본 측에게 요구받는 한편, 한국 측의 감정 면도 고려해야만 했다. 민주화에 이어 냉전 체제하에서 경제 부흥·재군비를 통해 소련에 대항하는 방파제가 되는 일본의 반미화를 방지하고 경제·군사원조를 통해 한국을 반공의 최전선에 앞세운 미국에게는, 한미일 의사 동맹 관계를 구동하기 위해서는 한일 간의 관계 개선이 급선무였다.

한일 교섭 재개의 중재에 나선 미국은 타협안을 제시해, 일본은 한국에 문화재를 반환할 것, 한국은 일본인 어부를 송환할 것을 담아서 한미일 성명 발표를 제안했다. 이 대통령이 거부할 경우, 미국은 평화선을 인정하지 않고 해군의 군사 지원을 철회하는 등 압력을 행사하는 것도 고려했다. 하지만 한국은 일본 측의 성명이 '평화선'을 인정하고 '구보타 발언'을 철회할 것을 포함하지 않은 불성실한 내용이라며 미국의 제안을 거부했다.[67] 다만 앞에서 언급한

---

66 국사편찬위원회 엮음, 『독도 자료 II(미국 편)』(국사편찬위원회, 2008), 411~414쪽.
67 같은 책, 423~425쪽.

바와 같이 대통령 특별 명령에 의해 일본인 어부를 송환했다.

그러나 결국 미국의 중재는 결실을 맺지 못하고 한일 교섭이 교착상태에 놓이게 되자, '평화선'을 둘러싸고 일본도 순시선을 무장화하는 등 강경책을 내놓아 한일 대립은 더욱 격화됐다. 이러한 상황에서 한국은 오무라 수용소로부터의 집단 송환 인수를 전면 거부하게 된 것이다. 그리고 지금까지는 나포된 일본 어민이 유죄판결을 받아도 '특사'로 비교적 단기간에 돌아갈 수 있었으나, 1954년 7월 이후에는 '형기 만료자'라도 계속 억류되는 상황이 늘어갔다.[68] 이는 억류가 본격화되는 '제2기 억류'의 시작이었는데 이렇게 해서 오무라 수용소와 부산수용소 양쪽에 수용자가 늘어가게 되었다(〈표 7-1〉 참조).

억류 및 집단 송환의 정체가 수용소에 미치는 영향은 심각했다. 수용의 장기화에 따른 불만이나 수용자의 급증으로 인한 처우 악화로, 양쪽에서 개선을 요구하는 항의 활동이 일어났다. 그러자 한국의 제안을 받아들여 일본이 1955년 2월부터 4월에 걸쳐 오무라 수용소에서 형기를 마친, 해방 전부터 거주한 재일조선인 232명을 석방했다. 그리고 한국도 강제송환자 707명을 받아들이게 된다. 하지만 이것도 3회에 그쳐 1956~1957년에는 집단 송환이 전혀 이루어지지 않았다.

이러한 상황에서 부산수용소에 있는 억류 선원에 대한 처우가 매우 열악하다는 정보가 일본에 입수되자, 1955년 7월 25일에 가도와키 스에미쓰(門脇季光) 외무차관은 주일한국대표부의 김용식 공사를 초치해 개선을 요구하는 구상서를 수교했다. 다음 달 16일에 민간의 일한어업대책본부가 주일한국대표부를 방문했을 때 김용식 공사가 "부산의 일본인 선원 수용소와 직접적으로

68 加藤晴子, 「戦後日韓関係史への一考察(上): 李ライン問題をめぐって」, ≪日本女子大学紀要·文学部≫, 28号(1978), p.31.

관련은 없으나"라고 하면서도, "일본의 오무라 수용소에는 사망자가 4명 있고 처우도 좋지 않다"라고 발언한[69] 것이 양측 수용소가 정치적으로 직접 연결되는 계기가 되었다.

같은 달 20일에 다시 외무성에 초치된 김 공사는 "오무라 수용소에서 형기를 마친 형사 범죄자를 즉시 석방해야 한다"라고 말했다.[70] 한일 간의 협의는 나카가와 토오루(中川融) 외무성 아시아국장과 유태하 참사관 사이에서도 있었는데, 9월에 유 참사관이 "일본이 규슈 오무라 수용소에 억류 중인 한국인 1300명을 석방하면 한국은 부산에 억류 중인 일본인 어부 200명을 송환할 용의가 있다"[71]라고 한 것을 일본 언론이 보도했다.

외무성이 정치적 해결을 도모하는 데 반해 법무성은 이에 난색을 표했다. 당시의 일본 언론이 부산수용소의 일본인 어부들이 부당한 대우를 받고 있다고 빈번하게 보도한 것으로 인해 여론의 압력이 거세져 국회에서도 이에 대한 추궁이 있었다. 11월 16일에 김용식 공사와 하나무라 시로(花村四郎) 법무상 사이에 열린 회의에서는 ① 일본 정부는 오무라 수용소의 해방 전부터의 거주자를 석방한다, ② 한국 정부는 오무라 수용소의 불법 입국자를 인수한다, ③ 한국 정부는 형기를 마친 억류 일본인 어민을 송환한다는 세 항목에 대해서 이야기를 나눴다. 교섭이 성립되었다는 언론 보도에 대해서 하나무라 법무상은 세 항목이 상대측이 제시한 검토 사항에 불과하다고 해명했지만,[72]

---

69 日韓漁業協議会 編,『日韓漁業対策運動史』, p.167.

70 アジア局第五課,「わが抑留漁民と大村収容所問題との関連について」, 1956年 1月 15日, 외무성 게시 문서, 게시결정번호 1131, 문서번호 1226, 2~5쪽. 이 자료는 '한일회담 문서·전면 공개를 요구하는 모임(日韓会談文書·全面公開を求める会)' 홈페이지에서 입수했다. http://www.f8.wx301.smilestart.ne.jp.

71 "大村抑留者と交換 柳参事官 日本漁夫送還に条件", ≪読売新聞≫(夕刊), 1955年 9月 3日.

이 협의가 대략 2년 후에 성립하는 오무라 수용소와 부산수용소 수용자의 '상호석방합의'의 단서를 열게 된다. 1956년 4월 2일에는 시게미쓰 마모루(重光葵) 외상과 김용식 공사 사이에 협의가 진행되어, 상호 석방을 구체화하는 각서를 작성했다.

그리고 1957년 2월에 기시 노부스케(岸信介) 내각이 발족하자 같은 해 12월 31일에 열린 한일 예비회담에서는 김유택 대사와 후지야마 아이이치로(藤山愛一郎) 외무상 사이에서, 제3차 한일회담 중단의 원인이 되었던 '구보타 발언'과 '역청구권' 요구를 철회하고 오무라 수용소의 재일조선인(474명)과 부산수용소의 일본인 어부(922명)를 상호 석방하고 집단 송환을 받아들일 것을 합의하며 한일회담 재개가 결정되었다.[73]

'상호석방합의'에 의거해 1958년 1월에 오무라 수용소의 형기를 마친 재일조선인이 먼저 현지 석방되고, 같은 달 말에 부산수용소에 억류된 일본인 어부의 순차 송환이 시작되었다. 2월에는 오무라 수용소로부터 '불법 입국자'의 집단 송환도 재개되었다. 그런데 2월 3월 가라사와 도시키(唐澤俊樹) 법무상이 참의원 법무위원회에서 북한행을 희망하는 오무라 수용소의 수용자에 대해서는 석방하지 않는다는 종래의 방침을 재확인했다.[74] 한국은 1월 20일에도 "만일 일본 정부가 북한행을 희망하는 120명의 한국인을 돌려보내지 않으면, 일본인 어부의 송환은 늦어질지 모른다"라고 하며 일본의 움직임을 견제했지만,[75] 가라사와 법무상은 "한국에 돌아가면 박해가 기다린다"라고 하며

---

72 アジア局第五課, 「わが抑留漁民と大村収容所問題との関連について」, p.7.

73 '상호석방합의'의 정식 명칭은 '일본 내에 억류된 한국인 및 한국 내에 억류된 일본인 어부에 대한 여러 조치에 관한 대한민국 및 일본 정부 간의 양해 각서'이다.

74 "大村収容所「韓国へは帰さぬ 唐沢法相答弁 北鮮帰国希望者を」", ≪朝日新聞≫(朝刊), 1958年 2月 4日.

75 "朝鮮人、北鮮へ返せば日本人釈放遅らす", ≪朝日新聞≫(朝刊), 1958年 1月 21日.

한국 측을 자극했다.

한국은 일본의 조치가 '상호석방합의'에 어긋난다며 엄중 항의하고, 이에 대한 불만으로 상호 석방을 늦추기도 했지만 4월에는 제4차 한일회담이 열렸다.[76] 그러나 일본이 7월 5일에 북한행을 원하는 사람들 중 장기 수용자 25명을 가석방할 의향을 드러내자 대립이 다시 격화되어, 오무라 수용소로부터의 집단 송환도 1958년 2월부터 5월까지 4회만 진행된 채 다시 중단되었다. '상호석방합의'에 의한 부산수용소의 일본인 어부의 송환은 일단 종료되었고, 1957년 12월 31일 이후에 형기를 마쳤거나 새로 나포된, '상호석방합의'의 대상이 아닌 선원들이 부산수용소에 들어갔다. 이리하여 '제3기 억류'가 시작되었다(〈표 7-1〉 참조).

그것과 더불어 한일회담도 암초에 부딪혔다. 그러나 미국의 원조가 감소하고 국내 정치적으로도 어려움에 직면한 한국 정부로서는 겨우 재개된 제4차 회담을 결렬시킬 의도는 없었다. 1959년 2월, 같은 해 말에 시작되는 이른바 '귀국 사업'이 일본 정부에서 각의 결정되어 한일회담이 또다시 중단을 맞게 되지만, 그것도 미국의 요청에 의해 곧 재개되었다. 한편, 양 수용소의 상호 석방도 미국의 '강력한 권고'[77]와 국제적십자위원회의 중재에 의해 1960년 3월 16일에는 상호 석방 재개가 합의되었다. 이렇게 해서 3월 27일에 오무라 수용소에서 집단 송환 제1선이 출항했고, 같은 달 31일에는 부산수용소의 일본인 어부도 귀국했다. 제4차 한일회담은 1960년 4월 시민혁명에 의해 막을 내리게 된다.

---

76 鹿島平和研究所 編, 『日本外交史 28 講和後の外交(Ⅰ) 対列国関係(上)』, p.73.

77 "Summary record of reporting on the detainees issue and our position to be taken at the Sea Law Conference," From the Vice-Minister of Foreign Affairs to Office of the President, March 14, 1960, 『재일한인 북한 송환 및 한·일 양국 억류자 상호 석방 관계철(V.9 오무라 수용소에 수용 중인 일본 밀입국 한국인 강제송환 및 나포 어선 추방에 관한 건, 1955~1960)』, 국립외교원 소장(C1-0010).

3) 부산수용소의 일본인 어부

부산수용소의 일본인 어부의 억류는 〈표 7-1〉에서 본 것처럼 제1~3기로 나눌 수 있다. 그럼 장기 억류됐던 일본인 어부의 부산수용소 생활은 어떤 것이었을까?

일본인 어부 입장에서 보면 국가 간의 대립 관계에 의해 자신들의 생계 기반이 위협받을 뿐만 아니라 수년에 걸쳐 이국땅의 수용소에 갇혀 지내게 되는 것은 부당한 처사였음이 분명하다. 특히 심각했던 것은 1954년 7월에 3척이 나포되어 재판을 받고 부산 형무소에서 형기를 마친 선원이 부산수용소에 보내져 억류된 '제2기 억류' 때였다. 부산수용소에서의 생활은 이들 억류 선원이 귀국 후에 결성한 한국억류선원협의회가 발행한 「한국 억류 생활 실태 보고서」에 상세하게 기록되어 있다. 이 보고서를 통해 제2기를 중심으로 부산수용소의 억류 생활을 간략하게 살펴보자.

제2기 억류의 첫 수용자는 1954년 10월에 나포된 교세이마루 등 3척의 승무원으로 불구속 처분을 받은 미성년 31명이었다.[78] 나포 선원의 재판에서는 선장 등이 대체로 징역 1년, 그 외 선원이 6~10개월가량의 판결을 받는 것이 보통이었다. 1955년 4월부터는 복역을 마친 선원이 부산수용소에 수용되었다. 그때까지 일본인 여성 및 그 자녀들 같은 '자유 송환자'가 점했던 부산수용소는 점차 억류된 일본인 어부가 중심이 된다.

열악한 생활환경 속에서 억류 선원들은 '자유 송환자'를 통해 개인 물품을 매각하거나 해서 부족한 식량을 보충했다. 당시 한국전쟁 후의 피폐해진 경

---

78 韓国抑留船員協議会,『韓国抑留生活実態報告書: 自昭和二十九年七月至昭和三十三年五月』(福岡: 韓国抑留船員協議会, 1958), p.17.

제 상황으로 인해 한국에서 억류 선원들의 처우 역시 조악했을 것임은 쉽게 상상할 수 있다. 심지어 억류 선원은 빈곤과 부패가 만연한 사회 상황에, 식민지 지배의 원한을 풀 대상이 되어 말단 관리자에 의한 개인 소지품 횡령이나 부당한 압력 등 불합리한 처사를 당했다.

실제로 일본의 가족들이 보내준 차입품을 부산수용소의 경비대장이 지위를 악용해 시장에서 매각하고 이득을 분배·착복한 사실을 한국의 사정위원회(현 감사원)가 파악해 내부 조사를 벌이기도 했다. 일본에서 온 차입품이 매점을 통해 물물교환되어 시장에 나도는 것을 심각하게 여긴 당국은 조사에 착수했으나, "국제적으로 미묘한 관계"도 있고 해서 내무부장관은 철저한 조사를 보류하도록 지시했다. 또 매점을 통한 차입품의 교환에 대해서도, "수용소에 대한 예산의 불충분한 점"과 "수용자가 식용품과 교환해서 자신의 보충책으로 삼아 체력 보강을 하고 있는 실정을 고려해" 사실상 묵인한 것이다.[79]

1955년 4월부터 형기 만료자가 입소하게 되면서 밀도가 높아지자 수용소를 확대하지 않을 수 없게 되었다. 1955년 6월 15일에는 수용소의 관할이 외무부에서 내무부로 이관되어 경상남도 경찰국 관리하에 놓이게 되었다. 그것을 계기로 억류 선원은 '자유 송환자'의 거주 구역과 분리되어, 경계선은 철조망과 판막이로 나뉘었다.[80] 수용소 안에는 또 하나의 벽이 생겨 재한일본인 여성과의 교류도 중단되었다.

이즈음 억류 선원은 친목과 단체 생활을 유지하기 위해 신생회를 발족해서 처우 개선을 요구했다. 하지만 생활환경은 입소자의 증가에 따라 더더욱 악화해서 탈주자도 발생했다. 1955년 말에는 억류 선원이 270명에 이르러 수용

---

79 사정위원회, 「부산경찰서 일본인 수용소 구호 위문품 사건」(1957), 한국 국가기록원 소장(BA0016294).

80 韓国抑留船員協議会, 『韓国抑留生活実態報告書』, p.22.

소는 초만원 상태가 되었다. 11월에는 수용소 내 빈터에 수용사 한 동을 신설해서 종래의 수용사 및 전체 설비의 개선·보강에 나섰다. 동시에 그때까지 철조망으로 둘러싸여 있던 부산수용소는 '자유 송환자' 수용사 및 기타 한 동을 제외하고 전체가 콘크리트 벽으로 둘러싸이게 되었다.

억류 선원은 가족의 차입이나 일본 정부의 지원품으로 겨울을 나야 했다. 1956년 3월에는 수용소의 경비 부문만이 경상남도 경찰국에서 부산남경찰서로 이관되었다. 그리고 4월부터는 억류 선원이 급속히 증가해, 5월에 수용자가 600명을 넘어섰다. 3월의 이승만 대통령 방문에 이어 5월에는 국제적십자위원회 시찰단이 방문했다. 이 시찰에 대비해 수용소는 급거 정비에 나섰고, 식당에까지 수용되어 있던 수용자들이 3월 29일 '자유 송환자'의 송환으로 비게 된 수용사로 이동했다.

같은 해 10월에 다시금 탈주자가 발생하자 수용소 정비와 경리 부문도 부산남경찰서로 이관되어 수용자에 대한 압박과 경비가 강화되었다. 12월에는 억류 선원 이외의 탈주도 있어서 콘크리트 벽이 한층 높게 증축되고 그 바깥에는 철조망이 둘러쳐졌다. 이때 수용자는 700명에 달해 곤궁한 환경 속에서 사망자도 발생했다.

한일 교섭이 교착되는 가운데 정치적 대립에 휩쓸려 억류가 장기화된 부산수용소와 오무라 수용소에는 세간의 관심이 집중되었다. 한국과 일본의 매체 모두가 상대측 수용소의 상황에 대해 비판하는 기사를 게재했다. 앞에서 언급한 1955년 8월 20일 일본 외무성이 김용식 공사를 초치해서 전달한 부산수용소의 개선 요구에 대해, 한국 정부는 "평화선을 침범한 일본인에 베푸는 한국의 관대한 대우에 대해 오히려 감사히 생각해야 하며…… (오무라) 수용소에 감금되어 있는 한국인들이 공정한 재판도 없이, 그리고 법에 따른 판결 결과를 듣지도 못하고 부당한 대우를 받는 것은 실로 야만적인 행위"[81]라고 논박했다.

이후, 억류 선원을 둘러싼 일본의 항의에 대해서 한국은 오무라 수용소를 거론하면서 대처하게 된다. 부산수용소와 오무라 수용소는 이렇게 각각의 처우를 저울질하며 공세를 펼치는 구실이 되었다. 1956년 5월에 국제적십자위원회가 양 수용소를 동시에 시찰한 것에서 알 수 있듯, 양쪽 수용소는 한국과 일본의 정치 문제를 넘어 국제적인 인도 문제로서도 교착되었다.

따라서 '평화선'을 둘러싼 한일의 대립은 국제적인 정보전이기도 했다. 양국은 국내에서는 각각 '이승만 배격', '평화선 사수'를 내세우며 시위를 전개했고 국제 여론에도 호소했다. 일본은 적십자국제회의 등의 장소에서 억류 선원의 조기 귀환을 호소하고 수용자 가족들의 대표를 제네바에 파견하기도 했다.[82] 한국에서도 1957년 1월 25일 개최된 국무회의에서 이승만 대통령이 "일인에게 압박을 직접·간접으로 가하면 굴복할 것이다. 특히 우리는 대외 선전과 외국인으로 하여금 우리를 이해시키는 공작을 계속 전개하여야만 주권 유지를 할 수 있는 것이다"[83]라고 말했다.

한일 간에 상호 석방을 둘러싼 줄다리기가 진행되는 가운데 부산수용소에서는 환자 이외에는 특별한 경우를 제외하고 송환되는 일이 없었다. 1957년 5월에는 수용소 부지를 확장해 새롭게 수용사 한 동을 세우게 되어 초만원 상태가 완화되었다. 하지만 6월에는 수용자가 780명에 달했다.

한편, 1957년에는 재일동포의 거류민단이나 학생 단체가 한국 방문 시에 부산수용소를 방문하고 위문품을 전달하기도 했다. 당시 여성지 ≪여원≫(경향신문사)의 도쿄 지국장으로 근무했던, 후에 저명한 재미 저널리스트로 활약

---

81 ≪동아일보≫, 1955년 8월 22일 자.

82 韓国抑留船員協議会, 『韓国抑留生活実態報告書』, pp. 236~238.

83 「국무회의록 송부 건(제8회 국무회의록)」, 국무원 사무국장이 각부장관 등에게, 1957년 1월 30일, 한국 국가기록원 온라인 검색(BG0000078).

사진 7-2 '상호석방합의'에 따라 부산수용소로부터 송환되는 일본인 어부(공보처 홍보국 담당관, 1958년 1월 8일)
자료: 국가기록원(관리번호: CET0037376)

하는 문명자도 1959년에 위문을 위해 부산수용소를 방문했다. 억류 선원에 대한 학대가 일본에 전해지는 가운데 실태를 확인함과 동시에 한일 간의 상호 이해를 돕고자 하는 의도에서였다.[84]

이윽고 1957년 말에 '상호석방합의'가 조인되고, 1958년 1월 말부터 일본인 어부가 순차 귀국한다. 억류 선원의 송환에 관해 한국 정부에서는 1월 21일 내무부 주관하에 업무 분담 및 예산 지출에 관한 국무회의를 열었다. 그 자리에서 억류 선원이 나포 당시의 복장을 그대로 입으면 외견상 좋지 않다고 해, 국제 도의적 측면을 고려해서 대한적십자사가 의복을 구입해 기증하도록 정부가 보조금을 지급하기로 했다.[85]

4. 오무라 수용소에서 부산수용소로: '밀항자'를 취조하는 곳

부산수용소는 귀국하는 일본인 여성의 대기와 나포된 일본인 어부의 억류라는 두 가지 기능뿐 아니라, 오무라 수용소에서 강제송환되는 '밀항자'의 신

84 文明子·吉田常二·鎌田信子, 「釜山日本人漁夫収容所を慰問して」, ≪親和≫, 69号(1959).
85 내무부, 「국무회의 부의 안건(한일 양국 억류자 상호석방송환에 수반하는 업무 분담 결정 및 소요 경비 예비비 지출 건)」, 1958년 1월 21일, 한국 국가기록원 온라인 검색(BA0085312).

원이나 사상을 조사한다는 면에서도 한국의 국민국가화 프로젝트에서 중요한 역할을 맡았다. 오무라 수용소에서 부산으로 송환된 '밀항자'가 제일 먼저 향한 곳이, 이들에게는 '괴정수용소'로 불린 부산수용소였다.

일본이 '외부의 경계'인 부산수용소에 재한일본인 여성을 머물게 해서 그 신원이나 사상 상태를 조사한 것처럼, 한국에서도 오무라 수용소는 송환된 '밀항자'를 준별하거나 전향시키기 위한 '외부의 경계'였다. 한국은 일본에서 건너온 강제퇴거자의 명부를 가지고 그들의 신원을 철저하게 조사했다. 오무라 수용소는 한국 국내 치안 대책의 제1관문이 되는 중요한 시설이었던 것이다. 오무라 수용소가 '한국의 데지마(出島, 에도시대 쇄국정책하에서 네덜란드와의 교역을 허가한 나가사키에 축조된 인공섬)'라 불렸던 이유가 그것이다.[86]

특히 오무라 수용소에서 남북 대립이 표면화되어, 1958년 6월에 북한 지지자가 북한으로의 송환을 요구하는 단식투쟁을 전개해 가석방이 인정되었던 것에 대해 한국은 위기감을 느꼈다. 오무라 수용소에 수용된 사람으로서는 자신의 사상에 대한 의심을 막기 위해서라도 북한 지지자와 대결하는 모습을 보일 필요가 있었다. 북한 지지자들의 단식투쟁에 대해 대항 단식을 전개했던 것도, 강제송환되면 부산에서 기다리고 있을 신원·사상 조사를 피하기 위한 포석이었다고도 할 수 있다. 실제로 대항 단식에 참가했던 사람들의 명부는 한국 정부에 전달되었다.[87]

한국으로서는 1957년 말의 '상호석방합의'에 따라 오무라 수용소로부터 인수하게 되는 다수의 송환자 가운데 북한행을 희망하는 자가 적지 않았기에 송

---

86 朴正功, 『大村収容所』(京都: 京都大学出版会, 1969), pp.59~60.

87 현무암, 「밀항·오무라 수용소·제주도: 오사카와 제주도를 잇는 '밀항'의 네트워크」, 제주대학교재일제주인센터 엮음, 『재일제주인과 마이너리티』(제주대학교재일제주인센터, 2014), 127~128쪽.

환자들의 조사가 중요한 과제였다. 당시 한국 정부가 오무라 수용소에 수용 중인 1300명 외에 이미 석방된 1900명을 인수하게 될 것을 예상한 상황에서 특히 중시했던 것이 안보 대책이었던 것이다.

"인수하는 교포 중에는 북한 간첩·북한 송환 희망자·좌익·기타 범법 도피 분자들이 많아, 장래 국가 안보의 유지에 매우 우려"가 되었기 때문에, 앞서 말한 '상호 석방의 업무 분담에 관한 국무회의'(1958년 1월 21일)에서는 내무부의 주도로 송환자들 중에서 "불순분자를 철저하게 심사·적발하기 위해 인수 교포심사위원회를 조직"할 것을 결정했다.[88]

이에 대응하는 구체적인 조치로 "각 출신 도 경찰국 사찰 담당 직원 각 5명과 치안국에서 7명을 파견해 심사할 것"이 정해졌다. 이것은 송환자에 대한 심사 결과, 신원이 확실하지 않은 자를 본적지까지 임의로 연행해 재심을 하거나 신원보증인의 책임하에서 정착지를 확인하기 위해 출신 도 혹은 정착 예정지 관할의 경찰서 직원에 인솔 귀향시키기 위한 소요 경비였다.[89] '상호석방합의'에 의해 오무라 수용소로부터의 강제송환자 제1진이 1958년 2월 21일에 부산에 도착했다. 당시 상황을 취재했던 ≪부산일보≫의 김경렬 기자는 이 강제송환자들이 "부산에서 대기하고 있던 경찰의 조사"나 생활 문제에 대한 불안과 공포에 휩싸여 얼굴이 어두웠다고 전하고 있다.[90] 항구에는 많은 가족들이 마중을 나왔지만 재회는 허락되지 않았다. 그 속에는 오무라 수용소에서 북한행을 희망했으나 송환된 자도 있었다.[91]

---

88 내무부, 「국무회의 부의 안건(한일 양국 억류자 상호석방송환에 수반하는 업무 분담 결정 및 소요 경비 예비비 지출 건)」.

89 같은 글.

90 金敬烈, 『(關門 루포) 寄港地』, 116~117쪽.

91 같은 책, 127쪽

이 시기에는 부산수용소가 아직 '밀항자'를 취조하는 곳으로서 기능하지 않았었고, 송환자들은 상륙하면 수하물 검사를 받고 경상남도 경찰국 강당인 상무관으로 향했다. 여기서 신원 조사를 마친 뒤 각 출신지의 경찰서로 인계되었다. 일본인 어부 제3기 억류 때의 상호 송환 실시에 의해 1960년 3월 29일 부산에 도착한 제1진 344명도 상무관에서 조사를 받았다.[92]

사진 7-2 오무라 수용소로부터 강제송환된 '밀항자'의 모습(공보처 홍부국 담당관, 1960년 3월 31일)
자료: 국가기록원(관리번호: CET0069409)

그런데 1960년에 부산수용소의 억류 선원들이 귀환해 수용자가 거의 없어지면서 공간이 비게 되자, 1961년부터는 오무라 수용소에서 강제송환된 '밀항자'가 부산수용소에 수용되어 신원 조사를 받게 되었다.[93] 1961년 1월 5일(석간) ≪경향신문≫은, 일본 어선을 나포할 수 없게 되어 부산수용소가 텅 비어서 수용소를 폐쇄해야 하는 상황이라고 전했다. 그리고 "큰 건물과 대가 일이명의 범법자에 의해 쓰여지느니보다 다른 유익한 데 쓰도록 전환하는 편이 낫게 되었다"라고 지적했는데, 실제로 부산수용소는 일본인 어부의 억류 시설이자 오무라 수용소로부터의 송환자의 일시 구류 시설로 '유익하게' 활용된다. 그것은 외국인 수용에 더해서 강제송환된 자국민 '밀항자'를 조사하는 기

92 "在日僑胞344名歸國", ≪동아일보≫, 1960년 3월 30일 자.

93 "日本抑留僑胞195名釜山에到着", ≪동아일보≫, 1961년 7월 11일; "『大村』에서送還者百80名釜山에到着 個別審査거쳐應分의措置", ≪동아일보≫, 1961년 9월 7일; "百79名送還 日에密航했던者", ≪경향신문≫, 1961년 10월 13일; "百26名을釋放 收容中인送還者", ≪경향신문≫, 1961년 10월 28일 자.

능이 부산수용소에 덧붙여진다는 의미였다.

부산수용소라는 주권 범위 내에서의 조사는 '밀항자'에게 상상 이상으로 엄격한 것이었다. 송환자가 부산수용소에서 조사를 받는 것은 일주일 정도였지만, 인권이 억압된 독재 정권하에 있었기에 조사에는 폭행이나 고문이 따르게 마련이었다. 앞서 말한 "부산에서 대기하고 있던 경찰의 조사"라는 것은 사실 일본 체류 중에 북한과 관련이 있었는지 조사하는 사상 검열이었던 것이다.

이러한 '중정(중앙정보부) 조사'가 행해진 '괴정수용소'는 오무라 수용소에서 강제송환되는 것 이상으로 두려운 곳이었다. 고향으로 향하는 슬픔이나 기쁨도 "현해탄 위에서 한국 영해로 들어가는 순간 공포로 바뀌었던" 것이다. '중정 조사'는 일본 체류 중에 김일성의 사진을 보았느냐는 추궁으로 시작했다고 '괴정수용소'를 경험했던 사람들은 입을 모아 말하고 있다.[94] '밀항' 그 자체에 대해 묻기보다 사상적으로 의심되는 강제송환자를 최종적으로 가려내는 장소가 된 곳이 부산수용소였던 것이다.

5. '권력의 와일드 존'에 대항하여

부산수용소는 한일회담 타결을 앞두고 '평화선'이 사실상 무효화된 시점에서 일본인 어부 억류 시설로서의 역할을 끝냈다. 1963년에는 12척 131명, 1964년에는 9척 99명이 나포됐지만, 한일회담이 타결을 향해 나아가는 가운데 이들이 장기간 억류되는 일은 없었다. 1960년대에는 법무부 부산 출장소

94 2014년 2월 20~21일 양일간, 제주도에서 오무라 수용소 및 부산수용소를 경험한 5명을 대상으로 인터뷰를 진행했다.

가 관리하는, 주로 재한일본인 여성 귀국 희망자가 출국하기까지 생활하는 대기소이자 강제송환된 '밀항자'를 취조하는 곳으로 이용되었다. 명칭도 '외국인 수용소'에서 '외국인 출국대기소'로 변경되었다.

1965년 한일조약 후에는 일본 정부가 재한일본인 여성의 귀국 대책에 나서게 되는데, 거기에 포함되지 못한 사람들을 받아들이는 민간 보호시설로서 1972년에 귀국자 숙소 나자레원(현 경주 나자레원)이 개설되고 난 뒤에는[95] 부산수용소가 하던 출국대기소로서의 역할도 끝났다고 생각할 수 있다. 그리고 1980년대에 오무라 수용소로부터의 집단 송환이 없어지면서 '밀항자'를 조사하는 곳으로 악명 높았던 '괴정수용소'도 존재 의의를 상실하게 된다.

그 후 부산수용소 한편에 부산 출입국관리 사무소의 관사가 세워지고 부지에 부산시 경찰국 기동대 청사가 들어서면서 부산수용소는 역사 속으로 사라져갔다.[96] 오무라 수용소 또한 부산으로의 집단 송환이 없어지면서 인도차이나 난민을 수용하는 등 기능 변천을 겪다가, 1993년에 800명 규모의 수용 능력을 자랑하는 '입국자 수용소 오무라 입국관리센터'로 바뀌었다.

1950년대 새로운 국제질서 속에서의 관계 구축을 지향한 일본과 한국은, 그에 필요한 국경을 옛 종주국과 피지배국의 탈식민주의적인 뒤틀림 속에서 찾지 못하고, 그 안쪽에 또 하나의 경계, 즉 외국인 수용소라는 완충장치를 설치함으로써 탈식민지화의 과제에 접근했다. 그것은 '인질 외교'(부산수용소)나 '일본의 아우슈비츠'(오무라 수용소)라고 비난받는 '권력의 와일드 존'으로서, 이동하는 사람들의 희생 위에 성립하는 것이었다.

그러나 사람의 이동이 가장 제약을 받았던 관계 형성기에 월경적 이동을

---

95 上坂冬子, 『慶州ナザレ園: 忘れられた日本人妻たち』(東京: 中央公論社, 1982), pp.22~24.

96 法務部, 『法務部史』(法務部, 1988), p.114.

실천했던 사람들이 한국과 일본에게 그저 한일 교섭을 위한 장기짝이었던 것만은 아니다. 한국에게 '외부의 경계'인 오무라 수용소에서는 '밀항자'의 신원이나 사상을 조사하는 것이 가능했고, 그것이 불가능한 재일조선인을 되돌려 보내는 '공식적'인 장이었지만, 그것은 역으로 일본의 국민국가화 프로젝트에는 지장을 초래하는 것이었다. 한편, 한국은 오무라 수용소에서 '자국민'의 북한행을 저지할 수 없었고, 신원 확인이 되지 않는 재일동포가 되돌려보내지는 일도 있었다.

부산수용소 또한 귀국하는 재한일본인 여성의 대기 시설이자, 일본 측에서 보면 그들의 신원을 조사해 호적이 확인되고 인수인이 있는 경우에만 받아들이는 배제와 포섭의 장치였는데, 이승만 대통령은 돌연히 일본으로부터 입국 허가를 기다리는 사람들 전원을 일본으로 돌려보냈다. 또 한국에서는 국적 문제는 둘째 치고라도, 재한일본인 여성의 자녀(법률상으로는 일본인 여성의 사생아)를 아무런 의심 없이 일본인으로서 '송환'했던 곳이 부산수용소였다.

한편, 일본인 어부의 억류 시설로서도 부산수용소는 단순한 정치적 교섭 수단으로만 치부할 수 없는 의의가 있었다. 억류 선원이 일본 당국에게서 '이승만 라인에 접근하지 말라'고 듣지 못했던 것처럼, 일본 어선이 한국 연안에서 빈번히 조업을 벌였던 것은 '평화선'을 인정하지 않는 일본 정부의 방침에 따른 것이었다. 그 때문에 일본인 어부의 억류를 둘러싸고 국내에서 압력을 받게 되어 '상호석방합의'와 같은 정치적 해결을 도모하지 않을 수 없었다. 반면에 한국에서는 부산수용소를 정치적 교섭 카드로 삼는 것이 가능했지만, 많은 탈주자를 만드는 바람에 빈축을 샀다. 또 일본인 어부의 억류는 국제적으로 비난을 받아 오랫동안 한국에 대해 나쁜 인상을 남기는 결과를 낳았다.

이렇게 이동하는 주체는 수용소 본래의 기능을 뛰어넘는 상황을 연출함으로써 한일 양국을 당혹시켰다. 요컨대, 오무라 수용소와 부산수용소는 밖으로 비집고 나오는 사람들을 배제하고 길들임으로써 국민국가의 경계를 확립하는 것이 결코 용이하지 않음을 입증해 보였다고도 할 수 있다. 이처럼 권력이 절충하는 공간에서 이동을 실천하는 수용자들은, '경계의 정치'에 포섭되면서도 '권력의 와일드 존'에 대항하며 한일 관계 형성 과정에서 한일 교섭의 방향을 결정짓는 행위자였다.

같은 시기에 생겨난 오무라 수용소와 부산수용소는 한국과 일본이 경계를 설정하는 탈식민지화의 과제를 안고 있는 가운데 서로 대항하며 연결된 상태로 존재했고, 임무를 끝내고 함께 사라져갔다. 다만, 두 수용소가 끝낸 사명은 일본과 한반도 사이 경계의 절반일 뿐이었다.

현재 오무라 입국관리센터의 피수용자가 현저하게 감소하고 있는 상황에서 시설의 유효한 활용을 검토하면서까지 유지하고 있는 것은, 오무라 수용소의 역사적 경험의 '기억'으로 보아 북한이라는 '또 하나의 조선'과의 경계에 대비하고 있기 때문일 것이다. 그리고 많은 인권이 억압되었던 부산수용소를 '망각'한 탓에, 그 인권의 억압은 현재 국가정보원이 관할하는 중앙합동심문센터에서 '탈북자'를 반년간 조사하는 것으로 되풀이되고 있다. 한반도와 일본, 그리고 한반도의 남과 북에서 '권력의 와일드 존'은 아직 해소되지 않았다.

|3부|

주권의 틈새에서

08

해방 이후 재일조선인 한센병 환자의 '삶' *

김귀분(장윤희 옮김)

1. 들어가며

일본 한센병 요양소의 재일조선인 입소자[1] 수는 2014년 11월 기준 남성 34명, 여성 49명으로 총 83명이다. 재일한국·조선인 한센병환자동맹에서 2년마다 조사를 실시해 ≪동맹지부보(同盟支部報)≫에 보고하고 있다.

2009년에 발행한 ≪지부보≫에서는 집필자인 김상권이 13개의 국립요양소 입소자 수가 2600명 이하가 되고 평균연령도 80세에 달하는 것을 언급하

* 이 장은 金貴粉,「解放後における出入国管理体制と在日朝鮮人ハンセン病患者」, ≪学術論文集≫, 27(2009)을 수정한 것이다.

1 현재 한센병 병력자를 지칭할 때 '회복자', '전 환자' 등의 용어를 사용하고 있는데, 이 장에서는 시대에 맞춘 호칭을 사용한다. 단, 전후에 특효약이 등장해 실제로 치료된 입소자가 많았던 시대에도 운동 측면에서 당사자가 스스로를 '환자'라고 부르고 있었던 점을 고려해, 이 장에서도 '재일조선인 한센병 환자' 등의 용어를 사용한다.

며 "일본의 한센병[2]은 곧 종언할 것이라고 하니, 살아 계시는 동안 열심히 하자"라며 글을 매듭지었다.[3] 도대체 왜 일본의 한센병 요양소에 조선인이 있는 것일까? 이는 재일조선인이 생겨난 배경과 다르지 않으며, 일본의 식민지 지배와도 밀접한 관련이 있다.

1968년 당시 구마모토 현의 기쿠치케이후엔(菊池恵楓園)에 있던 조선인 93명(남성 71명, 여성 22명) 중 일본에서 태어난 12명과 기타 5명을 제외한 남성들이 일본으로 건너간 동기에 대해 살펴보면 징용 2명, 모집 22명, 군무원 2명, 군인 1명이다.[4]

또한 오카야마 현에 있는 나가시마아이세이엔(長島愛生園)의 입소자 자치회가 발행한 요양소 역사 『격절의 이정표(隔絶の里程)』에 따르면, 2차 대전 이전에 일본에 있던 조선 출신자 대부분은 노무자로 고국을 떠나온 사람들이었으며 강제 연행되어온 사람도 많았다. 그중에는 가족도 모르는 사이에 논에서 납치되어 부산항에서 줄줄이 노끈에 묶여서 온 사람도 있었다고 한다. 이 사실만 보아도 한센병 요양소에 재일조선인이 존재하는 이유가 일본의 조선 식민지 지배 때문인 것이 명백하다.

한센병은 나균에 의한 만성 감염증인데 환경이 감염과 발병에 큰 영향을 미친다. 재일조선인 한센병 환자가 많았던 이유에 대해 일본 근현대사 연구자인 야마다 쇼지(山田昭次)는 "일본 제국주의의 가혹한 수탈"이 조선 민중의 삶을 "바닥으로 끌어내렸기 때문"이라고 지적한다.[5]

---

2 과거에 '나병'이라는 용어가 여러 가지 편견을 가지고 쓰인 점을 고려해 현재는 '한센병'이라는 용어를 사용하고 있지만, 이 장에서는 과거 역사 자료의 인용이나 역사 용어로서 사실을 나타내는 데 적합하다고 판단한 경우에 '나병'을 사용한다.

3 在日韓国·朝鮮人ハンセン病患者同盟, ≪同盟支部報≫, 第288号(2009).

4 友愛会, 『友愛会二十年史』(1968), pp.22~28.

5 立教大学史学科山田ゼミナール 編, 『生きぬいた証に』(緑蔭書房, 1989), p.8.

재일조선인 한센병 환자에 관한 역사학 분야의 연구는 릿쿄대학 야마다 쇼지 세미나의 다마젠쇼엔(多磨全生園) 재일조선인 입소자 이야기를 담은 청취집 『꿋꿋하게 살아온 증거로』[6] 외에, 김영자의 「한센병 요양소에서의 재일조선인의 투쟁: 상조회(다마젠쇼엔)의 활동을 중심으로」[7] 등에 그친다. 하지만 최근에는 『한센병 문제에 관한 검증회의 최종 보고서』,[8] 『근현대 일본 한센병 문제 자료 집성』[9]의 간행 등으로 자료에 근거한 실태가 서서히 밝혀지고 있다.

오랜 세월 한센병 환자를 얽매어온 '나병 예방법'이 1996년에 폐지되고, 1998년에 시작된 구마모토 지방법원 국가배상 청구 소송은 2001년 원고 승소 판결이 났다. 그와 동시에 왜 그렇게 오랫동안 격리 정책이 지속되었는지를 비롯해 여러 가지 문제점이 제기되었다.[10]

일본의 한센병 정책은 1907년 법률 제11호 '나 예방에 관한 건'에 의해 시작되었으며, 1909년 전국 5곳에 국공립 나병 요양소가 설립되었다. 당초 떠돌아다니는 한센병 환자가 수용 대상이었는데, 1931년에 제정된 '나병 예방법(癩予防法, 나병을 한자 癩로 표기—옮긴이)'에서 그 대상을 모든 환자로 확대하고 격리 정책을 강화했다. 그동안 요양소 운영을 위해 환자의 노동력을 착취하고 소장에게 부여한 징계검속권을 행사해 원내의 감금실에 가두는 등 환자에 대한 인권침해가 많이 발생했다.

---

6 『生きぬいた証に』(緑蔭書房, 1989).

7 金永子, 「ハンセン病療養所における在日朝鮮人の闘い: '互助会'(多磨全生園)の活動を中心に」, ≪四国学院論集≫, 111~112號(2003).

8 『ハンセン病問題に関する検証会議最終報告書』[(財)団法人日弁連法務研究財団, 2005].

9 藤野豊, 『近現代日本ハンセン病問題資料集成』(不二出版, 2002).

10 후생노동성은 전문가를 모아 '한센병 문제에 관한 검증회의'(2002~2005년)를 개최하고, 역사를 검증하는 동시에 여러 각도에서 책임을 분명히 했다.

패전 후 특효약 프로민(Promin)이 등장하고, 한센병 요양소 환자들의 첫 전국 조직인 '전국나병요양소 환자협의회(현 전국한센병요양소 입소자협의회)'가 결성되면서 일본의 한센병 정책도 크게 바뀌는 듯했다. 환자 단체는 '나병 예방법 투쟁'을 실시하며 법률의 문제점을 강력하게 호소하고 외출 제한 및 질서 유지 규정에 대해 개선을 요구했다.

하지만 결론적으로 2차 대전 이전과 내용이 거의 바뀌지 않은 채 1953년 '나병 예방법(らい予防法, 나병을 가타카나 らい로 표기—옮긴이)'으로 지속되었다.[11] 그 전의 나병 예방법 내용과 겹치는 부분이 많은, 국제적인 흐름에 역행하는 모습으로 출발한 것이다.

게다가 그 성립 배경에는 '밀입국' 조선인 한센병 환자에 대한 단속 강화가 있었다.[12] 그러나 '한국 나병'이라고 불린 조선인 한센병 환자에 대한 단속 강화 과정 및 환자의 반응에 대해서는 언급이 별로 없다.

일본의 패전으로 재일조선인들은 '해방'을 맞이했다. 하지만 그 후의 체제 속에서도 환자들은 계속해서 삶을 크게 제한당했다. 일본에서 '나병'으로 진단받고, 다른 입소자와 똑같이 요양소에서 살 수밖에 없었던 재일조선인 한센병 환자에게도 일본의 패전은 '해방'일 예정이었다. 하지만 그들은 새로운 고난의 길을 걸을 수밖에 없게 되었다. 출입국관리 체제의 등장으로 '조선인'이자 '한센병 환자'인 그들은 이중으로 '단속' 대상이 되었으며, 일본의 사회 방위를 위한 법 강화의 구실이 되었기 때문이다.

---

11 「次期国会に再びらい予防法改正を望む」, ≪全患協ニュース≫, 第32號(1953.10.1). 그리고 GHQ의 한센병 정책도 "한센병 요양소의 가능한 한 신속한 재개 또는 지속"이라고 명시되어 있다는 점에서, 2차 대전 전부터 지속되어온 일본의 정책을 계승한 것이었으며 변함이 없었다. SCAPIN48, 「日本帝国宛覚書公衆衛生対策」(1945.9.22).

12 藤野豊, 『ハンセン病と戦後民主主義』(岩波書店, 2006), p.109.

그렇다면 외국인등록령이 요양소에도 적용됨으로써 어떠한 사태가 벌어졌을까? 또한 해방 이후 한반도와 일본을 자유롭게 오가는 것이 규제되면서 한반도에서 일본으로 건너간 사람 대부분이 하나같이 '밀입국자' 취급을 받았는데 한센병 환자의 실태는 어떠했을까? 이 장에서는 이 점을 중심으로 해방 이후 재일조선인 한센병 환자의 '삶'에 대해 고찰해보고자 한다.

2. 요양소에서의 재일조선인 한센병 환자와 출입국관리 체제

1) 외국인등록증에 대한 반발

해방은 일본에 사는 많은 조선인들뿐만 아니라 환자들에게도 큰 기쁨이었다. 그러나 병 때문에 또 다시 가족과의 이산을 강요받는다. 그리고 새로 생긴 외국인등록령 및 출입국관리령은 일본에서의 거주 기간이 길어서 귀국한다 해도 생활 기반이 없는 사람들이 불안한 생활에 시달리는 요인이 되었다. 다마젠쇼엔[도쿄 히가시무라야마(東村山)] 자치회 역사 『구회일처』에도 "한센병 요양소에 입소한 재일조선인에게 전후 수많은 문제가 발생했는데 그중에서도 출입국관리령에 따른 나병 환자의 강제송환, 조국 분열로 인한 일시적인 사상 대립, 영주권 신청이 가장 절실한 문제였다"[13]라고 쓰여 있다.

외국인에 대한 관리는 전후의 첫 등록 제도로서 1946년 3월 13일 자 '후생·내무·사법성령 1호'에 따라 실시되었다. 그 당시는 아직 귀국 희망 조사가 전면 실시되고 있었다.

13 多磨全生園患者自治会 編,『倶会一処』(一光社, 1979), p.243.

그로부터 1년 후인 1947년 5월 2일에는 외국인등록법의 전신이라고 할 수 있는 외국인등록령(이하 '외등령')이 포츠담 칙령 207호로서 공포되었다. 외등령에는 전환 신청 제도와 지문 제도를 제외하고 상시 휴대 의무, 중벌 규정 등이 모두 포함되어 있었다. 샌프란시스코 조약 이전으로 재일조선인의 최종적인 법적 지위가 확정되지 않은 시기였지만, 제11조에서 "대만인 중 내무장관이 정하는 자와 조선인은 이 칙령의 적용에 관해서는 당분간 외국인으로 간주한다"라며 일률적으로 외등령 적용 대상으로 규정했다.[14]

이에 대해 당시 요양소에 있던 재일조선인들은 어떤 반응을 보였을까?

재일조선인 입소자 김상권은 "요양소에서도 신고를 하고 외국인등록증명서가 교부되었는데 이에 대해 '전시 중의 협화회(協和会) 수첩의 재현'이라는 경계의 목소리도 높았으며 찬반양론이 활발하게 개진되었다"[15]라고 말했다. 또한 기쿠치케이후엔 내 재일조선인 단체인 우애회가 1968년에 간행한 『우애회 20년사』를 보아도 외국인등록증명서에 대해 반대 의견이 다수를 차지했음을 알 수 있다. 이 책에는 다음과 같은 내용이 적혀 있다.

기쿠치케이후엔 호적 담당자에게서 '외국인등록증명서' 신고에 대한 연락을 받고 임원회에서 논의가 시작되었다. 처음에는 신고할 필요가 없다는 의견이 대다수를 차지했지만 여러 차례 논의를 거듭하다 보니 '일본 정부 성격상, 나중에 법률을 무시했다는 이유를 구실로 무법한 조치를 취할 가능성이 있으므로 내키지 않아도 우리가 처한 입장을 살펴두는 편이 가장 무난하다'는 결론에 이르러 마지못해 받아들이게 되었다고 한다.[16]

또한 외국인등록증명서는 본인의 휴대 소지가 의무화되어 있었음에도, 나

---

14 ≪官報≫(号外), 1947年 5月 2日.

15 金相権, 「雑草の如くに」, ≪喊声≫, 第5號(1983).

16 友愛会, 『友愛会二十年史』, p.44.

병 예방법에 의해 격리 정책이 취해지고 있었기 때문에 요양소에서 일괄 보관하며 개인에게 증명서를 주지 않았다. 사실상 나병 예방법을 방패 삼아 외출을 제한하는 수단으로 썼던 것이다.[17] 기쿠치케이후엔의 조선인들은 외국인등록증명서에 기재되어 있는 주의사항 제1항 "이 증명서는 항상 휴대해야 하며, 관헌의 요구가 있는 경우 제시해야 한다"를 역이용해 각자가 가지고 있을 수 있도록 했다고 한다.[18] 이와 같이 조선인들은 해방 이후 생긴 외국인등록증에 대해 자신들을 엄격하게 규제하는 것일 뿐 지켜주는 것이라고는 전혀 생각하지 못했다. 가지무라 히데키도 외국인등록증이 개인의 권리 확인보다 치안 유지를 위한 것이었음을 날카롭게 지적하고 있다.[19] 외국인등록 의무화는 재일조선인 한센병 환자의 권리를 확인하기 위한 것이 아니라 사실상 각 요양소의 조선인 관리와 치안 유지의 수단이 되었던 것이다.

2) 한센병 환자의 강제퇴거에 관한 기재

1951년 10월 4일 공포된 출입국관리령 제24조에는 일본 국외로 강제퇴거시킬 수 있는 외국인으로서 '나병 예방법의 적용을 받고 있는 나병 환자'가 기재되어 있었다. 이에 대해 다마젠쇼엔의 김철원(金哲元) 외 77명이 강제송환되지 않도록 후생성을 비롯한 관련 기관에 탄원서를 보냈다.[20] 이 시기에 한센병 환자의 강제송환이라는 큰 문제가 새롭게 생겨난 것이다.

그리고 김철원은 기쿠치케이후엔의 조선인 단체 우애회 대표인 문길수에

17 金相権, 「雑草の如くに」.

18 友愛会, 『友愛会二十年史』, p.44.

19 梶村秀樹, 『在日朝鮮人論』(明石書店 1993), pp.277~278.

20 友愛会, 『友愛会二十年史』, p.45.

게 같은 내용의 탄원서를 보내도록 요청했다. 우애회는 의견을 모으기 위해 이 건을 총회에 상정했는데, '우리 자신의 중대한 문제이기 때문에 다마젠쇼엔 동포에게 동조해서 항의서를 보내야 한다'는 의견이 압도적으로 많아서 여러 관계 기관에 항의 탄원서를 보냈다.[21] 그 내용을 보면 조국이 식민지가 된 자의 비통한 심정이 전해진다.

> 과거 우리가 일본에 온 데에는 부득이한 사정과 일본 군국주의 정책에 따른 징병, 징용 등의 이유가 있었음이 명백한 사실이며, 예상치 못하게 안타까운 병에 걸린 사람을 강제송환하는 것은 너무나 무자비한 처사이며, 또한 오늘날 조국의 내란이 한창일 때 우리 한국인을 강제로 퇴거시키는 정령을 입안하는 것은 대단히 유감스러운 일이라 생각합니다.[22]

그 후, 1952년 2월 26일 참의원 외무위원회에서 사무국 상임위원회 전문위원 구보타 간이치로(久保田寛一郎)의 질문에 의해 조선인 한센병 환자의 '강제퇴거' 규정에 대해 심의하게 되었다.

> 전문원(구보타 간이치로) 발언청원 600호, 한국인 나병 환자 요양에 관한 청원으로 도쿄 도 기타다마 군 히가시무라야마 시 젠쇼엔의 김철원 씨 외 77명의 청원입니다. 소개한 의원은 아카마쓰 쓰네코(赤松常子) 선생님입니다. 취지는 정령 제319호 출입국관리령에 따르면 제24조에 '나병 예방법의 적용을 받고 있는 나병 환자'를 일본에서 강제퇴거할 수 있도록 규정되어 있는데 한국인 나병 환자에

21 같은 책, p.46.
22 같은 책, p.47.

게 이 강제퇴거는 죽음을 의미하기 때문에 한일 양국의 과거와 미래 관계를 고려해 깊은 이해심과 숭고한 인류애를 가지고 환자가 편히 요양할 수 있도록 해달라는 취지입니다.

정부위원[이시하라 간이치로(石原幹市郎)] 발언의 문제와 관련해서는 현재 등록령 위반자와 귀국 희망자를 구마모토의 케이후엔에 수용 후 송환선이 있을 때마다 격리병실을 만들어 송환하고 있습니다. 향후 조치와 관련해서도 계속해서 이 문제를 일본 후생 당국 등과 충분히 협의하고, 한일회담 때에도 협의해서 인도적으로 어긋나지 않도록 조치를 강구해나가고 싶습니다.[23]

이와 같이 조선인들은 한센병 환자라는 이유만으로 강제퇴거 대상이 되지는 않았다. 그러나 정부위원 이시하라 간이치로의 발언 내용에서 알 수 있듯이, 등록령 위반자를 그 '죄명'을 구실로 강제송환하는 것이 가능해졌다. 또한 일본의 이러한 '단속'을 통해 조선인을 양분하고 일본에게 바람직하지 않은 사람을 강제송환하는 방식으로 정리하려고 했다.

이는 1952년 4월 22일에 열린 외무·법무연합위원회를 보아도 단적으로 알 수 있다. 이 위원회의 위원 하니 고로(羽仁五郎)가 출입국관리령 제24조에 대해 질문하자, 정부위원 스즈키 마사카쓰(鈴木政勝)는 "종전 전부터 일본에 거주하던 사람을 일반 외국인과 똑같이 취급할 수는 없습니다"라고 하면서도 그 운용 방법에 대해서 "이전부터 일본에 있었던 사람으로 나병 환자가 된 사람 중 특히 나병 요양소에서 난폭하게 행패를 부리는, 질서를 어지럽힌다든지 나병이라는 것 외에도 해를 끼치는 사람에 대해서는 역시 돌아가게 할 수밖에

23 ≪参議院外務委員会会議録≫, 第6號(1952.2.26).

없다고 생각합니다"라고 말했다.[24]

1946년 3월 맥아더 사령부의 지시에 따라 계획수송을 위한 귀국 희망자 등록이 실시되었는데, 일본의 한센병 요양소에 사는 조선인 환자 중에도 지방관청이 중심이 되어 조선인을 귀국시키기 시작했을 무렵 무단으로 요양소를 뛰쳐나가 돌아간 사람이 있었다.[25] 그러나 실제로 계획수송이 시작된 1946년 4월 무렵부터 일반 조선인들의 귀국 열풍이 차츰 사그라졌고, 1950년 6월 한국전쟁 전까지 귀국한 조선인의 일본으로의 역류(밀항)와 강제송환이 반복되었다.[26] 실제로 1950년 1월부터 4월까지 일본에서 송환된 사람의 수보다 돌아올 사람의 수가 약간 많았던 것[27]과 마찬가지로, 한센병 요양소 내 조선인들 중 귀국하는 사람은 그다지 많지 않았다고 한다.[28]

해방은 일본에 사는 많은 조선인들뿐만 아니라 환자들에게도 큰 기쁨이었다. 그러나 병 때문에 또 다시 가족과의 이산을 강요받게 되었다.[29]

구리우라쿠센엔(栗生楽泉園)에 사는 김하일(金夏日) 씨의 경우, 해방 후 먼저 귀국한 형이 가족들에게 귀국을 권유했지만 병 때문에 홀로 남겨질 아들 하일 씨를 위해 아버지는 일본에 남기로 했다. 어머니는 형과 함께 귀국했고 김하일 씨 일가는 이산가족이 되었다.[30]

---

24 ≪外務·法務連合委員会会議録≫, 第4號(1952.4.22).

25 友愛会, 『友愛会二十年史』, p.35. 구마모토 현에 있는 기쿠치케이후엔에서는 병의 증상이 가벼운 자의 경우, 앞다투어 짐을 싸서 무단으로 뛰쳐나가 일반 조선인들과 함께 귀국한 자도 있었다고 한다.

26 姜在彦, 「'在日'百年の歴史」, ≪環≫, 第11號(2002), p.157.

27 松本邦彦, 『GHQ日本占領史16 外国人の取り扱い』(日本図書センター, 1996), p.40.

28 2차 대전 전에 군마 현(群馬縣) 구리우라쿠센엔에 입소한 김상권 씨로부터 청취(2009년 5월 15일)한 내용.

29 金貴粉, 「解放後における在日朝鮮人ハンセン病患者の'位置': 1945年から1950年代を中心に」, ≪クァドランテ≫, 第9號(2007).

또한 다마젠쇼엔에 사는 김봉옥(金奉玉) 씨 경우도 1947년에 자신을 위해 일본에 남은 어머니 이외에 가족 모두가 조선으로 귀국했다는 연락을 받았다고 했다.[31]

1946년 시점에서 총사령부가 패전 후 재일조선인 한센병 환자의 조선 귀국을 금지했던 사실[32]만 보더라도, 한센병 환자들은 항상 불안한 입장에 놓였으며 삶 자체가 역사의 격류 속에서 크게 농락당했음을 알 수 있다.

3. 재일조선인 한센병 환자에 대한 단속 강화

1) '한국 나병'에 대한 단속과 '나병 형무소' 설립 요구

이미 1916년에는 요양소 소장에게 환자를 처벌할 수 있는 징계검속권이 부여되어 전국 요양소에 감금실이 만들어졌다. 퇴소 규정이 없었기 때문에 요양소 밖으로 나가려는 환자가 끊이지 않았는데 그것을 '도주죄'로 처벌함으로써 환자를 요양소에 가둬두려고 한 것이었다.

그 후 특별 병실, 이른바 '중감방(重監房)'이 군마 현 구사쓰(草津)의 구리우라쿠센엔에서 1938년에 만들어졌고, 1947년에 발각되기 전까지 92명이 들어갔으며 그중 22명이 사망했다. 이 사실은 신문 보도[33]와 함께 1947년 8월 28일

30 金夏日, 『点字と共に』(皓星社, 1991).

31 金奉玉, 「回想·大阪に生きたウリオモニ」, ≪在日朝鮮人史研究≫, 第34集(2004.10), p.13.

32 SCAPIN627, 「らい患者の引揚」(1946.1.19).

33 "狂死、獄死が続出お菜は僅か梅干一つ'光なき楽泉園'の内情明るみへ", ≪毎日新聞≫, 1947年 8月 27日.

중의원 후생위원회에서 중의원 의원 무토 운주로(武藤運十郎)가 구리우라쿠센엔 내 특별 병실 실태에 대한 긴급질문을 함으로써 큰 문제가 되었다. 그리고 일본 헌법의 시행으로 재판을 거치지 않고 환자를 감금하는 나병 예방법의 징계검속 규정 그 자체가 위헌 소지를 내포하게 되었다.

'중감방'은 그 후 폐지되었다. 당연히 시설 측 책임을 추궁했으나 당시 나가시마아이세이엔 원장으로 오랫동안 일본의 나병 대책에 참여해온 미쓰다 겐스케(光田健輔)는 전국 국립 나병 요양소 대표로서 1947년 10월 2일 후생장관 히토쓰마쓰 사다요시(一松定吉) 앞으로 탄원서를 보냈다. "이 시설은 불량 나병 환자에게 반성을 촉구했을 뿐만 아니라 구마모토 시외 혼묘지 나병 부락의 정리와 같은 일본의 오랜 현안을 해결했으며, 또한 각 대도시를 배회하는 불량 나병 환자의 급감은 구리우라쿠센엔에 특별 병실을 만들었기 때문"[34]이라며 아무런 반성도 없이 '중감방'의 정당성과 그간의 효과를 주장했다. 실제로는 '중감방'에 형법을 위반한 나병 환자뿐만 아니라 단지 장화를 달라고 한 사람을 수감하는 등, 다른 환자에게 '본보기'로 이용했다.[35]

미쓰다의 청원서에서 알 수 있듯 시설 측 의견은 변함없이 형법을 위반한 환자를 수감하는 장소를 요구하는 방향으로 흘러갔다. 그것은 나병 예방법에 따라 한센병 환자를 격리해야 한다는 주장을 뒷받침하게 되고 결과적으로 형무소의 필요성이 강하게 제기되었다.

다마젠쇼엔 원장 하야시 요시노부(林芳信)는 1949년 7월 28일 무사시노(武蔵野) 지구 검찰청장 앞으로 「범죄 나병 환자 처리에 관한 건」이라는 문서를 보냈다. 그에 따르면 남○○이라는 조선인 환자가 요양소 내 창고에 있던 양

34 光田健輔, 「嘆願書」(1947.10.2).

35 大竹章, 『無菌地帯』(草土文化, 1996), p.154.

말 등을 절도한 자에게, 함구하는 대신 돈을 받은 혐의로 고발되었는데 나병 환자이기 때문에 그대로 요양소에 맡겨졌다. 그 건에 대해 하야시는 환자라고 해서 형벌을 면하는 것은 특별 대우이며, 원장에게 부여된 권한으로는 단기 근신 처분밖에 내릴 수 없어서 그 밖의 선량한 많은 환자의 안전을 보장할 수 없기 때문에 형을 정지하지 않도록 요청했다.[36]

또한 후생성 의무국은 1949년 9월 27일에 국립요양소 소장에게 「요양 규율의 확립에 관하여」라는 문서를 보냈다. 그 문서에서는 "최근에 요양 규율이 문란해져 선량한 환자의 치료에 지장을 주는 자가 있다고 인정되며, 일부의 그러한 환자는 자신의 요양을 포기한 자로 볼 수 있으며 단체 생활의 평온을 깨는 자이므로 입소 요양이 필요 없다고 생각한다[37]라고 단정했다.

이처럼 후생성은 요양소 규율을 지키는 것은 '선량한 환자'를 위한 것이라며 '자신의 요양을 포기한' 환자와 구분하고 있다. 균음성 환자는 사회 복귀가 가능하다는 한센병에 관한 국제적인 흐름을 완전히 역행하며,[38] 외출 규정이 없는 등 비인도적인 요양소 제도를 재고하기는커녕 단속을 강화함으로써 요양소 측이 '평온'한 운영을 할 수 있도록 했다.

이처럼 후생성의 '나병 형무소' 설치 요구에 대해 법무부는 1949년 8월 4일 GHQ로부터의 견해라며 "나병 환자는 범죄자라 할지라도 형벌의 대상이 되어야 하는 자가 아니라, 오히려 요양이 필요한 보호 대상이 되어야 하는 자이기 때문에 후생성 주관 시설에 수용해서 적당한 보호를 제공해야 한다"[39]라고

36 「犯罪癩患者の処置に関する件」(多発第334号)(1949.7.28).

37 「療養規律の確立について」(療第309号)(1949.9.27).

38 한센병 정책과 관련해 1932년 제3회 국제나병학회(스트라스부르)에서 이미 '근거 없는 사회적 격리를 재고하고 전염성 환자만 격리하는' 방향으로 논의되고 있었다.

39 (財)日弁連法務研究財団, 『ハンセン病問題に関する検証会議最終報告書』(2005), p.116.

환자의 요양소 수용을 요청해, 양자의 의견은 서로 엇갈리게 된다.

그러나 8월 24일 후생성 측과 법무부 측이 만난 자리에서, 법무부가 국립 한센병 요양소에 유치장 및 조사와 심판을 위한 특별실을 마련해 요양소 일부를 '대용(代用) 형무소'로 만들고 그를 위해 요양소 직원 일부를 특별 사법 경찰 직원으로 하는 법 개정 타협안을 제시하면서, 후생성도 '상황이 부득이하다'며 이에 동의하게 된다.[40]

당초 형무소 설치와 관련해 법무부는 첫 번째 안으로 기쿠치케이후엔 1곳에, 두 번째 안으로 기쿠치케이후엔, 나가시마아이세이엔, 다마젠쇼엔의 3곳에, 세 번째 안으로 전국 10곳에 설치하는 안을 제시했는데[41] 1949년 10월에 열린 국립나병요양소장 회의에서 찬성 7, 반대 3으로 기쿠치케이후엔에 '나병 형무소'를 부설하기로 합의했다.[42]

그 직후인 1950년 1월에 구리우라쿠센엔에서 입소자 간 살인 사건이 발생했다. 이 사건으로 '중감방' 문제가 제기된 이후 중지되었던 징계검속권을 다시 행사할 수 있게 된다.[43] 이 사건은 1950년 1월 16일 늦은 밤부터 17일 새벽 사이 입소자 3명이 같은 입소자에 의해 살해된 사건이었다. 피해자 3명은 평소 기물 파손이나 폭력 사건을 일으켰으며 그에 대한 원내 반발로 인한 사건이었는데 피해자 중 1명이 조선인이었으며 가해자도 조선인이었기 때문에,[44]

---

40 법무부 안은 「癩患者の犯人の処置に関する法務府案」(1949.9)에 있으며, 후생성 의무국이 부득이하게 그에 동의한 것은 藤野豊, 「解説」, 『近現代ハンセン病資料集成戦後編(第7巻)』(不二出版, 2004), p.10에서 설명하고 있다.

41 「犯罪癩患者の処遇に関する件」, 添附資料(1949.7.28).

42 宮崎松記, 「癩刑務所の出来るまで」, ≪九州矯正≫, 8巻 5號(1953.5).

43 「療養所入所患者に対する癩予防法に基づく懲戒検束の執行について」(医発第122号)(1950.2.24). 후생성 의무국장과 공중위생국장이 각 요양소 소장 및 법무부 검무국장, 검사총장 앞으로 통지했다.

44 「癩療養所内の療養状況及び秩序に関する実地調査並びに対策樹立に関する報告書」(委調

후지노 유타카가 이미 지적했듯이 이 사건은 나병 형무소 설치를 요구하는 목소리를 한층 더 높아지게 했을 뿐만 아니라 재일조선인 환자에 대한 단속을 강화하는 결과를 초래했다.[45] 그리고 마침내 1953년 3월 수용 정원 75명의 한센병 환자를 수용하는 전국 최초의 형무소, 기쿠치 의료형무지소가 설립된다.

2) '밀입국' 조선인 환자와 오무라 수용소 기쿠치 분실(分室)

이러한 움직임 속에서 1950년 8월에는 기쿠치케이후엔 원장 미야자키 마쓰키(宮崎松記)가 후생장관 앞으로 「밀입국 한국인 나병 환자의 수용에 관하여」라는 문서를 보내, 나병 형무소의 필요성을 호소했다. 이 문서에서 미야자키는 1950년 7월 나가사키 현 위생부 예방과가 '밀입국' 조선인 한센병 환자의 수용을 요구한 것에 대해 '밀입국자로서 감시 혹은 구속해야 하는 자라면 아무런 권한이 없는 요양소로서는 수용을 거절할 수밖에 없다'고 답변했는데 그 후 나가사키 현 위생부가 '밀입국자'가 아니라 나병 환자의 송치로 수속을 변경했기 때문에 수용했다고 썼다. 이후 미야자키는 환자가 탈주한 것에 대해 다음과 같이 말했다.

> 밀입국자는 당연히 법의 처벌을 받아 강제송환되어야 하는 자임에도 불구하고 나병 환자라는 이유로 아무런 구속력이 없는 요양소에 넣는 것만으로 모든 것을 해결하려고 한다면 나병 환자는 법 적용에서 제외되는 마치 치외법권적 존재가 되는 결과를 초래하고, 다른 밀입국자 모두 본국으로 강제송환되는데도 불구하고

第10号)(1950.3.17).

45 藤野豊, 「解説」.

밀입국한 나병 환자는 요양소에 들어갈 수 있다면, 나병 환자만은 강제적인 구속력이 없는 요양소를 탈출함으로써 밀입국 목적을 충분히 이룰 수 있게 될 것이다.

또한 미야자키는 "이들 밀입국자가 외국인등록령 위반으로 경찰 당국에 검거된 이상, 그 자가 나병 환자라 할지라도 괜한 공포감이나 혐오감에 휩싸이지 말고 신중하게 대책을 검토해서 처리해야 한다"[46]라며 전후에 등장한 일방적인 법적 근거인 출입국관리령을 위반한 범죄자라고 호소하고 있다.

한편, 국회에서도 '밀입국' 한센병 환자에 대한 단속이 심의된다. 1951년 3월 27일의 행정감찰특별위원회에서는 쓰카하라 도시오(塚原俊郎) 위원장 대리가 밀입국자 가운데에는 '대단히 위험한 전염병 환자'가 있다며 출입국관리청 제1부장 다나카 미쓰오(田中三男)에게 검역과 단속에 대해서 질문했다. 그 자리에서 쓰카하라는 출입국관리청 설립 전부터 기쿠치케이후엔에 의뢰해서 요양 중이던 자 1명을 지난해 12월에 송환했다고 했다. 또한 올해 4월에 불법입국해서 교토의 형무소에 수용된 자로 한센병 환자임이 밝혀진 자를 마찬가지로 기쿠치케이후엔에 보낸 후 송환선에 태워 본국으로 송환했다고 했다.[47] 출입국관리청은 '밀입국자'인 한센병 환자를 국립 한센병 요양소인 기쿠치케이후엔에 보낸 후 송환선으로 송환한 것이다.

그리고 쓰카하라가 출입국관리청 이외의 곳에서 관리하는 한센병 환자가 얼마나 있는지 질문했을 때, 다나카는 정확한 수를 아직 충분히 파악하지 못했다고 답했다. 쓰카하라가 한센병 환자가 많이 들어오고 있는 것이 '중대한 문제'가 아니냐고 추궁하자, 다나카는 "일본에 매우 좋은 나병 치료약이 나왔

---

46 国立療養所菊池恵楓園長,「密入国韓国人癩患者の収容について」(発第1450号)(1950.8).

47 第二類 第二号,「行政監察特別委員会議録第三号」(1951.3.27).

다는 풍문이 한국까지 퍼졌다는 이야기를 들었습니다"라고 대답했다. 진위가 불분명한데도 아무런 조사도 하지 않은 채 많은 환자가 일본에 '밀입국'하고 있다는 것을 전제로 논의가 이루어진 것이다.[48]

1951년 5월 18일에 열린 행정감찰특별위원회에서도 불법 출입국에 관한 논의가 있었는데, 위원회는 나가시마아이세이엔 원장 미쓰다 겐스케를 증인으로 불렀다. 여기서 미쓰다는 나가시마아이세이엔을 예로 들며 조선인 입소자 수가 점차 증가하고 있으며 패전 무렵에 한층 더 증가해 1951년 현재 전체의 약 10%에 육박한다고 말했다.[49]

그 발언을 듣고 위원장 대리인인 나이토 다카시(内藤隆)가 "그런 조선인들 중에는 밀입국한 사람이 많은 것 아닙니까? 정식 수속을 밟고 온 입국자인가요?"[50]라고 질문한다. 여기서 패전 후 일방적으로 그어진 분단선에 의해 다시 '외국인'이 되었을 뿐만 아니라 '밀입국자'로 범죄자 취급을 받는 조선인의 모습이 두 사람의 공통된 인식임을 알 수 있다.

그리고 조선인을 배제 대상으로 강하게 인식시킨 것이 '나병'이었다. 이 점은 미쓰다와 나이토가 주고받은 대화를 통해서도 알 수 있다. 미쓰다는 입국하는 조선인은 "부산, 여수, 목포, 그 부근 등 나병이 많은 곳"에서 오는 사람이 많다며 "하기, 센자키, 시모노세키, 그리고 후쿠오카의 여러 항구와 같은 곳에서 들어와 탄광으로 숨어든다든지 하역 인부가 된다든지 하면서 병세를 점차 악화시키고 있습니다"라고 말했다.

나이토가 "일본의 요양소 시설이 더 좋기 때문에 도와달라고 하려고 오는 것입니까?"라고 묻자 "자신의 생활이 궁핍해서 일자리를 구할 생각으로 오는

---

48 같은 글.

49 第二類 第二号, 「行政監察特別委員会議録第七号」(1951.5.18).

50 같은 글.

것 같습니다"라고 답했다. 또한 "요양소에 들어가는 것은 몇 년이 지난 후 정말로 곤란해졌을 때"라며 "4, 5년에서 10년은 일본 각지에서 은신하고 있습니다"라고 강조했다. 그리고 미쓰다 발언에 호응해 나이토는 "그런 위험한 병균을 가진 1000명에 가까운 자들이 일본에 숨어 있는 것은 참으로 무서운 일이라 생각하는데, 요양소 입장에서 밀항해서 오는 나병 환자의 단속에 관해 무엇인가 바라는 점이 있다면 이야기해주십시오"라고 말했다.

그리고 미쓰다는 1951년 5월 「한국 나병에 관한 자료(韓国癩に関する資料)」에서 "한국의 나병에 대해서 더욱 주의해야 할 점은 한국 나병의 범죄"라며 나가시마아이세이엔의 범죄자 수를 조사했을 뿐만 아니라 그중 조선인 수를 별도로 제시했다. 또한 요양소 내 징계검속권의 행사 건수에 관해서도 조선인의 해당 건수를 별도로 조사해서 144명 중 33명임을 지적하고 "한국 나병 환자 중 범죄와 관련이 있는 자가 상대적으로 많다"라고 하며 이대로 가면 요양소가 '악의 온상'이 될 것이라 우려했다. "한국 나병 관련 향후 대책 수립과 실시는 시급한 문제"라며 필요 이상으로 조선인과 범죄자를 연관시켜 단속 강화를 호소했다. 조선인 환자의 생활, 병세에 관한 정확한 파악이나 역사적 배경에 대한 고려도 없이 '밀입국'한 '나병 환자'를 사회 방위적 관점에서 범죄자 취급하며 철저하게 단속의 대상으로만 보는, 조선인에 대한 차별적이고 억압적인 자세가 노골적으로 드러난다.

앞서 언급했듯이 애초에 총사령부는 재일조선인 한센병 환자가 패전 후 조선으로 돌아가는 것을 금지했다. '밀입국'해서 송환되는 자에 대한 조치가 정해진 것은 입국관리국이 송환을 담당하게 된 후였는데[51] 이미 이 시점에서 의사 미쓰다와 국회의원 나이토는 "무서운 균을 가지고 밀입국해서 오는 나병

51 「密入国らい患者の取扱に関する件」(実一合第三四一号)(1952.4.2).

환자”에 대한 단속의 필요성을 (다른 참석자들의 질의도 전혀 없는 가운데) 국회에서 강경하게 제기했다.

이러한 경위를 거쳐 1953년 9월 14일 기쿠치케이후엔 원장 미야자키 마쓰키는 법무성 입국관리국장인 스즈키 하지메(鈴木一)와 회의를 했다. 그 결과 ‘나병 형무소’와는 별도로 다음과 같은 조건으로 1954년 9월까지 1년간만 밀입국 조선인 환자를 수용하기로 양측이 합의하고[52] 기쿠치케이후엔 내에 오무라 수용소 기쿠치 분실을 만든다.

1. 1954년도에 새롭게 예산을 확보해 현 시설 이외의 장소에 적합한 시설을 신설할 것.
2. 과거에 거듭된 쓰라린 경험을 거울 삼아, 수용 환자의 탈출을 방지하기 위해 경비를 특별히 엄중하게 할 것.
3. 평상시 수용 환자를 본원이 지정한 지역 이외 곳으로 절대 내보내지 말 것.
4. 어떠한 이유가 있어도, 또 어떠한 방법을 쓰더라도 본원 수용 환자와의 협상은 엄금할 것.
5. 현 설비 상황으로는 화재 위험이 있기 때문에 화기 단속을 특별히 엄중하게 할 것.
6. 수용 환자의 치료 급식은 본원에서 제공할 것. 그러나 치료는 원칙적으로 본원 의사가 왕진해 현장에서 처치하며, 급식은 오무라 입국자 수용소 직원 손으로 운반할 것.
7. 직원은 입국관리 업무 외 일반적인 사항에 대해서는 원장의 지시에 따를 것.

---

52 国立療養所菊池恵楓園園長宮崎松記, 「入国管理令違反朝鮮癩患者の収容について」(恵発第458号)(1953.9.19).

다음은 오무라 수용소 기쿠치 분실의 수감 실태에 대해 살펴보자. 『오무라 입국자 수용소 20년사』에는 1951년 4월 12일에 "기쿠치케이후엔에 나병 환자 수용 시작"이라고 쓰여 있으며, 다섯 차례에 걸쳐 총 12명을 수용한 것으로 기록되어 있다.[53] 그중 "불법 입국자 3명(1953년 8월 1명, 1954년 3월 2명)이 송환되고, 기쿠치 분실은 1954년 11월에 폐쇄했다"[54]라고 쓰여 있다.

또한 수용소에서 일어난 사건을 기록한 연표를 보면 1953년 3월 28일에 "나병 환자 정종근의 폭행", "경찰관 폭행, 기물 훼손, 공무집행 방해, 징역 6개월에 처해지다"라고 기술되어 있다. 같은 해 4월 22일에는 "나병 환자 김경재 도주"라고 기록되어 있다. 그 후 1954년 8월 29일에는 "나병 환자 홍수만의 자살", "기쿠치케이후엔 자기 방에서 방화로 자살"이라고 적혀 있다.[55] 이 사건을 계기로 기쿠치케이후엔은 오무라 수용소 기쿠치 분실의 사용을 거부하게 된다.[56]

홍수만(洪水万)의 방화 자살에 대해 ≪구마모토 일일신문≫은 "병을 비관하여 방화 자살"했다며 다음과 같이 보도했다.

> 29일 2시 15분 무렵 기쿠치 군 고우시마치 케이후엔(菊池郡合志村恵楓園) 내 오무라 분실 2호실 = 수용 환자 한국 경상남도 여천군 출신 A(31)가 불을 지르고 있는 것을 직원이 발견, 즉시 A를 구출하고 근처 소방단 50명과 경찰이 달려와서 진화에 나서 판자벽 1.5평(피해)을 태우고 30분 후에 진화되었다. 구조된 A는 조치를 취했지만 소독용 크레졸 원액을 마셨기 때문에 5시 30분쯤 사망했다. A는 2

---

53 『大村入国者収容所二十年史』(法務省大村入国者収容所, 1970), p.58.

54 森田芳夫, 『在日朝鮮人処遇の推移と現状』(法務研究所, 1955), p.225.

55 『大村入国者収容所二十年史』, p.84.

56 같은 자료, p.58.

년 전쯤 오무라 출입국관리소에서 케이후엔으로 왔는데 그 후 병세가 악화되고 고향에 돌아갈 수 없어서 괴로워하다 자살을 시도한 것으로 보인다. 현장에 있던 증거를 보면 자기 방문을 못을 쳐서 고정시키고 성냥으로 이불에 불을 지르고 크레졸을 마신 것으로 보인다. 와이후 경찰서는 일단 방화로 보고 서류를 송청하는 한편 유품 등을 통해 원인을 조사하고 있다.[57]

이 사건에 대해 기쿠치케이후엔의 재일조선인 환자는 어떤 반응을 보였을까? 동원 입소자 한석봉(韓石峯)은 환자자치회 기관지인 ≪기쿠치노≫에 야마무라 긴우(山村欣雨)라는 통명으로 「나는 이렇게 생각한다: 김정수 씨(가명) 방화 〈자살〉에 대해서」를 기고했다. 김정수는 홍수만(본명)을 말한다.

그에 따르면 한석봉은 원내 방송을 통해 분실에서 화재가 발생한 것을 알았다. 당시에는 큰불로 번지지 않았다는 말을 듣고 안도했던 것으로 기억한다. 그러나 그 후 김정수가 죽은 것을 알고 애끓는 슬픔을 느꼈다. 그는 "우리 한국인 우애회의 무력함을 느꼈기 때문이고 또한 분실 직원의 무책임함을 느꼈기 때문이었다"[58]라고 말했다.

한석봉은 김정수가 오무라 수용소 기쿠치 분실에 수감될 때까지의 경위에 대해 다른 사람에게 들은 이야기라며 다음과 같이 말했다.

그에 따르면 김정수는 1923년에 조선 경상남도에서 태어나 2차 대전 중 군사동원되어 일본으로 왔으며, 패전 후에도 효고 현 아시야 시(芦屋市)에 있는 철공소 직공으로 성실하게 근무했다고 한다. 그런데 1952년 어느 날 일을 끝낸 뒤 철봉 한 자루를 들고 공장을 나서다 경찰에게 불심검문을 받는다. 그 당

---

57 ≪熊本日日新聞≫, 1954年 8月 29日.

58 山村欣雨, 「私はかく思う金正守(仮名)放火'自殺'について」, ≪菊池野≫, 第4卷 第4號(1954).

시 외국인등록증명서를 가지고 있지 않았기 때문에 절도 혐의 및 증명서 불소지 혐의로 그대로 유치되어 재판에 넘겨진 결과 징역 6개월을 선고 받게 된다.

김정수는 자신의 부주의를 탓하고 성실하게 복역하며 퇴소일을 기다리고 있었는데 이번에는 고베에 있는 출입국관리 사무소로 넘겨졌다. 의문이 들었지만 평소 온화한 성격이었던 탓에 자기주장을 하지도 않았다. 그 후 오무라 수용소로 보내질 예정이었는데 한센병인 것이 발각되어 기쿠치케이후엔 내 분실로 보내졌다. 당시에는 분실에 이미 1명이 수감되어 있었으며, 그 후 다른 한 사람이 들어가 총 3명이 수감되었다. 처음에는 감시자가 있었지만 원내를 산책하거나 치료를 받기 위해 밖으로 나갈 수 있었다.

그런데 함께 수감되어 있던 2명이 강제송환되면서 김정수는 밖으로 나갈 수 없게 되었다. 김정수를 석방시키기 위해 우애회 조선인 환자가 면회를 갔지만 거절당했다. 1953년 11월 무렵에 '엄수 사항'이 생긴 것이 거절의 이유였는데 한석봉은 그 점이 김정수 사망과 큰 관련이 있다고 지적했다. 온화한 성격이었던 김정수가 자살한 원인은 '엄수 사항'으로 인해 정신적으로 궁지에 몰리면서 자신의 인생에서 출구가 보이지 않는 것을 자각하고 몸과 마음 모두 큰 충격을 받았기 때문이 아니었을까?[59]

'밀입국자'로서 '외국인등록령 위반자'로서 집요하게 단속당한 결과, 심신 모두 궁지에 몰려 원통한 죽음을 선택해야만 했던 조선인 한센병 환자 홍수만(김정수)의 존재를 기억 깊은 곳에 새겨놓아야 할 것이다.

59 같은 글.

4. 재일조선인 한센병 환자와 연금 문제

마침내 외국인등록령 및 출입국관리령으로 인한 불안이 해소된 후에도 재일조선인 환자에게는 새로운 투쟁이 이어졌다. 국민연금법이 제정되면서, 2차 대전 전부터 다른 일본인 입소자와 마찬가지로 요양소에서 고생한 재일조선인에게 새로운 고난이 시작된 것이다. 앞서 언급한 『구회일처』에도 "가장 괴로웠으며, 기억에 오래 남는 일은 1959년 국민연금법 시행 후 10여 년에 걸쳐 투쟁했던 차별 철폐를 위한 처우 개선 운동이다"[60]라고 기록되어 있다. 전후에도 일본의 요양소는 운영비가 낮게 책정되어 있었기 때문에 상대적으로 경증인 환자가 중증 환자를 간병하는 제도가 계속 시행되었다. 수입을 얻을 방법이 없는 장애인들은 생활필수품을 사는 것 이상으로, 돌봐주는 경증 환자에 대한 사례 때문에 고생을 했다.

그런 상황에서 국민연금법의 제정은 1급 장애인으로 인정된 일본인 한센병 환자에게 대단히 기쁜 소식이었다. 복지연금으로 월 1500엔을 지급받게 되었기 때문이다. 그러나 재일조선인은 국적 조항을 이유로 적용에서 제외되었다. 이에 따라 한 달 수입이 일본인 장애인은 2250엔(위로금 500엔, 장애인 위로금 250엔, 장애복지연금 1500엔)인 반면, 조선인 장애인은 750엔(위로금 500엔, 장애인 위로금 250엔)으로 큰 격차가 생겨났다.

구리우라쿠센엔 재일조선인 입소자 박상석(朴湘錫)은 중도 장애를 가진 재일조선인 장 씨의 방을 방문했을 때의 에피소드를 기록했다. 조금 길지만 인용하면 다음과 같다.

---

60 多磨全生園患者自治会 編, 『倶会一処』(一光社, 1979), p.243.

예전에 나는 중증장애인 건물에 있는 장 씨를 찾아갔었다. 그의 방에는 3명의 일본인이 함께 생활하고 있었다. 사각형 방을 한 사람이 한 귀퉁이씩 차지하고 거기에 각자의 생활 도구를 갖춰두고 있었다. 생활 도구라고 해도 화면이 나오지 않는 TV, 라디오, 트랜지스터, 테이프 레코더 정도였으며 빛 없는 세상에 사는 그들은 가는 흰색 선을 라디오와 귀에 꽂고 각자 방송을 즐기고 있었다. 그런데 장 씨만은 어두침침한 벽을 향해 무엇인가 생각에 빠져 있었다.

"장 씨는 라디오 없어요?"

나는 얼떨결에 생각 없는 말을 내뱉었다.

"아니, 있어. 내 라디오는 운전수가 딸려 있지. 게다가 커서 잘 들려."

장 씨는 미소를 지으며 천장에 매달려 있는 유선방송 스피커를 가리켰다. 나도 쓴웃음을 지었다.

"라디오보다 방 사람들에게 답례를 할 수가 없는 게 문제야!"

장 씨는 덧붙여서 이렇게 말했다. 방 사람들에게 하는 답례란, 세 번에 한 번은 자신도 무엇인가를 사서 함께 나눠 먹고 싶다는 이야기로 그것이 인정이란다. 그도 자유롭게 들을 수 있는 자신만의 라디오가 갖고 싶지만 그는 조선인이다. 연금을 받는 일본인들과 대등하게 어울릴 수 없는 것이다. 밝고 명랑했던 장 씨의 성격이 어둡고 침울해진 원인이 거기에 있었던 것이다.[61]

당시 요양소는 4인 1실의 공동생활이었기 때문에 일상생활에서도 눈에 보이는 형태로 격차가 생겨났다. 한쪽에선 따뜻한 전기담요를 뒤집어쓰고 있고, 다른 한쪽에서는 보온 물주머니로 잠자리를 따뜻하게 했다. 연금 수급자는 요양소 식사 외에 버터나 계란을 많이 사서 영양을 섭취할 수 있었다. 그러나

---

61 朴湘錫, 「外国人H氏病患者の所内における生活実態について」, ≪高原≫, 第23巻 第5號(1967).

조선인들은 요양소 식사만으로 버틸 수밖에 없었다.[62]

또한 연금이 나오는 날에는 연금을 받는 일본인 환자가 있는 방에 있기가 괴로워서 볼일도 없는데 지팡이를 짚고 밖을 돌아다니는 사람, 연금을 받는 아내에게 면목이 없어서 갑자기 말수가 적어지는 사람도 있었다. 앞서 소개한 장 씨도 갑자기 생겨난 요양소 내의 경제적 격차로 인해 괴로운 상황에 처한 사람 중 한 명이었다.

박상석은 일본인과의 공동생활 속에서 심각한 경제 격차가 발생해 장 씨를 비롯한 재일조선인 중증 장애인이 요양소에서 힘겹게 지내는 상황을 목격하고 강한 분노를 느끼며 다음과 같이 말했다.

> 우리는 원래 조선인이었다. 그리고 일본인이 되었다고 생각했는데 다시 조선인으로 돌아가 있다. 그것도 우리가 모르는 사이에…… 우리는 상품화된 노예였던 것인가? 아니라고 나는 부정한다. 하지만 결과적으로 우리 조선인은 국적과 거주의 선택은커녕 한 명의 인간으로서 갖는 권리도, 의지도 인정받지 못한 노예 이하의 아무도 아니라는 것을 깨달았다. 불평, 불만이 있다 한들 우리는 울타리 안에서 병을 키우고 있는 힘없는 사람이다. 누구에게 호소할 방법도 없고, 호소해 봤자 무의미하다는 것도 알고 있다. 하지만 우리는 견뎌내야 한다. 긴 세월을 견뎌내는 것이 몸에 밴 것이다![63]

"우리는 원래 조선인이었다. 그리고 일본인이 되었다고 생각했는데 다시 조선인으로 돌아가 있다. 그것도 우리가 모르는 사이에……", "결과적으로 우

---

62 金夏日, 『点字と共に』.

63 朴湘錫, 「外国人H氏病患者の所内における生活実態について」.

리 조선인은 국적과 거주의 선택은커녕 한 명의 인간으로서 갖는 권리도, 의지도 인정받지 못한 노예 이하의 아무도 아니라는 것을 깨달았다"라는 말이, 식민지 시대를 견뎌내고 해방을 맞이한 것도 잠시, 또다시 '외국인'으로서 불안정한 위치에 놓인 채 살아가야 했던 사람들의 식민지 지배, 조선인 차별에 대한 서러운 통곡처럼 들린다.

그리고 "우리는 울타리 속에서 병을 키우고 있는 힘없는 사람이다. 누구에게 호소할 방법도 없고 호소해봤자 무의미하다는 것도 알고 있다"라고 했다. 재일조선인 한센병 환자, 밑바닥에 힘없이 가라앉은 사람들에 대한 이중의 차별 속에서 고통받는 사람들의 분노가 체념처럼 들리는 이 말에서 깊은 슬픔이 느껴진다.

그 후 연금 문제를 계기로 재일조선인들의 전국 조직을 만들려는 분위기가 고조되어 1959년 12월 전국한센병환자협의회(현 전국한센병요양소입소자협의회, 이하 전환협) 산하의 전국 조직으로 재일조선인·한국인한센병환자동맹(이하 동맹)이 결성되었다. 결성 취지는 한센병을 앓는 동포 700명의 친목을 도모하고 연락을 긴밀히 하는 것이었는데, 가장 큰 목표는 국민연금법의 시행 이후 민족적·경제적으로 차별당한 것에 대해 자신들의 생활과 복지를 지키기 위해 단결해서 통일된 운동을 추진하는 것이었다.

운동을 통해 1962년 격차 시정을 위한 외국인 특별위로금 500엔이 지급되었다. 그 후의 지급은 연금 증액과 함께 이루어졌는데 매년 100엔, 200엔 정도의 얼마 안 되는 증액이었기 때문에 연금 수급자와의 차액은 오히려 커지는 것처럼 보였다.

1969년 동맹과 전환협의 운동 결과로 격차가 간신히 시정되었다. 요양소 내 연금 문제는 1970년 8월 6일 '나병 조사회' 답신에 따라 그다음 해부터 '자용비(自用費)' 방식의 급여금 제도로 일률 지급됨으로써 일단 '해결'을 했다. 그러나 그동안 많은 재일조선인 한센병 환자들은 그 혜택을 누리지 못한 채 이 세상을 떠나갔다.

5. 맺으며

이 장은 해방 이후의 출입국관리 체제의 강화 정책을 중심으로 재일조선인 한센병 환자의 '삶'에 대해 고찰해보았다. 마지막으로 그 역사적 의미에 대해 다시 한 번 정리하고자 한다.

해방 직후 외국인등록령이 요양소에도 적용되면서 재일조선인 환자들에게도 일률적으로 등록을 의무화했다. 요양소에서 등록을 마친 환자에 대한 조사는 범죄 조사와 함께 실시되었을 뿐만 아니라 요양소 측이 등록증을 일괄 관리했기 때문에 차별적인 관리와 치안 유지를 위한 것이었을 뿐 조선인 한센병 환자의 권리 확인을 위한 것이 아니었음을 다시 한 번 강조하고 싶다.

또한 1951년에 교부된 출입국관리령에서도 국외 퇴거 처분 대상으로 한센병 환자를 언급해, 그들은 생활 속에서 대단히 불안한 입장에 놓이게 되며 인생을 크게 농락당한다. 동시에 '밀입국자'로 간주된 자는 단속 대상으로서 한층 더 엄격한 감시하에 놓이게 되며, 생활이 크게 제한을 받게 된다. 재일조선인의 역사 속에서 밑바닥에 힘없이 가라앉아 있던 그들의 모습을 다시금 새롭게 되새길 필요가 있다.

앞서 설명한 경위와 배경 속에서 요양소 의사, 후생성 관계자, 국회의원 등은 조선인 한센병 환자에 대해 단속을 강화해야 한다고 적극적으로 목소리를 냈다. 그러나 일본의 지배층이자 지식층인 그들에게는 재일조선인 한센병 환자가 식민지 지배의 희생자라는 인식이 전무했다. 따라서 일방적인 국경 선굿기로 인해 공식적인 이동이 제한되고 '비합법적' 형태로 '밀입국'을 할 수밖에 없었던 개개인의 사정에 대한 상상력도, 그에 대한 대응도 전혀 없었다.

이처럼 2차 대전 이전부터 입소했던 조선인 한센병 환자는 나병 예방법뿐만 아니라 외국인등록령, 출입국관리령 등 패전 후 새롭게 등장한 출입국관리 체제하에서 한층 더 불안정한 입장에 놓이게 되고 큰 불안을 안은 채 제한된 '삶'을 살 수밖에 없었다.

게다가 그 고통은 요양소 내 소득 격차 문제로 인해 계속된다. 연금을 받는 일본인과 연금을 받지 못하는 조선인과의 소득 격차는, 식민지 시대의 역사적 배경을 고려하지 않고 '국적'을 이유로 만들어낸 일방적인 정책에서 비롯되었다.

이 장에서 다룬 조선인 한센병 환자에 대한 노골적인 차별 정책은 조선인, 밀입국자, 범죄자, 한센병 환자를 병렬로 연결 짓는 비인도적인 배제 그 자체이다.

구리우라쿠센엔의 재일조선인 시인 김하일은 시집 『점자와 함께(点字とともに)』에서 다음과 같이 읊었다.

지문 누를 손가락이 없으면
외국인등록증에 내 지문 없음

온화한 음운과 날카로운 고발. 이 대비(contrast)의 역사적 의미를 감지하고 읽어내는 상상력이야말로 재일조선인 한센병 역사를 배우는 우리에게 요구되는 것이다.

이 장에서 다룬 해방 후 일본의 출입국관리 강화 정책과 재일조선인 한센병 환자의 동향은 극히 일부에 지나지 않는다. 그와 동시에 이 시기의 정책 움직임이 이후의 재일조선인 한센병 환자·회복자에 대한 차별적인 제도의 토대가 되고, 역사의 모순을 만들어내는 커다란 교점이 된 것을 마음에 새기고 기억해야 할 것이다. 그리고 재일조선인 환자의 동향 파악 등에는 아직도 많은 과제가 남아 있다. 당사자의 수가 급감하고 있는 지금이야말로 자료 수집을 포함한 연구의 진전을 도모해야 한다. 그런 의미에서 이 장은 그 출발점에 불과하지만, 소개할 수 없었던 사실(史實)과 자료를 포함한 다음 원고를 기하고 싶다.

09

밀항 · 민족 · 젠더 *

'재일조선인 문학'에 나타나는 '인류(人流)'

고화정(권혁태 옮김)

1. 1970년 전후의 '재일조선인 문학'의 출현

1960년대 후반부터 1970년대 초반에 김석범(金石範), 김학영(金鶴泳), 이회성(李恢成), 고사명(高史明), 김시종(金時鐘), 정승박(鄭承博)과 같은 재일조선인 작가들이 다수 등장해 작품을 발표하기 시작했다. 그중 몇 작품은 일본 사회에 잘 알려져 있는 '문학상'을 수상했다. 1970년 전후에 재일조선인 작가의 문학 작품이 '재일조선인 문학'으로서 일본 사회에서 인정을 받은 것이다. 왜 이 시기에 '재일조선인 문학'이 집중적으로 나타났을까. 이 점이 하나의 커다란 과제이다. 이런 의문에 대해서 여러 요인을 지적할 수 있다. 우선 이효덕(李孝

* 이 장은 『継続する植民地主義』(東京: 青弓社, 2005)에 수록된 같은 제목의 글을 대폭 수정한 것이다.

德)이 지적하는 바와 같이,[1] 1970년 전후가 동아시아의 상황이 크게 변화해가던 시기였다는 점을 들 수 있다. 재일조선인의 입장에서 보면, 1965년 한일조약으로 한반도 분단 상황이 고착되고 1959년부터 시작된 조선민주주의 인민공화국(이하 공화국)으로의 귀국 사업이 마무리 단계에 이르고 있던 시기였다. 역설적으로 재일조선인 자신들이 어떤 상황에 처해 있는지가 명확히 보이기 시작한 시기다. 이에 따라 제2세대 재일조선인 작가들은 자신들의 삶을 규정하고 있던 '전후(戰後)'에 의문을 품고, 작품에서 해방 후('전후')의 문제를 많이 다루게 된다. 한편 당시 '일본 문학'에서는 이른바 '내향(內向)의 세대'가 중심이었다. 오다기리 히데오(小田切秀雄)가 "시대적 상황에 대해, 문학으로서의 자신의 독자적인 이미지를 꽉 막힌(閉塞) 일상생활과 자아와의 내면에서만 찾으려" 한다고 평가한 작가들이 많이 활약하던 시기였다. 이런 상황에 '일본 문학' 쪽에서 재일조선인 작가들을 이질적 존재로 보게 된 것이다. '내향의 세대'의 명명자인 오다기리는 1972년에 발표한 「'내향의 세대'와 이질적인 것」에서 재일조선인 작가의 '이질성'을 다음과 같이 말한다.

> 앞서 말한 이유로, 이들 작가는 오직 '내향'에만 자신을 집중할 수 없었다. 내면의 절실한 것('내 존재가 찾고 있는 것')이 자신을 실제로 무겁게 규제하고 억압하고 있는 것과 노골적이면서 첨예한 긴장 관계에 놓여 있다는 점에서 눈을 돌릴 수 없었다. 이 때문에 현대문학에서 그들의 작품은 완전히 독자적인 성격을 만들어내고 있는 것이다. 내 주제는 이런 점들을 말하는 것이었다.[2]

---

1 李孝德, 「ポストコロニアルの政治と『在日』文学」, 『現代思想臨時增刊戰後東アジアとアメリカの存在』(青土社, 2001), p.157.

2 小田切秀雄, 「"內向の世代"と異質なもの」, ≪文学的立場≫(日本近代文学研究所, 1972.7), p.19.

또 이토 나리히코(伊藤成彦)도 다음과 같이 말한다.

> 오늘날의 일본의 동(同)세대 문학은 해방된 '근대적 개인'이 사막으로 내던져져 나침반 없는 고독한 나그네 같은 상태에 놓여 있다는 자아관 위에 서 있다. 그리고 오늘날의 재일조선인 문학은 이 같은 자아관에 대해 과연 그것이 지향하고자 하는 근대적 자아인가라는 물음을 암묵적으로 들이대고 있다.[3]

이 시기에는 일본 사회에 대해 '이의를 제기'하는 베트남 반전운동이나 대학 분쟁 등이 등장하고 있었다. 이 가운데 '일본 문학'이 민족문제에 대한 인식을 결여하고 있음을 의식하고, '재일조선인 문학과 우리'라는 형태로 재일조선인의 문학을 파악하려는 움직임('조선 붐')이 나타난 것이다.

이 장의 주제와 관련해서 하나 더 지적해두어야 할 점은 고도성장기에 일본의 상황이 급속히 변화해나가는 가운데, '일본 문학'에서도 가족의 문제를 다룬 작품이 다시 등장했다는 점이다. 일본의 평균적 월급쟁이 모습을 그린, 핵가족 형성의 이야기라고도 할 수 있는 야마구치 히토미(山口瞳)의 『에부리만 씨의 우아한 생활(江分利満氏の優雅な生活)』이 1963년에 나오키(直木)상을 수상했고, 속편 『에부리만 씨의 화려한 생활(江分利満氏の華麗な生活)』과 함께 이후 많은 사람에게 읽히게 된다. 에토 준(江藤淳)은 『성숙과 상실(成熟と喪失)』(1963)에서 고지마 노부오(小島信夫)의 『포옹 가족(抱擁家族)』을 예로 들어 '근대 산업사회'에서의 '어머니의 붕괴'나 '모성의 자기 붕괴' 문제를 다루었다. 이처럼 고도성장기에 일본 문학은 가족 재편성의 문제를 다루었다. 하지만 '재일조선인 문학'에 그려진 가족의 모습은 분명히 "이질적인 것"이었다. 이

---

3 伊藤成彦, 「在日朝鮮人文学とわれわれ」, ≪文学的立場≫(1972.7), p.36.

장에서는 1970년 전후 일본 사회에서 '타자'로서 가시화되어간 '재일조선인 문학'에 대해, 전후 재일조선인 사회를 생각하는 데 빼놓을 수 없는 '인류(人流)'라는 문제를 하나의 실마리로 삼아 살펴보고자 한다.

2. 김달수의 『밀항자』 분석

1970년 전후의 '재일조선인 문학'을 검토하기에 앞서, 한반도와 일본 사이의 '인류' 문제를 중심 소재로 다룬 선구적 작품인 김달수(金達寿)의 『밀항자(密航者)』를 살펴보자. 1959년부터 잡지에 연재되어 1963년에 출간된 이 작품은 제목 그대로 밀항을 둘러싼 당시의 정치적·사회적 상황을 그리고 있다.[4] 그런데 이 작품은 1970년 전후의 이회성과 김학영의 작품과는 다르다.

『밀항자』는 임영준(林永俊)과 서병식(徐炳植) 두 사람이 승선했던 밀항선이 일본의 해상보안부에 발각되어 규슈의 어느 항구에 상륙하는 장면으로 시작된다. 1946년 '10월 인민항쟁' 이후 빨치산이었던 두 사람은 한국전쟁 휴전 후에도 소백산맥의 한 절에 몸을 숨기고 있었다. 두 사람은 목숨이 위태로워지고 산에서 더 이상 숨어 지내기 어려워지면서 돌파구를 마련하고자 '일본 밀항'을 결심한다. 밀항의 동기를 서병식은 다음과 같이 밝히고 있다.

> 우리는 일본을 거쳐 바로 북으로 건너갈 작정이다. 그리고 우리는 사회주의 북으로 가서 남과의 통일을 위해 목숨을 걸고 싸울 작정이다.[5]

---

4 김달수의 『밀항자』는 1959~1963년에 ≪리얼리즘(リアリズム)≫ 및 ≪현실과 문학(現実と文学)≫에 연재된 다음, 1963년에 단행본으로 출간되었다. 인용은 金達寿, 『密航者』(筑摩書房, 1963)에 따른다.

이 작품에서 일본 밀항은 당초부터 "북으로 건너"가는 것을 목표로 한 것이다. 즉 명확한 정치의식에 근거한 것이다. 밀항자로 체포되어 취조가 시작되기 직전, 임영준은 틈을 노려 탈주에 성공해 우여곡절 끝에 '조선인 부락'에 다다른다. 반면 도망치지 못했던 서병식은 오무라 수용소에 수감되었다. 즉 두 사람은 완전히 다른 일본 생활을 보내게 된 것이다.

이 소설은 오무라 수용소 내부의 모습도 그리고 있다. 수용된 조선인들의 모습은 매우 흥미롭다. "수용소라기보다는 형무소라는 편이 맞다"라고 서술되는 오무라 수용소에 도착한 당초부터 서병식은 "다시 남조선으로 돌아갈 생각은 없다. 만일 송환시킨다면 반드시 북으로 돌아가게 해달라"며 수용소 당국에 요구한다. 그 배경에는 "(남조선으로) 강제송환되면 총살될지도 모른다"라는 인식이 깔려 있다. 이 같은 인식은 다른 조선인들에게도 다수 공유되어 있어 이런 서병식의 생각은 점차 수용소 내부로 퍼져나간다.

소설은 오무라 수용소 내에서 서병식 등이 '한국' 주일대표부에 의한 송환 심사를 거부한 것이 계기가 되어 '조선민주주의인민공화국 귀국 희망자 자치회'가 결성되고 귀국 희망자들이 단식 농성에 돌입하는 모습을 그린다. 또 일본 정부와 이승만 정부 간에 '한일 양국의 억류자 상호 석방에 관한 양해 각서'가 맺어져, 억류 중이었던 일본인 어부들과의 교환 조건으로 강제송환이 임박해오는 상황도 그리고 있다. 여기서 말하는 단식 농성은 1958년 6월 20일에 실제로 오무라 수용소에서 일어난 것이다.[6] 즉 실제로 일어난 현실의 사태를 충실히 반영하고 있는 것이다.

『밀항자』는 『고국 사람(故国の人)』(1954~1956)이나 『박달의 재판(朴達の裁

---

5 金達寿, 『密航者』, p.40.

6 朴正鎮, 「北朝鮮にとって『帰国事業』とは何だったのか」, 高崎宗司·朴正鎮 編, 『帰国運動とは何だったのか』(平凡社, 2005), p.194.

判)』(1958) 등의 작품에서 해방 후의 민족 저항운동이나 한국전쟁을 소재로 한반도와 조선인들을 둘러싼 역사적 경위를 이야기로 풀어낸 김달수의 당시 문제의식이 그대로 반영된 것이라 해도 좋다. 김달수는 "이는 인도적 문제"라며 오무라 수용소 수용자의 강제송환과 귀국 희망의 문제에 대해 다음과 같이 말한다.

> 그들(오무라 수용소 내의 조선민주주의인민공화국 귀국 희망자—인용자)을 우리는 한마디로 밀입국자, 밀항자라 부른다. 나는 국제공법 같은 것은 전혀 모른다. 하지만 그들을 정치 망명자로 볼지, 아니면 피난민으로 볼지, 혹은 단순 밀항자로 볼지에 따라 일본 정부의 대우가 전혀 달라진다는 점에 주의를 기울여야 한다. …… 이번 상호 석방 조인('한일 양국의 억류자 상호 석방에 관한 양해 각서'—인용자)이 그대로 실행에 옮겨져 이들이 남조선·대한민국에 강제송환되면 이들의 운명은 이미 정해진 거나 다름없다. 동족끼리 서로 죽이는 전쟁에서 도망쳐 온 자들은 전시 탈주자로 총살될 것이고 그 밖의 사람들은 감옥에 갇힐 것이다.[7]

이 대목에서 김달수는 오무라 수용소의 귀국 희망자는 강제송환되면 목숨이 위태로운 명백한 "정치적 망명자 혹은 피난민"이기 때문에 이는 "명백한 인도상의 문제"라고 주장하고 있다. 『밀항자』에서 서병식에 대한 묘사에도 김달수의 이 같은 인식이 깊이 반영되어 있다.

"그들 전체 천 몇 백 중에는 단순 밀항자도 틀림없이 있다. 나는 그런 단순 밀항자를 말하는 게 아니다"[8]라고 말하고 있는 것처럼, 당시의 김달수가 오무

---

7 金達寿, 『番地のない部落』(光書房, 1959), pp.277~279. 초출은 ≪世界≫, 1958年 3月号.

8 같은 책, pp.277~279.

라 수용소 내의 밀입국자 가운데 한국전쟁 중의 전시 탈주자나 징병 거부자와 같은 "정치적 망명자 혹은 피난민"과 "단순 밀항자"를 명확히 구별하고 있는 점에도 주목해야 한다. 『밀항자』에도 거듭 강제송환을 경험하고 "하루라도 빨리 송환되어 남조선으로 돌아가는 것만을 생각하는" "보따리 장사꾼 김방구"라는 인물이 등장한다. "보따리 장사꾼 김방구는 별도로 하더라도 자신의 고향·고국인 남조선을 버리고 목숨을 걸고 밀항해 왔으니 모두에게는 각기 절실한 이유가 있다"[9]라는 말에서 드러나듯, "단순 밀항자"인 김방구에게는 '공화국' 귀국을 위해 투쟁하는 서병식 같은 사례와 주장을 부각시키는 역할이 주어져 있다고 할 수 있다.

『번지 없는 부락』의 후기(1959년 4월)에서 김달수는 "재일조선인 귀국이 회자되고 있다"라고 하면서, 조선인이 왜 일본을 벗어나 귀국하려 하는지 그 이유를 다음과 같이 말하고 있다.

> 첫째로 일본에서 생활을 꾸려나갈 수 없기 때문이다. 1억 가까운 일본인은 각기 생활을 꾸려나가는데 왜 조선인은 꾸려나갈 수 없나? 이는 조선인에게 민족 차별이 행해지고 있기 때문이다. 민족 차별-생활고. 바로 이것이다. 두 번째로는 지금은 과거와는 다르게, 아직 반쪽에 지나지 않지만 조선인에게 돌아갈 독립된 조국이 있기 때문이다. 게다가 그 조국, 조선민주주의인민공화국은 건설을 통해 착실히 발전하고 있다. 그런데 재일조선인의 생활은 외면적으로는 지금도 옛날과 조금도 다를 바 없다.[10]

---

9 金達寿, 『密航者』, pp.84~85.

10 金達寿, 『番地のない部落』, p.280.

그런데 이 같은 지적과는 달리, 『밀항자』에서는 밀항 혹은 귀국 희망을 "생활을 꾸려나갈 수 없어서"라는 이유가 아니라 명확한 정치적 의식을 근거로 그리고 있는 것이다.

『밀항자』의 내용으로 다시 돌아가보자. 일본 밀항 시에 서병식과 함께 체포된 후 탈주해 조선인 부락에 숨어든 임영준은 일본에서 사업에 성공한 소학교 시절의 친구 하성길 집에 몸을 숨긴다. 그런데 임영준은 오무라 수용소에서 이루어지는 서병식의 투쟁과 재일조선인의 귀국 운동을 보고, "북조선에 돌아가"려던 당초의 의지를 바꾼다.

> 이번에는 내 차례라는 거지요. 그렇다면 나는 오늘을 사는 한 사람의 자각한 조선인으로서, 지금 남겨져 있는 험난한 길을 택해야 합니다. 남조선은 비참합니다. 이런 남조선을 본체만체할 수 없습니다. 나는 조금 전에 우리가 바라는 자유의 길을 말했어요. 그리고 지금 바라는 가장 커다란 것, 우리 국토의 통일을 말했습니다. 이를 북에 가서 북으로부터 관철시켜야 합니다. 하지만 한편에선 북으로부터만 아니라 남으로부터도 이를 관철시키려는 사람이 있어야 합니다. 나는 남조선에서 쫓겨나 이렇게 도망쳐 왔습니다. 그러나 남조선에서 이를 관철시키려는 자가 있어야 합니다. 그래서 나는 그 남으로 돌아갈 결심을 한 겁니다.[11]

서병식 등이나 재일조선인들의 투쟁의 결과 "민주주의인민공화국·북조선" 귀국이 가능하게 된 시점에, 그 투쟁에 "손 한번 내민 적이 없"다고 생각한 임영준은 "더 험난한 길"인 남조선 밀항을 결심한 것이다. 이 이야기는 오무라 수용소에서 석방되어 귀국 제2차선으로 '북조선'으로 향하는 서병식을 니가타

11 金達寿, 『密航者』, pp.225~226.

(新潟)에서 배웅하고 바로 '남조선'으로 돌아가려는 임영준의 모습을 그리면서 막을 내린다.

이상 살펴본 바와 같이, 『밀항자』에 등장하는 주요 인물인 서병식과 임영준 두 사람은 자신을 둘러싼 한반도의 분단 상황 속에서 어떻게 하면 정치적 주체로 설 수 있을지, 어떻게 하면 조선의 현실에 참여할 수 있을지 하는 물음을 끊임없이 자신에게 던지면서 그 물음에 응답하기 위해 밀항 혹은 귀국이라는 방법을 택했다. 빨치산에서 살아남아 절에 몸을 숨기고 있던 중에, 임영준은 "내가 이렇게 살아 있는 것이 진정으로 살아 있다고 할 수 있는 것일까?"라는 생각이 들었고 이 생각 때문에 일본 밀항을 결행했다. 즉 두 사람에게 일본 밀항은 북으로 건너가 통일을 위한 투쟁에 몸을 던지기 위한 것이었다. 임영준은 도주에 성공해 일본에서 생활하게 되었지만 오무라 수용소 투쟁이나 귀국 운동에 관여할 수 없었기 때문에 자신이 새로운 투쟁의 주체가 될 수 있는 '남조선' 밀항을 결단하게 된 것이다. 한 사람은 '남조선'으로, 다른 한 사람은 '북조선'으로 다시 국경을 넘는 두 사람의 모습에는 분단이라는 현실을 둘러싼 작가의 인식이 투영되어 있다.

이와 같이 김달수는 '인류'를 명확한 정치적·사회적 의식에 근거해 그려내고 있다. 그런데 1970년 전후에 일본에서 주목을 받은 '재일조선인 문학'에는 '인류'가 다른 형태로 그려진다. 『밀항자』에 등장하는 '인류'는 조경희가 제주 사람들의 밀항을 예로 들어 지적하고 있는 바와 같이 "자신들의 '안전 = 안녕'을 확보하기 위해 영토 밖에서 생활의 근거지를 준비"[12]하는 행위로 있는 것이 아니다. 오무라 수용소 투쟁이나 귀국 운동 등이 실제로 진행되는 가운데 집필된 『밀항자』는 귀국 사업이 마무리를 맞이하던 시기에 집필된 이회성이

12 이 책 3장 참조.

나 김학영 등의 작품과는 사태를 보는 눈에서 차이가 있다. 김달수는 『번지 없는 부락』의 후기에서는 "생활을 꾸려나갈 수 없는" 밀항자에 대해 언급하면서도 『밀항자』에서는 이를 전혀 드러내지 않았었다. 그런데 1970년 전후의 작품에서는 "생활을 꾸려나갈 수 없는" 조선인들과 밀항·귀국과의 관계가 등장하는 것이다. 또 뒤에서 언급하겠지만 『밀항자』에서 강조하는 정치적 주체는 역시 남성 중심이다. 젠더를 둘러싼 문제군은 부상하지 않는다.

서병식의 어린 시절 약혼녀로 등장하는 강성희는 서병식의 강한 반대에도 서병식의 뒤를 쫓아 일본으로 건너와 오무라 수용소에서 서병식의 석방을 기다렸다가 같이 북으로 귀국하게 된다. 소학교 시절 친구인 하성길 집에 몸을 맡기고 있었던 임영준은 하의 처제인 아이카와 게이코를 사랑하게 되지만, '남조선'으로 돌아갈 결심을 하고 그녀에게 그때까지의 짝사랑을 고백한 다음, 이별을 고한다. 그런데 이야기의 마지막 부분에서는 서병식의 귀국을 배웅하려는 임영준에게 아이카와 게이코가 갑자기 나타나 "당신이 이쪽으로 건너온 것처럼 이번에는 내가 남조선으로 밀항합니다"라고 고한다. 용모 단정한 인물로 그려지는 두 여성은 밀항 혹은 귀국이라는 수단을 통해 한반도에서 주체로 서려는 남성의 결단과 행동에 때로는 반대하면서도 마지막까지 따라간다. 『밀항자』에서는 투쟁하는 남성과 이를 받아들이고 지탱하는 여성이라는 전형적인 구도가 그려진다. 젠더 관계의 흔들림은 전혀 나타나지 않는 것이다.

3. 인류·가족

1970년 전후에 집중적으로 나타난 '재일조선인 문학'에서는 해방 후 재일조선인에게 강제된 '인류'가 여러 형태로 그려지고 있다. '인류'를 중심 소재로

다룬 것으로는 먼저 사할린에서 '히키아게(引き揚げ)'가 아닌 밀항을 통해 일본으로 건너온 경험을 다룬 이회성의 작품을 들 수 있다. 귀국 사업으로 공화국에 돌아간 화자의 여동생의 이야기를 그린 김학영의 『착미(錯迷)』도 이러한 범주에 넣을 수 있다. 1971년부터 1973년에 걸쳐 여러 잡지에 실렸다가 1974년에 간행된 김석범의 『1945년 여름(1945年夏)』은 전쟁 말기부터 해방 직후까지 일본과 조선을 왕복하는 조선인 청년의 궤적을 그리고 있다. 이 작품은 해방 직후에 일본에서 작은 어선을 타고 '독립 조국의 수도 서울'로 돌아가는 장면으로 막을 내린다. 또 고사명의 『밤이 시대의 걸음을 어둡게 할 때(夜がときの歩みを暗くするとき)』는 '인류'를 중심 소재로 다루고 있지는 않지만, 일본 공산당의 방침에 이의를 제기하는 재일조선인 당원이 밀항자로 등장한다. 즉 한반도로 귀환하거나 일본으로 밀항하거나 북조선으로 귀국하는 인물들을 많은 작품에서 볼 수 있는 것이다.

이처럼 정도의 차는 있지만 적지 않은 작품에서 '인류'가 그려지고 있다. 이는 1970년 전후의 '재일조선인 문학'이 해방 후의 재일조선인이 처해 있는 상황을 그리고 있다는 점에서 보면 당연한 것이기도 하다. 해방 시점에 일본에는 230만 명 넘는 조선인이 있었다. 그리고 1946년 3월까지 140만 명 넘는 조선인이 한반도로 귀환했다. 그러나 그 후 정치 정세가 악화되고 일본 정부가 휴대 가능한 현금과 화물을 엄격하게 제한(통화는 1000엔 이하, 화물은 250파운드)하는 조치 등을 취하자, 그 영향으로 귀환 후에 본국에서 생활 기반을 세울 수 없게 되었고, 그래서 한국전쟁기까지 일본으로 재차 밀항하고 다시 강제송환당하는 일을 반복하게 된다.[13]

그런데 1959년부터 시작되는 귀국 사업으로 약 9만 명의 재일조선인이 조

13 姜在彦, 「『在日』百年の歴史」, ≪環≫, 11号(藤原書店, 2002) 참조.

선민주주의인민공화국으로 귀국한다. 이와 같이 재일조선인 사회에서 '인류'란 그 문학에 나타나는 것처럼 여기저기에서 볼 수 있는 광경이었고, 가지무라 히데키가 "국경에 걸쳐 있는 생활권 혹은 생활 의식 공간"[14]이라고 지적하고 있는 것처럼 명백히 존재했던 것이다.

'인류'란 가족 이별의 경험이었기 때문에 '인류'를 그려내면서 아울러 가족이라는 문제가 부상한다. 이회성의 제1작인 『또다시 걷는 길(またふたたびの道)』은 '인류'가 가족과 서로 어떻게 얽혀 있는지를 가장 특징적으로 드러내고 있다. 이 작품은 해방 직후 사할린에서의 밀항 경험과 북으로 귀국한 의모 등 '인류'를 그리고 있지만, 동시에 당초의 제목이 '조씨 집안의 우울(趙家の憂鬱)'이었던 것에서 알 수 있듯이,[15] 집·가족이라는 것에 대한 의문을 그린 텍스트이기도 하다. 조씨 일가는 일본의 위조 여권을 손에 넣어 일본인으로 둔갑해 조선으로 돌아가기 위해 사할린에서 일본으로 건너온다. 그런데 할아버지와 의모의 아이는 사할린에 남게 된다. 일본으로 건너가면서 할아버지 및 의붓동생과는 헤어지게 되는 것이다. 원래의 목적이었던 귀국을 할 수 없게 된 아버지는 그 후 "**일가족 모두가** 조국으로 돌아가는 것"을 꿈꾸게 된다.

전후의 재일조선인은 '인류'로 이별을 하게 되면 그 후에 재회할 가능성이 지극히 낮았다는 점을 지적해두고 싶다. 식민지 시대에 일본 '제국'의 판도가 넓어진 만큼 조선인의 생활권도 확대되었다. 그런데 일본의 전후와 냉전, 그리고 남북 분단으로 국경이라는 경계선이 그어져 생활권 자체가 갈기갈기 찢어져버리는 것이다. 이 때문에 '인류'는 '불법행위'가 되었고 한번 월경하면 재차 월경은 아주 곤란한 상황에 놓이게 되었다.

---

14 梶村秀樹, 「定住外国人としての在日朝鮮人」, 『梶村秀樹著作集』, 6巻(明石書店, 1991), p.18.

15 李恢成, 「著者から読者へどうかわが故郷を訪ねてほしい」, 『またふたたびの道·砧をうつ女』(講談社文芸文庫, 1991).

이 같은 상황 때문에 '재일조선인 문학'은 '인류'와 함께 가족의 문제를 다루게 된다. 그런데 이 작품들에 등장하는 가족은 행패를 부리는 아버지, 참기만 하는 어머니, 반발하거나 침묵하는 자식이라는 구도를 특징으로 한다. 이 같은 가족의 모습 때문에 '재일조선인 문학'을 "이질적인 것"으로 간주하는 것이다.

예를 들면, 김학영이나 이회성의 작품에는 자주 난폭한 아버지가 등장한다. 어머니는 십중팔구 아버지의 폭력을 오직 견디기만 한다. 작가의 분신인 아들은 그런 모친을 감싸고 부친과 대립한다. 여기서 부자간의 대립·상극이 생겨나는 것이다. 그러나 이 부자간의 대립은 예를 들면 시가 나오야(志賀直哉) 문학에 나타나는 부자간 대립과는 본질적으로 다르다.[16]

이토 나리히코는 '일본 문학'의 대표적 존재인 시가 작품과 비교하면서 김학영과 이회성 작품의 특징으로 "난폭한 아버지"를 들고 있다. 『또다시 걷는 길』에 나타난 아버지의 모습을 보자.

> 철오(哲午)는 오랫동안 집을 사이조(西条)가 말하는 추악한 세계로 느껴왔다. '조선인'으로서의 열등감은 집 그 자체의 생활이 심어놓은 것일지 모른다. 화를 내고 소리를 지르는 아버지, 조용하게 손을 모으는 의모. 철오는 부모로부터 도망치고 싶어 할 수밖에 없었다. 가방 한 개 딸랑 들고 집을 나서자 현관에서 아버지가 슬프게 외친다.
>
> "너까지 집을 나가는 거야?"
>
> 이미 형들은 집을 나갔다. 뒤돌아보니 의모가 현관 앞에서 웅크리고 앉아 놀라 어쩔 줄 모르겠다는 듯이 철오를 부르고 있었다. 그러나 철오는 그대로 멀어져갔다.

---

16 伊藤成彦, 「在日朝鮮人文学とわれわれ」, p.25.

"일가족 모두"가 함께 귀국하기를 원했던 아버지는 동시에 집에서는 "화를 내고 소리를 지르는 아버지"이기도 했다. 이 때문에 아들들은 "추악한 세계"인 "집을 나"간다. 게다가 "일가족 모두"는 뿔뿔이 흩어진다. 김학영 작품에는 가혹한 폭력을 휘두르는 아버지와 이를 가만히 견디는 어머니가 반복해서 등장한다. 『착미』에서 화자인 신순일(申淳一)의 여동생 명자(明子)는 북으로 돌아간다. 폭력이 지배하는 "암울한 자기 집을 배겨날 수 없어서" 가출의 수단으로 귀국을 결심한 것이다. 명자의 결심을 듣고 신순일은 생각한다.

> 어디로 가도 저 암울한 집에서 사는 것보다는 차라리 낫다. 집에서 정신적으로 학대받는 것보다는 아예 홀로 북조선에 돌아가서 거기서 아무런 구애도 받지 않고 사는 편이 훨씬 행복하지 않을까. …… 귀국할 의지가 있다면 귀국하는 게 좋다.

아버지의 폭력이 지배하는 "암울한 집"에서 사는 것과 귀국을 저울질해 어느 쪽이 "자신들의 '안전 = 안녕'을 확보"(조경희)하는 길인지 선택해 귀국한 것이다. 다른 형태이기는 하지만 집과 '인류'의 문제를 여기서도 볼 수 있다.

그런데 가정 내의 억압 요인으로 아버지의 직접적인 폭력만을 그려내는 것은 아니다. 『또다시 걷는 길』에서는 아버지가 죽은 다음, 의모가 재혼하고 싶다는 의사를 밝히자 자식들이 노골적으로 반발하는 모습을 그린다. '조씨 집안의 어머니'로 집에 머물기를 요구한 것이다. 집안에 대한 아들들의 의식이 의모라는 한 사람의 여성을 끝까지 '어머니'의 입장에 가두어두려는 것이다. 결국 의모는 집을 나와 북으로 귀국한다. 집안의 존속을 위해 '어머니'를 희생시키려는 아들들의 생각이 드러나고 있는 것이다.[17] 문학작품에도 묘사되고

17 『또다시 걷는 길』에서 아들들이 의모를 이해하려 하지 않고 집안을 위해 '어머니'로 계속

있는 재일조선인 사회의 이 같은 완고한 가부장제와 성차별은 1980년대 이후 엄정한 비판을 받게 된다.

> 하지만 어머니에 대한 아버지의 횡포에는 거의 변함이 없었다. 아버지는 S동맹의 분회장으로 일본 정부의 재일조선인에 대한 억압정책을 공격할 줄은 알아도 자신이 아내나 자식들에게 가하고 있는 직간접적인 폭력과 억압에 대해서는 전혀 반성할 조짐조차 없었다. 자식들이 진정으로 바라는 것이 '조국의 평화적 통일'이라기보다는 오히려 우선은 '가족의 평화적 통일'이라는 것을 아버지는 여전히 이해하지 못했다.

정영혜(鄭暎惠)는 『착미』의 이 부분을 인용하면서, "1세 할머니들의 고뇌에 찬 생활은 일본 제국주의에 의한 것임과 동시에 자신의 남편에 의한 것"이었다고 말한다. 그리고 다음과 같이 쓰고 있다.

> '재일조선인' 1세 남성들은 일본 사회로부터 받은 억압을 그대로 자신의 아내와 아이들에게 가해왔다. '재일조선인' 여성이나 '자식들'(2세들)에게 '해방'이란 일본 사회에 만연되어 있는 민족 차별로부터의 '해방'이면서, 동시에 폭군 '아버지'가 지배하는 '집'이나 '민족'으로부터의 해방도 의미했다. 집안이나 민족을 상대화하고 그것이 가지는 자명성을 깨는 것, 이것이 필요했다.[18]

그때까지 재일조선인 해방을 지향하는 운동은 각자 가정에서 여성이나 아

있도록 하는 것이 갖는 폭력성에 대해서는 김부자(金富子)의 지적에 따른다.

18 鄭暎惠, 「〈家〉の解放と開かれる〈民族〉」,『解放社会学研究(I)』(明石書店, 1986); 鄭暎惠, 『〈民が代〉斉唱』(岩波書店, 2003), p.13.

이들에게 가해지는 '폭군(아버지)'의 폭력을 간과해왔다. 즉 "'집안'이나 '민족'"이 억압으로 기능해온 것이다. 그 억압에서 해방되는 것이 일본 사회의 민족 차별에서 해방되는 것과 "함께" 필요하다는 것이다. 또 박화미(朴和美)는 '재일 사회'가 민족 차별과 계급 차별의 중층성을 어느 정도는 이해하고 있지만 젠더 문제에 대해서는 인식이 없었다는 점을 지적하면서, "이중·삼중의 차별 구조를 지금이라는 시대에 비추어 동시 진행형으로 해결해나가려는 각오가 재일에게 필요하다"[19]라고 주장한다. 김이사자(金伊佐子)는 재일조선인 여성의 주체적 해방운동의 개시를 선언하는 문장에서 다음과 같이 말한다.

> 재일 여성, 재일 사회라는 한마디로는 묶을 수 없다. 가장 큰 요인은 조국 분단이 유형무형, 모든 형태로 재일 여성을 세분화해왔기 때문이다. 조국 분단을 고정하고 착취 지배하려는 일본에서 세분화된 여성들은 멋대로 착취당하고 지배를 당해왔다. 그래서 근본적인 해결보다는 응급조치에 쫓겨 그때그때 사태를 모면해왔다. 이런 일이 반복되었기 때문에 여성들은 어떤 곤경에 빠져도 이를 버텨내는 힘을 가졌다. 이런 재일 여성의 모습을 본 일본인들은 '듬직하다'며 감탄하고 칭송한다. 일본인만 그러는 것이 아니다. 재일 남성들 또한 '듬직한' 재일 여성을 자랑스럽게 생각한다. 그리고 왜 '듬직해'졌는지 그 원인을 오직 일본의 제국 군국주의, 지배 침략주의, 차별 억압주의에서만 찾을 뿐, 자신의 가해성 등은 짐작조차 하지 않는다. …… 나에게 재일이라는 것, 여성이라는 것은 서로 다른 것이 아니다. 둘 중에 하나만을 공유해 이해할 수 있다고 생각하지 말라. 나는 그 정도로 호인이 아니다. 민족문제를 들이대 여'성'을 무화하는 재일 남성도, 여성 문제를 가지고 민족'성'을 무화하는 일본 여성도 재일 여성에게는 지배와 억압의 가해자이다.[20]

---

19 朴和美, 「怒ってくれてありがとう: 在日の女と男」, ≪ほるもん文化≫, 9号(新幹社, 2000).

'여성'이라는 것과 재일조선인이라는 '민족성' 가운데 어느 한쪽만을 중시하는 것은 "재일 여성에게 지배와 억압"에 다름없다고 김이사자는 잘라 말한다. 재일조선인 여성을 둘러싼 "중층적인 차별 구조"를 의식하고 그 위에서 이를 극복해나가려는 "재일 여성의 해방운동"이 필요하다고 강조하는 것이다.

"지금이라는 시대"에 '인류'와 가족이라는 시점에서 '재일조선인 문학'을 검토할 때는 이 같은 "중층적인 차별 구조"가 어떤 형태로 형성되었는지를 봐야 한다. 재일조선인의 삶을 규정해온 국가·젠더·민족·계급이라는 문제를 순위를 매기지 않고 복합적 시좌에서 '함께' '동시 진행형'으로 묻는 자세가 필요한 것이다.[21] 이제 이 같은 문제의식에 입각해 작품을 구체적으로 검토해보자.

4. 이회성·김학영 소설에 묘사된 생활·귀국·폭력

인류가 가족을 강하게 의식하게 만들고 그 가족의 존재 형태가 가족을 헤어지게 만듦으로써 더욱 인류를 초래하는 사태. 이 점을 생각하기 위해서는 전후 일본 사회에서 재일조선인이 처했던 사회적·경제적 상황을 볼 필요가 있다.

사할린에서 일본으로 건너온 후의 홋카이도(北海道) 생활을 담은 이회성의 『큰 바위 얼굴(人面の大岩)』에는 다음과 같은 대목이 나온다.

---

20 金伊佐子, 「在日女性と解放運動: その創世期に」, 『リブとフェミニズム』(岩波書店, 1994), pp.247~248. 초출은 『フェミローグ(3)』(玄文社, 1992).

21 宋連玉, 「在日朝鮮人女性とは誰か」, 『シンポジウム·ポストコロニアル状況の中の在日朝鮮人資料集』(2003).

생활을 꾸려가려고 아버지가 시작한 일이 양돈장이었다.…… 아버지가 원망스러웠다. 나는 왜 이런 더러운 일을 해야만 하는 것일까. 차라리 밭일이 낫다고 생각했다. 가능하다면 어느 일도 하기 싫었다. 소학생이었던 나는 다른 소년들처럼 학교에서 돌아와 해 질 녘까지 동네 야구를 하고 싶었다. 국방색 보이스카우트 제복을 입고 캠프에도 가고 싶었다. 그 무렵 보이스카우트의 차림을 한 소년들은 몸에 괜히 이것저것 주렁주렁 매달고 경박하게 뽐을 내기도 했다. 나는 속으로는 이들을 경멸했지만 돼지 먹이를 모으는 것보다는 훨씬 더 즐겁게 보였다. 이제는 머리가 큰 탓이다. 그래서 너무 볼품없는 집안일 도우미는 하고 싶지 않았다. 그러나 아버지의 명령에 등을 돌릴 수는 없었다. 어머니가 같이 리어카를 끌어주었다.

식민지 시대에 탄광부였던 아버지가 전후 좀처럼 일자리를 찾지 못하고 "생활을 꾸려가려고" 시작한 양돈업을 가족 모두가 돕는 정경이 떠오른다. 김학영의 『탄성한계(弹性限界)』에도 다음과 같은 장면이 나온다.

스미요시 초(住吉町)에 있던 헛간 같은 오두막집에서 현(玄)의 아버지 다카기 소엔(高木宗遠), 즉 고종원(高宗遠)은 7년 동안 밀주를 만들었다. 탁주를 청주로 증류할 때는 새벽 3시에 일어나 가마에 불을 지폈다. 불기운을 일정하게 유지하는 것이 현의 역할이었다. 현은 아직 소학교 학생이었다. 중학생 끝 무렵까지 그 역할에는 변함이 없었다.

이 이야기에 등장하는 고종원은 전후 '넝마주이', '노점 어묵 장사', '양돈업자', '미군 물자 암시장 거간꾼' 같은 직업을 거쳐, "밀주"에 손을 댔고 그 노동의 일단을 가족들이 맡았다. 1950년대 재일조선인의 완전 실업률은 일본인의 8배에 달했다. 가족 간의 결속과 보조 노동이 생활을 지탱한 것이다.[22] 가족이 힘을 합쳐 생활을 꾸려나가지 않을 수 없는 가운데, 가정은 '아버지의 명령'에 의한 억압을 낳는 장이면서 동시에 공권력에 대한 저항의 발판이기도 했다.

김학영의 『끌(鑿)』에는 경찰과 세무 직원에게 가택수색을 받는 가운데, "술을 만든 건 나다! 나를 끌고 가라!"라며 머리카락을 뒤흔들면서 울부짖는 어머니의 모습이 등장한다. 이것은 송연옥(宋連玉)이 "사적 영역을 침범하려는 공적 영역, 국가의 폭압에 대해 재일조선인 남녀가 공투해 생활을 지켰다. 그러나 말할 것도 없는 것이지만, 대등한 관계에서의 공투는 아니었다"[23]라고 말한 바 있는 그 "공투"이다. 앞서 소개한 『큰 바위 얼굴』 인용문에도 잘 나타나 있지만, 일본 사회에서 이 같은 생활을 하는 것 때문에 아이들이 집에 대한 혐오감을 쌓게 되었던 것이다.

> 돼지같이 살고 있다! 나는 몸을 떨면서 마음속으로 외쳤다. 돼지는 먹이가 모자라면 불만을 소리로 드러낸다. 먹이를 주지 않으면 멱따는 비명을 지른다. 아버지도 불만이 쌓이면 돼지같이 소리를 지르는 것이 아닐까. 그런데 식구들은 돼지보다 못하다. 불만을 털어놓을 수가 없으니 소리를 숨죽이고 살아갈 수밖에 없는 것이다.

생활을 꾸려가기 위해 가족을 힘으로 붙들어 매놓으려는 아버지에 대한 불만은 쌓여만 가고, 아이들은 집에서 도망칠 궁리만 한다. 자식 세대는 집 혹은 아버지에 대해 강한 혐오감을 갖는다. 이 같은 혐오감에 대해 다케다 세이지는 『재일의 근거』에서 "불우(不遇)의 의식"이라며, "〈재일〉이란 무엇보다도

22 宋連玉, 「『在日』女性の戦後史」, ≪環≫, 11号(藤原書店, 2002), p.170.

23 宋連玉, 「在日朝鮮人女性とは誰か」.

돌이킬 수 없는 불우함을 사는 것"이라 말한다.[24] 그러나 "돌이킬 수 없는"이라고 매듭을 짓기 전에 그 같은 "불우의 의식"이 만들어지는 조건 혹은 구조를 확실히 확인해둘 필요가 있다. 김학영의 『착미』에서 화자인 신순일의 여동생 명자가 북으로 귀국하는 장면을 보자.

> 그때 갑판 위에 있는 명자의 표정이 휑하니 바뀌었다. 그때까지 조용하게 무표정이었던 명자의 얼굴에 갑자기 동요의 빛이 번졌다. 마치 지금 어머니와 가족으로부터 떨어져 홀로 낯선 땅에 가려 하고 있다는 것을 처음 깨달았다는 듯이 나에게는 매우 익숙한 두려움의 표정이 돌연 명자의 얼굴에 떠올랐다. 그러자 이제는 어머니를 '어머니'로 부르게 되었을 터인 명자가 돌연 이전의 명자로 돌아가 이렇게 불렀다. "오카상! 오카상!" 명자는 상반신을 뱃전 밖으로 내밀고 창백한 얼굴로 울부짖듯이 외쳤다. "명자! 명자!" …… "오카상! 오카상!"
>
> 주룩주룩 눈물을 흘리면서 명자는 애끓는 소리로 몇 번이나 외쳤다. 배가 빠른 속도로 안벽을 벗어나 나아간다. 사람들의 무리에서 떠들고 외치는 소리가 한층 더 날카롭게 울려 퍼지며 울음 섞인 울부짖음이 여기저기에서 들려온다. 갑자기 가슴속에서 뜨거운 것이 올라온다. 눈물이 넘쳐흐르자 시야가 흐려진다. '웬일이지. 이게 무슨 일이지.' 중얼거리는 중에도 눈물은 멈추지 않고 흘러넘쳐 볼을 타고 흘러내려 간다.

앞서 말한 바와 같이, 명자는 "집을 배겨낼 수 없어" 귀국하는 것이다. 그런데 배가 떠나는 바로 그 시점에 가족을 그때까지보다 더 강하게 의식한 것이다. 다케다는 이 장면을 들어 "즉 명자는 이때 원감정(原感情)으로서 자신이

---

24 竹田青嗣, 『在日という根拠』(ちくま学芸文庫, 1995), p.241.

가지고 있던 '불우성'에서 '조국' 혹은 '귀국 사업'이라는 이야기 쪽으로 옮겨가는 것을 돌연 깨닫고, 그 때문에 '어머니'라는 소위 이야기[物語]로서의 호칭을 버리고 '오카상'이라는 원감정으로 되돌아가려 한 것이다"[25]라고 말한다. 집을 벗어나기 위해 귀국을 선택했다는 사실, 그리고 이 귀국 장면에 묘사된 경험의 차원에서, 이로부터 3년 후에 여동생도 귀국할 수밖에 없었던 사정을 생각할 필요가 있다. 즉 귀국은 송연옥이 말하는 "전근대적 가족의 억압에서 합법적으로 도피하는 한정된 길"[26]로서 선택한 것이었다. 또 이를 통해 재일조선인 여성이 집을 벗어나 일본 사회에서 생활해가는 것이 아주 곤란했다는 것을 알 수 있다. 이 문제에 대해서는 복합적인 시점에서 생각할 필요가 있다. 김학영 작품에는 대학을 졸업해도 일본 사회에서 직장을 구할 수 없는 인물(남성)이 자주 등장한다. 만년의 작품인 『공백의 사람(空白の人)』은 재일조선인에 대한 취직 차별을 소재로 한 소설이다. 대학을 졸업해 전문 지식을 쌓아도 취직 차별이라는 두꺼운 벽에 부딪히게 되는 일본 사회의 현실에 젠더 바이어스(gender bias)가 한층 더 가해짐으로써, 재일조선인 가정에서 여성에게 일반적으로 고등교육을 시키지 않으려 하게 되었다고 할 수 있다.[27]

한편, 이 작품은 북으로의 귀국이라는 '인류'라는 점에서 보면, 귀국 운동이 한창일 때 집필된 김달수의 『밀항자』와는 크게 다르다. 게다가 북으로의 귀

---

25 竹田青嗣, 『在日という根拠』, p.191.

26 宋連玉, 「在日朝鮮人女性とは誰か」.

27 박유하는 "여성을 신부 수업을 위해 민족 학교에 보내고 종국에는 고교까지만 배우게 하는 교육에서 볼 때, '전후' 재일 사회는 한국 사회보다 훨씬 남성 중심 사회였다"[「韓国社会よりもはるかに男性中心社会であった」, 朴裕河, 「一九六〇年代における文学の再編」, ≪思想≫(2003.11), p.119]라고 말하고 있다. 일본 사회에서 재일조선인이 어떤 상황에 놓여 있었는지에 대한 고려 없이 교육 면만을 예로 들어 '남성 중심'성을 측정하고 있다는 점에 강한 의문을 느낀다.

국에 대해서 명확한 의미 부여를 할 수 없다는 것이 작품 내에 나타난다는 점이 눈길을 끈다. 앞서 본 『착미』에서와 마찬가지로, 일본 사회에서 계속 사는 것과 비교해 귀국의 결단은 어쩔 수 없었다는 인식이 나타나 있다. 귀국 사업이 진전됨에 따라 한 사람이라도 많은 재일조선인을 공화국으로 '추방'하려는 듯이, 일본의 후생성이 재일조선인에게 지급되는 생활보호비를 줄이고자 단속을 강화했던 사실[28]은 구체적으로 널리 알려졌다고는 할 수 없다. 하지만 김달수가 지적하는 것처럼 "민족적 차별, 즉 생활고" 때문에 "일본에서 생활을 꾸려나갈 수 없다"라는 실감이, '국민'이 아닌 사람을 배제하는 열악한 사회복지의 상태와 함께, 많은 재일조선인에게 널리 공유되어 있었다고 볼 수 있다. 그러나 귀국 운동이 실질적으로 마무리를 맞이하던 시기에 집필된 『착미』나 이회성의 『또다시 걷는 길』에서는 귀국을 어떻게 받아들여야 할지 몰라 고민하는 망설임도 동시에 읽어낼 수 있다.

『착미』는 명자의 귀국 장면은 주의 깊게 묘사하지만, 3년 후 여동생 기자의 귀국은 사실을 알리는 데 그치고 있다. 화자인 신순일은 "9년 동안 우리 집에서 일어난 가장 큰 일은 명자와 기자의 북조선 귀국이었다"라고 하지만, 두 사람의 귀국 후에 대해서는 한마디도 언급이 없다. 이회성의 『또다시 걷는 길』은 의모가 귀국 소식을 전하는 편지를 조철오가 받는 장면에서 이야기가 시작된다. 그러나 철오는 그 편지를 전혀 읽을 수 없다. 의모의 귀국 결정에 이런저런 생각을 하다가 과거 밀항에 대한 기억과 가족의 경험이 떠오른다. 이런 회상에서부터 이야기가 펼쳐진다.

어쩔 수 없이 철오는 담배를 피웠다. 무심한 듯 눈을 감자 의모의 불쾌한 눈빛

---

28 テッサ・モーリス-スズキ, 『北朝鮮へのエクソダス』(朝日新聞社, 2007), pp.148~151.

이 떠올랐다. '그렇군. 귀국하는군…….' 마음속으로 중얼거렸다. 이때부터 철오의 뇌리에 바다가 펼쳐졌다. 어슴푸레한 바다다. 그 바다 저쪽에 환영 같은 섬이 희미하게 보인다. 타타르 해협(Tatar Strait)을 따라 마치 바닷게 앞다리처럼 뻗어 있는 가라후토(樺太). 그 바다와 섬이 지금 철오 마음에 한없이 다가와 있다. 그 기억에서 한 소년이 빠져나와 있었다.

의모의 귀국이라는 월경의 결단을 앞에 두고 철오의 뇌리에 가라후토에서의 밀항이라는 과거의 월경 경험이 떠오른다. 그 기억이 지금까지의 '조씨 집' 가족의 존재 형태를 되돌아보게 만드는 것이다. 의모가 귀국한다는 것은 마지막까지 철오의 가슴속에 자리매김되지 못한다.

지금도 나는 어머니에게 배신당했다고 생각한다. 이 감정은 언제가 되어도 없어지지 않을 것이다. 그런 느낌이 든다……. 다만 불가사의하게 느껴지기도 한다. 뭔가 마음이 놓이는 느낌도 든다. 아버지는 그렇게도 귀국하고 싶어 했는데 뜻을 이루지 못했다. 할아버지들도 마찬가지다. 이들은 언제쯤 조국에 돌아갈 수 있을까? 가족들을 대신해 먼저 어머니가 돌아가는 것일지도 모르겠다. 조씨 집안의 어머니로서는 아니지만, 조씨 집안의 인생을 살아온 사람으로…… 이렇게 생각하니 뭔가 이것도 조씨 집안의 하나의 진실이라는 생각이 든다.

재혼한 남편이 병에 걸려 "일본에서는 건강보험도 없고 돈도 많이 드니 눈 딱 감고 돌아가기로 했다"라는 의모의 선택을 철오는 "조씨 집안의 하나의 진실"로 어떻게 해서든 받아들이려 한다. 그러나 이야기의 말미에 결국 자기 자신을 납득시키는 것이 불가능하다는 뜻을 내비친다. 귀국하는 의모를 "어쩔 수 없이" 배웅하기 위해 니가타로 향하는 열차에서 "뭔가 화가 난 듯이 다리를 벌리고 팔자걸음으로 다가온" 철오의 모습이 그려지면서 이야기는 막을 내린다.

귀국 사업이 실질적으로 마무리된 후에 집필된 『착미』와 『또다시 걷는 길』에서는 등장인물의 귀국이라는 선택이 어쩔 수 없는 것으로 그려지고 있다. 하지만 긍정적으로도 부정적으로도 의미 부여를 하지 않는다. 평가도 하지 않는다. 평가를 피하고 있다기보다는 어떻게 받아들여야 할지 모르니 망설임만이 두드러지는 것이다.

이 지점에서 당시부터 현재에 이르기까지 일본 사회에는 북으로의 귀국이라는 '인류'에 의미를 부여하는 장 자체가 존재하지 않는다는 점을 생각할 필요가 있다. 재일조선인이라는 "파괴분자이면서 사회복지에 무거운 짐이 되는 사람들을 이 나라에서 배제하려는"[29] 일본 정부의 자세에 의해, 북으로 귀국했던 사람들은 그 후 다시 일본에 올 수 없었다. 1963년 이후, 여러 형태로 "조국 왕래의 자유"를 요구하는 운동이 펼쳐졌다. 하지만 자유 왕래 운동이 한일회담을 저지하기 위한 정치적 목적에 의한 것이라는 이유를 들어 일본 정부는 북과의 왕래를 인정하지 않았다.[30] 그리고 일본과 북의 국교가 없는 채로 해방 후('전후') 70년을 맞이한 지금까지, 이 상황에는 기본적인 변화가 없다. 즉 북으로 귀국한 사람들의 소리를 들을 수 없는 상황이 1960년대부터 지금까지 계속되고 있는 것이다. 일본 사회의 욕망에 적합한 '북조선의 참상'을 전하는 소리만이 들려오고 있을 뿐이다. 현재 일본에서 관민일체가 된 '북조선 적시' 체제를 생각하면, '인도'라는 이름하에 행해졌던 북으로의 귀국이 당사자들에게 어떤 경험이었는지 정확히 파악할 수 없는 상태에 계속 놓여 있음을 알 수 있다. 『착미』나 『또다시 걷는 길』에 묘사되고 있는 상태가 지금도

---

29 テッサ・モーリス-スズキ, 『北朝鮮へのエクソダス』, p.256.

30 李尚珍, 「日朝協会の性格と役割」; 朴正鎮, 「日韓国交正常化と日朝関係の非正常化」, 高崎宗司・朴正鎮 編, 『帰国運動とは何だったのか』(2005), pp.261~264, 348~349 참조.

변함이 없는 것이다. 이는 바로 식민주의 극복이 지금껏 이루어지지 않고 있다는 가장 큰 증거이다.

다음으로 아버지의 폭력이라는 문제를 생각해보자. 이 폭력은 자식 세대에게 가정에 대한 혐오감을 심어주었고 이 혐오감이 다시 새로운 '인류'를 초래했다. 김학영의 『알코올램프』에 등장하는 홍인순은 식민지 시대에 강제 연행되어 홋카이도의 탄광에서 겪은 경험을 다음과 같이 말한다.

> 거기는 거의 완전히 감옥이야. 아니 감옥보다 더 심한 곳이지. 자나 깨나 "덴노 헤이카(천황 폐하—옮긴이)! 덴노 헤이카!"였어. 탄광에 있는 굴로 한 사람씩 내려갈 때, 하나하나 이렇게 말하게 했어.
>
> "히도쓰(하나—옮긴이)! 우리는 황국신민이다. 충성심으로 군국(君國)에 보답한다! 히도쓰! 우리 황국신민은 서로 신애협력(信愛協力)함으로써 단결을 튼튼히 다진다! 히도쓰! 우리 황국신민은 인고단련(忍苦鍛鍊)을 키움으로써 황도(皇道)를 선양(宣揚)한다!"
>
> 도중에 막히면 엄청나게 당하는 거지. 곤조(根性)가 그러니 성적이 안 오른다며 거의 반죽음이 되는 거야. 죽었다고 생각하지 않으면 거의 참기가 불가능한 거야. 어느 때는 일본인도 사람 취급을 받지 못했지만 조선인은 거의 개나 짐승만도 못했어.

홍인순은 김학영 작품에 곧잘 등장하는 흉포한 아버지 가운데 한 사람이다. 이 인물은 과거에 '황국신민의 선서(皇国臣民の誓詞)'를 강제로 암송하는 과정에서 가혹한 폭력을 당한 경험을 말하고 있다. 홍인순에게는 해방 후에도 식민지 시대에 형성된 일본인과 조선인의 가치 서열 구조가 그대로 남아 있다. 이에 대항하기 위해 조선인으로서 강해지지 않으면 안 된다는 형태로,

일제하에서 강제된 폭력이 가족에게 전가되어가는 구도가 잘 드러난다. 홍인순은 불완전하나마 그럭저럭 남성에게만 존재했던 선거권이 전후에 박탈되어 무권리 상태로 일본에서 생활한다. 이런 가운데 정치적 '주체'가 되고자 하는 욕망이 조선인으로서 존재 의식을 강화해 그 의식에 따른 행동을 가정 내에서도 요구하는 것이다.

이 같은 형태로 강해져가는 민족의식은 분단 체제 안에서 남북 중 한쪽 국가의 정치적 '주체'가 되려는 의식으로 이어진다. 그러면서 분단국가의 논리를 전제로 한 배타적 국민주의의 형태로 이어지는 것이다. 그리고 남북 모두 분단 국민국가는 성차별을 축으로 재편·강화되는 논리를 가지고 있기 때문에, 남북의 분단 국민국가의 논리가 부딪치는 장이 된 재일조선인 사회는 엄혹한 젠더 규범에 의해 규정되는 장이다. 이처럼 하나의 가정 안에서도 '민족'이라는 이름하에 배타적 국민주의가 강요된다. 그 국민주의끼리 부딪치는 상황에 대한 위화감을 김학영은 묘사하고 있는 것이다. 이는 바로 재일조선인이기 때문에 품게 되는 위화감이고 고뇌이다.

이상 살펴본 바와 같이, 이회성과 김학영의 작품을 집안과 '인류'라는 관점으로 다시 읽어보면, 배타적이고 차별적인 일본 사회에서 재일조선인 가정을 이산시키는 동력이 끊임없이 작용하고 있으며 동시에 그 가족을 형성·유지하지 않으면 생활을 꾸려나갈 수 없었던 구조를 찾아낼 수 있다. 그리고 이 구조 때문에 여성의 희생 위에 성립된 가부장제가 더욱 강고해진다는 점을 지적할 수 있다. 그렇다면 재일조선인의 가부장제는 흔히 말하듯이 전근대적 혹은 봉건적인 것의 잔존이 아니라, 식민주의가 극복되지 않고 계속되는 가운데 강고해졌다고 말할 수 있을 것이다.

5. 맺음말을 대신해서

마지막으로 이회성의 『큰 바위 얼굴』의 마지막 장면을 보자.

> 오랫동안 나는 아버지의 배후에 있는 정체불명의 어둠의 갱도가 무엇인지를 잘 알 수 없었다. 그 거무죽죽함은 아버지의 광폭함을 키운 짐승의 길로 통하는 것으로 비추어졌다. 그 때문에 아버지가 화를 내면 거기에 어떤 진실이 담겨 있다 해도 나에게는 짐승의 말로 들릴 뿐이었다. 요즘 그 갱도에 빛이 은은히 들어오는 것처럼 생각된다. 혹시 자신이 조선인으로서 아버지의 말을 이해하려 하고 있기 때문일까라는 생각도 해본다. 만일 그렇다면 나는 섣불리 아버지를 지나치게 업신여겨왔던 셈이다.

이회성이나 김학영의 작품에는 가정 내에서 벌어지는 아버지의 횡포가 자주 그려지지만, 동시에 이 인용문처럼 폭력을 휘두르는 아버지를 자식이 이해하는 장면도 자주 보인다.[31] 그러나 아버지에 대한 이 같은 이해는 어디까지나 '남성', 즉 아들의 시점에서만 그려지는 것이다. 그래서 여성에 대한 억압을 결과적으로 간과해버리는 측면이 존재한다는 점을 놓쳐서는 안 된다.[32] 이 장에서 필자는 힘을 과시하는 아버지만을 이해해 면죄부를 주려는 것이 아니

31 예를 들면 김학영의 작품 『착미』나 『끌』에도 아들이 아버지를 이해하는 장면이 묘사되고 있다.

32 예를 들면, 이정자(李正子)의 단카(短歌)·수필에는 아버지에 대해 어린 시절부터 품어왔던 이율배반적인 감정 중에서 역사적 배경이나 자신의 사회·경제적 상황을 참작해서 아버지의 과거의 언동을 읽어내려는 운동이 보인다. '복합적'으로 아버지의 경험과 생각을 다시 포착하려는 이 시도는, 억압·폭력에 면죄부를 주는 것과는 다른 이해로 향하고 있다고 할 수 있다. 李正子, 『鳳仙花のうた』(影書房, 2003) 참조.

라, 요네야마 리사가 지적하듯이 "주체를 여러 권력관계가 교착하는 장으로 복합적으로 파악"[33]하려고 시도했다. 국가·민족·젠더·계급이라는 "여러 권력관계가 교착"하는 그물망에 각기의 주체를 배치하고 이 그물망에서 지배-종속의 관계를 가능하게 만들어가는 것이 식민주의의 하나의 특징이라 할 수 있다. 그렇다고 한다면, "여러 권력관계"가 어떻게 "교착"해 어떻게 서로를 규정하고 무엇이 구축되는가, 그 교차성을 밝혀가는 것이 식민주의를 극복해가기 위해서 무엇보다 필요하다고 생각한다.

---

33 米山リサ, 「批判的フェミニズムの系譜からみる日本占領」, ≪思想≫(2003.11), p.79.

10
1960년대 일본의 사회운동과 '자기부정'의 사상 *
출입국관리 체제 반대 운동을 중심으로

권혁태

1. 들어가는 말

수용소의 벽은 조선인 차별의 벽이고 일본인과 조선인을 가로지르는 국경이라 할 만한 벽이다. 차별의 벽이고 억압의 벽이며 '어둠[影]'의 국경이다. 우리는 이 국경의 존재를 묵인하고 있다. …… 월경자들은 일본적 혈족 공동체가 영유하는 자폐 영역(본방)에 발을 들여놓으면 국경을 넘은 것이 된다. 타민족에 대한 출입국관리는 국가권력의 독점적 소유에 있고 '국익'의 옹호라는 명목으로 '밀입국죄'를 부과한다. …… 오무라 수용소 철저 투쟁은 국경 해체 투쟁으로서, 근대 민족국가가 제국주의 단계에 돌입했다는 점을 고려해 반(反)일제와 민족국가 지양(止

* 이 장은 권혁태, 「1960년대 일본의 사회운동과 '자기부정'의 사상: 출입국관리 체제 반대 운동을 중심으로」, ≪사회와 역사≫, 106호(한국사회사학회, 2015)를 수정·보완한 것이다.

揚)의 방향으로 싸워나가야 한다. …… 국경을 해체해 민족국가를 지양하지 않으면 월경자 조선인은 계속될 것이고 일본을 해방하지 않으면 오무라 수용소는 폐절(廢絶)할 수 없다는 배리(背理)를 가지고 있다.[1]

이 인용문은 1960년대 후반, 한국인 '월경자'들을 강제 수용한 오무라 수용소를 일본인 활동가가 어떻게 바라보고 있었고 또한 이 수용소 폐지 운동이 무엇을 지향하고 있었는지를 여실히 보여주고 있다.

일본을 향해 밀려들어오는 한국인 '월경자'와 이를 오무라 수용소에 강제수용해 한국으로 송환하는 정책을 고집하는 일본 정부에 대해, 일본의 사회운동 진영은 단순히 수용과 송환에 반대한다는 '인권'의 논리를 넘어, 이를 국경 해체·민족국가 지양·일본 제국주의 해체라는 '커다란 혁명 이야기'로 이어냈다. 그렇다면 오무라 수용소로 대표되는 출입국관리 체제의 문제가 어떻게 '반(反)국가' 혁명론의 중요 고리로 이어지게 되었는지, 그 내적 매개에 대한 분석이 필요하다.

이 장은 1960~1970년대 오무라 수용소로 대표되는 일본의 출입국관리 체제(이하 '입관체제')와 그 대극(對極)에 자리했던 사회운동의 논리를 살펴보고 이들의 실천적 시도를 하나의 사상적 흐름으로 자리매김하는 것을 목적으로 한다.

가족 재회를 위해, 혹은 일본 '정주'를 위해, 혹은 제3국 망명을 위한 경유지로, 혹은 경제적 동기로, 혹은 병역을 피하거나 베트남 파병을 거부하기 위해 일본으로 밀려들었던 밀항자들을 포함한 '외부자'[2]와 이들을 지원하는 일본인

1 高橋栄夫, 「大村収容所と民族国家止揚」, ≪朝鮮研究≫, 通号 86(1969), p.23.

2 여기서는 밀항자, 출입국관리법·외국인등록법 위반자, 정치적 망명자 등을 모두 포함한 개념으로 일단 '외부자'라는 표현을 쓴다.

사이에는 적지 않은 생각의 차이가 존재했을 뿐만 아니라, 또한 지원 운동 내부에도 다양한 사상적 흐름과 정파가 존재했다. 때로는 인권 문제로, 때로는 생활 네트워크의 연장선상에서, 때로는 일본 제국주의 타도라는 커다란 이념적 동기에서, 때로는 국제정치의 역학 관계의 한 고리로서 각기 다른 동기와 사상적 배경을 가지고 이들 '외부자'들을 대했다.

따라서 이 같은 다양한 시도들을 하나의 사상적 흐름으로 묶어 해석하는 것은 온당치 못할 수 있다. 하지만 '외부자'들의 일본 '틈입'의 양적인 파고(波高)와 반드시 일치하지 않으면서도, 이들의 실천적·사상적 시도가 주로 1960년대 후반부터 1970년대 초반에 집중적으로 일어났다는 점에 주목해, 일본 사회운동의 패러다임 전환과 관련해서 출입국관리 체제 반대 운동의 사상적 흐름을 정리하는 것은 의미 있는 일이라 할 수 있다.

이 주제와 관련해서는 이미 적지 않은 문헌들이 존재하지만, 입관체제를 일본 사회운동의 맥락에서 본격적으로 다룬 학술 연구는 그리 많지 않다. 선행 연구로는 모리 요시오(森宣雄), 노은명, 오구마 에이지(小熊英二), 권혁태 등의 연구가 있다.[3]

모리 요시오는 일본의 식민주의 문제의 관점에서 대만 독립운동과 관련해 1970년대의 일본 사회운동의 입관체제 반대 투쟁을 다루고 있다. 노은명은 베평련[ベ平連(베헤이렌), 베트남에 평화를! '시민연합']이 어떤 과정과 문제의식을 거쳐 입관체제 반대 운동에 뛰어들게 되었는지, 그리고 1960년대 후반부터

3 森宣雄, 『台湾/日本 連鎖するコロニアリズム』(インパクト出版会, 2001); 노은명, 「일본의 출입국관리 체제 반대 운동 연구」, ≪역사문제연구≫, 22호(2009); 盧恩明, 「ベ平連の反'入管体制'運動: その論理と運動の展開」, ≪政治研究≫, 第57号(九州大学政治研究会, 2010); 小熊英二, 『1968(上·下): 若者たちの反乱とその背景』(新曜社, 2009); 권혁태, 「국경 안에서 탈국경을 상상하는 법: 일본의 베트남 반전운동과 탈영병사」, ≪동방학지≫, 제157호(2012).

1970년대 전반까지 일본의 출입국관리 체제 반대 운동이 구체적으로 어떤 단계를 거쳐 진행되었는지를 실증적으로 밝혀내고 있다. 오구마는 1968년을 중심으로 한 전공투 중심의 학생운동의 반란을 총람(總攬)하는 과정에서 일본·아시아 관계를 상징하는 쟁점 중의 하나로 출입국관리 체제와 그 반대 운동을 다루고 있다. 권혁태는 베트남 전쟁에 반대해 탈영한 병사들을 지원했던 베평련의 '반전 보편주의'가 제도·협정·국적에 따라 어떻게 굴절되어 나타나는지를 분석하고 있다.

이들 연구와 필자의 문제의식 사이에 커다란 차이가 있는 것은 아니다. 다만 이 글에서는 입관체제 반대 운동에 나타났던 전공투 운동의 '자기부정'을 둘러싼 논의에 초점을 맞추어 분석한다. 다시 말하면 출입국관리 체제 반대 운동의 실증적 분석이라기보다는 그 운동의 사상적 기반으로 작동한 '자기부정'의 사상을 분석의 초점에 둔다는 것이다.

여기서 말하는 입관체제란 좁은 의미에서는 외국인등록법(1952), 출입국관리령(1952), 한일협정(1965), 출입국관리법 제정 시도(1969, 1971~1973)로 나타났던 일련의 '외국인 관리 체제'의 법적·제도적 시스템을, 넓은 의미에서는 냉전주의·식민주의를 기초로 한 '전후 민주주의'의 배제 및 포섭의 시스템을 뜻한다. 이 체제에 대한 문제 제기는 재일조선인 및 재일중국인에 의해 일찍부터 있어왔지만, 일본 내에서 하나의 사회운동의 쟁점으로 자리 잡게 된 것은 후술하는 바와 같이 주로 1960년대 후반부터이다.

2. 동아시아 반일 무장 전선과 '오토시마에(대가)'

우리 일본인은 아이누모시리(아이누의 땅—인용자), 조선, 중국에 대해 침략을

> 행해온 제국주의 본국인이며 현재도 그 생활은 피식민지 인민의 희생 위에 이루어져 있다. 따라서 우리를 세계혁명의 주체로서 만들어가기 위해서는 우선 무엇보다도 일제 본국인인 우리 자신에게 오토시마에(落し前, 대가)를 치러야 한다.[4]

이 인용문은 1970년대 중반, 미쓰비시(三菱) 중공업을 비롯한 복수의 기업에 폭탄 테러 공격을 감행한 '동아시아 반일 무장 전선'이라는 조직이 발표한 '반일혁명선언'의 한 구절이다. 자신들, 즉 일본인을 '일제(日帝) 본국인'으로 규정하고, 전후 일본 사회가 누리고 있는 '평화와 번영'을 흘러간 과거의 문제가 아니라 전후에도 살아 있는 아이누·조선·중국·오키나와와의 희생과의 관계에서 포착하려는 이 조직의 감성은, 물론 당시의 일본 사회운동 전체를 포괄하는 문제의식은 아니다. 전전(戰前)과 전후(戰後)를 단절하고 일본과 아시아의 관계를 흘러간 '전전'의 '불행한 과거'로만 치부하고 있던 주류 일본 사회와 비교해, 19세기 이래의 위계적 관계(가해-피해)의 연속에서 일본-아시아 관계의 현재를 바라보고 있는 이들의 문제의식은 그 실천 행위의 급진성 이상으로 매우 이채롭다.

게다가 이들의 문제의식이 거친 형태로 적군파의 북한 망명(1970)이나 아이누 및 오키나와 해방운동의 급진적 문제의식을 일부 공유하고 있고, 또 1960년대 후반부터 고양되기 시작한 입관체제 반대 운동의 사상적 귀결 중의 하나라고 한다면, 대(對)아시아 연대 운동의 역사적 근(近)기원으로서의 의의도 작지 않다.

하지만 여기서 문제 삼으려 하는 것은 이들의 문제의식과 실천 행위의 정

---

4 東アジア反日武装戦線KF部隊(準), 『反日革命宣言: 東アジア反日武装戦線の戦闘史』(鹿砦社, 1979). 桐山襲, 「虹の力にみちびかれながら」, ≪インパクション≫, 34(1985), p.3, 28 재인용.

당성 여부가 아니다. 여기서는 일본-아시아 관계에서 파생된 이들의 문제의식이 '윤리성'을 가지고 정치화되었다는 점에 주목한다. 현실과 정치를 매개하는 '윤리성'은 "일제 본국인인 우리 자신에게 오토시마에(대가)를 치러야 한다"라는 구절에 잘 드러나 있다.

'오토시마에'는 야시(香具師)나 데키야(的屋) 같은 노점상의 가격 내리기에서 파생되어 대체로 야쿠자 등의 세계에서 잘못된 행위에 대해 신체훼손을 동반한 대가를 지불함으로써 불편한 관계에 매듭(청산)을 짓는다는 뜻으로 사용되는 일종의 음어(陰語)이다. 즉, 근대적·제도적 '공공성'으로는 포섭되지 않는 친밀권(親密圈)의 규율을 드러내는 '윤리적 태도'라 할 수 있다. 여기에서 자신이 속해 있는 집단의 '잘못'을 개인이 실존적으로 받아들이고 이에 대해 책임을 되묻는, 근대적 테두리로는 포섭되지 않는 '윤리적 감성'을 읽어낼 수 있다.

물론 일본-아시아 관계와 이에 대한 '윤리적' 문제의식이 당시 일본 사회운동의 가장 중요한 문제의식이었다고는 할 수 없다. 베트남 전쟁이나 한일협정과 같이 일본의 사회변동과 대아시아 관계의 변화를 상징하는 굵직굵직한 사건이나 쟁점들이 등장했지만, 이들 쟁점에 대한 일본 사회운동에 대한 반응은 어디까지나 '보편적 국제주의'(베평련)나 혹은 '일본 제국주의 부활론'(신좌익) 같은 공식적인 '큰 이야기'를 벗어나지 못했다.

그렇다면 문제 삼아야 할 것은 일본 사회운동의 고양이 어떤 경로와 매개를 거쳐 앞에서 인용한 '동아시아 반일 무장 전선'과 같은 '윤리적 태도'로 이어졌는가이다. 결론부터 미리 말하자면, 1960년대 후반 전공투 운동에서 발생한 '자기부정'의 논리가 1960년대 후반 좌익 운동의 쟁점 중 하나였던 '일본 제국주의 부활론'과 맞물리면서 일본-아시아 관계 속에서 '가해자'로서의 일본인이라는 문제의식을 획득하고, 이런 문제의식의 정치적 급진화의 귀결로 '동아시아 반일 무장 전선' 사건이 자리한다는 것이다. 그렇다면 '자기부정'의 논리를 둘러싼 논의가 어떻게 입관체제 반대 운동의 논리로 귀결되었는지, 그 사상적 맥락을 다루어야 한다.

3. 전공투 운동과 '자기부정'의 탄생

1970년 도쿄 대학 법학부에 설치되었던 전공투 조직 '도쿄대 법공투(法共闘)'는 입관체제를 구조적인 문제이면서 동시에 일본인에게 부과된 "윤리적 책임"의 문제로 보고, "주체적인 책임" 의식을 가지고 "스스로를 '정치화'해나가는" 운동에 나설 것을 주문한다. 여기서 말하는 "윤리적 책임"이란 "일본인을 재일 아시아계 외국인에 대한 '가해자'로서 규정"하고 "우리 자신 안에 무의식적으로 자리 잡고 있는 윤리적 퇴폐를 부단히 대상화해 부정해나가는 것"[5]을 뜻한다.

다시 말하면 일본인인 자신이 아시아인에 대한 가해자의 일원임을 자각하고, 그 자각 위에 서서 일본인임을 해체하는 의식적이고 실천적인 행위, 즉 '자기부정'이 이른바 입관체제 반대 운동의 철학적 기초라는 것이다. 이렇게 보면, 인권 문제나 국제주의적 틀로 접근하던 '외부자' 지원 운동의 사상적 조류와는 다소 다른 맥락에서 '자기부정'의 확대판으로 입관체제 반대 운동이 등장했음을 알 수 있다.

이런 관점은 한국인 밀항-탈영자 문제를 식민주의 문제나 냉전 구조와 관련된 일본 책임론의 문제와 분리해서 감독 자신의 국가 '혐오' 일반의 소재로

---

5 東大法共闘 編, 『告発·入管体制』(亜紀書房, 1971), pp.3~4.

사용한 오시마 나기사(大島渚) 감독의 〈돌아온 술주정뱅이(歸って來たヨッパライ)〉(1968)에 나타나는 '소재주의'적 태도와 다르다.

작가 가네시로 가즈키(金城一紀)는 2001년 일본 지식인들이 "자신들의 아이덴티티" 부재(不在)를 마이너리티 문제를 통해 메꾸려 하고 있으며 이 때문에 재일조선인과 아이누 문제가 일본 지식인의 "장난감"[6]이 되고 있다고 통렬하게 비판하고 있다. 이 비판의 맥락에서 보면, 입관체제 반대 운동기에 회자되었던 '자기부정'의 논리도 가네시로 가즈키의 비판에서 자유롭다고는 할 수 없다.

그렇다면 문제 삼아야 할 것은 전공투 운동과 입관체제 반대 운동을 매개하는 '자기부정'이라는 말과 그 내용이 어떤 맥락에서 사용되어 진화해갔는가의 문제이다.

미리 결론부터 말하자면 전공투 운동 초기에 나타났던 엘리트 대학생으로서의 '자기부정'이 점차 대학생 일반으로서의 '자기부정'으로 진화했고, 이것이 다시 일본인으로서의 '자기부정'으로 진화해나가는 과정에 입관체제 반대 운동이 자리하고 있다고 볼 수 있다. 첫 단계가 엘리트 대학생의 인민과의 관계였다면, 다음 단계는 일본인의 아시아 인민과의 관계이다. 즉 계급적 '자기부정'에서 출발해 민족적 '자기부정'으로 진화해나간 셈이다.

'자기부정'이라는 말은 작가 다카하시 가즈미(高橋和巳)의 말을 빌리자면, "일본 전국을 석권하고 있는 학원 투쟁에서 자신의 입각점을 파헤치고 자신의 퇴로를 끊어버리려는 일군(一群)의 청년들이 부르짖"[7]었던 언어이다. 물론 여기서 '자기부정'은 쇼펜하우어(Arthur Schopenhauer)가 말했던 자기의 욕

6 小熊英二, 『1968(下): 若者たちの反乱とその背景』, p.270.

7 高橋和巳, 「自己否定について」, 『人間にとって』(新潮社, 1971). pp.16~17.

망·이익·목적, 즉 세계를 초월함으로써 '이데아'에 도달할 수 있다는 예술가의 휘장으로서의 의미는 아니다.[8] 한마디로 말하자면, 타자에 대한 자신의 계급적·민족적 위치, 즉 구조적 위계에서 파생되는 일체의 권력을 부정함으로써 타자와 자신을 동일시하는 논리이다. 사회학자 미타 무네스케(見田宗介)가 1967년에 "만일 이 세계에 긍정할 만한 것이 아무것도 없다고 한다면, 청년들은 부정에 의해 자신의 존재 증명을 확인할 수밖에 없을 것이다. 〈거부〉 혹은 〈분쇄〉는 부정을 통해 자신의 존재를 증명하고 확인"[9]하는 것이라 말한 것처럼, 타도·분쇄·거부로 표현되었던 혁명의 논리는 '자기부정'의 외화(外化)된 실천 행위였다.

전공투의 '자기부정'의 논리는 마르크스 이론에서도 발견된다. 마르크스가 말하는 프롤레타리아 혁명은 프롤레타리아의 '자기부정'에 다름 아니다. 프롤레타리아는 상품을 생산하고 자본을 확대재생산할 뿐만 아니라, 자본-임노동 관계를 부단히 재생산한다. 따라서 프롤레타리아는 프롤레타리아인 한에서는 자본주의 체제의 '공범자'일 수밖에 없다.

그렇다면 '공범자'에서 벗어나는 길, 즉 프롤레타리아 혁명은 프롤레타리아의 '계급적 자기부정'의 다른 이름이다. 철학자 히로마쓰 와타루(広松渉)는 마르크스주의의 '자기부정'의 논리를 전공투 운동과 관련시켜 다음과 같이 말한다.

> 모든 개인의 총체가 물상화되어 체제라는 '그물망'이 만들어진다. 개인은 그 '그물망'에 촘촘히 박혀 있다. 모든 개인과 개인의 일상은 체제 그 자체의 재생산

---

8 쇼펜하우어, 『의지와 표상으로서의 세계』, 권기철 옮김(동서문화사, 2008) 참조.

9 見田宗介, 「失われた言葉を求めて」, ≪世界≫, 69-2(1969), p.69.

에 '공범적'이다. 따라서 이 공범 관계의 총체를 부정하는 것, 즉 자기부정하지 않으면 변혁의 길은 있을 수 없다.[10]

이 같은 히로마쓰의 말을 전후 일본 사회와 전공투 학생들에게 대입해본다면, 체제 변혁의 길은 자신이 전후 민주주의, 혹은 일본 자본주의, 일본 제국주의의 '그물망'의 한 부속, 즉 '공범자'라는 것을 스스로 깨닫고 '공범자'일 수밖에 없는 자신의 계급적 존재 형태를 근원적으로 부정·극복함으로써 비로소 그 전망이 열린다.

그렇다면 '자기부정'이라는 말은 언제 시작되어 어떤 경로를 거쳐 전공투 학생들에게 확산되었을까? 오구마 에이지에 따르면, '자기부정'이 도쿄대 의학부 투쟁 과정(1968년)에서 주로 대학원생들에 의해 제기되었고 그 후 도쿄대 학부를 거쳐 전국 대학으로 확대되어 전공투 세대 전체에게 공유되었다고 한다.

오구마에 따르면, 첫째, '자기부정'은 대학 대중화 시대에서 도쿄대 중심의 엘리트주의가 낳은 언어이다. 이는 전공투 운동을 대표하는 또 하나의 학원 분쟁인 니혼(日本)대 투쟁에서 자기부정이라는 말이 전혀 등장하지 않았다는 점에서 확인할 수 있다.

둘째, 1968년 도쿄대 투쟁에서 본격적으로 등장한 '자기부정'은 '근대 합리주의 비판'이나 '전후 민주주의 비판' 같은 말과 결합되면서 점차 체제 비판으로 발전해나갔다(이 같은 용어들은 1967년까지는 거의 등장하지 않았다).

'자기부정'의 논리와 엘리트주의의 관련성에 대해, 오구마는 당시 도쿄대 엘리트들은 "고급 노동력을 공급해 자본주의를 지탱하고 있는 도쿄대를 부

10 広松渉, 「東大闘争の現代史的意義」, 『朝日ジャーナル』(朝日出版社, 1970). pp.9~10.

정"하는 것을 "도쿄대의 특권을 보장해주는 사회체제를 부정"하는 "사회변혁에 참여하는" 것이며, 동시에 "자신들을 괴롭혀온 수험 전쟁을 부정함으로써 자기 변혁이라는 '자기 찾기'(自分探し)를 달성"하는 것으로 받아들였다고 한다. 즉, "자신의 생활과 사상, 그리고 그런 것들을 규정하는 것을 '내 안의 것'으로 재규정하고 그 부정의 연속적 궤적에서 자신에 대한 긍정을 찾아내는", 일종의 "영속적 자기부정"이었다는 것이다.[11] 이 같은 사정을 엿볼 수 있는 것이 도쿄대 전공투 의장이었던 야마모토 요시타카(山本義隆)의 다음과 같은 증언이다.

> 탄핵의 대상으로 존재하는 현재의 대학 교육을 받으면 자신이 체제의 이데올로그가 되어 기업의 관리직 등이 될 수 있다. 이런 바람을 가지는 자신도 또한 실천적으로 부정되어야 한다.[12]

도쿄대 전공투의 연구자 조직인 '조수공투'(東大全学助手共闘会議)의 무라오 고이치(村尾行一)는 "(자신들이 연구를 할 수 있는 것은—인용자) 그 전(全) 존재·전 행위가 수단화되고 물화되고 있는 현 체제하에서는 명확히 '특권'이다. 물질적 차원에서 말하자면, 잉여가치의 '떡고물을 받고' 있기 때문"이며 "여기에 우리의 '원죄'가 있다"라고 말하고 있다. 또한 가시와자키 지에코(柏崎千恵子)가 "도쿄 대학 학생이라는 것은 도쿄대의 질서를 구성하는 일원이라는 것이고 이는 엄청난 범죄"이니 연구실 봉쇄는 "(대학 당국에 대한) 항의의 표시임과 동시에 상사가 하라는 대로 단지 연구만을 해온 자신에 대한 부정이며 자기

---

11 小熊英二, 『1968(上): 若者たちの反乱とその背景』, p.773.

12 広松渉, 「東大闘争の現代的意義」, ≪朝日ジャーナル≫(朝日新聞社, 1970), pp.9~10.

변혁에의 제일보"이며, 따라서 "봉쇄란 자신이 거듭나기 위한 계기"이며 오직 "바리게이트 안에서만 '자신과의 진정한 대결'이 가능"하다고 말한 것도 같은 맥락이다.[13]

따라서 도쿄대 전공투 운동이 '자기부정'에 천착할수록 '대학해체'와 같은 집단으로서의 '자기부정'에 이를 수밖에 없는 필연성을 가지고 있었다. 전공투 운동에서 '일본〈제국〉대학 해체'라는 슬로건이나 체제 변혁을 뜻하는 혁명론이 등장하게 된 것도 이 때문이다. 이들에게 대학은 부활하는 제국주의의 '인재 양성소'일 뿐이었고, 제국주의에 반대하는 투쟁은 필연적으로 제국주의에 복무하는 대학을 해체하는 길밖에 없다. 오하라 기미코(大原紀美子)가 말하고 있듯이 "체제 내에서 살아가는 것을 거부한" 이들은 "체제를 뒤집어엎는 것 이외에 살아갈 길"이 없었던 것이다.[14]

이 시기에 '내 안의 도쿄대', '내 안의 베트남', '내 안의 차별', '내 안의 여성인식' 같은 말이 유행어로 자리 잡게 된 것도, 투쟁의 전제로서 되풀이되는 내부 성찰을 동반한 '자기부정'의 논리 때문이었다.

이런 점에서 1980년대 이후 일본의 청년층에 등장했던 '자기 찾기'의 논리와 일견 상통하는 측면을 가지고 있다고 볼 수 있다. 이 점과 관련해 당시 ≪주간 아사히(週刊朝日)≫ 기자였던 가와모토 사부로(川本三郎)는 1988년에 다음과 같이 회상한다.

> '자기부정'이라는 말은 '너는 뭐냐?'라는 자기 추궁이었다. 그때까지 행동하고 싶어도 행동하지 못하고 있던 개개인들은 각기 개인의 고독한 내면에 갇혀 있었

13 小熊英二, 『1968(上): 若者たちの反乱とその背景』, pp.770~771.

14 같은 책, p.964.

다. 이런 상태에서 '자기부정'이라는 키워드가 등장하는 순간, '자신이 생각하고 있었던 것이 바로 이거다'라며 많은 학생들이 전공투 운동에 빠져들었다. 그런 의미에서 이 운동은 정치혁명이라기보다는 사고 혁명이라 부르는 편이 좋을 것이다.[15]

따라서 이들이 연구실 봉쇄 같은 급진적 행동에 나선 것은 '자기부정' 논리의 필연적 귀결이었다. "대일본제국의 '실재(實在)'보다도 전후 민주주의의 '허망(虛妄)'에 걸겠다"라며 전후 민주주의의 이상에 '자기투기(自己投企)'했던 마루야마 마사오(丸山真男)가 전공투 학생들의 연구실 봉쇄에 대해 "나치도 하지 않았던 만행"이라 맹비난을 퍼부었지만, 요시모토 다카아키(吉本隆明)는 1969년에 "(전후 민주주의 안에서 성장한—인용자) 학생들의 행동이 마루야마가 말하는 나치도 군국주의도 하지 않았던 '폭거'라고 한다면, 마루야마가 평가하는 전후 민주주의는 나치나 군국주의 사회보다 열악하지 않으면 안 될 터"이니, "전후 민주주의는 현재의 학원 분쟁 안에서 결정적으로 종언을 고했다"[16]라고 마루야마를 비판한다. 즉 마루야마와 요시모토의 생각 차이는 전후 민주주의에 대한 전공투의 '자기부정'에 대한 평가에서 비롯된 것이기도 했다.

그렇다면 대학 체제와 전후 민주주의에 대한 평가에서 비롯된 '자기부정'의 논리가 어떻게 아시아의 '발견'으로, 그리고 민족적 '자기부정'의 논리로 이어지게 되는 것일까?

15 같은 책, p.853.

16 吉本隆明,「収拾の論理」,『吉本隆明全著作集(続10)』(勁草書房, 1969), p.13.

4. 아시아 '부재'에서 아시아 '발견'으로

전공투 운동을 이끌었던 '자기부정'의 논리는 실존적 '자기 찾기'에서 시작해 점차 마르크스주의와 결합하면서 혁명을 이끄는 자기 철학으로 자리 잡아 갔지만, 이는 대학 내 엘리트들의 관념 속에 '갇혀 있는' 이야기일 뿐이었다. 우에노 치즈코(上野千鶴子)가 1989년에 "그 당시 남성들 사이에서는 '자기부정'이라는 언어가 유행했지만, 여성은 자기부정할 정도의 자아조차도 갖추지 못했다"[17]라고 말하고 있듯이, 전공투 운동의 '자기부정'은 일부 남성 지식인들의 '장난감'이었다.

따라서 계급적 '자기부정'에서 출발한 논리가 일본-아시아 관계의 혁명적 개혁의 영역으로 확대·심화하기까지는 몇 가지 유보가 필요했다. 엘리트 대학생이라는 존재가 전후 민주주의 그 자체를 지탱하는 중요한 한 요소가 되어 있다는 '깨달음'과 이 깨달음에서 파생되는 '자기부정'의 논리가, 전후 민주주의 비판이나 재일조선인 등의 마이너리티에 대한 '깨달음'으로 자동으로 이어지는 것은 아니었기 때문이다.

오구마에 따르면, 1968년부터 1969년 초까지 도쿄대 학원 분쟁 과정에서 발행된 각종 책자(삐라 등 포함) 23권이 국회도서관에 『도쿄대 투쟁 자료집』의 형태로 소장되어 있는데, 이 중에서 재일조선인 문제를 언급하고 있는 것은 겨우 한 항목에 불과하다.[18]

작가 가이코 다케시가 『여름의 어둠』(1972)에서 일본에 들끓고 있는 베트남 반전운동에 대해 "책임을 지지 않고 멋지게 움직일 수 있"으며, 또한 "어느

17 小熊英二, 『1968(下): 若者たちの反乱とその背景』, p.685.
18 小熊英二, 『1968(上): 若者たちの反乱とその背景』, p.229.

쪽으로부터도 살해당할 리가 없으니" "매력적"[19]이라고 비아냥대고 있는 것이나, 독일 문학 전공자 사키 다쓰키가 "'메이지 100년'간의 일중·일조 관계를 충분히 고려하지 않은 채로", "감각적으로 '베트남 침략 반대!'라고 외쳐도 그것은 불모(不毛)의 투쟁밖에 되지 않는"[20]다고 말한 것처럼, 적어도 1960년대 중반까지 일본의 사회운동권 내에서 '내 안의 아시아'에 대한 문제의식은 매우 희박했다.

최종길이나 윤건차의 지적처럼, 일본의 한일회담 반대 운동은 일본 독점자본·일본 제국주의의 부활 문제나 한국-일본-대만 반공 동맹의 문제 등에 초점이 맞춰져 있을 뿐, 전쟁 및 식민지 지배 책임·전후 보상 문제나 재일조선인 문제 등에는 거의 관심이 없었다.[21]

일본의 대표적인 신좌익 정파 중 하나인 '혁명적 공산주의자 동맹 혁명적 마르크스주의파[가쿠마루(革マル)]' 계열의 전학련 서기국 통달(1964.4.10)에는 다음과 같은 말이 나온다.

> 한국 학생 데모는 분명히 박(朴) 정권을 크게 뒤흔들고 있지만, 그 전체를 휘감고 있는 한국 민족주의로는 현재를 돌파할 수 없다. …… (한국 학생들의 요구는—인용자) 기본적으로 배일(排日)이라는 부르주아 민족주의의 입장일 뿐이다. …… 일한 양(兩) 인민 투쟁의 전진과 단결은 한국 민족주의에 대한 비판 없이 실현될 수 없다.[22]

---

19 開高健, 『夏の闇』(新潮社, 1990), pp.197~198.

20 信貴辰喜, 「学生革命家の言語感覚」, ≪文藝春秋≫, 67-12(1967), p.130.

21 최종길, 「전학련과 진보적 지식인의 한반도 인식: 한일회담 반대 투쟁을 중심으로」, 『일본 역사 연구』(일본사학회, 2012); 윤건차, 『교착된 사상의 현대사: 1945년 이후의 한국·일본·재일조선인』, 박진우 옮김(창비, 2009).

22 全学連書記局, 「(資料61)日韓会談の粉砕をめざして4·28全学連第一波統一行動をかちとれ!(通

이 같은 일본의 가해 책임에 대한 자각이 없는 한국 내셔널리즘 비판은 '가쿠마루'에 한정되지 않았다. 활동가 미카미 오사무(三上治)는 당시 일본의 신좌익 정파에는 "한국 학생들의 한일회담 저지 투쟁을 지탱하고 있는 내셔널리즘 감정을 받아들이려는 이해는 어디에도 없었"고 "오직 피해자로서 전쟁"을 받아들였을 뿐이라고 말한다.[23] 또 도쿄대 전공투의 하라다 세이지(原田誠司)는 한일협정이 "재일조선인에게는 받아들일 수 없는 제국주의적 민족적 공격"[24]이었다는 사실을 당시에는 몰랐다고 증언했다. 당시에 민청 활동가였던 미야자키 마나부(宮崎学)는 "일본의 반대 운동 측에 재일에 대한 시점은 희박했다. 재일조선인과의 연대가 슬로건으로 주창되고는 있었지만, 활동은 개무했다"[25]라고 말하고 있다.

이는 재일조선인 문제에 한정된 것은 아니었다. 중국, 오키나와, 아이누 문제에 대해 자기 책임을 동반한 문제의식이 신좌익 운동권에 자리 잡기 시작한 것은 1960년대 후반 이후이며, 이전까지는 프롤레타리아 국제주의 입장에서 내셔널리즘을 비판하는 입장이 주류였다고 볼 수 있다.

이런 흐름에 변화가 생긴 것은 1960년대 후반 이후, 일본 사회에서 '외국인'의 출입국과 관련된 '망명 사건'이 줄지어 일어나고 재일조선인 및 재일대만인 등의 권리 투쟁이 본격화되었기 때문이다. 한반도와 관련해서는 김동희(金東希), 정훈상(丁勳相), 김진수(金鎭洙) 같은 탈영 한국인 병사의 망명 요구 사건, 한국인 입국자 김현성(金賢成)과 재일조선인 양정명(梁政明)의 분신자살

達)」, 『資料·戦後学生運動(6)』(三一書房, 1969), pp.407~408.

23 三上治, 『1960年代論』(批評社, 2000), pp.23~24.

24 原田誠司, 「東大闘争総括の視点と入管·沖縄闘争」, ≪現代の理論≫, 7(12), 70-12(1970), p.103.

25 小熊英二, 『1968(上): 若者たちの反乱とその背景』, p.229.

사건, 재일조선인 김희로(金喜老)의 농성 사건, 임석균(任錫均)·윤수길(尹秀吉)의 정치 망명 요구 사건 등이 일어났다. 대만·중국과 관련해서는 대만독립연맹의 장룽쿠이(張榮魁)·린치쉬(林啓旭) 사건, 류원칭(柳文卿) 사건, 전위얼(陣玉爾) 사건, 류차이핀(劉彩品) 사건 등이, 또 1960년대 중반부터는 싱가포르 독립운동과 관련된 말라야 유학생 추아 수이 린(Chua Sui Rin) 사건 등이 줄지어 일어났다. 또 후술하는 바와 같이 출입국관리법에 대한 반대 운동이 시작될 무렵 일어난 나라현립대학의 대만인 유학생 리즈청(李智成)의 항의 음독자살 사건도 일본 사회에 적지 않은 충격을 주었다.

이들 사건을 모두 일괄해서 한 가지 성격으로 논할 수는 없지만, 쓰루미 순스케(鶴見俊輔)가 "(김동희의 존재를 알기까지—인용자) 나는 멍청하게도 오무라(수용소)가 어디에 있는지조차도 몰랐다. 오무라의 존재를 알려준 것은 김동희"라고 고백한 것처럼, 쓰루미의 '김동희 = 오무라'의 '발견'은 "국가의 범죄성에 대한 추급(追及)"이 없는 "전쟁 책임의 재구성은 평화를 위한 힘이 되지 못한다"라는 사실을 깨닫게 만드는 계기였다. 즉 그에게 "오무라 수용소는 일본의 국가 이상에 반하는 장소"[26]로 다가왔던 것이다.

또 쓰무라 다카시(津村喬)가 "리즈청이 죽었다. 왜? 40자의 유서는 '전후 민주주의의 초극(超克)'에 대해 여러 책에 쓰여 있는 '전공투적인 것'의 총합보다도 우리 전후의 총괄을 잘 제기하고 있는 것이 아닐까?"[27]라고 말하고 있듯이, 리즈청의 죽음을 포함한 일련의 사건들은 이른바 '전후 민주주의'에 대한 전면적인 재검토의 필요성을 제기했다.

이 시기에 등장한 베평련의 오다 마코토(小田実)의 '발견'도 중요하다. 오다

---

26 鶴見俊輔, 『鶴見俊輔著作集(第5巻)』(筑摩書房, 1976), pp.135~141.

27 津村喬, 『われらの内なる差別: 日本文化大革命の戦略問題』(三一書房, 1970), p.13.

는 피해자임에도 불구하고, 또는 피해자이기 때문에 동시에 가해자가 될 수밖에 없는 일본의 이중적 위치에 대해 다음과 같이 말한다.

> 1960년 '안보 투쟁'은…… '안보'(조약)가 있음으로써 명백히 일본은 전쟁에 말려들어 '피해자'가 된다는 인식이었다. 일본인은…… 미합중국의 '안보' 강제에 의한 '피해자'였다. 그런 인식이 틀린 것은 아니다. 하지만 그런 시점에 빠져 있는 인식이 하나 있다. '안보'의 강제에 의해 미합중국과 함께 힘없는 약자에게 '가해자'가 되거나, 될 수 있다는 사태에 대한 인식이다. 몇 년 후에 일어난 베트남 전쟁은 말 그대로 그 사태를 우리 눈앞에 분명하게 들이댄 것이었다.[28]

쓰루미·쓰무라의 '발견'과 오다 마코토의 '깨달음'이 보편적 국제주의에 서 있던 기존의 베평련 중심의 베트남 반전운동이나 프롤레타리아 국제주의에 경도되어 있던 전공투에 구체적으로 어떤 변화를 가져다주었는지에 대해서는 별도의 분석이 필요하다. 신좌익 운동의 '무지'나 전공투의 '자기부정'과는 다른 차원에서 베트남 반전운동이 아시아 관계를 운동의 의제로 삼아가려 했다는 점만큼은 분명해 보인다.

하지만 이 같은 '깨달음'이 외부자와 일본인 지원 운동 사이에 존재하는 '균열'을 해소하는 방향으로 흘러간 것은 아니다. 오히려 입관체제 반대 운동이 고양될수록, 또 연대 운동이 본격화되면 될수록 '균열'의 본질성이 양자 사이에 드러나게 된다.

---

28 小田実, 『「べ平連」回顧録でない回顧』(第三書舘, 1994), p.49.

5. 출입국체제 반대 운동과 '균열'

그런데 '외부자'의 틈입과 이를 통한 베평련의 아시아 '발견'이라는 새로운 상황 속에서 출입국관리법을 제정하려는 일본 정부의 새로운 시도는 '입관체제 반대 투쟁'이라는 슬로건하에 시민파와 신좌익을 결집하는 결과를 낳았다. 출입국관리법(이하 입관법)은 기존의 출입국관리령을 한층 더 강화해 재일외국인의 정치활동을 규제하고 이를 위반하는 외국인의 강제퇴거 절차를 제도화하려는 시도였다. 입관법은 1969년 국회에 처음으로, 그리고 1971년, 1972년, 1973년에도 상정되었지만 결국은 의결 절차에 들어가지도 못하고 폐안되었다. 최초로 입안이 검토되었던 1963년 무렵부터 입관법 반대 운동을 펼친 것은 재일한국인거류민단의 청년 조직과 화교 청년들이었다. 재일조선인총연합(조선총련)은 '내정불간섭(內政不干涉)'의 원칙과 우당(友黨)인 일본 공산당과 신좌익과의 불편한 관계 등을 고려해 신좌익 중심의 반대 운동에 소극적인 태도를 취했다. 또 신좌익 일부도 재일한국인거류민단이 박정희 정권과 밀월 관계에 있다는 점을 들어, 입관법 반대 운동이 결과적으로 박정희 정권에 이용당할 수 있다는 우려 때문에 초반에는 소극적인 태도에 머물러 있었다.

이런 과정에서 신좌익 운동에 결정적인 영향을 미친 것이 화교 청년들에 의한 입관체제 반대 운동이었다. 특히 '선린 학생회관 사건'으로 중국공산당·신좌익 대(對) 일본 정부·일본 공산당의 대립 구도가 명확해지면서 신좌익 운동은 화교 청년들이 주도하는 입관법 반대 운동에 가담하는 것을 반(反)일본 공산당·반(反)일본 정부 운동의 일환으로 보았다.[29] 화교 청년들은 입관법 반

29 권혁태, 「선린 학생회관과 중일 관계: 국민국가의 논리와 진영의 논리」, ≪중국 현대문학≫, 제60호(한국중국현대문학회, 2012) 참조.

대를 위해 '화교청년투쟁위원회'(이하 화청투)를 1969년 3월에 결성했고, 대만 유학생이면서 화청투의 중심 구성원인 리즈칭이 1969년 4월 20일 "만공(滿空)의 분노를 담아 사토 에이사쿠(佐藤栄作) 반동 정부의 '출입국관리 법안'과 '외국인학교 법안'에 항의한다"라는 유서를 남기고 음독자살을 단행하자, 일본인을 포함한 광범한 입관법 반대 전선이 결성된다. 기존의 재일화교 조직에 '조반(造反)'한 화청투는 일부 신좌익 정파와 연대를 강화해나가면서 법안 반대 투쟁을 펼쳐나간다. 이 같은 상황에 대해 도쿄대 전공투의 하라다 세이지는 입관체제를 "민족적 억압과 국적 차별의 지배 체계"로 보고, "무자각적인 억압 민족으로서의 자기"를 "철저하게 끝까지 파고들어 폭로"하고 "좌익 측도 오염되어 있는 민족주의와 배외주의를 깨부"숨으로써, "우리가 지금까지 해온 계급투쟁이 억압 민족을 전제로 한" "관념적" 국제주의였음을 폭로해야 한다고 말했다. 또한 이러한 투쟁을 통해 마르크스가 말한 프롤레타리아 국제주의적 연대를 쟁취할 수 있고, 또한 "신좌익이 구좌익을 주체의 질에서 넘어설" 수 있다고 주장한다.[30]

하지만 화교 청년·재일조선인과 일본인 지원 운동 사이에는 커다란 '벽'이 존재했다. 일본의 신좌익 운동에게 입관체제 반대 운동은 "삼류 개량주의"나 "(중국인·조선인의) 민족주의 투쟁"에 불과했다. 앞서 인용한 가쿠마루의 한국 내셔널리즘 비판과 맥을 같이하는 것이다. 따라서 화교 청년들이 입관법 반대 운동에서 "전전(戰前)부터의 억압 구조에 안주하는 일본의 신좌익을 포함한 '제국주의 본국 인민'에 대해" 규탄하면, 신좌익 측은 "[적(敵)은] 일본인이 아니라 일본의 반동파"라고 응수했다.[31] 이 같은 양자 사이의 갈등이 '폭발'한

30 原田誠司, 「東大闘争総括の視点と入管·沖縄闘争」, p.104.

31 森宣雄, 『台湾·日本 連鎖するコロニアリズム』, 終章.

것이 바로 1970년 루거우차우(盧溝橋) 사건 33주년을 맞이해 개최된 집회에서였다. 신좌익 중핵파의 분열주의적 개입과 차별을 문제 삼으면서 행사장에서 발표한 이른바 '7·7 선언'을 통해 화청투는 "일본의 계급투장(쟁)을 고발"한다는 입장에서 신좌익 당파를 격렬하게 비판하고 다음과 같이 신좌익 당파와의 결별을 선언한다.

> 오늘날 일본·조선·중국 인민은 분리된 형태로 마르크스를 말하고 있다. 일본의 국가권력과 일본 인민, 일본의 국가권력과 중국 인민, 일본의 국가권력과 조선 인민이라는 형태로 분리가 존재하며, 그런 분리된 형태 위에서 식민지 체제가 구축되어왔다. …… 일본 인민은 3자 중에서 어떻게 할 것인가. 억압 민족이라는 자기의 입장을 자각하고 그 입장에서 벗어날 것인가, 아니면 무자각인 상태로 계속 갈 것인가. 입장은 두 가지로 나뉘어 있다. …… 투쟁하는 일본의 신좌익 사이에는 배외주의에 항거하려는 이데올로기가 명확히는 구축되어 있지 않다. 일본 인민들은 이를 회피해왔다. 배외주의에 대한 일본 인민의 저항 사상이 구축되지 못한 이유가 여기에 있다. …… 이같이 제멋대로의 연대를 말하면 우리는 신용할 수 없다. 일본 계급투쟁 내에서 피억압 민족의 문제는 설 자리가 없는 것이다. …… 억압 민족으로서의 입장을 철저히 검토하길 바란다.[32]

사실 화청투와 신좌익 당파 사이의 대립은 그 논리로 보면, 1930년대 강좌파(봉건파)·노농파(자본파)의 자본주의 논쟁이나, 일본 공산당과 신좌익의 혁명 논쟁을 연상시킨다. 자본주의화가 진행되어 부르주아 혁명 단계를 경과해 이미 프롤레타리아 혁명 단계에 돌입했다는 일본 사회의 계급 구성과, 인민민

---

32 華僑青年闘争委員会,「七·七集会における華青闘代表の発言」, ≪前進≫(1970.7), p.7.

주주의 혁명이나 2단계 혁명론을 주장할 수밖에 없는 농촌 중심의 중국·조선 사회는 본질적으로 다르다고 볼 수밖에 없기 때문이다. 하지만 여기서 화청투가 문제 삼고 있는 것은 한중일의 발전 단계가 서로 다르다는 점에 있었던 것이 아니다. 일본의 자본주의 발전이 재일 중국인 및 조선인의 희생과 그 사상(捨象) 위에 서 있는데도 불구하고, 신좌익 당파의 혁명 노선은 이런 역사적 구조에 대한 분석 없이 오직 계급 혁명론에 의거하고 있고, 또한 프롤레타리아 국제주의에 기반을 둔 세계혁명의 전망도 일본 내의 민족 문제에 대한 고민 없이 일본 밖의 민족 문제에만 관심을 기울이고 있다는 점이 문제였다. 즉, '일본 혁명'을 둘러싸고 벌어진 '민족적' 논쟁이라는 점이다. 마의(螞蟻, 왕개미)라는 필명의 화청투 구성원은 1971년 「화청투와 민족 해방 전쟁」이라는 글에서 다음과 같이 일본 신좌익 운동을 통렬히 비판한다.

당신네들이 우리를 민족주의자라고 말한다면 우리는 그렇다고 대답하겠다. 분명한 계급적 시점을 가지지 못했다고 주장하는 사람들에게는 우리가 말하는 민족이 과연 계급적이지 않다는 말이냐라고 역으로 되묻겠다. 제국주의와 제3세계, 즉 억압 민족과 피억압 민족의 모순으로 현재의 정황이 진행되고 있지 않은가? 그런 것들을 전혀 이해하지 않고 계급적이지 않다고 비판하는 것은 그야말로 진정으로 계급적이지 않은 것이다.…… 그런데 또 일본인은 배신할 것인가? …… 우리가 국제주의를 외치지 않고 일본인을 규탄만 하고 있다고 한다. 하지만 우리는 국제주의나 일본인과의 연대를 체념한 적이 결코 없다. 국제주의를 바라고 있기 때문에 그렇게 하고 있는 것이다.[33]

---

33 螞蟻, 「華青闘と民族解放戦争」, ≪現代の眼≫, 71-2(1971).

균열은 이뿐만이 아니었다. 교토 대학 조수 출신이면서 1960년대 전공투 운동의 대표적 투사였던 다키다 오사무(滝田修)가 『파락호의 폭력선언』(1971)에서 재일 민단·총련 같은 민족 단체의 해체를 적극 주장한 것이 그 대표적인 사례이다. 일본 공산당이나 사회당, 총평을 비롯한 기존 정당이나 노조가 현 체제의 보완물인 것처럼, 민단이나 총련 같은 "재일조선인에 관련된 정치적 조직 형태"나 "기구(질서)"는 그와 동시에 "부르주아지 '일본' 권력의 지배를 위한 파이프"이다. 따라서 총련·민단 같은 재일조선인 관련 조직에 대해 재일조선인은 "조반유리(造反有理)형의 해체 투쟁"에 뛰어들어야 한다고 다키다는 주장한다.[34] 한마디로 말하자면, 재일조선인에게도 '자기부정'을 촉구한 셈이다. 다키다를 비롯한 계급주의적 마르크스주의자에게는 인간의 의식, 차별, 공해 같은 것은 하부구조에 의해 규정되는 상부구조에 지나지 않으니 체제의 '자기부정'인 혁명에 비하면 사소하면서도 부차적인 요소였던 것이다.

6. 남겨진 문제: '망명권(亡命權)'과 '망명권(亡命圈)'

지금까지 살펴본 바와 같이, 1970년대 초중반의 신좌익 중심의 입관체제 반대 운동은 기본적으로 1960년대 후반 전공투 운동의 '자기부정'의 연장선상에 있었다. 엘리트 대학생으로서의 '자기부정'이 대학생 일반으로서의 '자기부정'으로 진화하고, 급기야는 일본인으로서의 민족적 '자기부정'으로 이어지는 과정에 입관체제 반대 운동이 자리하고 있다.

'자기부정'은 타자와의 관계에서 가해자로서의 자기의 '원죄'를 성찰·반성

34 滝田修, 『ならずものの暴力宣言』(芳賀書店, 1971) 참조.

하고 그 관계를 끊기 위해 자신과 자신이 속해 있는 가해자로서의 집단을 해체하는 실천적 행위를 동반한다. 그런데 전자는 지극히 개인적이고 도덕적인 성찰의 문제이고 후자는 지극히 정치적인 문제이다. 개인적이고 도덕적인 성찰이 바로 정치적 행위의 전제가 되거나 동시 과정이 되면, 이는 도덕적 엄숙주의로 빠질 가능성이 크다.

와세다 대학에서 전공투 운동에 참가했던 아카네 사부로(茜三郎)와 시바타 히로미(柴田弘美)는 2003년 출간한 책에서 "자신들의 일상"이 "체제를 지탱하고" 있으니 "체제를 바꾸는 것과 자신을 바꾸는 것이 하나가 되는 그런 투쟁을 해야 한다"[35]라고 당시를 회상하고 있는데, "자신을 바꾸는 것"(자기부정)을 "체제를 바꾸는 것"(혁명)과 등식으로 잇는 것에서 도덕적 엄숙주의의 흔적을 엿볼 수 있다.

따라서 오다 마코토가 "본래는 자신의 존재 형태에 몰입해야 할 원리였을 터인 '자기부정'이 '자신의 존재 형태를 자기부정한 그 위에서' 상대를 해치우는 '조반'의 도구"로 이용되어 "안이하고 더러운 일들"이 "여러 운동에서 일어나"게 만들었고 "결국 자살이나 180도 회전"으로 귀결될 수밖에 없었다고 말하고 있는 것처럼,[36] '자기부정'을 기반으로 한 관념적이고 도덕적인 엄숙주의의 횡행은 필연적으로 분파적이고 관념적인 운동의 급진화를 불러일으킬 수밖에 없었다. 이마이 기요시(今井澄)가 전공투 운동이 "자기부정이라는 말로 상징"되는 것처럼 "자신의 존재 그 자체를 건 투쟁"이 되어버렸다면서, 투쟁의 '자기 목적화' 문제를 지적한 것도 같은 맥락이다.[37] 즉 분파주의와 투쟁의 자기 목적화가 '자기부정'의 필연적인 산물이었던 것이다.

---

35 小熊英二, 『1968(上): 若者たちの反乱とその背景』, p.73.

36 小田実, 『「ベ平連」回顧録でない回顧』, p.536.

37 小熊英二, 『1968(下): -若者たちの反乱とその背景』, 896쪽.

요시모토 다카아키는 「액시스(axis)의 문제」(1959)에서 자신을 포함한 '전중(戰中)' 세대를 "불모의 세대"라 하고 이 세대에게 전후의 사상적 과제는 "(전시기에) 죽음을 두려워하지 않았던 자기를 부정하는 것"에 있었음을 말하고 있다. 즉 "이데올로기로 말하자면, 전쟁이라는 비일상적 세계에 사로잡혀 있던 관념에서 일상 세계로의 통로를 찾아내는 사상적 과제"가 주어져 있었다는 것이다.[38] 요시모토의 이 말을 빌려 말하자면, 단카이(團塊) 혹은 전공투 세대는 전중 세대가 '자기부정'을 통해 손에 넣으려 했던 일상 세계를 다시 '자기부정'함으로써 재차 비일상 세계로의 통로를 모색했다고 볼 수 있다. 비일상 세계로의 진입은 결국은 관념의 선행을 이끌어내고 관념이 지배하는 현실만이 현실로 다가온다. 따라서 '자기부정'은 '대학 해체'나 '일본 〈제국〉 해체'라는 당면의 정치적 슬로건을 넘어 '국가 해체'나 '세계혁명' 같은 공허한 슬로건의 나열을 동반할 수밖에 없게 된다. 그렇다면 이처럼 '자기부정'을 기반으로 한 입관 반대 투쟁과 다른 맥락의 운동은 존재하지 않았을까?

당시에 '외부자'를 지원하는 방식에는 몇 가지 유형이 있었다. 하나는 이른바 특별재류자격을 부여할 수 있는 법무 대신의 재량권을 활용하기 위해 기존의 사회당이나 공산당 같은 공당이나 일조(日朝)협회 또는 일중(日中)우호협회 같은 국제적 네트워크를 활용하는 방식이다. 실제로 앞서 말한 정훈상 사건, 김동희 사건 등에서 이 같은 사례들을 확인할 수 있다.[39]

---

38 吉本隆明,「アクシスの問題」,『吉本隆明全著作集(4)』(勁草書房, 1969), p.184.

39 정훈상과 김동희는 1960년대에 한국군을 탈영해 일본에 밀항했다가 북한으로 '망명'했다. 이들의 북한 '망명' 과정에 일본의 시민운동이나 신좌익 정파가 '적극적'으로 관여한 흔적은 현재로서는 발견되지 않으며 오히려 사회당 및 공산당과 같은 공당이나 국제 연대 조직의 외교적 '물밑' 교섭의 흔적이 부분적으로 확인된다. 권혁태, 「잃어버린 사람을 찾아서 ①: 북으로 간 한국군 탈영병 정훈상」, ≪황해문화≫(새얼문화재단, 2014년 봄); 권혁태, 「잃어버린 사람을 찾아서 ③: 베트남 파병을 '거부'한 두 한국군 병사 김이석과

둘째로는 해당 '외부자'의 생활 네트워크를 통해 문제를 해결하는 방식이다. 대체로 비합법적으로 일본에 장기간 거주했던 '잠재 거주자'[40]들에 대한 지원 운동에서 대표적으로 나타난다. 즉 생활 기간이 길어 지역사회에 형성되어 있는 '친밀권'이 운동의 기반이 되는 것이다. 밀항자라는 신분이 발각되거나 외국인등록법·출입국관리령 위반 사례가 적발되어 강제송환의 위험에 처해 있을 때, 지역사회가 'ㅇㅇㅇ을 지원하는 모임'을 자발적으로 결성해 강제송환 반대와 가석방을 요구하는 탄원서를 작성하는 경우가 많다.

특히 1960년대 중·후반부터 직접적 연고나 정치적 동기에 따른 밀항이 상대적으로 줄어들고, 고향 네트워크를 이용한 생활·생계형 밀항자가 늘어나는데, 어떤 의미에서는 1980년대 후반 이후 일본 사회에서 사회적 쟁점으로 떠오르는 외국인 노동자 문제의 근기원이라고도 볼 수 있다. 밀항 한국인 김무근(金武根)과 이를 지원하는 우라와(浦和) 지역의 시민운동이 대표적인 사례이다. 김무근(1948년 제주도 출생)은 경제적 빈곤 때문에 1969년 11월 일본에 밀항했다가 1970년 7월 체포되었다. 김무근이 거주하던 사이타마(埼玉) 우라와 지역의 여성들이 '김무근과 주부의 모임'을 만들어 강제송환을 저지하기 위한 활동을 벌이는데, 이 운동에 지역의 여성, 사회당 전 국회의원, 지역 내의 재일조선인 사업가들이 참여한다. 이 운동에 참여한 미하라 레이(三原令)는 "입관체제 분쇄를 부르짖는 것"에 반대하지는 않지만, "입관 투쟁"은 "강경 노선 하나로 일으킨 운동"일 뿐이고 이 때문에 일본인은 "어떤 상처도 받지 않고" 재일조선인만 많은 상처를 받는다고 지적하며 입관 투쟁의 관념성과 비일상성을 지적하고 있다.[41]

김동희」, ≪황해문화≫(2014년 가을) 참조.

40 谷口智彦, 「潜在居住者に在留権を!」, ≪朝鮮研究≫, 190号(1979) 참조.

41 三原令, 「金武根と浦和の主婦たち」, ≪朝鮮研究≫, 108(71-9)(日本朝鮮研究所, 1971), p.23.

이상의 사례는 어느 경우에나 출입국관리령에 규정되어 있는 법무부 장관의 재량권을 활용한 특별재류자격 획득을 목표로 한다는 점에서 모두 비슷하다. 즉 일본의 국가권력 해체를 목표로 삼는 것이 아니라, 국가권력을 활용해 '잠재 거주자'의 당면 문제를 '실무적'으로 해결하려는 시도들이다. 이 경우 '거주권'을 생활권이나 인권이라는 범주에서 접근하는 경우가 일반적이다. 하지만 정치 망명의 경우, 국제적 역학 관계의 변화가 때로는 문제의 원활한 해결로, 때로는 문제 해결의 장애로 작용한다는 점에서 국제관계의 변화와 일본 정부의 권력 의지가 정치 망명의 성공 여부를 결정짓는다. 여기서 말하는 국제적 역학 관계란 예를 들면 한일·조일, 대일·중일이라는 정부 간 관계나, 일본 공산당·중국공산당·조선노동당의 관계, 조일협회나 일중우호협회 같은 공적 기관의 제도적 범주 모두를 포함한다.

인권·생활권이라는 범주는 그 자체로 독립적인 영역이지만, 실제로는 이 영역들이 이런 제도적 범주(국민국가)의 틀을 넘어서는 경우는 매우 드물다. 특히 '범죄인 불인도 제도' 이외에는 망명 제도가 존재하지 않았던 일본의 법 체계에서는 '세계인권선언'이나 '평화헌법' 같은 인권 범주로 망명 문제에 접근할 수밖에 없지만, 이 인권 범주가 실제로 국제관계와 그 전제가 되는 국민국가의 틀을 넘어서는 것은 아니었다. 예를 들면, 베트남 반전 탈영병이면서 '북'으로 갈 수밖에 없었던 김동희와 유럽으로 망명한 미군 탈영병들, 일본 거주에 성공한 미군 탈영병 시미즈 데쓰오(清水鉄雄)의 운명을 갈라놓은 것도 지원 운동의 의도와는 관계없는 국제관계와 국민국가라는 틀이었다.[42]

앞서 말한 전공투 조직의 하나인 도쿄대 법공투가 망명 문제를 인권 차원

---

42 권혁태, 「국경 안에서 탈국경을 상상하는 법: 일본의 베트남 반전운동과 탈영병사」, ≪동방학지≫, 제157호(2012); 남기정, 「베트남 '반전 탈주' 미군 병사와 일본의 시민운동: 생활 세계의 전쟁과 평화」, ≪일본학 연구≫, 제36호(단국대 일본연구소, 2012).

에서 접근하는 태도의 '함정'을 지적한 것은 이 때문이다. 도쿄대 법공투는 입관체제를 식민주의의 문제이면서 동시에 "응축된 형태에서의 '안보 체제' 그 자체"로 보면서 이를 인권 문제로 접근하는 태도를 비판한다. 왜냐하면 "일본인이 일본국 헌법에서 향유하는 인권과…… 그들(외국인-인용자)이 입관령 등등의 우리나라 외국인 법제하에서 확보할 수 있는 '인권' 사이에는 커다란 단층"이 있다고 보고 있기 때문이다. 즉 "시민법 체계에서의 인권 개념이 이념적으로 초역사적·자연법적인 권리로서 보편성을 표방하고 있으면서도, 현실에서는…… 중층적인 소외 구조를 기초로 해서 성립할 수밖에 없는 패러독스가 있"고 이는 "인권 개념"이 기본적으로 "국가적 계기를 매개로 해서 성립"되었기 때문으로 보고 있다.[43] 즉 인권은 부르주아 시민사회의 국경 안에서, 그리고 그 국경을 전제로 해서 만들어진 개념이니 이를 보장하는 법체계도 국적·국경이라는 범주를 넘어설 수 없다는 것이다. 철학자 하시모토 미네오(橋本峰雄)가 김동희의 망명 문제를 사례로 들면서 망명을 "특수한 주권국가로의 분열과 대립"이 낳은 "궁극의 정치악"의 결과물로 보는 것도 이 때문이다.[44]

그렇다면 남은 길은 국민국가적 부르주아 법체계의 해체밖에 없게 된다. 더구나 그 입관체제라는 제도적 법체계가 식민주의와 안보 체제로 지탱되는 전후 민주주의의 한 구성 요소라고 한다면, 입관 해체는 곧 전후 민주주의의 해체를 의미하는 것이고 이는 일본 해체, 국가 해체를 지향하는 관념적 정치운동의 과정을 밟을 수밖에 없게 된다.

그렇다면 전후 일본 사회에서 '외부자', '잠재 거주자' 등의 '숨 쉴 공간'은 국가권력의 '선처'에 기대는 특별 재류 취득이나 혹은 국가 해체 같은 '자기부정'

---

43 東大法共闘, 『告発·入管体制』, p.1.

44 橋本峰雄, 「金東希氏の政治亡命と倫理-ひとつの問い」, ≪展望≫, 68-2(1968), pp.62~63.

위에서만 가능했던 것일까? 베평련 운동에 참여해 김동희 망명 사건에 관여했던 시오자와 요시노리(塩沢由典)는 다음과 같이 말한다.

> 일본에는 아직 망명권이 확립되어 있지 않다는 사정이 있다. 따라서 '망명권의 법제화', 이를 법률상의 권리로서 확립해야 할 정치적 과제가 우리에게 있다. 그러나 그와 동시에 기술적으로도 정치적 문제에 가려져 있는 보다 깊은 의미를 생각해야 한다. 그것은 '망명권'을 인정하는 법률이 없는 상태에서도 재일조선인이나 부락민들은 개인을 집락(集落)에 숨겨온 역사가 있다는 것이다. …… '망명의 사상'은 '국가를 넘어서는 원리'의 존재 사상이다. …… 다른 나라에 탈영병을 맡기는 것이 아니라, 즉 다른 나라에 숨겨달라고 부탁하는 것이 아니라, 한 개인을 보호하는 입장을, 보호하는 장소를 생각해야 한다. '망명의 사상'이 '국가를 넘어서는 원리'의 존재 주장이라 한다면, 망명하는 사람을 다른 국가에 맡기는 것은 논리적 모순이다. 따라서 국가에 의존하지 않고 망명자를 보호하는 공간을 만들어야 한다.[45]

시오자와가 말하는 "한 개인을 보호하는 입장", "보호하는 장소", "국가에 의존하지 않고 망명자를 보호하는 공간"이란 국가권력과의 관계에서 권력에 포섭되지 않거나, 포섭되어 있어도 상대적인 '자율성'을 가질 수 있는 탈국가적·비국가적 영역, 즉 '망명권(亡命圈)'을 말한다. 물론 '망명권'은 임시정부와 소비에트 권력이 병존했던 러시아 혁명기의 '이중권력'이나 개발경제학에서 말하는 '이중경제'[아서 루이스(Arthur Lewis)의 개념]와 같이 확연히 구분되는 2개의 영역이 대립 병존하는 상태를 말하는 것은 아니다. 오히려 후지타 쇼조(藤

45 塩沢由典, 「金東希と政治亡命」, 『資料·「ベ平連」運動(上巻)』(河出書房新社, 1974).

田省三)의 말을 인용하자면, '망명권'은 "실정법주의가 사회적으로" 관철되지 않는 영역, 바꿔 말하면 "인민사회가 공공성을 만들어내"면서 "'국가'에 대항하는 '사회'의 관념을" 만들어 나아갈 수 있는 방향을 담보하는 곳이다. 후지타는 패전 직후의 암시장을 "권력으로부터 독립된 연대와 연대 주체 상호 간의 독립이라는 이중의 독립"이라 하고 있는데,[46] 이는 한편에서는 국가권력에 제도적으로 포섭되어 있으면서도, 그와 동시에 배제되어 있는 '틈새 = 망명권(亡命圏)'을 뜻한다. 즉 생활 네트워크형이든, 아니면 고향 네트워크형이든, 혹은 민족 네트워크형이든 '외부자'가 숨 쉴 수 있는 '인민의 바다'에 가깝다. 밀항자 윤학준을 실제 소재로 삼아 쓴 김달수의 소설 『밀항자』(1963)나 『일본에 남긴 등록증(日本にのこす登録証)』(1961)에 등장하는, 밀항자의 '잠재 거주'에 도움을 주는 일본인 택시 운전사나 재일조선인의 모습은 1950년대의 이 같은 상황을 드러낸다.[47]

그렇다면, 1960년대 일본 사회운동의 입관체제 반대 운동이 한편에서는 '자기부정'을 기반으로 해 '국가 해체'라는 또 하나의 '자기부정'으로, 다른 한편에서는 일본 밖으로의 탈출이라는 '망명 사상'(안으로의 망명이 아니라 밖으로의 망명)의 형태로 자리 잡을 수밖에 없게 되거나, 인권이나 생활권을 방패로 국제관계나 권력의지에 기대는 방식으로 해결을 모색할 수밖에 없었던 배경에는 시오자와가 말하는 "망명자를 보호하는 공간"의 부재, 혹은 축소가 있었

46 藤田省三, 『藤田省三著作集 2: 転向の思想史的研究』(みすず書房, 1997), pp.290~295; 후지타 쇼조, 『전향의 사상사적 연구』, 최종길 옮김(논형, 2007), 244~247쪽.

47 재일조선인 작가 김달수에 의해 형상화된 밀항자와 '틈새'의 가능성은 『密航者』(1963), 『日本にのこす登録証』(1961)에 잘 드러나 있다. 또 이 작품의 실제 주인공인 밀항자 윤학준의 고백과 이에 대한 해설로는 尹學準, 「わが密航記」, ≪朝鮮研究≫, 190(79-6)(1979); 高柳俊男, 「渡日初期の尹學準: 密航·法政大学·帰国事業」, 『異文化 論文編(5号)』(法政大学, 2004)를 참조하라.

다고 볼 수 있다. 후지타 쇼조가 “실생활에서 권력으로부터 독립운동이 있는 곳에서는 아마도 관념상에서도 사고의 독립 과정이 어디선가 일어난다”[48]라고 말한 것을 역으로 말한다면, 1960년대 일본에서 망명권(亡命權)과 망명권(亡命圈)의 동시 부재는, 즉 사고의 부재이기도 했던 것이다.

48 藤田省三, 『藤田省三著作集 2: 転向の思想史的研究』, p.298; 후지타 쇼조, 『전향의 사상사적 연구』, 248쪽.

참고문헌

서장 '밀항자'는 어디에서 와서 어디로 갔을까?

김석범. 2016.『화산도(전 12권)』. 김환기·김학동 옮김. 보고사.
김시종. 2008.「여기보다 멀리」. 유숙자 옮김.『경계(境界)의 시』. 소화.
모리스 스즈키, 테사(Tessa Morris-Suzuki). 2008.『북한행 엑서더스: 그들은 왜 '북송선'을 타야만 했는가?』. 한철호 옮김. 책과함께.
_____. 2011.『봉인된 디아스포라』. 박정진 옮김. 제이앤씨.
아렌트, 한나(Hannah Arendt). 2006.『전체주의의 기원 1』. 이진우·박미애 옮김. 한길사.
양석일. 2001.『밤을 걸고 1·2』. 김성기 옮김. 태동출판사.
최인훈. 1996.『광장·구운몽』. 문학과지성사.
≪경향신문≫, 1968.5.11.

テッサ·モーリス-スズキ(Tessa Morris-Suzuki). 2004.『自由を耐え忍ぶ』. 岩波書店.
金敬得. 1995.『新版·在日コリアンのアイデンティティと法的地位』. 東京: 明石書店.
金達洙. 1980.「日本に残す登録証」.『金達洙小説全集(第5巻)』. 筑摩書房.
金英達·高柳俊男 編. 1995.『北朝鮮帰国事業関係資料集』. 新幹社.
梶村秀樹. 1993.「定住外国人としての在日朝鮮人」.『梶村秀樹著作集·在日朝鮮人論(第6巻)』. 明石書店.
法務省.『出入国管理統計年報』.
法務省大村入国者収容所. 1970.『大村入国者収容所二十年史』. 法務省大村入国者収容所.
法務省入国管理局. 1969·1979.『出入国管理とその実態』. 大蔵省印刷局.
_____. 1975.『出入国管理ーその現況と課題』. 大蔵省印刷局.
_____. 1980.『出入国管理ーその現況と課題』. 大蔵省印刷局.
法務省入国管理局 編. 1971.『出入国管理とその実態』. 大蔵省印刷局.
_____. 1980.『出入国管理の回顧と展望ー入管発足30周年を記念して』. 大蔵省印刷局.
_____. 1986.『出入国管理ー変貌する国際環境の中で』. 大蔵省印刷局.
_____. 1993.『出入国管理ー国際化時代への新たな対応』. 大蔵省印刷局.
法務省入国管理局法令研究改 編. 1983.『国際化時代の中でー出入国管理の周辺』. 大蔵省印刷局.
野村宏志. 1971.「在日朝鮮人の在留状況と国籍問題」. 佐藤勝巳 編.『在日朝鮮人の諸問題』. 同成社.
梁石日. 1997.『夜を賭けて』. 幻冬社.
在日韓国青年同盟中央本部 編. 1970.『在日韓国人の歴史と現実』. 洋洋社.
佐藤勝巳. 1974.「在日朝鮮人と出入国管理令」. 佐藤勝巳 編.『在日朝鮮人: その差別と処遇の実

態』. 同成社.
内海相子. 1971.9.「在日朝鮮人と国籍(2)」. ≪朝鮮研究≫, 108.
山之内一郎. 1952.8.22.「時評: 強制送還」. ≪朝日新聞≫(夕刊).
松井清志·寺沢達夫. 1981.7.「藤岡晋·元入管審査課長の証言~在留権闘争の現状と課題」. ≪朝鮮研究≫, No.212.
尹学準. 1979.6.「わが密航記」. ≪朝鮮研究≫, No.190.
佐藤勝巳. 1970.8.「出入国管理令と在日朝鮮人一入管法を理解するにあたって」. ≪朝鮮研究≫, No.97.
編集部. 1969.12.「'大村'の幽囚者」. 朝鮮人社. ≪朝鮮人: 大村収容所を解体するために≫, No.2.
横田耕一. 1977.10.「大村収容所の現況と問題点」. ≪法律時報≫, No.599.
「昭和四一年(全期)における集団不法入国の概況」. 1968.3. ≪入国管理月報≫, No.76.
「戦後における在日朝鮮人の人口現象」. 1968.10. ≪入国管理月報≫, No.95.
≪入国管理月報≫. 1967.1. No.74.
______. 1967.2. No.75.
______. 1967.3. No.76.
______. 1968.8. No.93.
______. 1968.9. No.94.
______. 1968.10. No.95.
______. 1970.9. No.117.
______. 1972.9. No.140.
≪読売新聞≫. 1950.4.11.
≪読売新聞≫. 1953.8.11.
≪朝日新聞≫(夕刊). 1964.3.3. "今月の問題, '密航銀座'朝鮮海峡".
______. 1952.11.22.
______. 1958.2.4.
______. 1965.7.3.
国会会議録検索システム(http://kokkai.ndl.go.jp)(검색일: 2016.7.25).

1장 조선인의 일본 '밀항'에 대한 일제 경찰의 대응 양상

김광렬. 2010.『한인의 일본이주사 연구: 1910~1940년대』. 논형.

姜在彦. 1957.『在日朝鮮人渡航史』. 東京: 朝鮮研究所.
慶尙北道警察部. 1934.『高等警察要史』.
國策研究會. 1938.「內地在住半島人問題と協和事業」.『研究資料(8)』. 東京: 國策研究會.
金贊汀. 2010.『韓國併合百年と「在日」』. 東京: 新潮社.

金泰生. 1981.「ある女の生涯」. 金達壽·姜在彦 共編.『手記=在日朝鮮人』. 東京: 龍溪書舍.
內務省警保局. 1929·1939.『社會運動の狀況』.
朴慶植. 1973.『日本帝國主義の朝鮮支配(下卷)』. 東京: 青木書店.
朴在一. 1957.『在日朝鮮人に關する綜合調査研究』. 東京: 新紀元社.
釜山地方警察廳 編. 2000.『釜山警察史』.
山脇啓造. 1994.「(第3章) 1920年代前半における朝鮮人勞動者の移入規制」.『近代日本と外國人勞動者: 1890年代後半と1920年代前半における中国人·朝鮮人勞動者問題』. 東京: 明石書店.
杉原達. 1986.「在阪朝鮮人の渡航過程: 朝鮮·濟州道との関連で」. 杉原薫·玉井金五 編.『大正·大阪·スラム: もうひとつの日本近代史』. 東京: 新評論.
杉原達. 1998.『越境する民: 近代大阪の朝鮮人史研究』. 東京: 新幹社.
小日方純夫. 1993.『警察の社會史』. 東京: 岩波書店.
枡田一二地理學論文集刊行會 編. 1976.『桝田一二地理学論文集』. 東京: 弘詢社.
旅行案內社 編. 1927.『公認汽車汽船旅行案內』.
外村大. 2004.『在日朝鮮人社会の歴史學的研究: 形成·構造·變容』. 東京: 綠蔭書房.
_____. 2008.「日本帝國の渡航管理と朝鮮人の密航」. 蘭信三 編著.『日本帝國をめぐる人口移動の國際社會學』. 東京: 不二出版.
荻野富士夫. 1984.『特高警察體制史: 社會運動抑壓取締の構造と實體』. 東京: せきた書房.
朝鮮總督府警務局. 1934·1939.『最近における朝鮮治安狀況』.
鐵道省 編. 1942.『時刻表』.
樋口雄一. 1986.「(補章의 4) 日本政府の朝鮮人渡航管理」.『協和會: 戰時下朝鮮人統制組織の研究』. 東京: 社會評論社.
河明生. 1997.『韓人日本移民社會經濟史戰前編』. 東京: 明石書店.
吉見義明·川田文子. 2011.「崔碩義氏からの聞き取り第1回: ある在日朝鮮人の戰前·戰中體驗と戰後體驗」. 中央大學商學研究會. ≪商學論纂≫, 52-1·2.
金廣烈. 1997.「戰前間における日本の朝鮮人渡日規制定策」. ≪朝鮮史研究會論文集≫, 35.
內務省警保局. 1936.「我國水上警察の沿革」. ≪種村氏警察參考資料≫, 第77集(日本國立公文書館 所藏).
森田芳夫. 1955.「在日朝鮮人處遇の推移と現狀」. ≪法務研究報告書≫, 第43集 第3號. 東京: 法務研修所.
「慶尙南道に於ける密航根絶週間實施狀況」. 1940.8. ≪高等外事月報≫, 13.
「釜山府內警察官署現況(1924年)」. 慶尙南道廳.『朝鮮總督府慶尙南道統計年報』.
「山口縣における在日朝鮮人」(縣知事事務引繼書). 在日朝鮮人運動史研究會 編.『在日朝鮮人史資料集(1)』.
「所謂密航鮮人調」. 在日朝鮮人運動史研究會 編.『在日朝鮮人史資料集(1)』.
「朝鮮人ノ內地渡航制限ニ關スル件通牒」. 朴慶植 編.『在日朝鮮人關係資料集成(3)』.
「朝鮮人ノ視察取締狀況」.『在日朝鮮人史資料集(1)』.

「朝鮮人勞動者內地渡航取締ニ關スル件」. 朴慶植 編. 『在日朝鮮人關係資料集成』.
「朝鮮人勞動者內地渡航取締の狀況」. 1976. 內務省警保局. 『特高警察通牒』. 朴慶植 編. 『在日朝鮮人關係資料集成(3)』. 東京: 三一書房.
「朝鮮人勞動者內地密航取締强化對策」. 1940.1. ≪高等外事月報≫, 6.
「朝鮮人移住對策ノ件」. 內務省警保局. 『特高警察通牒』. 朴慶植 編. 『在日朝鮮人關係資料集成』.
「特別高等警察執務心得(『特高警察例規集』 所收)」. 朴慶植 編. 『在日朝鮮人關係資料集成(3)』.
「特別高等事務分掌表」. 在日朝鮮人運動史硏究會 編. 『在日朝鮮人史資料集(1)』.
「下關ニ於ケル渡来歸鮮々人狀況」. 1921. 在日朝鮮人運動史硏究會 編. 『在日朝鮮人史資料集(1)』.
「下關特種勤務警察官配置表」. 『在日朝鮮人史資料集(1)』.
「內鮮警察事務分掌」. ≪種村氏警察參考資料≫, 第68集(日本國立公文書館 所藏).
「移動警察官活動狀況(昭和9年中)」(刑事課長事務打合會參考諸調). 1935. ≪種村氏警察參考資料≫, 第41集(日本國立公文書館 所藏).
「移動警察實施ニ關スル件」(指示事項). 1935. ≪種村氏警察參考資料≫, 第41集(日本國立公文書館 所藏).
≪朝鮮朝日≫. 1924.6.8. "內地渡航, 一日に九百名".

2장 조선인을 식별하다: 점령기 '조선인'과 '불법 입국'의 정의에 관하여

大沼保昭. 2004. 『在日韓国·朝鮮人国籍と人権』. 東信堂.
島根県警察史編さん委員会 編. 1986. 『島根県警察史(昭和編)』. 島根県警察本部.
文京洙. 2008. 『済州島四·三事件: 公共圏の死滅と再生』. 平凡社.
山口県警察史編さん委員会 編. 1982. 『山口県警察史(下巻)』. 山口県警察本部.
森田芳夫. 1955. 『在日朝鮮人処遇の推移と現状』. 法務研究所.
石原昌家. 2005. 『空白の沖縄戦後史: 戦果と密貿易の時代』. 晩聲社.
小宮友根. 2011. 『実践の中のジェンダー 法システムの社会学的記述』. 新陽社.
熊本県警察史編さん委員会 編. 1986. 『熊本県警察史』. 熊本県警察本部.
伊地知紀子·村上尚子. 2008. 「解放直後·済州島の人びとの移動と生活史: 在日済州島出身者の語りから」. 蘭信三 編. 『日本帝国をめぐる人口移動の国際社会学』. 不二出版.
長崎県警察史編纂委員会 編. 1979. 『長崎県警察史(下巻)』. 長崎県警察本部.
鳥取県警察史編さん委員会 編. 1984. 『鳥取県警察史(第2巻)』. 鳥取県警察本部.
佐竹京子. 2003. 『軍政下奄美の密航·密貿易』. 南方新社.
佐賀県警察史編さん委員会 編. 1977. 『佐賀県警察史』. 佐賀県警察本部.
村上尚子. 2005. 「四·三時期の'在日済州人': 済州島民の渡日と在日朝鮮人社会(1945-1950)」. 『在日제주도인의 삶과 제주도』. 제주발전연구원.
平和祈念事業特別基金 編. 1991. 『海外引揚者が語り継ぐ労苦(追補)』. 平和祈念事業特別基金.

湖北社 編. 1978.『在日朝鮮人管理重要文書集』.
マシュー オーガスティン. 2006.「越境者と占領下日本の境界変貌: 英連邦進駐軍(BCOF)資料を中心に」. ≪在日朝鮮人史研究≫, 36.
大沼保昭 編. 1978.「≪資料と解説≫ 出入国管理法制の成立過程」. ≪法律時報≫, Vol.50-9.
_____. 1978.「≪資料と解説≫出入国管理法制の成立過程」. ≪法律時報≫, Vol.51-2.
福岡辺.「粗末な木造船で脱出」. ≪戦争を知らない世代≫, 第5巻.
昭和23(れ)1492.「外国人登録令違反に対する上告棄却理由書」.

BCOF 1946, Quarterly Report, 20 Sept 1946, 호주 국립문서관 소장, 소장번호: AWM114, 423/11/5.
BCOF 1947, Quarterly Report, 31 March 1947, 호주 전쟁기념관 소장, 청구기호: AWM114, 423/11/11.
BCOF, Illegal Entry into Japan 1948, issued on 25th, Oct 1948, 호주 전쟁기념관 소장, 청구기호: AWM114, 423/10/42.
Chung, Erin Aeran. 2010. *Immigration and Citizenship in Japan*. Cambridge University Press.
GHQ/SCAP, 8th Army, G-3, Korean Illegal Entrants, 15/5/1949, Memorandum for: chief of stuff8th army, suppression of Korean Illegal Entrants, 미국 국립문서보관기록청 소장, NAIL Control Number: NWCTM-331-UD1387-2190(2).
GHQ/SCAP, CIS G-2, Military Intelligence Section, General Staff, Civil Intelligence Section Special Report, 1947 Dec 15th, Korean Smuggling Activities, 미국 국립문서보관기록청 소장, Box 3039, Loc: 290/14/20/2.
GHQ/SCAP, Civil Affairs Section, Kinki Civil Affairs Region 오사카 민사국, 1949년 10월, Commending General 제8군 앞으로, 이노부코의 석방을 요구하는 오빠 이쟁우의 탄원서.
GHQ/SCAP, G2, Public Safety Division, General Correspondence 1949~1951 "Smuggling Reports 1949", 오키나와 현 공문서관 소장, Entry 164B (A1), 자료 코드: 0000008146.
Morris-Suzuki, Tessa. 2010. *Borderline Japan: Foreigners and Frontier Controls in the Postwar Era*. Cambridge University Press.
SCAP, Civil Affairs Section, Shikoku Civil Affairs Team 1948, Illegal Entrants Report & Smuggling 미국 국립문서보관기록청 소장, NAIL Control Number: NWCTM-331-UD1554-3039 (9).

3장 불안전한 영토 밖의 일상: 해방 이후 1970년대까지 제주인들의 일본 밀항

강성현. 2012.「한국의 국가 형성기 '예외상태 상례'의 법적 구조」. ≪사회와 역사≫, 제94집.
김광열. 2006.「1940년대 일본의 도일 조선인에 대한 규제 정책」.『패전 전후 일본의 마이너리티와 냉전』. 제이앤씨.

김예림. 2011. 「현해탄의 정동: 국가라는 '슬픔'의 체제와 밀항」. ≪석당논총≫, 49호.
발리바르, 에티엔(E'tienne Balibar). 2011. 『정치체에 대한 권리』. 진태원 옮김. 후마니타스.
베레진, 마벨(Mabel Berezin). 「안전 국가: 감정의 정치사회학을 향하여」. 잭 바바렛(Jack Barbalet) 엮음. 『감정과 사회학』. 박형신 옮김. 이학사.
신재경. 2014. 『재일제주인 그들은 누구인가』. 보고사.
신행철 외. 1995. 『제주 사회론』. 한울.
이상철. 2000. 「20세기 제주도의 사회변동과 발전」. ≪제주도 연구≫, 18호.
이정은. 2014. 「'난민' 아닌 '난민 수용소', 오무라 수용소: 수용자·송환자에 대한 한국 정부의 대응을 중심으로」. ≪사회와 역사≫, 제103집(가을).
이지치 노리코(伊地知紀子). 2013. 「재일제주인의 이동과 생활: 해방 전후를 중심으로」. 윤용택·이창익·쓰하 다카시 엮음. 『제주와 오키나와: 동아시아 지역 간 이동과 교류』. 보고사.
전갑생. 2009. 「한국전쟁기 오무라 수용소의 재일조선인 강제추방에 관한 연구」. ≪제노사이드 연구≫, 5호.
전은자. 2008. 「제주인의 일본도항 연구」. ≪탐라문화≫, 23.
제주4·3사건진상조사보고서작성기획단. 2003. 『제주 4·3 사건 진상조사보고서』. 제주4·3사건진상규명및희생자명예회복위원회.
허시먼, 앨버트 O(Albert O. Hirschman). 2005. 『떠날 것인가 남을 것인가: 기업, 조직 및 국가의 퇴보에 대한 반응』. 강명구 옮김. 나남.
≪경향신문≫. 1964.3.9. "日本密航의 生態".
_____. 1968.3.2. "密航者강력制裁".
_____. 1969.5.14. "그들은 밀항자였다: 드러난 붉은 첩자들의 죄상".
_____. 1971.5.19. "저승길 密航".
≪동아일보≫. 1967.12.7. "나라 체통 깎는 日本密航 강력단속".

GHQ/SCAP. 1951. "History of the Non-military Activities of the Occupation of Japan, 1945~1951." 竹前栄治·中村隆英 監修.『GHQ日本占領史16 外国人の取り扱い』. 松本邦彦 訳. 東京: 日本図書センター.
テッサ·モーリス-スズキ. 2005. 「占領軍への有害な行動: 敗戦後日本における移民管理と在日朝鮮人」. 岩崎稔他 編著. 『継続する植民地主義』. 東京: 青弓社.
高鮮徽. 1998. 『20世紀の滞日済州島人: その生活過程と意識』. 東京:明石書店.
金史良. 1940. 「玄海灘密航」. 『金史良全集(IV)』. 東京: 河出書房新社.
金石範·金時鐘. 2001. 『なぜ書きつづけてきたかなぜ沈黙してきたか: 済州島四·三事件の記憶と文学』. 東京: 平凡社.
内務省警保局. 1945. 「在留朝鮮人運動の状況」. ≪特高月報≫. 朴慶植 編. 『在日朝鮮人関係資料集成(第5巻)』. 東京: 三一書房.
文京洙. 2008. 『済州島四·三事件:「島(タムナ)のくに」の死と再生の物語』. 東京: 新幹社.

法務省. 2010.『在留外国人統計(平成22年度)』.
法務省入国管理局. 1959·1971.『出入国管理とその実態』.
福本拓. 2008.「アメリカ占領下における朝鮮人『不法入国者』の認定と植民地主義」. 蘭信三 編.『日本帝国をめぐる人口移動の国際社会学』. 東京: 不二出版.
杉原達. 1998.『越境する民: 近代大阪の朝鮮人史研究』. 東京: 新幹社.
森田芳夫. 1955.『在日朝鮮人処遇の推移と現状』. 東京: 法務研修所.
外村大. 2008.「日本帝国の渡航管理と朝鮮人の密航」. 蘭信三 編.『日本帝国をめぐる人口移動の国際社会学』. 東京: 不二出版.
伊地知紀子·村上尚子. 2008.「解放直後·済州島の人びとの移動と生活史: 在日済州島出身者の語りから」. 蘭信三 編.『日本帝国をめぐる人口移動の国際社会学』. 東京: 不二出版.
樋口雄一. 1986.『協和会: 戦時下朝鮮人統制組織の研究』. 東京: 社会評論社.
玄武岩. 2013.「密航·大村収容所·済州島: 大阪と済州島をむすぶ『密航』のネットワーク」.『コリアン·ネットワーク: メディア·移動の歴史と空間』. 北海道大学出版会.
SCAPIN1015. 1978.「不法入国の抑圧に関する覚書」(1946.6.12). 大沼保昭 編.「≪資料と解説≫出入国管理法制の成立過程3」. ≪法律時報≫, 50-6号.
SCAPIN746. 1978.「朝鮮人·中国人·琉球人及び台湾人の登録に関する総司令部覚書」(1946.2.17). 大沼保昭 編.「≪資料と解説≫出入国管理法制の成立過程2」. ≪法律時報≫, 50-5号.
SCAPIN927. 1978.「引揚に関する総司令部覚書」(1946.5.7). 大沼保昭 編.「≪資料と解説≫出入国管理法制の成立過程3」. ≪法律時報≫, 50-6号.
髙谷幸. 2013.「追放と包摂の社会学: 1950年代朝鮮人の在留特別許可をめぐって」. ≪アジア太平洋研究センター年報(2013~2014)≫.
挽地康彦. 2005.「大村収容所の社会史(1): 占領期の出入国管理とポスト植民地主義」. ≪西日本社会学年報≫, 3号.
文公輝. 2004.「占領初期·大阪府と在日朝鮮人: 占領期の強制送還事業と朝鮮人登録を中心に」. ≪大阪人権博物館紀要≫, 8号.
朴沙羅. 2013.「お前は誰だ」. ≪社会学評論≫, 64(2).
______. 2013.「『朝鮮人』の登録: 占領期日本の外国人管理政策と『朝鮮人』カテゴリーの再編」. ≪ソシオロジ≫, 58-2.
法務省入国管理局. 1966.3. ≪入国管理月報≫, 76号.
飛田雄一. 1986.「GHQ占領下の在日朝鮮人の強制送還」. ≪季刊三千里≫, 48号.
「朝鮮人生活権擁護委員会ニュース」. 1947.4.5. ≪在日朝鮮人史研究≫, 3号.
法務省. "総括調査票(8)入国者収容所大村入国管理センターの維持·運用." http://www.mof.go.jp/budget/topics/budget_execution_audit/fy2012/sy2407/08.pdf(검색일: 2016.3.2).

4장 수용소라는 안전장치: 오무라 수용소, 폴리스, 그리고 잉여

김예림. 2011. 「현해탄의 정동: 국가라는 '슬픔'의 체제와 밀항」. ≪석당논총≫, 49호.
김항. 2009. 「'결단으로서의 내셔널리즘'과 '방법으로서의 아시아'」. ≪대동문화연구≫, 65집.
아감벤, 조르조(Giorgio Agamben). 2008. 『호모 사케르: 주권권력과 벌거벗은 생명』. 박진우 옮김. 새물결.
장은주. 2008. 「지방정부와 중앙정부 관계에서 본 오키나와 문제」. 정근식·전경수·이지원 엮음. 『기지의 섬, 오키나와』. 논형.
전갑생. 2009. 「한국전쟁기 오무라 수용소의 재일조선인 강제추방에 관한 연구」. ≪제노사이드 연구≫, 5호.
차승기. 2012. 「내지의 외지, 식민 본국의 피식민지인, 또는 구멍의 (비)존재론」. ≪현대문학의 연구≫, 46집.
카와시마 켄(かわしまけん). 2009. 「상품화, 불확정성, 그리고 중간착취: 전간기 일본의 막노동 시장에서의 조선인 노동자들의 투쟁」. 헨리 임·곽준혁 엮음. 『근대성의 역설: 한국학과 일본학의 경계를 넘어』. 후마니타스.
푸코, 미셸(Michel Foucault). 2011. 『안전, 영토, 인구』. 오트르망 옮김. 난장.
≪경향신문≫. 1952.5.23. "일본에 반송한 동포 또 역송환?".
_____. 1952.11.25. "교포 의분 폭발!".
_____. 1954.7.14. "불법체포 한인 석방하라".
_____. 1954.7.22. "구금자 석방하라".
_____. 1954.7.31. "감옥 이상의 참상".
≪동아일보≫. 1951.1.10. "밀항자 총살 인해전술 등 필승책 강구".
_____. 1951.1.11. "일본 밀항단 타진".
≪민주신보≫. 1952.11.25. "외무부, 大村수용소에 수용 중인 한국인들에 대한 일본 정부의 강압에 대해 항의".
≪조선일보≫. 1946.11.13. "倭땅에 밀항 5만 명".
_____. 1947.2.2. "밀항자로 倭土에… 7천 명이 수용소 생활".

ジャック·ランシエール. 2005. 『不和あるいは了解なき了解: 政治の哲学は可能か』. 松葉祥一·大森秀臣·藤江成夫 訳. 東京: インスクリプト.
テッサ·モーリス-スズキ. 2005. 「戦後日本の出入国管理と外国人政策」. 有末賢·関根政美 編. 『戦後日本の社会と市民意識』. 東京: 慶應義塾大学出版社.
福本 拓. 2008. 「アメリカ占領下における朝鮮人'不法入国者'の認定と植民地主義」. 蘭信三 編. 『日本帝国をめぐる人口移動の国際社会学』. 東京: 不二出版.
森田芳夫. 1955. 『在日朝鮮人処遇の推移と現状』. 東京: 法務省.
浅野豊美. 2008. 『帝国日本の植民地法制: 地域統合と帝国秩序』. 名古屋: 名古屋大学出版会.

玄武岩. 2007. 「密航·大村収容所·濟州道: 大阪と濟州道を結ぶ『密航』のネットワーク」. ≪現代思想≫, 第35巻 7号.
挽地康彦. 2005. 「大村収容所の社会史(1): 占領期の出入国管理とポスト植民地主義」. ≪西日本社会学会年報≫, No.3.
『大村入国者収容所二十年史』. 1970. 大村: 法務省大村入国者収容所.
「日本占領及び管理のための連合軍最高司令官に対する降伏後における初期の基本的指令」(JC.S 1380/15). 1945.11.3.
「平和条約の発効に伴う朝鮮人、台湾人等に関する国籍及び戸籍事務の処理」. 1952.4.19.

Derrida, Jacques. 1987. *The Truth in Painting*. Chicago: University of Chicago Press.

5장 오무라 수용소와 재일조선인의 강제 추방 법제화

국사편찬위원회. 2014. 『주한미군사 1: History of the united states army force in korea part Ⅰ』.
권혁태. 2007. 「'재일조선인'과 한국 사회: 한국 사회는 재일조선인을 어떻게 '표상'해왔는가」. 역사문제연구소. ≪역사 비평≫, 통권 78호(봄).
_____. 2014. 「베트남 파병을 '거부'한 두 한국군 병사 김이석과 김동희」. 새얼문화재단. ≪황해문화≫, 84.
김귀옥. 2010. 「분단과 전쟁의 디아스포라: 재일조선인 문제를 중심으로」. ≪역사 비평≫, 통권 91호(여름).
김예림. 2011. 「현해탄의 정동: 국가라는 '슬픔'의 체제와 밀항」. ≪석당논총≫, 49호.
김태기. 1998. 「GHQ/SCAP의 대재일한국인 정책」. 한국국제정치학회. ≪국제정치 논총≫, 제38집 3호.
노은명. 2009. 「일본의 출입국관리 체제 반대 운동 연구: 1969~1971년 일본인의 반대 운동을 중심으로」. 역사문제연구소. ≪역사 문제 연구≫, 제22호.
서경식. 1996. 「재외 한국인의 고민과 선택 '재일조선인'의 위기와 기로에 놓인 민족관」. ≪역사 비평≫, 통권 35호(여름).
_____. 2006. 『난민과 국민 사이: 재일조선인 서경식의 사유와 성찰』. 돌베개.
이정은. 2014. 「'난민' 아닌 '난민 수용소', 오무라 수용소: 수용자·송환자에 대한 한국 정부의 대응을 중심으로」. ≪사회와 역사≫, 제103집(가을).
전갑생. 2009. 「한국전쟁기 오무라 수용소의 재일조선인 강제 추방에 관한 연구」. 한국제노사이드연구회. ≪제노사이드 연구≫, 제5호.
차승기. 2014. 「수용소라는 안전장치: 오무라(大村) 수용소, 폴리스, 그리고 잉여」. 인하대학교 한국학연구소. ≪한국학 연구≫, 제32집.
≪경향신문≫. 1946.10.30. "日本에 密航入國한 朝鮮人들의 檢擧送還", 2면.

_____. 1947.5.15. "不法會合을 不許", 2면
_____. 1947.7.13. "朝鮮人密航滅消 맥司令部서 發表", 3면.
_____. 1947.8.7. "在日同胞에 外國人登錄", 2면.
_____. 1947.8.30. "在日本朝鮮人聯盟 서울委員會建議書", 2면.
_____. 1948.10.26. "經濟夜話 到處에 離合無常 여기도 감투싸홈", 2면.
_____. 1963.11.12. "한국을 깔본 일인", 5면.
≪남조선민보≫. 1949.12.6. "生道를 찾는가? 日本密航船抑留", 2면.
_____. 1953. 3.29. "密航者 13名 逮捕 巨濟郡 松眞浦에서", 2면.
≪동아일보≫. 1946.5.16. "돌연비상경계령", 2면.
_____. 1946.5.25. "각지로 만연하는 호열자 현재 20명 사망, 48명이 발생", 2면.
_____. 1946.6.23. "역호 예방코저 귀환선 규칙 제정", 2면.
_____. 1946.10.4. "여행허가제는 전면해제", 2면.
_____. 1946.10.12. "자열호 사망자는 9천 6백 32명 환자 만 4천 9백 9명", 2면.
_____. 1949.9.13. "러취장관 담, 각 부서의 직능 이양", 1면.
_____. 1952.11.24. "대촌 수용소 확장 일 정부 계획 주목", 2면.
_____. 1958.2.26. "어린이 12명 포함 또 밀항 직전의 남녀 28명 체포", 3면.
≪민주신보≫. 1952.7.24. "〈재일교포 문제의 단면성(중)〉", 2면.
_____. 1952.7.26. "일본 정부, 불량 재일교포 추방에 대하여 한국 대표로부터 사전양해를 구하기로 했음을 발표", 2면.
_____. 1952.11.14. "일본 경찰, 한국인 수용자들에 최루탄과 소방호스 사용", 2면.
_____. 1952.11.23. "외무부, 大村수용소에 수용 중인 한국인들에 대한 일본 정부의 강압에 대해 항의", 2면.
≪부산신문≫. 1946.8.7. "밀항선을 (나)포 미군 감시대가 현해서", 2면.
≪부산일보≫. 1950.12.31. "金宗元 경남북지구 계엄민사부장, 일본으로 밀항 행위 엄벌 경고", 2면.
_____. 1952.9.20. "在日居留民團 代表, 韓國 訪問하고 在日僑胞들의 實情을 傳達", 2면.
≪서울신문≫. 1946.8.20. "생활 문제로 조선인들 일본에 밀입국".
≪자유신문≫. 1949.4.1. "민생고의 반영? 도일 밀항자 일익 증가", 2면.
≪해방일보≫. 1949.12.13. "外國人登錄令의 陰謀", 2면.
_____. 1950.4.1. "외국인등록령 악용 반대의 요구도 포함", 2면.

宮内紀子. 2013. 「第二次大戦後イギリスにおける国籍概念の構造転換: 国籍法制と出入国管理法制の相互作用の分析から(甲第17号)」. 関西学院大学法學博士學位論文.
吉留路樹. 1977. 『大村收容所』. 東京: 二月社.
大西正道. 1959. 『南朝鮮-壓政に あえぐ民衆』. 東京: 新讀書社.
大沼保昭. 1978. 「在日朝鮮人、台湾人の国籍に関するGHQの初期の暫定方針を示す文書」. 「〈資料と

解說〉出入国管理法制の成立過程」.『法律時報(第50卷)』, 6號. 東京: 日本評論社.
法務省大村入國者收容所. 1970.『大村入國者收容所二十年史』.
法務省入國管理局. 1959.5.『出入國管理白書-出入國管理出入國管理とその實態』.
法制意見第四局. 昭和24.12.3~28.「外国人登録令の一部を改正する政令」.『公文類聚·第七十四編·昭和二十四年·第七十七卷·法務二·民事二·刑事·行政事件訴訟·少年審判·雜載』.
山根晶子 編. 1992.『「朝鮮人·琉球人」係資料集 1946~1948年 長野縣』. 新幹社.
外務省. 1994.「日本への不法入国の阻止」(SCAPIN1391). 終戦連絡中央事務局.
外務省大臣官房總務課. 1946.5.1~1949.12.『在本邦諸外國人の在留等關係雜件韓國人の部(第1~2卷)』.
引揚援護院検疫局. 1947.『引揚検疫史(第1巻 第1部)』, 10. 東京: 引揚援護院検疫局.
鄭榮桓. 2011.3.「'再入國許可'制度の歴史と現在: 在日朝鮮人に對する運用を中心に」. 明治學院大學國際平和研究所. ≪PRIME≫, 33.
終戦連絡中央事務局. 1946.6.20.「日本への不法入国の阻止の報告」(CLO3005).
川島福太郎. 1950.『地獄の海-密輸密航奇譚』. ジーブ社.
行政管理庁管理部. 1951.6.6.『行政機構年報(第2巻)』.
「不要入国者の取締に関する件」. 1946.10.15.
「予算追加要求の件」. 昭和21.10.2.『府参事会議案原議綴(昭和21年 11月 自59号~至64号)』.
「次官會議決定事項」. 1950.9.25.
「出入國の管理に關する政令に關し閣議請議の件」. 1949.8.4. 政總第2735號.
「出入國管理連絡協議會令案に關し閣議請議の件」. 1949.9.1.
「出入国管理庁設置令」. 1950.9.28.
「針尾収容所及ひ出入国管理機構に関する件」. 1950.5.29.
「被收容者処遇規則」. 1951.10. ≪官報≫, 第7444号.
≪官報≫. 1948.11.19.
_____. 1948.12.3.
_____. 1950.10.6, 第7122號.
_____. 1950.10.19, 第7133號.
_____. 1951.4.16, 第7278號.
_____. 1952.3.24, 第7561號.
≪官報(號外)≫. 1951.11.1, 第90號.
≪每日(東京)新聞≫. 1950.12.27. "明春政令を公布", 3面.
_____. 1951.1.13. "惡質者を强制送還", 3面.
≪美軍政官報≫. 1946.2.19.
_____. 1948.7.30.
≪日本經濟新聞≫. 1950.12.27. "不法朝鮮人送還 明春早早政令を公布 岡崎長官談 發表", 3面.
≪解放新聞≫. 1952.11.25. "피로물들인 大村收容所", 2面.

_____. 1952.11.30. "巨濟虐殺의 日本版 大村事件", 2面.
_____. 1953.2.9,
_____. 1953.4.14.

Record Group 331: Records of Allied Operational and Occupation Headquarters, World War II, 1907-1966, Decimal File, 1946-1950 [Entry UD 1135], GHQ/SCAP records, G II, "Illegal entry", 1950.3.21.
Record Group 331: Records of Allied Operational and Occupation Headquarters, World War II, 1907-1966, Decimal File, 1946-1950 [Entry UD 1135], GHQ/SCAP records, G II, Illegal Entry of Koreans, 1946, 1947, "Illegal Entry of Koreans into Japan April Through October, 1946".
Record Group 331: Records of Allied Operational and Occupation Headquarters, World War II, 1907-1966, Decimal File, 1946-1950 [Entry UD 1135], GHQ/SCAP records, G III, "Repatriation Illegal Entry of Koreans into Japan Repatriation," 1946.2.17.
Record Group 331, Decimal File, 1946-1950[Entry UD 1135], 012.42, Illegal Entry(2nd Sheets and Extra Copies), "Personnel Attending Conference on Suppression of Korean Illegal Entry", 1949.6.15.
Record Group 331, Decimal File, Ilegal Entry, "INCOMIG MESSAGS", 1946.7.23, 1946.7.26.
Record Group 331, Decimal File, Ilegal Entry, Korea File No.3, 1 April 1949 to 31 December 1949, "illegal entry into japan", 1949.4~1949.12.
Record Group 331, Decimal File, 012.42 A, Ilegal Entry, Jul.~Aug.1947, "THE VIOLATION OF THE ILLEGAL ENTRANTS OF THE KOREAN NATIONALS", 1946.10.26.
Record Group 338: Records of U.S. Army Operational, Tactical, and Support Organizations (World War II and Thereafter), 1917-1993, Security Classified General Correspondence Files, 1946-1953 [Entry A-1 113], "Illegal Entry of Koreans into Japan". 1950.
Record Group 338, BCOF, Security Classified General Correspondence Files, 1946-1953 [Entry A-1 113], "Illegal Entry into japan 1948, issued on 25th, oct", 1948.
Record Group 338, BCOF, Security Classified General Correspondence Files, 1946-1953 [Entry A-1 113], Congressional Information Service, Inc. and Maruzen Co, Rearmament of Japan, Part I, 1947~1952, "1-D-204: Suppression of Illegal Entry into Japan, Memoranda"(1946.6.20).
Record Group 242: National Archives Collection of Foreign Records Seized, 1675-1958, Captured Korean Documents [Entry NM-44 299], Korean-Language Publications

and Records Captured in Pyongyang, 01/1952-01/1958 [Entry NM-44 299C], 「密航同胞調査報告書」(在日朝鮮人聯盟, 1946.12.1).

6장 예외 상태의 규범화된 공간: 한일 국교 수립 이후의 오무라 수용소

국방부 법무관리관. 1978.『강제송환자 처리철』.

국외자원관리과. 1980~1987.『강제송환자 처리철』.

김귀옥. 2010.「분단과 전쟁의 디아스포라: 재일조선인 문제를 중심으로」. ≪역사 비평≫, 통권 91호(여름).

김예림. 2011.「현해탄의 정동: 국가라는 '슬픔'의 체제와 밀항」. ≪석당논총≫, 49호.

김정건. 1981.『국제조약집』. 박영사.

남기정. 2008.「한일회담 시기 한일 양국의 국제사회 인식: 어업 및 평화선을 둘러싼 국제법 논쟁을 중심으로」. ≪세계 정치≫, 제10호.

문경수. 2001.「4·3사건과 재일한국인」.『4·3과 역사』. 제주 4·3연구소.

병무청 충원국 국외자원관리과. 1980.『강제송환자 처리철』.

오오타 오사무(太田 修). 2008.『한일교섭: 청구권 문제 연구』. 송병권·박상현·오미정 옮김. 선인.

외교통상부. 1981.『강제송환 대상자 재일본 동포 김동선에 대한 교포여권 발급철』.

외무부 영사교민국 교민1과. 1975.「오오사카 입관의 한국인 밀항자 일제 단속 상황 보고」.『일본 밀입국자 강제송환철』.

이성. 2013.「한일회담에서의 재일조선인의 법적 지위 교섭(1951~1965)」. 성균관대학교 박사학위논문.

이정은. 2014.「'난민' 아닌 '난민 수용소', 오무라 수용소: 수용자·송환자에 대한 한국 정부의 대응을 중심으로」. ≪사회와 역사≫, 제103집(가을).

재일제주인의생활사를기록하는모임. 2012.『안주의 땅을 찾아서: 재일제주인의 생활사(1)』. 김경자 옮김. 선인.

전갑생. 2009.「한국전쟁기 오무라 수용소의 재일조선인 강제 추방에 관한 연구」. ≪제노사이드 연구≫, 5.

전은자. 2008.「제주인의 일본도항 연구」. ≪탐라문화≫, 23호.

조윤수. 2008.「평화선과 한일 어업 현상: 이승만 정권기의 해양 질서를 둘러싼 한일 간의 마찰」. ≪일본 연구 논집≫, 제28호.

차승기. 2014.「수용소라는 안전장치: 오무라 수용소, 폴리스, 그리고 잉여」. ≪한국학 연구≫, 제32집.

「북한행을 희망하는 한인 일본 국내 석방 보도에 대하여 日政 외무성에 발송한 항의문에 관한 건」. 1958.7.7.『한일회담 외교문서 해제집 II』.

「오무라 수용소 북송 희망자 석방에 관한 건」. 1958.7.19.『한일회담 외교문서 해제집 II』.

≪경향신문≫. 1952.5.17. "不良者이라고 日側 궤辯".
_____. 1952.5.23. "일본에 반송한 동포 또 역송환?".
_____. 1952.11.25. "교포 義憤 폭발!".
≪동아일보≫. 1949.6.6. "일 정부 진정, 맥 라인 확대 요구".
_____. 1952.5.31. "强制抑留韓人 日, 釋放을 拒否".
_____. 1952.11.14. "억류 교포 소동 大村수용소서".
_____. 1954.7.17. "횡성수설".
_____. 1959.8.14. "오무라 수용소 내에서 109명이 송북 희망".
_____. 1959.9.27. "현지 루포: 오무라 입국자 수용소 3".
_____. 1959.9.28. "현지 루포: 오무라 입국자 수용소 4".
_____. 1960.4.1. "10명 귀국 예정, 화태에서 돌아온 교포".
_____. 1960.4.2. "一日 아침 釜山에, 樺太서 强制 勞役턴 僑胞 10名".
_____. 1988.11.30. "법적 지위 불안… 재일동포 서럽다".
≪조선일보≫. 1952.5.23. "한국에 再送視 대촌 수용소의 강제송환 교포".

金日 編. 1956.『大村收容所の人びと』. 三一書房.
朴順兆. 1982.『韓国·日本·大村収容所』. JDC.
朴正功. 1969.『大村収容所[朝鮮問題叢書(1)]』. 京都大学出版会.
_____. 1969.『大村收容所』. 慶道大學出版會.
法務省大村入國者收容所. 1970.『大村入國者收容所二十年史』.
法務省出入国管理国. 1966.3. ≪入國管理月報≫, 第76号.
_____. 1966.12. ≪入國管理月報≫, 第73号.
_____. 1967.3 ≪入國管理月報≫, 第76号.
玄武岩. 2007.「密航·大村収容所·濟州道: 大阪と濟州道を結ぶ'密航'のネットワ-ク」. ≪現代思想≫, 35-7.

7장 한일 관계 형성기 부산수용소·오무라 수용소를 둘러싼 '경계의 정치'

국사편찬위원회 엮음. 2008.『독도 자료 II(미국 편)』. 국사편찬위원회.
김학동. 2008.「장혁주 문학과 6·25에 직면한 일본인 처들의 수난: '이국(異国)의 아내', '부산항의 파란 꽃', '부산의 여간첩'을 중심으로」. 충남대학교. ≪인문과학연구소 인문학 연구≫, 75호.
내무부. 1958.1.21.「국무회의 부의 안건(한일 양국 억류자 상호석방송환에 수반하는 업무 분담 결정 및 소요 경비 예비비 지출 건)」. 한국 국가기록원 온라인 검색(BA0085312).
부경역사연구소. 2012.『사하구 지(誌)』. 부산광역시 사하구청.

사정위원회. 1957. 「부산경찰서 일본인 수용소 구호 위문품 사건」. 한국 국가기록원 소장(BA0016294).

신용옥. 2012. 「"평화선" 획정 과정의 논리 전개와 그 성격」. 고려대학교 역사연구소. ≪사총≫, 76호.

현무암. 2014. 「밀항·오무라 수용소·제주도: 오사카와 제주도를 잇는 '밀항'의 네트워크」. 제주대학교재일제주인센터 엮음. 『재일제주인과 마이너리티』. 제주대학교재일제주인센터.

"Summary record of reporting on the detainees issue and our position to be taken at the Sea Law Conference," From the Vice-Minister of Foreign Affairs to Office of the President, March 14, 1960, 『재일한인 북한 송환 및 한·일 양국 억류자 상호 석방 관계철(V.9 오무라 수용소에 수용 중인 일본 밀입국 한국인 강제송환 및 나포 어선 추방에 관한 건, 1955~1960)』, 국립외교원 소장(C1-0010).

「국무회의록 보고에 관한 건」, 총무처장이 대통령 및 국무총리에게, 1951년 1월 26일, 한국국가기록원 온라인 검색(BG0000007).

「국무회의록 송부 건(제8회 국무회의록)」, 국무원 사무국장이 각부장관 등에게, 1957년 1월 30일, 한국 국가기록원 온라인 검색(BG0000078).

「鮮籍元日本婦人の入国及び就籍の問題について」. 『太平洋戦争終結による、在外邦人保護引揚関係韓国残留者の引揚関係(第一巻)』(日本外務省外交史料館 K-7-1-0-15). 한국 국가기록원 소장(CTA0003364).

「引揚者等の取扱に関する出入国管理庁と引揚援護庁との業務協定について」, 인양원호청 원호국장이 각 도도부현지사에게, 1950년 12월 21일, 『太平洋戦争終結による在外邦人保護引揚関係 韓国残留者の引揚関係 第一巻』(일본 외무성 외교사료관 소장).

「朝鮮籍にある元日本婦人の受入について」, 인양원호청 원호국장이 외무성 관리국장에게, 1950년 10월 17일, 『太平洋戦争終結による在外邦人保護引揚関係 韓国残留者の引揚関係 第一巻』(일본 외무성 외교사료관 소장).

「韓国内の諸情勢に関する件」, 입국관리청 시모노세키 출장소 모지(門司)에서 외무성 아시아국 제2과로, 1952년 1월 11일, 일본 외무성 외교사료관, 『韓国残留者の引揚関係雑件 第二巻』(K-7-1-0-15), 한국 국가기록원 소장(CTA0003365).

「韓国在住日本婦女子の帰国又は入国に関する陳情に対する回答(別添「嘆願書」)」, 와다(和田) 아시아국제5과장이 대한민국 부산시 초량동 소림사 수용자 중 재한국전재일본인인양자위원회 야마우치(山内) 모요에게, 1952년 9월 30일, 일본 외무성 외교사료관, 『太平洋戦争終結による在外邦人保護引揚関係雑件韓国残留者の引揚関係』第三巻(K-7-1-0-15), 한국 국가기록원 소장(CTA0003366).

≪경향신문≫. 1961.10.13. "百79名送還 日에密航했던者".

_____. 1961.10.28. "百26名을釋放 収容中인送還者".

≪동아일보≫. 1955.8.22.

_____. 1960.3.30. "在日僑胞344名歸國".

______. 1961.7.11. "日本抑留僑胞195名釜山에到着".
______. 1961.9.7. "『大村』에서送還者 百80名釜山에到着 個別審査거쳐應分의措置".

チャ, ヴィクター·D. 2003.『米日韓 反目を超えた提携』. 倉田秀也 訳. 東京: 有斐閣.
テッサ·モーリス-スズキ. 2005.「戦後日本の出入国管理と外国人政策」. 有末賢·関根政美 編.『戦後日本の社会と市民意識』. 東京: 慶應義塾大学出版会.
金敬烈. 1958.『(關門 루포) 寄港地』. 青羽出版社.
金富子. 2011.『継続する植民地主義とジェンダー:「国民」概念·女性の身体·記憶と責任』. 東京: 世織書房.
藤崎康夫. 1972.『棄民: 日朝のゆがめられた歴史のなかで』. 東京: サイマル出版会.
鹿島平和研究所 編. 1973.『日本外交史28講和後の外交(Ⅰ) 対列国関係(上)』. 吉澤清次郎 監修. 東京: 鹿島研究所出版会.
朴正功. 1969.『大村収容所』. 京都: 京都大学出版会.
法務部. 1988.『法務部史』. 法務部.
法務省入国管理局. 1964.『出入国管理とその実態(昭和39年版)』. 東京: 大蔵省印刷局.
法務研修所 編. 1975.『在日朝鮮人処遇の推移と現状』. 東京: 湖北社.
森田芳夫. 1964.『朝鮮終戦の記録: 米ソ両軍の進駐と日本人の引揚』. 東京: 巖南堂書店.
上坂冬子. 1982.『慶州ナザレ園: 忘れられた日本人妻たち』. 東京: 中央公論社.
外務省管理局引揚課,「在朝鮮日本婦女子引揚に関する件」, 1951년 3월 1일,『太平洋戦争終結による在外邦人保護引揚関係 韓国残留者の引揚関係 第一巻』(일본 외무성 외교사료관 소장).
引揚課,「在朝鮮日本婦人引揚に関する件·経緯」, 1951년 5월 11일,『太平洋戦争終結による在外邦人保護引揚関係 韓国残留者の引揚関係 第一巻』(일본 외무성 외교사료관 소장).
日韓漁業協議会 編. 1968.『日韓漁業対策運動史』. 東京: 日韓漁業協議会.
佐世保引揚援護局 編. 1951.『局史(下巻)』. 江上村(長崎県): 佐世保引揚援護局.
池鐵根. 1989.『韓國漁業紛争史』. 韓國水産新報社.
韓国抑留船員協議会. 1958.『韓国抑留生活実態報告書: 自昭和二十九年七月至昭和三十三年五月』. 福岡: 韓国抑留船員協議会.
加藤晴子. 1978.「戦後日韓関係史への一考察(上): 李ライン問題をめぐって」. ≪日本女子大学紀要·文学部≫, 28号.
吉澤文寿. 2006.「研究動向日韓会談研究の現状と課題」. ≪歴史学研究≫, 813号.
金英達. 1999.「日本の朝鮮統治下における'通婚'と'混血': いわゆる'内鮮結婚'の法制·統計·政策について」. ≪関西大学人権問題研究所紀要≫, 39号.
挽地康彦. 2005.「大村収容所の社会史(一): 占領期の出入国管理とポスト植民地主義」. ≪西日本社会学会年報≫, 3号.
文明子·吉田常二·鎌田信子. 1959.「釜山日本人漁夫収容所を慰問して」. ≪親和≫, 69号.
張赫宙. 1951.「(本紙特約·第二報)故国の山河」. ≪毎日情報≫, 6巻 11号.

_____. 1952. 「釜山港の青い花」. ≪面白倶楽部≫, 9月号.
_____. 1952. 「異国の妻」. ≪警察文化≫, 7月号.
玄武岩. 2007.6. 「密航·大村収容所·済州島: 大阪と済州島をむすぶ「密航」のネットワーク」. ≪現代思想≫, 35巻 7号.
「在韓国の元日本人に関する身元調査に関する件」, 1951년 2월 17일, 『太平洋戦争終結による在外邦人保護引揚関係 韓国残留者の引揚関係 第一巻』(일본 외무성 외교사료관 소장).
「在釜山引揚待機者の帰国促進嘆願書」. 『太平洋戦争終結による在外邦人保護引揚関係 韓国残留者の引揚関係 第一巻』(일본 외무성 외교사료관 소장).
「第十一次送還の釜山引継状況等に関する件」, 오무라 입국자 수용소장이 입국관리국장에게, 1952년 9월 8일, 일본 외무성 외교사료관, 『太平洋戦争終結による在外邦人保護引揚関係雑件 韓国残留者の引揚関係 第三巻』.
≪読売新聞≫(夕刊). 1951.5.29. "韓国から59名 のびのびの第1船入港".
_____. 1953.5.26. "釜山から婦女子ら引揚げ".
≪読売新聞≫(朝刊). 1951.11.8. "韓国引揚者の援護局入延期".
≪日本経済新聞≫. 1952.11.17. "遅延の責任は日本に".
≪朝日新聞≫(夕刊). 1956.3.30. "帰る人 帰らぬ人".
≪朝日新聞≫(朝刊). 1952.11.23. "離·再婚もできず"国籍"に泣く韓国引揚婦女子 都内だけでも四、五百名".
_____. 1952.12.17. "引揚寮へも入れぬ'韓国籍婦女子の訴え".
_____. 1953.11.14. "待遇はよかったが…'釈放された日本人漁夫 釜山の収容所へ".
_____. 1958.1.21. "朝鮮人、北鮮へ返せば日本人釈放遅らす".
_____. 1958.2.4. "大村収容所「韓国へは帰さぬ 唐沢法相答弁 北鮮帰国希望者を」".
アジア局第五課, 「わが抑留漁民と大村収容所問題との関連について」, 1956年 1月 15日, 외무성 게시문서, 게시결정번호 1131, 문서번호 1226, 2~5쪽. '한일회담 문서·전면 공개를 요구하는 모임(日韓会談文書·全面公開を求める会)' 홈페이지(http://www.f8.wx301.smilestart.ne.jp).
참의원재외동포인양문제에관한특별위원회, 1951년 3월 17일, 「재조선의 일본 부녀자의 인양」에 관한 모리사키 다카시(森崎隆) 일본사회당 참의원의원의 질의, 일본 국회의사록 검색 시스템.
참의원재외동포인양문제에관한특별위원회, 1951년 3월 17일, 「재조선의 일본 부녀자의 인양」에 관한 타케노 요시하루(武野義治) 인양과장의 답변, 일본 국회의사록 검색 시스템(http://kokkai.ndl.go.jp).

Morris-Suzuki, Tessa. 2012. *Borderline Japan: Foreigners and Frontier Controls in the Postwar Era*. New York: Cambridge University Press.

(財)団法人日弁連法務研究財団. 2005.『ハンセン病問題に関する検証会議最終報告書』.
金夏日. 1991.『点字と共に』. 東京: 皓星社.
多磨全生園患者自治会 編. 1979.『倶会一処』. 一光社.
大竹章. 1996.『無菌地帯』. 草土文化.
藤野豊. 2002.『近現代日本ハンセン病問題資料集成』. 不二出版.
______. 2004.「解説」.『近現代ハンセン病資料集成戦後編(第7巻)』. 不二出版.
______. 2006.『ハンセン病と戦後民主主義』. 岩波書店.
立教大学史学科山田ゼミナール 編. 1989.『生きぬいた証に』. 緑蔭書房.
梶村秀樹. 1993.『在日朝鮮人論』. 明石書店.
森田芳夫. 1955.『在日朝鮮人処遇の推移と現状』. 法務研究所.
松本邦彦. 1996.『GHQ日本占領史16 外国人の取り扱い』. 日本図書センター.
友愛会. 1968.『友愛会二十年史』.
長島愛生園入園者自治会 編. 1982.『隔絶の里程』. 岡山: 日本文教出版.
全国ハンセン病療養所入所者協議会. 2001.『復権への日月』. 東京: 光陽出版社.
全国ハンセン氏病患者協議会 編. 1977.『全患協運動史: ハンセン氏病患者のたたかいの記録』. 東京: 一光社.
姜在彦. 2002.10.「'在日'百年の歴史」. ≪環≫, 第11號.
光田健輔. 1947.10.2.「嘆願書」.
国立療養所菊池恵楓園園長宮崎松記. 1953.9.19.「入国管理令違反朝鮮癩患者の収容について」(恵発第458号).
国立療養所菊池恵楓園長. 1950.8.「密入国韓国人癩患者の収容について」(発第1450号).
国立療養所邑久光明園韓国人互助会. 1961.「孤島」.
宮崎松記. 1953.5.「癩刑務所の出来るまで」. ≪九州矯正≫, 8巻 5號.
金貴粉. 2007.「解放後における在日朝鮮人ハンセン病患者の'位置': 1945年から1950年代を中心に」. ≪クァドランテ≫, 第9號.
金奉玉. 2004.10.「回想·大阪に生きたウリオモニ」. ≪在日朝鮮人史研究≫, 第34集.
金相権. 1983.「雑草の如くに」. ≪喊声≫, 第5號.
金永子. 2003.「ハンセン病療養所における在日朝鮮人の闘い: '互助会'(多磨全生園)の活動を中心に」. ≪四国学院論集≫, 111~112號.
朴湘錫. 1967.「外国人H氏病患者の所内における生活実態について」. ≪高原≫, 第23巻 第5號.
山村欣雨. 1954.「私はかく思う金正守(仮名)放火'自殺'について」. ≪菊池野≫, 第4巻 第4號.
在日韓国·朝鮮人ハンセン病患者同盟. 2009. ≪同盟支部報≫, 第288号.
韓国人ハ氏病療養者の生活を守る会. 1962.「孤島(第二集)」.
SCAPIN48. 1945.9.22.「日本帝国宛覚書公衆衛生対策」.

SCAPIN627. 1946.1.19.「らい患者の引揚」.
『大村入国者収容所二十年史』. 1970. 法務省大村入国者収容所.
「癩療養所内の療養状況及び秩序に関する実地調査並びに対策樹立に関する報告書」(委調第10号). 1950.3.17.
「療養規律の確立について」(療第309号). 1949.9.27.
「療養所入所患者に対する癩予防法に基づく懲戒検束の執行について」(医発第122号). 1950.2.24.
「密入国らい患者の取扱に関する件」(実一合第三四一号). 1952.4.2.
「犯罪癩患者の処遇に関する件」, 添附資料. 1949.7.28.
「犯罪癩患者の処置に関する件」(多発第334号). 1949.7.28.
「次期国会に再びらい予防法改正を望む」. 1953.10.1. ≪全患協ニュース≫, 第32號.
≪官報≫(号外). 1947.5.2.
≪毎日新聞≫. 1947.8.27. "狂死、獄死が続出お菜は僅か梅干一つ'光なき楽泉園'の内情明るみへ".
≪外務·法務連合委員会会議録≫. 1952.4.22, 第4號.
≪参議院外務委員会会議録≫. 1952.2.26, 第6號.
≪熊本日日新聞≫. 1954.8.29.

9장 밀항·민족·젠더: '재일조선인 문학'에 나타나는 '인류(人流)'

テッサ·モーリス-スズキ. 2007.『北朝鮮へのエクソダス』. 朝日新聞社.
金達寿. 1959.『番地のない部落』. 光書房.
______. 1963.『密航者』. 筑摩書房.
金伊佐子. 1994.「在日女性と解放運動: その創世期に」.『リブとフェミニズム』. 岩波書店.
李正子. 2003.『鳳仙花のうた』. 影書房.
李恢成. 1991.「著者から読者へどうかわが故郷を訪ねてほしい」.『またふたたびの道·砧をうつ女』. 講談社文芸文庫.
李孝德. 2001.「ポストコロニアルの政治と『在日』文学」.『現代思想臨時増刊戦後東アジアとアメリカの存在』. 青土社.
梶村秀樹. 1991.「定住外国人としての在日朝鮮人」.『梶村秀樹著作集』, 6巻. 明石書店.
朴正鎮. 2005.「北朝鮮にとって『帰国事業』とは何だったのか」. 高崎宗司·朴正鎮 編.『帰国運動とは何だったのか』. 平凡社.
______. 2005.「日韓国交正常化と日朝関係の非正常化」. 高崎宗司·朴正鎮 編.『帰国運動とは何だったのか』.
宋連玉. 2003.「在日朝鮮人女性とは誰か」.『シンポジウム·ポストコロニアル状況の中の在日朝鮮人資料集』.
鄭暎惠. 1986.「〈家〉の解放と開かれる〈民族〉」.『解放社会学研究(Ⅰ)』. 明石書店.

_____. 2003.『〈民が代〉斉唱』. 岩波書店.
竹田青嗣. 1995.『在日という根拠』. ちくま学芸文庫.
姜在彦. 2002.「『在日』百年の歴史」. ≪環≫, 11号. 藤原書店.
_____.「日朝協会の性格と役割」.
米山リサ. 2003.11.「批判的フェミニズムの系譜からみる日本占領」. ≪思想≫.
朴裕河. 2003.11.「一九六〇年代における文学の再編」. ≪思想≫.
朴和美. 2000.「怒ってくれてありがとう: 在日の女と男」. ≪ほるもん文化≫, 9号. 新幹社.
小田切秀雄. 1972.7.「"内向の世代"と異質なもの」. ≪文学的立場≫. 日本近代文学研究所.
宋連玉. 2002.「『在日』女性の戦後史」. ≪環≫, 11号. 藤原書店.
伊藤成彦. 1972.7.「在日朝鮮人文学とわれわれ」. ≪文学的立場≫.

10장 1960년대 일본의 사회운동과 '자기부정'의 사상: 출입국관리 체제 반대 운동을 중심으로

권혁태. 2012.「국경 안에서 탈국경을 상상하는 법: 일본의 베트남 반전운동과 탈영병사」. ≪동방학≫, 제157호.
_____. 2012.「선린 학생회관과 중일 관계: 국민국가의 논리와 진영의 논리」. 한국중국현대문학회. ≪중국 현대문학≫, 제60호.
_____. 2014.「잃어버린 사람을 찾아서 ①: 북으로 간 한국군 탈영병 정훈상」. 새얼문화재단. ≪황해문화≫(봄).
_____. 2014.「잃어버린 사람을 찾아서 ③: 베트남 파병을 '거부'한 두 한국군 병사 김이석과 김동희」. ≪황해문화≫(가을).
남기정. 2012.「베트남 '반전 탈주' 미군 병사와 일본의 시민운동: 생활 세계의 전쟁과 평화」. 단국대일본연구소. ≪일본학 연구≫, 제36호.
노은명. 2009.「일본의 출입국관리 체제 반대 운동 연구」. ≪역사 문제 연구≫, 제22호.
윤건차. 2009.『교착된 사상의 현대사: 1945년 이후의 한국·일본·재일조선인』. 박진우 옮김. 창비.
최종길. 2012.「전학련과 진보적 지식인의 한반도 인식: 한일회담 반대 투쟁을 중심으로」.『일본 역사 연구』. 일본사학회.
후지타 쇼조(藤田 省三). 2007.『전향의 사상사적 연구』. 최종길 옮김. 논형.

開高健. 1990.『夏の闇』. 新潮社.
高橋和巳. 1971.「自己否定について」.『人間にとって』. 新潮社.
高柳俊男. 2004.「渡日初期の尹學準-密航·法政大学·帰国事業」.『異文化 論文編(5号)』. 法政大学.
広松渉. 1970.「東大闘争の現代史的意義」.『朝日ジャーナル』. 朝日出版社.

吉本隆明. 1969.「アクシスの問題」.『吉本隆明全著作集(4)』. 勁草書房.
吉本隆明. 1969.「収拾の論理」.『吉本隆明全著作集(続10)』. 勁草書房.
東アジア反日武装戦線KF部隊(準). 1979.『反日革命宣言: 東アジア反日武装戦線の戦闘史』. 鹿砦社.
東大法共闘 編. 1971.『告発・入管体制』. 亜紀書房.
藤田省三. 1997.『藤田省三著作集 2: 転向の思想史的研究』. みすず書房.
滝田修. 1971.『ならずものの暴力宣言』. 芳賀書店.
三上治. 2000.『1960年代論』. 批評社.
森宣雄. 2001.『台湾・日本連鎖するコロニアリズム』. インパクト出版会.
小熊英二. 2009.『1968(上・下): 若者たちの反乱とその背景』. 新曜社.
小田実. 1994.『「べ平連」回顧録でない回顧』. 第三書舘.
全学連書記局. 1969.「(資料61)日韓会談の粉砕をめざして4・28全学連第一波統一行動をかちとれ!(通達)」.『資料・戦後学生運動(6)』. 三一書房.
津村喬. 1970.『われらの内なる差別: 日本文化大革命の戦略問題』. 三一書房.
鶴見俊輔. 1976.『鶴見俊輔著作集』, 第5巻. 筑摩書房.
見田宗介. 1969.「失われた言葉を求めて」. ≪世界≫, 69-2.
高橋栄夫. 1969.「大村収容所と民族国家止揚」. ≪朝鮮研究≫, 通号 86.
谷口智彦. 1979.「潜在居住者に在留権を!」. ≪朝鮮研究≫, 190号.
橋本峰雄. 1968「金東希氏の政治亡命と倫理-ひとつの問い」. ≪展望≫, 68-2.
盧恩明. 2010.「べ平連の反'入管体制'運動: その論理と運動の展開」. 九州大学政治研究会. ≪政治研究≫, 第57号.
螞蟻. 1971.「華青闘と民族解放戦争」. ≪現代の眼≫, 71-2.
福富節男・吉川勇一・室謙二・麻生薫・岡田理. 1974.「自立した人間の流通への旅立ち」. ≪市民≫, 74-1.
三原令. 1971.「金武根と浦和の主婦たち」. ≪朝鮮研究≫, 108(71-9). 日本朝鮮研究所.
信貴辰喜. 1967.「学生革命家の言語感覚」. ≪文藝春秋≫, 67-12.
塩沢由典. 1974.「金東希と政治亡命」.『資料・「べ平連」運動(上巻)』. 河出書房新社.
原田誠司. 1970.「東大闘争総括の視点と入管・沖縄闘争」. ≪現代の理論≫, 7(12), 70-12.
尹學準. 1979.「わが密航記」. ≪朝鮮研究≫, 190(79-6).
華僑青年闘争委員会. 1970.7.「七・七集会における華青闘代表の発言」. ≪前進≫.

찾아보기

(기타)

지은이

권혁태(權赫泰)

일본 히토쓰바시대학에서 일본경제사 연구로 박사학위를 받았다. 야마구치대학 교수를 거쳐 현재 성공회대학교 인문융합자율학부 교수로 재직 중이다. 주요 저서로는 『일본의 불안을 읽는다』(2010), 『일본 전후의 붕괴: 서브컬처 소비사회 그리고 세대』(2013), 『平和なき平和主義: 戦後日本の思想と運動』(2016), 『'전후'의 탄생: 일본, 그리고 '조선'이라는 경계』(편저, 2013), 『아시아의 시민사회: 개념과 역사』(공저, 2003), 『반일과 동아시아』(공저, 2005) 등이 있다.

조경희(趙慶喜)

현재 성공회대학교 열림교양대·동아시아연구소 조교수로 재직 중이다. 도쿄대학 대학원에서 박사과정을 수료하고, 도쿄외국어대학에서 박사학위를 취득했다. 연구 분야는 식민지 사회사, 이동과 소수자, 재일조선인 등이다. 주요 공저로는 『'전후'의 탄생』(2013), 『귀환 혹은 순환』(2013), 『아시아의 접촉지대』(2013) 등이 있으며, 주요 논문으로는 「'온정'과 '교화'의 식민주의」(2011), 「한일협정 이후 재일조선인의 국적과 분단정치」(2014) 등이 있다.

이정은(李定垠)

서울대학교 사회학과에서 한국 사회의 인권 개념의 형성에 대한 연구로 박사학위를 받은 후, 교토대 외국인공동연구원을 거쳐 현재 창원대학교 사회학과 부교수로 재직 중이다. 연구 주제는 국민국가와 마이너리티로 재한조선족, 재일조선인 등 국경을 넘는 사람들과 권리로 가득찬 시대의 인권 제도에 관심을 갖고 있다. 주요 공저로는 『'전후'의 탄생』(2013), 『귀환 혹은 순환』(2013), 『아시아의 접촉지대』(2013), 『인권사회학』(2013), 『역사사회학』(2016) 등이 있다.

이승희(李升熙)

일본 메이지대학에서 일본근대사를 전공하여 사학 박사학위를 받았고, 친일반민족행위진상규명위원회 전문위원으로 재직한 후 현재는 덕성여자대학교 일본어과 조교수로 있다. 주요 저서로는 『韓国併合と日本軍憲兵隊』(2008), 『동서양 역사 속의 다문화적 전개 양상 2』(공저, 2015) 등이 있다.

박사라(朴沙羅)

교토대학 대학원 문학연구과 박사. 리쓰메이칸대학 국제관계부 준교수를 거쳐 고베대학 국제문화학연구과 강사로 재직 중이다. 주요 저서로는 『外国人を作り出す: 占領期日本への「密航」と戦後日本の「外国人」概念』(근간), 『最強の社会調査入門: これから質的調査をはじめる人のために』(공저, 2016) 등이 있으며, 역서로는 『オーラルヒストリーとは何か』(2016)가 있다.

차승기(車承棋)
단국대학교와 연세대학교 대학원에서 한국 현대문학을 전공하여 박사학위를 받았으며, 성공회대학교 동아시아연구소 HK교수를 거쳐 현재 조선대학교 국어국문학과 부교수로 재직 중이다. 주요 저서로는 『반근대적 상상력의 임계들』(2009), 『비상시의 문/법』(2016)이 있고, 공저로는 『'동아' 트라우마』(2013), 『아시아 이벤트』(2013), 『'전후'의 탄생』(2013) 등이 있다.

전갑생(田甲生)
현재 성공회대학교 동아시아연구소 냉전평화센터 선임연구원으로 있으며, 한국전쟁과 수용소 연구에 집중하고 있다. 주요 저서로는 『한국전쟁과 분단의 트라우마』(2011), 『전쟁과 국가폭력』(공저, 2012), 『원자폭탄, 1945년 히로시마 … 2013년 합천』(공저, 2013) 등이 있다.

현무암(玄武岩)
일본 도쿄대학 대학원 인문사회계연구과 박사과정을 수료했다. 동 대학원 정보학환 조수를 거쳐 홋카이도대학 대학원 미디어커뮤니케이션 연구원 교수로 재직 중이다. 주요 저서로는 『韓国のデジタル·デモクラシー』(2005), 『統一コリア』(2007), 『コリアン·ネットワーク』(2013), 『「反日」と「嫌韓」の同時代史』(2016)가 있고, 공저로는 『大日本·満州帝国の遺産』(2010), 『サハリン残留』(2016), 편저로는 『越境するメディアと東アジア』(2015) 등이 있다.

김귀분(金貴粉)
1980년 일본 홋카이도에서 태어났다. 도쿄학예대학 교육학 석사 수료. 현재 일본 국립한센병자료관 학예원·오사카경제법과대학 객원연구원으로 있다. 연구 주제는 재일조선인 한센병환자사(史), 한센병환자·회복자들의 예술 활동, 조선서예사이다. 주요 논문으로 「朝鮮癩予防協会の設立とその背景: 八紘一宇の塔を手がかりに」(2006), 「解放後における在日朝鮮人ハンセン病患者の『位置』: 1945年から1950年代を中心に」(2007), 「在日朝鮮人ハンセン病患者と出入国管理体制」(2009), 「在日朝鮮人女性とハンセン病」(2010), 「戦後ハンセン病療養所における文化活動とその意味: 絵画活動を中心として」(2015) 등이 있다.

고화정(高和政)
현재 일본 주오대학 부속고등학교 교사로 재직 중이다. 주오대학 대학원 문학연구과 석사과정을 수료했으며, 주요 논문으로 「이질적 타자, 재일조선인의 초상」(2007), 「マイケルジャクソンという矛盾」(2007), 「太宰治の『一貫』性?: その『批判精神』のありかについて」 등이 있다.

한울아카데미 1938

주권의 야만

밀항, 수용소, 재일조선인

기획 **성공회대학교 동아시아연구소**
엮은이 **권혁태·이정은·조경희**
펴낸이 **김종수**
펴낸곳 **한울엠플러스(주)**

초판 1쇄 발행 **2017년 1월 20일**
초판 2쇄 발행 **2020년 8월 31일**

주소 **10881 경기도 파주시 광인사길 153 한울시소빌딩 3층**
전화 **031-955-0655**
팩스 **031-955-0656**
홈페이지 **www.hanulmplus.kr**
등록번호 **제406-2015-000143호**

Printed in Korea.
ISBN 978-89-460-6933-6 93910

* 책값은 겉표지에 표시되어 있습니다.